广视角·全方位·多品种

权威·前沿·原创

皮书系列为
"十二五"国家重点图书出版规划项目

中原蓝皮书

BLUE BOOK OF CENTRAL PLAINS

中原经济区发展报告
（2014）

ANNUAL REPORT ON THE DEVELOPMENT OF CENTRAL PLAINS ECONOMIC REGION (2014)

主　编 / 李英杰

社会科学文献出版社
SOCIAL SCIENCES ACADEMIC PRESS (CHINA)

图书在版编目(CIP)数据

中原经济区发展报告. 2014/李英杰主编. —北京：社会科学文献出版社，2014.6
（中原蓝皮书）
ISBN 978-7-5097-6037-6

Ⅰ.①中… Ⅱ.①李… Ⅲ.①区域经济发展-研究报告-河南省-2014 Ⅳ.①F127.61

中国版本图书馆 CIP 数据核字（2014）第 106444 号

中原蓝皮书
中原经济区发展报告（2014）

主　　编／李英杰

出 版 人／谢寿光
出 版 者／社会科学文献出版社
地　　址／北京市西城区北三环中路甲 29 号院 3 号楼华龙大厦
邮政编码／100029

责任部门／社会政法分社　（010）59367156　　责任编辑／张建中　周　琼
电子信箱／shekebu@ ssap. cn　　　　　　　　　责任校对／岳中宝
项目统筹／王　绯　　　　　　　　　　　　　　责任印制／岳　阳

经　　销／社会科学文献出版社市场营销中心　（010）59367081　59367089
读者服务／读者服务中心（010）59367028

印　　装／北京季蜂印刷有限公司
开　　本／787mm×1092mm　1/16　　　　　　印　　张／22
版　　次／2014 年 6 月第 1 版　　　　　　　　字　　数／355 千字
印　　次／2014 年 6 月第 1 次印刷
书　　号／ISBN 978-7-5097-6037-6
定　　价／88.00 元

本书如有破损、缺页、装订错误，请与本社读者服务中心联系更换

▲ 版权所有　翻印必究

中原蓝皮书编委会

主　　任　李英杰
副主任　孟宪臣　戴　杰　闫　杰
委　　员　(以姓氏笔画为序)
　　　　　　王作成　王俊杰　卢天杰　刘潇潇　任俊英
　　　　　　孙　磊　张天阵　沈莎莎　杨文生　胡照龙
　　　　　　荆甜甜　赵　唤　郭艳青　鲁　玉　樊玉超

支撑机构：中原经济区研究会

中原经济区研究会简介

中原经济区研究会是 2011 年 4 月 13 日成立的社会科学研究机构。由河南省内从事区域经济发展研究的相关单位与部门，以及热心于区域经济研究的理论工作者和相关行业人员自愿结成，是地方性、学术性、非营利性的社会团体。宗旨是研究区域经济理论，提升对中原经济区发展研究的理论水平，推动中原经济区又好又快发展。

主要编撰者简介

主编

李英杰 男，1957年生，河南夏邑县人，中国国民党革命委员会党员，1981年毕业于中南工业大学材料系。历任商丘地区科委计算机开发中心副主任、主任；商丘地区计算机学会理事长、商丘地区电子学会秘书长、商丘地区家电协会副会长；夏邑县副县长；商丘市政协副主席、民革商丘市委主委、市工商联（总商会）会长。现任河南省政协副主席、民革河南省委主委，负责教育、文化、文物管理、新闻出版、卫生、体育、地方史志和妇女儿童等方面工作；中原经济区研究会名誉会长。在国内权威报刊上发表多篇文章，主编《中原经济区发展报告（2014）》。

副主编

孟宪臣 男，1950年生，河南虞城县人。1970年2月加入中国共产党。1969年1月参加工作。历任部队营团秘书、连指导员、团党委委员，虞城县人事局股长，1983年10月任虞城县委组织部副部长，民权县委常委、组织部部长，1990年6月任商丘地委组织部干部科科长（副县级）、商丘地委组织部副部长（正县级），1998年3月任驻马店地委委员、组织部部长，2000年7月任驻马店地委副书记、驻马店市委副书记，2003年任省人口计生委党组书记、主任，2010年11月27日被任命为河南省人大常委会教育科学文化卫生工作委员会副主任，现任中原经济区研究会副会长。著有《河南省人口发展战略研究》《新人口礼赞：人口和计划生育工作回顾与展望（河南卷）》等著作。

摘　要

本书把握国家政策的新形势，围绕中原经济区建设这一主题，对河南省乃至中原经济区的热点问题进行深入解析，提出加快中原经济区发展的对策与思路。

本书主报告之一，由中原经济区研究会课题组撰写，代表了本书对中原经济区2013年发展热点的判断和解读。改革开放以来，特别是近年来，河南把科学推进城镇化作为释放内需潜力和优化经济结构的综合性战略举措，实施中心城市带动战略，突出发展中原城市群，重点建设省辖市和县城，不断提升城镇综合承载力和吸纳就业能力，着力统筹城乡发展，有力地促进了全省城镇化水平的提高。但总体而言，全省城镇化发展仍然存在层次较低、产业支撑不够强、体制性障碍没有得到根除等一系列问题。新型城镇化发展面临新的形势和挑战，在此过程中城市发展形态、城市产业支撑、城市生态环境、城市内部二元结构、城乡一体化等需要重点关注。基于此报告提出一系列相应的对策建议。

本书主报告之二，由河南省统计局课题组撰写，代表了本书对中原经济区发展现状、面临形势的基本观点。报告认为，2012~2013年全区经济呈现发展速度稳中趋升、质量稳中有进、后势稳中向好的态势。但当前宏观经济环境仍然错综复杂，需求不足的问题尚未根本解决，结构性矛盾依然突出，经济企稳回升的基础尚不稳固。2014年，伴随全面深化改革措施的深入实施，一系列打基础、管长远的政策效应的逐步显现，中原经济区的竞争优势将更加突出，中原经济区有望实现经济持续健康较快发展。

本书还邀请了省内知名专家和学者，从不同方面对中原经济区主体河南省的发展热点进行评析；同时，对于周边地区，从城镇化的角度来阐述其经济社会发展状况，从而呼应全书的主体思路，为地区发展提供对策和路径。

目录

BⅠ 总报告

B.1 河南省新型城镇化发展研究报告 …………………… 欧继中 / 001
    一 河南省城镇化发展的主要特征 ……………………………… / 001
    二 河南省城镇化发展面临的形势与挑战 ……………………… / 010
    三 河南省新型城镇化过程中需要关注的几个问题 …………… / 018

B.2 2013~2014年中原经济区经济形势分析与展望
    …………………………………………… 孙　磊　王俊杰 / 029
    一 经济发展稳中有进，结构效益稳中向好 …………………… / 030
    二 发展环境仍然复杂，经济企稳回升的基础尚不稳固 ……… / 034
    三 积极因素仍在累积，保持经济平稳较快增长仍有
       较多有利条件 …………………………………………………… / 036
    四 持续求进，加快中原经济区建设步伐 ……………………… / 038

BⅡ 专题报告

B.3 构建河南现代产业发展新体系研究 …………………… 耿德建 / 041
B.4 河南省产业集聚区人口集中问题研究 ………………… 任俊英 / 055
B.5 河南省新型农业经营主体的选择和培育 ……………… 秦小玲 / 064

B.6 新形势下平原农区经济社会发展思路研究
　　——以河南省扶沟县为例 …………………… 耿德建　闫　杰 / 076
B.7 河南省信息化建设研究 ………………………………… 薛金房 / 093
B.8 河南省金融改革与发展研究 …………………………… 郜俊玲 / 106
B.9 河南省生态文明建设发展报告 ………………………… 沈莎莎 / 122
B.10 新时期河南省旅游业发展研究 ………………………… 卢天杰 / 137
B.11 河南省加快构建举省开放体制研究 …………………… 刘殿敏 / 156
B.12 农业现代化与河南农村人口转移研究 ………… 刘殿敏　范允涛 / 167
B.13 河南省养老服务业发展研究 …………………………… 赵　唤 / 184
B.14 河南省人口结构变动的特征与趋势研究
　　………………………………………… 郜俊玲　刘　云　耿德建 / 198
B.15 河南城镇基础设施建设投融资机制研究 ……… 郜俊玲　刘　洋 / 216
B.16 河南省粮食后"十连增"时期面临的问题与政策要求
　　……………………………………………………………… 刘　云 / 232

BⅢ 地区报告

B.17 冀南地区城镇化发展报告 ……………………………… 郭艳青 / 245
B.18 晋南地区城镇化发展报告 ……………………………… 荆甜甜 / 268
B.19 2013~2014年皖北地区城镇化发展报告 ……………… 刘潇潇 / 284
B.20 2013~2014年鲁西南地区城镇化发展报告 …………… 胡照龙 / 305

Abstract ……………………………………………………………… / 324
Contents ……………………………………………………………… / 326

皮书数据库阅读 使用指南

总 报 告

General Report

B.1
河南省新型城镇化发展研究报告

欧继中[*]

摘　要：

当前，河南与全国一样进入了城镇化加速发展时期，但是河南独有的产业结构、城乡结构、人口结构和资源环境条件等，使河南城镇化发展面临着许多特殊的机遇。促进城镇化健康发展必须在遵循城镇化一般发展规律的基础上，充分兼顾河南城镇化的特殊性，走具有中原特色的城镇化之路。

关键词：

新型城镇化　发展

一　河南省城镇化发展的主要特征

改革开放以来特别是近年来，河南把科学推进城镇化作为释放内需潜力和

---

[*] 欧继中，河南省人民政府发展研究中心；中原经济区研究会。

优化经济结构的综合性战略举措,实施中心城市带动战略,突出发展中原城市群,重点建设省辖市和县城,不断提升城镇综合承载力和吸纳就业能力,着力统筹城乡发展,有力地促进了全省城镇化水平的提高。但总体而言,全省城镇化发展仍然存在层次较低、产业支撑不够强、体制性障碍没有得到根除等一系列问题。主要特征表现在以下方面。

(一)城镇化发展迅速,但总体水平仍然偏低

改革开放以来,河南省城镇化进程经历了滞缓(1978~1994年)、加快发展(1995~2005年)和快速发展(2006~2012)三个阶段(见表1)。2012年,全省城镇人口4473万人,城镇化率达到42.4%,较2007年底增加1081万人,城镇化率提高8.1个百分点,年均增长1.62个百分点,高于同期全国平均水平近0.5个百分点。这5年是河南历史上城镇化发展速度最快、质量最高、城乡面貌变化最大的时期,河南的城镇化率与全国的差距在逐步缩小。

表1 1978~2012年河南省人口和城镇化水平

年份	总人口(万人)	城镇人口(万人)	乡村人口(万人)	城镇化率(%)
1978	7067	963	6104	13.63
1979	7189	994	6195	13.83
1980	7285	1021	6264	14.02
1981	7397	1050	6347	14.20
1982	7519	1084	6435	14.42
1983	7632	1111	6521	14.56
1984	7737	1137	6600	14.70
1985	7847	1164	6683	14.83
1986	7985	1196	6789	14.98
1987	8148	1232	6916	15.12
1988	8317	1269	7048	15.26
1989	8491	1308	7183	15.40
1990	8649	1342	7307	15.52
1991	8763	1389	7374	15.85
1992	8861	1434	7427	16.18
1993	8946	1477	7469	16.51
1994	9027	1520	7507	16.84

续表

年份	总人口(万人)	城镇人口(万人)	乡村人口(万人)	城镇化率(%)
1995	9100	1564	7536	17.19
1996	9172	1687	7485	18.39
1997	9243	1811	7432	19.59
1998	9315	1937	7378	20.79
1999	9387	2064	7323	21.99
2000	9488	2201	7287	23.20
2001	9555	2334	7221	24.43
2002	9613	2480	7133	25.80
2003	9667	2630	7037	27.21
2004	9717	2809	6908	28.91
2005	9768	2994	6774	30.65
2006	9820	3189	6631	32.47
2007	9869	3389	6480	34.34
2008	9918	3573	6345	36.03
2009	9967	3758	6209	37.70
2010	10437	4052	6385	38.82
2011	10489	4255	6234	40.57
2012	10543	4473	6070	42.43

数据来源：《河南统计年鉴》(2013)。

虽然近年来河南省城镇化发展呈现较快的速度，保持了较好的发展态势，但是与全国和经济发达地区相比，河南省的城镇化水平仍然偏低，已成为制约全省经济社会发展的主要矛盾。2012年，河南省城镇化率仅为42.4%，低于全国平均水平（52.6%）10.2个百分点，在中部地区六省排倒数第一，在全国31个省级地区排倒数第五，仅略高于云南、甘肃、贵州和西藏。同时，河南的城镇化滞后于经济发展水平。2012年，河南工业化率为50.7%，城镇化率低于工业化率8.3个百分点。依据钱纳里模型，当人均GDP达到1000～3000美元时，城镇化应领先于工业化发展。2012年河南人均生产总值31499元，约合4990美元（按当年人民币兑美元平均汇率中间价为6.3125计算），已经超过3000美元。城镇化应高于工业化水平，而目前的城镇化率低于工业化率是不合理的，有悖于一般经济发展规律。

此外,城镇化发展区域性差异明显。作为河南经济、政治、文化中心的郑州,由于其对流动人口具有较强的吸引力和容纳力,在河南18个省辖市中城镇化水平最高,达到66.3%,比城镇化水平最低的周口市和驻马店市(33.4%)高32.9个百分点。全省18个省辖市中城镇化率高于全国平均水平52.6%的只有郑州市和济源市2个城市,高于或等于全省平均水平的有11个城市(见表2)。

表2 2012年河南省18个省辖市城镇化水平

省辖市	城镇化率(%)	排序	省辖市	城镇化率(%)	排序
郑州市	66.3	1	漯河市	42.8	9
开封市	39.7	11	三门峡市	47.6	6
洛阳市	47.9	5	南阳市	36.8	13
平顶山市	45.0	7	商丘市	33.5	15
安阳市	42.4	10	信阳市	38.2	12
鹤壁市	51.6	3	周口市	33.4	16
新乡市	44.7	8	驻马店市	33.4	16
焦作市	50.7	4	济源市	53.4	2
濮阳市	35.2	14	全 省	42.4	
许昌市	42.8	9			

数据来源:《河南统计年鉴》(2013)。

(二)现代城镇体系基本形成,但中心城市带动力不够强

近几年河南大力推进特大城市和大城市建设,积极合理发展中小城市,择优培育重点镇,加快中原城市群发展,城镇体系明显优化。截至2012年,全省共有县级以上城市38个,其中省辖市18个,县级市20个,县城88个,建制镇1014个,乡827个。通常意义上,我国按人口规模划分的城市类型是:超过500万人的城市为特大城市,100万~500万人的城市为大城市,50万~100万人的城市为中等城市,20万~50万人的城市为小城市。据此,目前全省超过500万人的特大城市有1个,100万~500万人的大城市有8个,50万~100万人的城市6个,20万~50万人的城市和县城14个,10万~20万

人的城市和县城30个。初步形成了大型中心城市、中小城市、小城镇各具特色、竞相发展的城镇体系。在全国各省区中，河南大中城市数量较多而且分布较为均衡，中等城市实力较强，省域城镇体系梯次明显、布局合理、功能完善、结构理想，形成了较为合理的"金字塔"式的城镇等级规模结构，大中小城市和小城镇协调发展的格局已经形成。城镇体系布局科学，大中小城市和小城镇各司其职，优势互补，协调联动，竞相发展。中原城市群9市发展迅猛，土地面积占全省的35%，人口占全省总人口的40%，2012年地区生产总值占全省的57%，已经成为全省经济发展水平最高、潜力最大、活力最强的区域。郑汴一体化取得新进展，金融同城、电信同城已经实现，郑州至开封、郑州至焦作城际铁路即将建成，中心城市之间快速通达能力明显提升，城际联系日益紧密，在全省城镇化进程中的地位举足轻重。中原城市群已经纳入国家新型城镇化规划，已经成为继长三角、珠三角、京津冀之后的全国重要的城市群，综合竞争力居中西部首位。

但从城镇体系内部构成看，还存在城镇化发展层次较低、城市带动能力不够强的问题，突出表现在以下方面。一是核心城市辐射带动能力不强。核心城市是区域政治、经济和文化的中心，是区域经济的增长极，对推动城市化进程具有十分重要的龙头和带动作用。尽管近年来随着都市区建设的加快，郑州经济实力不断增强，经济首位度逐步提高，2012年该市经济总量在全省省辖市中居首位，占全省经济总量的18.75%，与位居第二位洛阳市的比值为1.86，但与中部和周边省会城市相比，郑州首位度仍然较低，其经济总量占全省经济总量的比重在中部包括周边省会城市中倒数第一，集聚和辐射能力较弱，对全省城镇的辐射带动作用尚未发挥出来。二是中小城市规模偏小。全省中等城市数量较少，承上启下的节点作用不够突出，一些省辖市市域人口已超过1000万，但中心城区人口却不足100万，有的甚至不足50万，难以有效辐射和带动周边地区发展。小城镇数量众多，但是规模小、功能不全，服务带动乡村地区发展的功能较弱。三是城市之间分工协作程度不够高。由于各城市功能分工不尽合理，城市的产业同构和结构雷同现象严重，互补性差，城镇体系处于一种松散状态，制约了整个区域经济社会发展。

（三）城镇化载体建设扎实推进，但第二、三产业支撑不够强

河南各市将产业集聚区作为拉大城市框架的着力点，同城乡一体化示范区建设、老城区改造、中央商务区建设有机结合起来，围绕产业集聚区规划建设学校、医院、商业服务等城市功能设施，实现产业集聚区与城区功能设施的对接与协调发展。截至2012年底，全省180个产业集聚区建成区面积达1589平方公里，累计完成基础设施投资超过3500亿元，道路总长1.5万公里，标准厂房1.3亿平方米。金融、物流、信息、人才引进与培训、生活服务等产业配套服务和公共服务能力不断增强。2009年以来，全省先后设立了16个城乡一体化示范区，累计完成基础设施投资超过1300亿元。省政府确定的62个城市组团发展全面提速。全省107个城市商务中心区和特色商业区完成了规划评审或选址确定，服务业发展载体建设正在加快推进。郑州航空港经济综合实验区作为目前全国唯一一个以航空港经济为主题的国家级新区，自2013年3月7日国务院正式批复以来，各项基础设施建设已全面启动。目前，实验区建成道路总里程累计约69公里，在建道路项目36个，在建道路总里程约79公里，总投资62亿元，水、电、气、暖等市政基础设施建设工程扎实推进，大枢纽建设取得突破，招商引资工作取得重大进展，一批具有国际影响力的项目签约实验区。

长期以来，河南省城镇化发展不快，重要原因之一就是第二、三产业发展水平低，缺乏吸纳就业的能力，影响了人口的集中。目前河南省已成为新兴的工业大省，工业增加值多年位居全国第五，但河南省还远不是工业强省，仍然存在工业大而不强、资源性产业比重高而高新技术产业比重低、竞争力弱等问题。河南省第三产业更是不大不强也不优。2012年，河南省第三产业占GDP的比重为30.9%，比全国水平44.6%低13.7个百分点，不仅在中部地区六省排末位，在全国也排末位。河南省第二、三产业支撑不够强，必然造成吸纳就业能力弱，导致新型城镇化发展动力不足。2012年，河南省第二、三产业从业人口比重仅有58.2%，低于全国平均水平（66.4%）8.2个百分点。从城乡从业人口比重来看，2012年，河南省城镇从业人口比重仅有22.0%，而全国这一比重是48.4%。部分大城市由于缺乏主导优势产业带动，多数县域城

镇非农产业支撑扩张乏力，小城镇未形成具有特色的产业支撑，很大程度制约了城镇化的快速发展。

（四）城镇承载力不断增强，但城镇发展方式仍然粗放

近年来，河南以大力实施城乡建设三年大提升行动计划为抓手，不断加大城市基础设施和社会文化设施建设力度，城市的整体功能逐步提升，城市的服务能力和供给能力进一步增强，城镇供水、供热、燃气、公交、城市道路不断完善。2012年，全省城市建成区面积2219平方公里、供水总量188538万立方米、排水管道长度17292公里、城市煤气天然气家庭用量76325万立方米、公共汽车总数21852辆、道路长度10798公里、公园绿化面积21202公顷、集中供热面积13006万平方米，比2007年分别增加444平方公里、21190万立方米、4894公里、39407万立方米、8781辆、2147公里、5709公顷和5964万平方米，电力、通信等基础设施也都发展迅速，大大改善了城镇居民的生产和生活条件。以构建"五网一系统"及形成郑州国内大型航空枢纽基本框架为重点，着力构建功能完备、协调配套、高效快捷、支撑有力的现代化基础设施体系。积极推进郑州航空枢纽和以郑州为中心的"米"字型高铁框架建设，加快完善高速公路网和国省道干线公路网。郑州新郑国际机场旅客年吞吐量突破千万大关，进入全国大型机场行列。高速铁路达到5800公里，所有县城实现20分钟内上高速。着力优化能源结构，稳步提高供应能力，500千伏"两纵四横"主网架和市域220千伏环网、县域110千伏双电源供电格局基本形成。信息化水平不断提高，县城以上城区、高速公路、机场和重点景区实现3G网络覆盖。重大基础设施的不断完善，促进了人口流动，城镇联系更加密切。

尽管河南城镇建设与发展日新月异，城镇功能逐步完善，但是在城镇经济发展、规划建设、城镇管理、社会发展等方面也暴露了发展方式粗放的问题，城镇发展盲目追求数量而忽视质量，单纯靠规模扩张、外延式发展的传统模式，内涵式发展不足。在推进城镇化过程中，过于强调主观能动性而忽视城镇发展规律，存在不从实际出发的问题，盲目追求城镇的规模扩张，一味贪大求快，偏好高楼大厦、宽马路、大广场等城镇形象的塑造，忽视以提高资源配置

效率和居民生活质量为核心的城镇内涵式发展,交通拥堵、资源短缺、环境污染、生态恶化等诸多"城市病"日益凸显。城镇管理总体上重建设轻管理现象仍然严重,科学的管理机制还没有形成。大范围的拆迁与建设,既容易造成土地等各类宝贵资源的浪费,破坏文化遗产,又容易引发不少社会矛盾,影响社会稳定。

(五)城市经济实力快速提升,但资源环境约束加大

近年来,随着河南工业化、城镇化进程的加快,城市经济实力显著提高。2012年,全省城市市区生产总值达到29599.3亿元,公共财政预算收入2040.3亿元,公共财政预算支出5006.4亿元,规模以上工业企业主营业务收入52276.4亿元,利润总额4016.4亿元,分别是2007年的1.97倍、2.37倍、2.68倍、2.76倍和2.07倍。其中,18个省辖市区国内生产总值占全省的比重由2007年的28.8%提高到2012年的30.0%,公共财政预算收入由2007年的51.5%提高到52.8%。郑州、洛阳两市发展迅速,中心城市的辐射带动能力不断增强,功能定位和特色产业逐渐凸显,形成了以郑州市为中心、洛阳市为副中心的全省核心增长极。

河南省是一个人口众多但人均资源相对贫乏的大省。土地面积占国土面积的1/55,耕地面积为全国耕地面积的1/18,人均耕地面积是全国平均水平的2/3,有12个省辖市、62个县(市)人均耕地面积低于1.24亩的警戒线标准,有3个省辖市、15个县(市)人均耕地面积低于世界粮农组织0.8亩的警戒线标准。在国家实施严格的土地政策、加强土地管制的形势下,许多市、县、镇都反映第二、三产业项目无法落地,城镇化发展严重受困,要求增加建设用地指标,城镇发展与耕地保护之间的矛盾十分突出。河南人均水资源仅为全国平均水平的20%,煤为27.9%,石油为73.7%,天然气为72.2%。河南正处在工业化、城镇化加速发展时期,国际经验证明,这一时期能源消耗与经济增长成正比,且能源消耗是刚性增长。随着河南工业化、城镇化进程的加快和经济总量的不断增加,由经济结构不合理和发展方式粗放导致的资源约束逐步增强。环境压力进一步加大,生态承载能力不断弱化,城镇化进程与环境保护的矛盾越来越突出。

（六）城乡统筹发展取得新进展，但体制性障碍仍然存在

统筹城乡发展、缩小城乡差距事关全面建成小康社会大局，是"十二五"时期和今后相当长时间内河南经济发展的主要目标之一。2012年，河南城镇居民人均可支配收入20442.62元，农民人均纯收入达到7524.94元，扣除价格因素，分别为2007年的1.78倍和1.95倍。城乡居民收入比由2007年的2.98∶1缩小为2.72∶1，城乡居民的收入相对差距进一步缩小。2007~2012年的五年间新增城镇就业652万人，农村劳动力新转移就业500万人以上、总量达到2570万人。覆盖城乡的社会保障体系初步建立，城镇居民医保、城乡居民养老保险制度实现全覆盖，新农合参合率达到97.65%。城镇居民医保补助标准五年提高2倍，城乡低保、农村五保等社保对象待遇不断提高。多层次住房保障体系初步形成，五年开工建设保障性住房137.3万套、竣工65万套。覆盖城乡的公共文化服务体系初步建立，实现了县县有图书馆、文化馆，乡乡有文化站。城乡免费义务教育全面实施，高中阶段教育和高等教育毛入学率分别达到90%和27.22%，分别比2007年提高22.3个和7.54个百分点。卫生机构病床新增11万张，12类基本公共卫生服务免费向城乡居民提供。农村医疗、教育等公共服务设施和通信、交通、水电气等基础设施建设加快推进，农村居民生产生活现代化水平不断提升。

但从城乡居民收入绝对差距来看，2012年，河南城乡居民收入差距为12917.68元，比同期全国的平均水平16648元低3730.32元，但比2007年的7625.45元高5292.23元，城乡居民收入的绝对差距呈扩大态势。在经济社会发展过程中，城乡地域之间出现一定的收入差距是正常的，但是收入差距过大会影响整个经济的发展速度和发展的可持续性，抑制投资需求，进而影响消费对经济的拉动作用，也会使人们的价值观发生偏转进而影响社会的和谐与稳定。国际劳工组织的数据显示，2005年，绝大多数国家的城乡人均收入比都小于1.6，只有三个国家超过了2，中国名列其中，而美、英等西方发达国家的城乡收入比一般在1.5左右。到了2012年，我国城乡收入比为3.10，我国已成为世界上城乡收入差距最大的国家之一。因此，深化收入分配制度改革，努力扭转城乡收入差距扩大的趋势，任务艰巨而繁重。同时，长期形成的城乡

二元分割的政策体系和管理体制,特别是以户籍为分界的不公平的社会管理制度,导致城乡居民之间存在制度上和政策上的不公平,农村转移人口中相当比例的人在城镇居住半年以上,很难获得当地的城镇户口,进城落户融入城市困难。这些城乡两栖的农民工,在就业、教育、医疗、福利、保险等各个领域,不能享有与城市居民同等待遇,农民工的合法权益难以得到保护,造成农村转移人口难断农村根的夹生状态,半城镇化现象十分突出。

二 河南省城镇化发展面临的形势与挑战

(一)城镇化与工业化的关系深度调整,服务业将成为城镇化发展的主动力

城镇化与工业化的关系具有阶段性。在工业化发展初期,工业化对城镇化具有较大的促进作用,工业化是城镇化发展的主动力,城镇的功能主要是为工业发展提供集聚场所和基础设施,城镇的发展主要依靠工业企业扩大再生产吸引人口与资本的集聚;当工业化演进到中期阶段后,城镇化就不再仅仅是工业化的"空间表现形式",而是更多地依赖服务业的拉动;当工业化发展到较高阶段后,服务业成为最大的产业部门,成为城镇化的主动力,城镇化取代工业化在经济社会发展中发挥引领作用。

服务业主要包括生产性服务业和生活性服务业。服务业发展是工业集聚化发展的结果,是工业化发展到高级阶段的产物。城镇能够降低工业企业的劳动成本、运输成本和交易费用,具有较大的工业品市场,并能为工业企业提供廉价而又高效的基础设施服务、市场信息服务、文化生活服务等,工业企业向城镇集中,能够得到较大的集聚效应和规模效应。随着企业规模的扩大和市场竞争的加剧,制造业企业逐步将研发、设计、内部运输、采购等活动剥离出来,形成独立的生产性服务业企业。从发达国家的实践看,生产性服务业作为现代服务业中最具活力的部门,其发展速度已经超过制造业。产业结构的高级化引导就业人口由低收益部门不断向高收益部门转移,随着劳动生产率的提高,劳动者收入不断提高,进而引致更大规模的生活性服务业发展。

城镇化滞后会降低工业化质量,导致工业化的扭曲和不协调。在现代化过程中,如果由于产业类型或制度原因导致城镇化滞后,就意味着工业在发展过程中没有充分获得集聚效益和规模效益,工业化的质量和整体竞争力不高。而制造业发展不充分,生产性服务业也难有大的发展;产业层次低,服务业不发达,劳动生产率低,又导致人口集中程度低、收入水平低,生活性服务业的发展规模也难有大的突破。

从三次产业结构演变的趋势看,河南省城镇化的主动力已经进入变更调整期。改革开放以来尤其是进入21世纪以来,河南省工业化进程不断加快。1978~2000年,工业化率由42.6%提高到45.4%,累计提高2.8个百分点;2000~2012年,工业化率由45.4%提高到56.3%,累计提高10.9个百分点。随着经济社会的不断发展和工业化进程的持续推进,河南省已经进入工业化发展的中后期阶段,即在2010年生产总值达到23092.36亿元,工业化率达到57.3%的高点之后,工业化率出现停滞,之后开始下滑,2012年工业化率降低为56.3%。从沿海发达省份发展的历程看,广东省在2005年,江苏省、山东省在2007年,当经济规模达到2.5万亿时,出现了第二产业占比降低、第三产业占比提升的历史性转折,自此走上服务业占比持续提高的发展阶段。河南省总体经济发展水平低于全国及沿海发达省份,根据沿海发达省份产业结构演进的轨迹,有理由认为河南省也在2010~2011年达到产业结构演进的拐点,三次产业结构开始由"二三一"格局向"三二一"格局演变,城镇化发展主动力开始由工业转向服务业。

在这种情况下,河南省城镇化发展面临的最大挑战在于,城镇化主动力更替的扩张性不足。美国经济学家诺瑟姆依据对世界各国城市人口占总人口的比例变化,将城镇化进程大致分为三个阶段,即当城镇化率处于30%以下时,城镇化速度比较缓慢;当城镇化率在30%~70%时,城镇化加速发展;当城镇化率超过70%之后,城镇化进入成熟期。2012年河南省城镇化率为42%,按照这一理论,河南省正处于城镇化加快发展时期。但是问题在于,河南省资源性工业占比大,而且在乡镇企业、县域经济分散化发展的思路中浸润得太久,2008年以来,才在承接产业转移、发展产业集聚区的背景下有意识地走上了集聚发展的道路。既然是"承接"就难以避免"落后",再加上长期以来在国内地区分工中"能源原材料基地"的产业定位,河南省工业多处于产业链的低端,综合经济效益不高。因而,河南省的工业化是一种没有充分获得集聚效益和规模效益的工业化,是一种质量和整体竞争力不高的工业化,是一种社会化分工程度不高的工业化。按照上面的分析,制造业分工程度不高,就难以带来生产服务业的发展和产业的升级;产业层次不高,就业层次和劳动生产率就难以提高,劳动者收入就难以提高,生活服务的发展就失去了源泉。因此说,河南省前一阶段工业化的发展,没有为生产性服务业和生活性服务业的发展积蓄足够的能量,河南省城镇化发展将面临主动力不足的严峻挑战。尤其是,在我国经济由高速增长转为次高速增长的大背景下,在工业化速度放缓、服务业发展动力不足的境况下,我们能否使城镇化保持快速的发展?这个问题应当引起我们的关注。

(二)全球化、信息化及第三次工业革命对传统城镇化模式带来冲击,分散化发展趋势初露端倪

河南省城镇化发展的复杂性表现在:一方面,人口和产业集聚程度不高,城镇化水平低;另一方面,在新的时间维度下又迎来了分散式、逆城镇化发展的浪潮。

在传统模式下,城镇化的核心是集聚。直观地看,集聚有如下好处:一是知识外溢,企业技术和知识可通过企业员工间的交流而传播;二是分享劳动力市场,企业容易找到需要的人手;三是共用基础设施,摊薄基础设施成本。因此,城镇具有一种自我强化功能,城镇一旦形成,就会对周边地区产生极化效应,引致周边地区的要素和产业向城镇集中。随着集聚程度的提高,要素密度越来越大,集聚成本不断上升,城市发展逐渐进入扩散发展阶段,周边地区或次一级城镇在中心城市溢出效应的带动下,逐渐发展起来,中心城市则走上以服务业发展为主要驱动力的道路。但是在当今由宽带互联网和电子商务连接的全球化新阶段,空间与距离的概念在迅速改变,再加上城市病的催发,城市由"极化"转向"扩散"的拐点提前到来,分散化发展趋势明显。

一是机动化的挑战。改革开放以来,我国经济的高速发展,带来城市人口

的快速集聚和居民收入与消费水平的急剧提高。随着消费结构的不断升级，私人汽车数量快速增加，汽车社会赫然到来。而城市作为工业化的载体，还没有来得及按照传统路径完成产业和人口的集聚，就已经不堪重负，各种城市病在城市化的中期就开始全面暴发。受此影响，城市较高收入人口开始利用机动化的便利到空气条件和环境质量更好的地方居住，郊区和风景区开始出现大规模的高档居住组团。很显然，随着交通条件的改善，特别是地铁、城际交通、城乡交通设施一体化程度提高，城镇化和机动化相互作用，我国很可能出现严重的城市蔓延，这与我们的国情省情是极其不符的，必须考虑如何应对机动化和城市蔓延的挑战。

二是全球化与信息化的挑战。全球化与信息化提供了这样一个新机会：一个人无论在哪里，只要能上网、有一部手机即可参与全球互动，即可操控遥远地区的经济与贸易活动；普通消费者只要能上网、有一部手机，就可以实现网上购物、网上治病、网上交易。然而这仅仅是一个开始，其中最容易预见的变化，就是无所不在的移动：未来几年，许多业务都将通过手机或移动设备上网完成，我们将实现移动办公、移动家庭管理、移动诊病等。这样一来，空间距离变得不再重要，人们的空间视野扩大。这意味着人们无论是在大城市还是小城镇、在城市还是乡村，生活和工作都不会受到大的影响。当分散的居住仍然能够获得高效率的资源配置时，人们就没有必要集中到高污染的大城市居住了。

三是第三次工业革命的挑战。第三次工业革命具有五大特征。（1）能源生产与使用革命。我们目前的经济与社会发展模式、生活消费方式所依赖的化石能源已经逐步进入枯竭期，需要在理念、技术、资源配置、消费习惯等方面转型以开发可替代的再生性能源，使人类社会可持续发展。（2）生产方式变革。现在的生产方式是大规模标准化、用机器生产机器的方式；新的生产方式，将是以互联网为支撑的智能化大规模定制的方式，标志着个性化消费时代的到来。（3）制造模式变革。制造业主流制造模式从削减式转变为叠加式制造，制造业实现数字化。（4）生产组织方式变革。现在的生产组织方式为集中生产、全球分销，新的生产组织方式则是分散生产、就地销售。（5）生活方式变革。消费的同时就是生产。购物在3D打印店里就能完成，边消费边生产。

麦基里长期关注制造业技术和数字制造的发展，他认为，第三次工业革命这一数字化革命，将带来制造模式的重大变革，大规模流水线制造从此终结，人们可以完全按照自己的意愿来设计。第三次工业革命甚至还可能带来反城市化浪潮，取代城市化生活的将是一种分散、自给自足的生活方式。

全球化与信息化及第三次工业革命带来的分散式发展趋势，将对传统的城镇化模式形成挑战。在这种情况下，我们是否还要沿着"先集聚、再扩散"的传统路径重复发达国家和发达地区的城镇化道路？是否还要沿着先发展大城市、再利用大城市的扩散溢出效应发展中小城市和小城镇的传统路径进行跟进？我们怎样避免走上美国式蔓延城镇化的道路？这些问题都需要我们根据河南的省情和发展阶段进行认真思考和应对。

（三）半城镇化问题突出、人口基数大和老龄化社会的到来，使河南省城镇化进程呈现异常复杂的局面

一是半城镇化问题。改革开放前30年的发展为城镇化留下的最大遗产，是大规模的半城镇化人口。国家一直致力于促进农业转移人口市民化，从目前来看，农民市民化制度门槛越来越低，但市场门槛越来越高，农民工群体有没有能力在城市落脚，成为问题的关键。从河南省农村转移人口流动的趋势看，自2007年以来，省内、县内转移人口占比持续增加，目前省内就业已占到就业总数的54.92%，在省内就业人员中，县内比重已占到52%，形成了农民工倾向于选择在县城就地就近就业、同时兼营农业的就业格局。根据对漯河、信阳和驻马店三市的调查，在城镇化、农民就业非农化比重不断提高的背景下，三市中心城区人口比重较低，2011年漯河、信阳、驻马店三市中心城区人口分别为129.8万、123.1万、83.4万，占全市总人口的比重分别为50.9%、20.2%、11.8%，与2006年相比，信阳、驻马店分别提高了1.7、3.3个百分点，漯河反而降低了0.3个百分点。同期，农村人口向县城、中心镇集中速度较快，2011年，漯河、信阳、驻马店的城镇人口分布在县城和中心镇的分别为44.2万、156.2万、173.8万，比2006年分别增加了39.4%、12.7%、24.2%，比同期全市城镇化率分别高出31.3、5.1、17.2个百分点。很显然，县城和中心镇成为当前三市农村人口集中的主要目的地。那么在这种局势下，

农民工问题会不会常态化，进而小规模农户兼业经营会不会固化？半城镇化带来的另一个问题是，从宏观角度看，我们在改革开放前30年高速发展时期都没有解决的农民工城镇化问题，有没有可能在经济发展进入次高速发展阶段、经济转型步伐艰难的现阶段得到解决？我们有没有可能消化掉这个巨大的遗留问题？最后，如果农民自身和政府都没有能力来解决农民工问题，那么对于我国以及河南省城镇化过程中注定要存在的这样一个特殊的城乡交集，我们需要怎样应对？

二是人口基数大的问题。2012年，河南总人口为10543万人，户籍人口全国第一，人口密度为631人/平方公里，是全国平均水平的4.5倍。由于人口压力大，河南长期执行"人口自然增长率低于全国平均水平"的人口政策，但是人口大省的地位一直没有改变。由于经济发展不平衡，人口在区域之间流动不断加剧，自20世纪90年代末以来，河南农村劳动力大规模到沿海地区务工，但是在城乡二元制度下，这些人口并不能融入他们务工的城市，而是在城乡、区域之间来回摆动。这使得河南省不仅没有通过区域流动减轻人口负担，反而出现了留守儿童、留守老人等许多社会问题。及至2008年世界金融危机，大批农民工返乡，河南省顺势而为，积极承接发达地区产业转移，大力发展产业集聚区，不断扩张经济规模，出现了外出农民工逐渐回流、常住人口回升的势头。从中长期看，一个人口大省很难依靠人口的区域流动改变人口众多的省情，随着《全国主体功能区规划》的实施和国家致力于在中西部地区打造新的增长极，河南省常住人口规模会在高水平上稳定下来。那么，一个具有上亿人口的发展中大省、粮食大省，如何以我为主演绎城镇化的活剧？城镇化的潜力到底有多大？城镇化峰值会达到多高？如何走出一条具有中原特色的城镇化道路？都是我们需要思考的问题。

三是老龄化问题。受人口自身增长规律和区域流动双重因素的影响，河南省老龄化社会已经提前到来。河南在2009年终结劳动人口比重不断上升的势头，较全国提前3年达到劳动人口负增长的历史拐点，劳动人口绝对数量和占比呈现双下降趋势。随着劳动人口数量下降，人口抚养系数"止跌回升"，2012年河南省人口总负担系数为42.8%，比2010年上升了1.2个百分点，比全国水平高6.62个百分点。河南省65岁及以上人口占比达到8.8%，越过了

7%的老年型人口临界点。河南已经进入老龄化社会,其中农村人口老龄化程度明显高于城镇。老龄化社会的到来,给河南省城镇化带来了严峻挑战。首先,传统优势弱化。人口老龄化弱化了河南省人多地少、劳动力丰富的传统优势,使得建立在这一基础上的传统产业难以持续。实现产业升级和经济转型,有赖于培育和建立新的比较优势,在新的比较优势还没有形成的情况下,我们面临着"比价优势真空"的尴尬,城镇化发展面临动力结构置换的巨大压力和风险。其次,农村人口进城动力不足。从河南省向省外迁移的流动人口成分看,以农民工和大中专院校学生为主,流动人口中劳动年龄人口占80%以上。而且,无论是跨省流动还是省内流动的人口,受教育程度均高于全国和全省平均水平。2010年,省内流动人口中男性和女性分别有44%和40%受过高中及以上教育,比全国19.6%的平均水平高20多个百分点;跨省流动人口中的相应比例也分别高达30%和27%,高出全国平均水平10多个百分点。因此说,留守在农村的人口不仅年龄偏大,而且文化素质也相对较低,转移能力明显不足。同时由于该群体年龄偏大,安土重迁的观念更加浓厚,流转的意愿明显不足。此外,各项惠农政策的实施和对农业家庭经营制度的保护,也使得这部分人有可能在一定程度上依靠耕种自家的小块土地,从事集养老和生产为一体的"老人农业",增加家庭收入,于国于家都有好处。尤其是随着城乡交流的增加,再加上第一代农民工曾亲历过到城市务工的生活,亲身体会过城市生活的忙碌、喧嚣和艰辛,因而逐渐认识到乡村田园生活的价值,更不要说农民占有的宅基地、承包地的价值具有良好的升值预期,农民不愿意冒失去土地资产的风险。最后,从发达国家和地区的经验看,随着经济的发展和生活水平的提高,城市老龄人口具有向乡村流动的趋势。现在江浙一带有大量城市人到农村居住或务农,有些是因为城市生活成本巨大,有些是对生活方式和生活环境的选择。这种潮流在法国、日本和韩国都出现过。如何建立城市人到乡村定居的制度通道?如何看待集养老与生产为一体的"老人农业"?如何认识作为农村生产生活服务中心的小城镇的价值?这些都是我们在城镇化过程中需要思考的问题。进而,我们还需要深入思考"美丽乡村"建设的价值。美丽乡村不仅是农村人的乡村,在很大程度上还是城市人释放乡愁、养老、完成落叶归根的生命轮回的归宿,同时还是城市的绿色农产品基地和生态产品基地。我们要做的是把这一过程尽可能地揉进生产性和现代性的因素，使其成为城镇化、现代化的有机组成部分。在城镇化过程中，不应该否定农业文明，而应包容传统生产和生活方式。

（四）生态文明制度加快建立，河南省新型城镇化发展面临特殊的机遇

由于高投入、高消耗、高污染的传统发展方式没有根本改变，我国在经济快速增长的同时，也付出了很高的代价，资源、环境和生态系统已难以承载传统的发展方式。与此形成强烈反差的是，我国城乡居民随着物质文化生活水平的提高，消费需求不断升级，他们不仅对物质产品和服务产品的需求水平越来越高，对生态产品的需求也越来越迫切。喝上干净的水，呼吸新鲜的空气，享用绿色的植被，吃上放心的食物，生活在宜居的环境中，越来越成为城乡居民的最大期待。实现我国经济社会持续健康发展，必须大力推进生态文明建设，努力走绿色、循环、低碳发展的道路。为此，党的十七大把"建设生态文明"作为实现全面建成小康社会的五大目标之一，党的十八大把"生态文明建设"纳入中国特色社会主义事业"五位一体"总体布局，党的十八届三中全会进一步地阐述了生态文明的内涵，明确提出要紧紧围绕建设美丽中国，深化生态文明体制改革，加快建立生态文明制度，划定生态保护红线，从制度上推动经济社会发展与资源环境承载能力相适应。从当前的形势看，最严格的耕地保护制度不断完善，最严格的水资源管理制度正在全面实施，生态保护红线正在划定，全面贯彻落实十八大和十八届三中全会精神，坚定推进生态文明建设的制度环境已经形成。

河南省人口众多，资源相对不足，产业结构偏重，人口、资源、环境的矛盾更加突出。可以说，河南是在工业化、城镇化水平明显低于全国平均水平的境况下迎来这一重大转折的，因此在未来的城市化发展中就面临着一些特殊的机遇。

一是河南省中小城市和小城镇发展面临机遇。在诸多城市病中，空气污染、水污染和雾霾天气加重、危害面最广。随着城市居民收入水平的提高和机动化的发展，为了寻求安全、健康和相对洁净的居住环境，人们更倾向于到城市郊区、乡村、小城镇和风景区居住。美国的逆城市化及其由此带来的蔓延型城市化模式就是在这种条件下生成和发展起来的。我国城市化中的离心趋势已

经非常明显,首先是工业区普遍从城市市区分离出去,接着是居住区在城郊布局并以田园特色为卖点,再后来是城市人热衷于到农村置房购园,而本应处于城镇化前沿的农村人更加恋土恋乡,离心的逆城镇化倾向正在生长和蔓延。大城市具有自我强化效应,如果不严格限定城市边界,我们就有可能背离紧凑式城镇发展模式。反过来,如果我们对现有的城市边界进行有效限定,将大城市的扩散效应引导到卫星城、卫星镇,引导到农村腹地的特色小镇去释放,就可能为中小城市和小城镇发展带来机遇。从空间上看,城镇与农村最大的不同就是经济社会活动在空间上的高度集聚,因此城镇作为一个点对生态系统的冲击是可想而知的,国家号召大力发展中小城市和小城镇,实际上也是试图从城镇布局和城市形态上着手,稀释城市对生态系统的压力,实现人与自然的和谐。所以,发展中小城市和小城镇,也是生态建设的主要内容。

二是生态城市建设面临机遇。河南省是在城市化率较低时提前遭遇城市病的,这说明我们的城市对生态系统的冲击很大,城市生态承载能力不足。增加城市承载能力,建设低冲击性城市,一方面需要进行旧城改造,另一方面需要创建新型绿色低碳城市。所以,作为一个后来者,在生态文明建设的框架下,我们还具有后发优势,尤其是当前河南省县城建设空间还很大,县以下小城镇发展更是一片空白,这就使我们获得了在一穷二白的基础上画出最美最好图案的后发优势。按照生态文明理念,高起点建设一批中小型生态城市,是河南省城镇化面临的重大机遇。

三是生态文明建设的推进将给农村发展带来新的机遇。城镇化率超过50%以后,社会形态将由农村社会转变为城市社会,随着城镇化进程的推进,传统农村的乡土文化、农业景观、田园风光、民俗风情等,都会变成稀缺资源,吸引城里人来乡村旅游、定居,这会使农村超越传统的工业化阶段,走出一条绿色有机农业与旅游休闲产业融合的现代农业发展道路。

三 河南省新型城镇化过程中需要关注的几个问题

当前河南省正处于城镇化加速发展阶段。为适应这一发展趋势,中国共产党河南省第九届委员会第六次全体会议通过了《中共河南省委关于科学推进新型城镇化的指导意见》，启动了城镇化加速发展新阶段的重大决策部署。推进城镇化，必须从省情出发，遵循规律，因势利导，使城镇化成为一个顺势而为、水到渠成的发展过程。既考虑推进城镇化的即期作用，又考虑城镇化的长远取向，把推进城镇化与促进人的发展有机结合起来，因此，人们的居住选择——城市发展形态问题，人们的就业意愿——城市产业支撑问题，人们的文化融合——城市文明对接问题，人们的生活环境——城市生态环境问题，等等，这些问题不仅随着城市化发展阶段的变化而产生相应的变化，也随着人的发展变化而产生相应的变化，需要引起高度关注。

（一）关于城市发展形态的问题

城市形态是城市集聚地产生、成长、形式、结构、功能和发展的综合反映，是人口集中的载体。城市发展形态有宏观层面和微观层面上的区分，宏观层面的城市发展形态主要是指城市的规模结构和空间结构，即大中小不同的城市类型；微观层面的城市发展形态是指城市的内部结构。无论是宏观层面还是微观层面的城市形态，都是城市化发展阶段的产物，都对人们居住选择产生影响。本文所指城市发展形态是指宏观层面的发展形态。在不同的城市化发展阶段，城市发展会表现出不同的主体形态。在城市化加速发展阶段，大城市乃至超大城市因规模集中效益而获得迅猛发展，成为城市发展的主体形态；在城市化稳定发展阶段，由于城市郊区化和逆城市化现象的存在，城市发展开始离心发展过程，以区域性中心城市为核心、以功能互补、联系紧密的小城镇为节点的城市群成为城市发展的主体形态。这种城市发展形态的变化既是城市化发展规律的结果，也是城市化推进过程中人们选择意愿的具体反映。综观世界城市化发展史，不同的城市化发展模式有着不同的城市发展形态。以美国为代表的市场主导的城市化发展模式，可能更接近城市化发展规律，城市发展形态由集中型到分散型演变，形成大中小城市类型齐全的城市形态，并在城市化稳定阶段产生城市群的发展形态。以日韩为代表的以政府干预为主导的城市化发展模式下，政府较强的干预引起资源倾向性配置，不同规模的城市之间的动力机制差别较大，集中型城市获得快速发展，大城市发展居于主导地位。而以德国为代表的政府干预与市场结合的城市化发展模式下，大中小类型城市齐全，中小城市居于主导地位。在河南省确定城市发展的取向时,哪种城市形态更好或者说选择哪种城市类型?显然无法从这些发展模式中寻求答案,而必须从城市化背后的动力机制进行分析。促进城市化发生的是农村与城市由于发展差距而形成的动力机制,差距越大,动力越强。

就目前来看,河南省农村与城市的差距主要表现在以下六个方面,这六个方面形成了城市发展的动力机制。一是工业与农业生产效率的差距。工业生产效率高,劳动力价格高,吸引农民到城市。二是城乡生活硬件设施的差距。城市生活硬件设施好,吸引富裕的农民迁移到城市中享受生活。三是城乡子女教育水平的差距。这种差距导致越来越多的农民将子女送到城市接受教育,由"教育移民"进而演变为"就业移民"。四是城乡投资机会和就业机会的差距。城市作为社会化大生产的平台,其产业组织呈高度的专业化分工与合作状态,因而提供了更多的投资和就业机会。五是城乡消费多样性的差距。城市可以提供多样化的消费需求,吸引人们进城。六是城乡可利用的社会资本的差距。同样一家企业,在农村、城镇和城市所获得的社会资本是不同的,企业所在的城市越大,获得的社会资本也就越多、越丰富。上述六种差距可以进一步概括为两种差距,即发展型差距和生活型差距。在城市化发展初期,这两种差距不仅存在于城乡之间,也存在于大中小城市之间,由于大城市在这种差距对比中居于绝对优势,人们往往把大城市作为转移集中的首要选择,从而促进大城市迅速发展,并形成人们的思维定式:大城市才是城市化发展的主导。如果按照这种选择,大城市会无止境地膨胀下去。甚至有些大城市论者陷入城市越大越好的伪命题中,通过政府引导资源向大城市配置,来强化大城市与其他类型城市的差距,使之始终居于发展的主导地位。

城市化的发展动力来自于发展差距,随着经济社会的发展,无论是发展型差距还是生活型差距都在逐步缩小,尤为重要的是,当人们把追求生活质量放在第一位的情况下,人们对城市居住意愿的选择就会发生大的变化,因此大城市发展的动力也随之弱化。交通通信的发展,大大缩短了城市之间、城乡之间的时空距离;城乡一体化的社会保障,缩小了城乡之间、城市之间的保障差距。生活享受诉求慢慢超越发展诉求时,寻求发展机会的冲动则会让渡给享受生活的意愿选择。因此,大城市发展并不会无止境地膨胀下去。事实上,近年来，河南省在城市化过程中，人口向城市集中转移，已呈现出县城快于省辖市的特征，这已反映出人们居住意愿的理性选择和居住意愿选择的变化。如何适应人的发展需要，打造什么特色的城市来供人们选择，是城市化进程中面临的重要问题。河南省应从实际出发，分层级谋划城市发展形态，淡化规模分类，转向注重城市特色分类，以满足人们多样化的选择。

（二）关于城市产业支撑的问题

对于城市化与产业支撑的关系，按照库兹涅茨的有关理论，我们可以简明地概括为，在城市化发展初期阶段（城市化率低于30%），轻化工业为主要产业支撑；在城市化加速发展阶段（城市化率为30%~70%），重化工业为主要产业支撑；在城市化成熟发展阶段（城市化率高于70%），服务业为主要产业支撑。

当前河南省正处于城市化加速发展阶段，2013年城市化率为44.3%，2020年城市化率目标为56%，按照上述对应关系，以资源密集型和技术密集型为特征的重化工业是主要产业支撑。但问题的关键是，从河南省产业结构演变轨迹趋势来看，目前进入产业结构转型期，从2011年开始，第二产业比重开始下降，服务业比重上升。这种变化固然有河南省城市化发展一直滞后于工业化而造成服务业基数偏低的原因，但要和山东、江苏、广东等沿海发达省份的产业结构演变一同考察，这种变化则体现出一种产业结构向高度化演进的趋势，服务业发展进入快速成长期。这种趋势从总体取向看，与城市化发展阶段应有的产业支撑对应关系发生了偏离。产生这种偏离的原因是与我国城市化发展的时空背景分不开的。一是我国的城市化是在压缩的时空中进行的，以河南省为例，城市化率从2010年的38.8%提高到2020年的56%只用10年，达到70%的成熟临界点不会超过20年，而完成相同程度的城市化水平，西欧用了100多年，美国用了近70年，日本也用了44年。在这种压缩时空的发展背景下，服务业的发展进入快速成长期势必大大提前。二是我国的城市化是在人口规模巨大的背景下展开的，服务业发育程度表面看来与城市化率存在高相关的关系，但实质是与城市人口规模存在相关关系。在一个经济系统完整的人口大国，城市化率即便达到50%，其产生的消费需求也会远远超过城市化率70%的国家，服务业发展的空间巨大。因此，河南省在城市化发展进程中，寻求产

业支撑必须在突出工业化的核心带动作用的同时，谋划发展服务业。由此出发，河南省推进产业结构战略性调整，从推进城市化发展的角度，有两重取向，一重是推动工业内部调整，由资源密集型的重化工业向技术密集型的高度化工业的方向演进，另一重是适应服务业发展进入快速成长期的需要，产业构成由"二三一"格局向"三二一"格局转变。

按照上述思路，河南省城市化发展主要建立在高度化的工业和服务业的双重产业支撑之上，但河南省工业化发展由于资源密集型产业的先天性不足，由工业化带动的非农化作用表现并不明显，尤其是生产性服务业发育不足，不仅对城市化的引动作用有限，也相应阻碍了工业内部产业结构高度化的步伐。因此，出于推进工业高度化发展的需要，需要推进生产性服务业的快速发展。同时，随着人口向城市集中转移，城市人口增多，这固然可以创造一定的就业岗位，衍生一定增量的生活性服务业，但是据有关研究测算，通过人口集中转移所产生的就业岗位不足转移人口的20%，也就是说这种新增的生活性服务业所能提供的就业容量不足以容纳相应的转移人口，80%的转移人口需要从第二产业和生产性服务业寻求就业的机会。加之新增转移人口由于自身发展基础条件的限制，更多地会涌向生活性服务业，如果没有工业及其衍生的生产性服务业的发展来提供梯次的就业岗位作为出口，就有可能出现生活性服务业面临激烈竞争和更多人失业的双重风险，从而诱发社会的不稳定。因此，河南在本阶段推进城市化进程中的产业支撑，大致应按高度化的工业、生产性服务业、生活性服务业的优先层级谋划发展。

（三）关于城市生态环境的问题

城市生态系统与自然生态系统不同，它是由自然系统、经济系统和社会系统所组成的复合系统。它注重的是城市人类和城市环境的相互关系。这三大系统之间通过高度密集的物质流、能量流和信息流相互联系，其中人类的管理和决策起着决定性的调控作用。从长期来看，在不同的城镇化阶段，城镇化与城市生态环境的关系有不同的表现方式。在城市化的初始阶段，由于经济发展水平相对较低，国民经济中农业占有较高比重，乡村人口占绝大多数，工业化发育不充分，城市生态环境的问题尚不突出，城镇化与城市生态环境表现为低水平的协调关系。在城市化加速发展阶段，工业化急剧扩张，大量农村劳动人口涌入城镇，经济快速发展所带来的生产污染或人口聚集所带来的生活污染在该阶段都急剧加重。尤其出于对比较效益获取的最大目的，城市在劣化自身环境的同时，对农村用地的争夺也在不断加剧，迫使农业向生态条件差的地域推进，从而也加重了农业对生态环境的破坏。在此阶段，城镇化与城市生态环境表现为发展性背离的关系。在城市化成熟阶段，随着科学发展和信息时代的到来，工业生产比重越过高峰后，第三产业逐渐占据优势，人们的环保意识也逐渐提高，清洁技术和环境政策日益受到重视，城市基础建设也已基本建成。此时，城市污染程度开始减弱，并最终使生态环境过程曲线越过峰值后开始下降，二者表现为高水平的协调关系。当然，这种针对城镇化与生态环境间相互关系的分析，是基于一种长期的一般性判断，在不同区域或不同特质的城市，城镇化与生态环境关系的具体表现形式也会出现差异。

就目前河南省城市的生态环境问题而言，其主要表现为以下五个方面：一是大气污染严重。按照世界卫生组织相关标准，我省大多数城市的空气质量长期处于不达标的状态。二是水污染造成缺水。不论是流经城市的河流，还是地表水和地下水，都有不同程度的污染，并且由于水体污染，造成多数城市安全饮水困难，同时加剧了城市水资源的普遍短缺。三是垃圾围城问题突出。人口集中和产业集聚引起城市人口和经济规模不断扩大，产生更多的生活垃圾和工业垃圾，加之长期采用简单的填埋方式，不仅导致垃圾围城，还造成对空气、水体、土壤等方面的二次污染。四是城市生态整体脆弱，总体生态承载力十分有限。五是交通拥挤、噪音等城市综合征凸显。上述城市生态环境问题在河南省城市中可以说普遍存在，不同城市只是表现为程度不同、主次不同。

从河南省来看，造成上述城市生态环境问题的主要原因集中反映在以下三个方面：一是传统工业化道路的影响。长期以来，河南依托资源优势，形成了资源导向型的重化工业，这种依赖资源和资本高投入的工业发展模式，使许多城市形成了以钢铁、煤炭、化工、有色金属等为主导产业的重型经济结构，在导致资源高度紧张的同时，在客观上限制了服务业的发展。二是城镇蔓延式发展模式的诱导。在城市化和工业化快速发展阶段重叠的情况下，管理及决策者不可避免地产生城市化已落后于工业化的思想，这种思想转化为扩张城市和经营城市的冲动，城市建成区总面积扩张远高于人口规模的扩张，从而加速了河南省城镇的蔓延式发展。这种城市扩张方式对城市生态环境的各个方面带来了不同程度的破坏。三是政府城市环境治理模式的偏差。大多数城市的治理模式普遍存在先建设后治理、重建设轻治理的弊端，加之规划前瞻性不强、落实规划不到位等，致使城市环境治理无序而低效，事倍而功半。

由于城市生态环境与自然生态环境最大的差异化特征表现为：自然生态环境具有自我调适能力，而城市生态环境的改善取决于决策管理者，因此，在推进城市化的进程中，治理城市生态环境应突出以下工作着力点。

1. 强化城市环境保护目标，制定城市生态环境保护具体对策，实现城市环境保护与经济发展的同步与融合。

2. 坚持走新型工业化道路。以加快城市化进程为契机，推进产业结构战略性调整，促进重化工业向高度化工业演进，大力发展服务业，推动产业结构向"三二一"格局转变。

3. 统筹规划城市发展与生态建设。把城市发展与生态建设融合到统一的发展思路中，并从政策层面对城镇化速度、城镇规模、产业结构、生态建设与保护等做出制度安排。

4. 将生态建设纳入目标考核体系。建立绿色GDP的考评体系，把城市生态环境的建设与保护纳入政绩考核评价体系。

5. 改革城市环境治理模式。明确城市环境规划的法定地位，强化规划的前瞻性，加大规划的落实力度。清晰界定城市管理部门的职责，解决多头管理、监督缺位等问题。

6. 推进智慧城市建设。加快信息化在城市发展中的应用，推动信息化与城镇化的融合。把先进的信息通信技术能力整合到城市规划、管理、交通、安全、基础设施建设等各个方面，改善城市的运作和功能，最大限度地提高效率，减少资源消耗，遏制环境退化。

（四）关于城市内部二元结构的问题

社会学家从社会学的角度出发，把城市化定义为农村生活方式转化为城市生活方式的过程。城市化不仅仅指农民进城，还意味着国民经济增长模式、国民生活形态和国民意识的重大转变。也就是说，城市化的实质是以人为核心的城市化，其本身不是目的，只是一种手段，其根本目的还是为了提高人们的生活水平，改善人们的生活质量，促进人的技能和素质的提高，促进人与人、人与自然关系的和谐发展。拉美城市化的重要教训之一，就表现为进城农民与城市原有居民的文明冲突在各种差距的诱发下演变为城市社会阶层的隔阂与对立，为社会不稳定埋下了伏笔。虽然我国改革开放以来，农民进城经过了30年的调适过程，两大文明的冲突得到了一定程度的稀释，但由于收入、机会、权益等方面的不均等，城市内部结构的二元性很容易形成，从而加大社会整合的难度。

城乡文化冲突的实质是两种文化在交往过程中内在要素的不兼容，这种不兼容在生活方式、生产方式、行为方式、思维方式上，乃至在人际交往中都不可避免地打上了各自文化的烙印，当这两种文化不能通过引导而融合时，就会产生社会阶层的割裂，与经济、生活水平差距交织一起，往往成为社会不稳定的动因。概括地讲，当前城乡文化冲突主要表现为农耕与工商文化的冲突。农耕文化更具传统性，随着城乡发展和社会流动的增强，农耕文化虽然有所改变，但其体现的传统和守成并不会在短时期内因身份角色的转变而改变。工商文明更具现代性，其所体现的开放与创新不是农民短时期内所能学习和移植的。农村人从走进城市的第一天起，也许想努力融入这个缤纷的世界，却又不时地以自身的视角来看待、评价城市，从而阻碍了融入的步伐。工商文化在城市中处于主流位置，形成强势文化，而农村的传统文化成为弱势文化，影响力很小。随着越来越多的农村人来到城市，要么"被城市化"，要么被城市遗弃。城乡文化冲突的诱因主要是城乡发展差距、制度差异以及主观上的心理排斥。

城市化在推进过程中，不论农村人口出于何种原因进城，在多年城乡发展差距的累积影响下，新进城人口总体上往往处于弱势地位，经济上形成二元性，和文化的二元性叠加在一起，极易形成城市阶层结构的固化和刚性。要消除文化的二元性，首先需要消除经济的二元性，从而为稀释文化冲突打好基础。为此，要从以下几个层面入手。

1. 加快发展，增加居民收入，同时通过分配制度改革，缩小收入差距。

2. 提供均等化公共服务。通过均等化服务改变进城人口的生活方式和消费方式以及行为方式。

3. 充分尊重农民的选择权,尤其是不能强迫农民变市民。

4. 合理布局为进城人口提供的生活、居住设施,如医院、学校、住房、文化娱乐场所、体育健身设施等。在推动资源共享的同时,加强不同消费层次的人群之间的融合、沟通与交流,培养共同归属感。

5. 创新社会管理。加强社区组织建设,强化心理疏导,塑造共同的生活观、价值观。

(五)关于城乡一体化的问题

城乡一体化是城市化发展的一个新阶段,是随着生产力的发展而促进城乡居民生产方式、生活方式和居住方式变化的过程,是城乡人口、技术、资本、资源等要素相互融合,互为资源,互为市场,互相服务,逐步达到城乡之间在经济、社会、文化、生态上协调发展的过程。随着城市化的快速推进,城市人口不断增多,城市经济发展占据经济社会发展的主导地位,城市业已成为各项工作的重心。但是,还要看到,在我们这样的人口大省,即使城市化率达到70%的水平,还有三千万的人口居住在农村,相当于许多中等人口规模的国家。这部分人口不仅难以凭借河南省的城市化来消化,也不能寄希望于其他区域的城市化来消解,只能依靠城乡一体化来完成。综观世界城市化进程中的城乡一体化模式,有三种发展模式可供借鉴。一是德国的"城乡等值化"农村发展模式。不通过耕地变厂房、农村变城市的方式,使农村在生产、生活质量上而非形态上与城市逐渐消除差异,使在农村居住仅是环境选择,当农民只是职业选择,并通过土地整理、村庄革新等方式,实现"与城市生活不同类但等值"的目的。二是美国的城镇服务农场的农村发展模式,农业作为一种工业化运作的产业,城镇作为服务农场的前沿节点。三是日本的制度性安排农村发展模式。无论这些模式有多大的不同,其共同的一点是,即使城市化水平再高,也会有一定数量的人生活在农村或从事农业生产,农村不会成为被遗忘的角落。

我国城乡一体化的提出也是旨在探索城市化进程中农村发展模式,针对长期以来形成的城乡二元结构造成的"三农"问题，寻求破解的办法。城乡二元结构表面看是国家实现工业化过程中的制度安排，实质是工农业收益率差别的具体体现。在现代工业的一次次革命之后农业的利润已经远远落后。计划经济下政府主导的优先发展工业的战略人为地隔离了城乡经济，这应被看作城乡二元结构之肇端；而在市场化改革之后，经济效益更为显著的工业自然会集中更多的社会资源，随着各种市场货币化之后，城乡差距显得更为扩大。这样一来，我国的城乡二元结构通过市场性动因和制度性安排的强化而固化下来，成为经济社会良性发展的障碍，也成为长期以来需要破解的难题。

河南是一个农业大省和人口大省，近年来河南省在推进城乡一体化方面做了有益的尝试和探索，着力在城乡规划、基础设施、公共服务等方面推进一体化，促进城乡要素平等交换和公共资源均衡配置，形成以工促农、以城带乡、工农互惠、城乡一体的新型工农、城乡关系，取得了明显成效。今后总的发展趋向是要把城乡一体化发展与加快城市化进程结合起来，加大统筹城乡发展力度，按照生产发展、生活宽裕、乡风文明、村容整洁、管理民主的要求推进新农村建设，加快农业现代化，增强农村发展活力，提高农村居民生活水平，夯实城镇化的根基。

1. 发展现代农业

以推进城市化进程为契机，实施现代农业产业化集群培育工程，构建全链条、全循环、高质量、高效益的现代农业产业体系。加快农业结构调整，发展特色种植业、养殖业、加工业和其他特色产业，强化城乡产业联动，促进农业产业链延伸，实现农业与高端市场要素的对接。积极发展新型农业经营主体，大力培育新型农民和农村实用人才。加快构建新型农业社会化服务体系，推动主体多元化、服务专业化、运行市场化。

2. 科学编制与实施新农村规划

适应农村人口转移和村庄变化新形势，按照产业、新农村、土地、公共服务和生态规划五规合一的要求，推进农村发展规划编制，科学确定村庄布局和规模，与土地利用总体规划相衔接，调整完善生态布局，配套建设基础设施和公共服务设施，全面改善农村生产生活条件，建设美丽乡村。

3. 推进城乡一体化示范区建设

坚持三次产业复合和经济、生态、人居功能复合的理念，统筹推进城乡规划建设、三次产业协调发展、基础设施一体化建设、公共服务均等化、城乡生态网络建设、要素合理流动，在促进产业集聚、城乡建设、都市生态农业发展和农民市民化、基本公共服务均等化上实践与示范，率先建成全省城乡一体化的先行区域，为实现现代化探索路子，积累经验。

B.2
2013~2014年中原经济区经济形势分析与展望

孙磊 王俊杰*

摘 要：

2013年是宏观经济形势极为错综复杂的一年，又是《中原经济区规划》深入实施、中原经济区建设加快推进的重要一年。面对复杂严峻的形势，以河南省为主体的中原经济区各有关地区统筹稳增长、调结构、促改革、惠民生，使全区经济呈现速度稳中趋升、质量稳中有进、后势稳中向好的态势。但同时也应看到，当前宏观经济环境仍然错综复杂，需求不足的问题尚未根本解决，结构性矛盾依然突出，经济企稳回升的基础尚不稳固。2014年，宏观环境依然错综复杂，既面临着工业化、城镇化加速发展，优势不断增多的巨大机遇，也面临着增长潜力减弱、新老问题交织、内外矛盾叠加的困难和挑战。然而，随着我国全面深化改革政策的深入实施，一系列打基础、管长远的政策效应的逐步显现，中原经济区竞争优势将更加突出，有望保持经济持续健康较快发展。

关键词：

中原经济区 经济 增长

2013年是《中原经济区规划》深入实施、中原经济区建设加快推进的重要一年。以河南省为主体的中原经济区各有关地区深入贯彻落实科学发展观，

---

* 孙磊、王俊杰，河南省统计局。

统筹稳增长、调结构、促改革、惠民生，着力解决经济运行中的突出矛盾，着力增强持续健康发展的内生动力，综合施策、标本兼治，使全区经济呈现出速度稳中趋升、质量稳中有进、后势稳中向好的态势。2014年，宏观环境依然错综复杂，既面临着工业化、城镇化加速发展，优势不断增多的巨大机遇，也面临着增长潜力减弱、新老问题交织、内外矛盾叠加的困难与挑战。

一 经济发展稳中有进，结构效益稳中向好

2013年前三季度，中原经济区的主体河南省生产总值比上年同期增长8.7%。除邢台外，中原经济区的其他十几个县市前三季度生产总值均保持8%以上的增速，其中菏泽、蚌埠、宿州、泰安实现了两位数的增长，增速分别为12.2%、11.3%、10.8%、10.6%，总体保持了平稳增长态势。

（一）经济运行总体平稳

1. 农业生产形势良好

粮食生产克服各类自然灾害特别是夏季高温干旱的不利影响再获丰收。2013年，河南省粮食总产量达到1142.74亿斤，增产15.02亿斤，成功实现十连增。其他市县粮食持续稳定增长，其中，2013年是晋城全年粮食总产量在历史的第四高产年份，邯郸全年粮食产量也有望实现"十连增"，泰安有望开启粮食生产"十一"年连增的良好局面。畜牧业生产总体正常。在一系列政策措施的拉动下，畜牧业生产克服H7N9禽流感和生猪价格波动带来的不利影响，生产总体正常，发展平稳。前三季度，河南省肉（猪、牛、羊、禽肉）、蛋、奶（牛奶）总产量同比分别增长3.4%、1.0%和0.1%。

2. 工业生产稳中有升

2013年1~11月，河南省规模以上工业增加值比上年同期增长11.8%，同比回落2.8个百分点，比上半年和一季度均提高0.7个百分点，连续保持了6个月的稳定增长；高于全国2.1个百分点，居全国第15位，分别比上半年和一季度前进5位和4位。1~11月，除河北邢台外，中原经济区的其他县市规模以上工业增加值增速均保持10.0%以上，其中，山东菏泽、安徽蚌埠规

模以上工业增加值分别增长17.8%和15.3%，安徽亳州、阜阳、宿州分别增长14.9%、14.8%、14.7%。

3. 服务业发展加快

2013年前三季度，河南省第三产业增加值增长8.7%，2010年以来增长速度首次与生产总值增速持平。交通运输业增速逐月回升。1~11月，河南货物运输量同比增长11.9%，增速比前三季度提高0.1个百分点；货物周转量增长9.7%，比前三季度提高0.4个百分点。货物运输量、周转量增速自2月份以来呈逐月回升态势。批发零售、住宿餐饮业平稳增长。前三季度，河南批发零售业商品销售额同比增长15.5%，分别比上半年、一季度提高0.6、2.1个百分点。前三季度，河南住宿餐饮业营业额增长15.5%，分别比上半年、一季度提高0.2、0.6个百分点。房地产业保持快速增长。1~11月，河南房地产开发投资增长25.6%，增速同比提高10.2个百分点，今年以来在波动中保持了较快增长。1~11月，河北邢台、山西运城房地产开发投资分别增长42.4%和38.2%。河北邢台商品房销售面积增长23.0%，增速居全省第1位。山东聊城房地产开发增长32.8%，增幅高于固定资产投资11.9个百分点；商品房销售面积增长56.4%。金融业保持稳定增长。11月末，河南金融机构人民币各项存款余额37040.1亿元，同比增长17.7%，较年初增加5422.7亿元，同比增加587亿元；人民币各项贷款余额22928亿元，同比增长14.7%，较年初增加2831.2亿元，同比增加344.8亿元。预计全年河南融资总规模达到5200亿元，创历史最高水平。河北邢台存款余额比年初增长18.1%，贷款余额比年初增长17.3%；山东泰安存款余额比年初增长14.5%，贷款余额增长15.3%。

（二）三大需求保持平稳较快增长

1. 固定资产投资保持平稳较快增长

今年以来，河南固定资产投资保持平稳较快增长态势，全省各月投资增速在1个百分点内波动，且持续在20%以上的较高平台上运行。1~11月，河南固定资产投资增长23.3%，高于全国3.4个百分点。中原经济区其他市县也保持了20%左右较高的增长速度，其中山西晋城、安徽宿州、安徽亳州、安徽阜阳分别增长27.8%、26.8%、26.7%、25.9%，实现了25%以上的较高增速。

2. 消费品市场总体运行平稳

1~11月，河南社会消费品零售总额比上年同期增长13.6%，高于全国平均水平0.6个百分点，扣除价格因素实际增长11.3%，各月累计增速从年初的13.0%小幅稳步回升，总体呈现平稳增长态势。11月份河南社会消费品零售总额同比增长15.2%，达到今年以来最高水平。前三季度，中原经济区其他县市社会消费品零售总额增速均保持在13.5%左右，其中，安徽蚌埠、宿州、阜阳分别增长14.3%、14.2%、14.0%，增速较高。

3. 对外开放水平持续提高

2013年以来，河南省积极创新招商方式，拓宽开放领域，完善开放条件，使招商向更宽领域、更高水平、更好效果迈进。1~11月，河南进出口总值同比增长13.6%，其中出口增长17.9%，分别高于全国5.9、9.6个百分点。1~11月，中原经济区其他县市中，山西运城进出口总值增长84.1%，出口增长50.8%。山东聊城进出口总值增长10.1%，高于全省平均水平2.7个百分点，居全省第6位，比上年同期前移6位；出口增长9.6%，高于全省6.3个百分点。

（三）结构调整和转型升级步伐继续加快

1. 产业结构持续优化

2013年以来，河南大力发展战略新兴产业和高成长性产业，加大传统支柱产业改造提升力度，传统产业下游精深加工产品增速明显快于前端原材料初级加工产品。1~11月，河南六大高成长性产业增加值占规模以上工业增加值比重同比提高2.2个百分点；四大传统支柱产业占比同比下降0.5个百分点；六大高载能行业占比同比下降1.7个百分点。能源、原材料工业占比同比降低2.0个百分点。

2. 产业集聚态势增强

1~11月，河南省产业集聚区规模以上工业增加值增长18.2%，同比回落4.0个百分点；占全省规模以上工业增加值的比重为47.2%，同比提高5.1个百分点；对河南工业增长的贡献率达到68.9%。产业集聚区六大高成长性产业增加值增长21.3%，比全省六大高成长性产业增速高8.1个百分点。固定资产投资增长29.4%，占河南投资的比重为51.0%，投资规模有效扩大，占比在6月份达到50.3%，连续保持在50%以上，11月份再次达到51.0%，为产业集聚区占比的高点，同比提高2.4个百分点。新开工亿元及以上项目同比增长18.5%，占全省新开工亿元及以上项目数的56.5%。

3. 自主创新能力持续提升

2013年，河南省新增国家级企业技术中心10家、产业集聚区共建创新平台32家，高世代液晶玻璃基板、特高压直流输电控制设备等一批产业链关键技术取得突破性进展。

4. 节能减排成效显著

2013年，河南省继续加大淘汰落后产能的工作力度，截至11月份，万元工业增加值能耗下降8.09%，取得较好成效。预计全年单位GDP能耗、单位GDP二氧化碳排放均超额完成年度目标，主要污染物排放总量将顺利完成国家下达的控制目标。

（四）经济增长的质量和效益稳步提升

1. 财政收入保持较快增长

2013年1~11月，河南省地方财政总收入同比增长11.7%，比前三季度提高0.2个百分点，增速呈现波动加快态势。地方公共财政预算收入增长17.1%，同比回落0.5个百分点。1~11月，中原经济区其他县市中，安徽亳州、蚌埠、宿州分别增长30.4%、28.3%、26.3%，保持了较高的增长速度。

2. 工业经济效益持续回升

1~11月，河南省规模以上工业企业主营业务收入同比增长13.9%，增速同比提高0.5个百分点。工业企业利润增长13.0%，同比提高8.0个百分点，比前三季度提高0.3个百分点。1~10月，中原经济区其他县市中，山东菏泽、安徽蚌埠、山东聊城规模以上工业企业利润分别增长17.2%、16.3%、13.9%，增速较高。

3. 城乡居民收入平稳增长

前三季度河南城镇居民人均可支配收入同比增长9.6%，扣除价格因素实际增长6.7%；农民人均现金收入增长12.5%，扣除价格因素实际增长9.4%。中原经济区其他县市城乡居民收入大部分实现两位数增长，山东菏泽、安徽淮南、山西运城城镇居民人均可支配收入分别增长11.3%、10.6%、10.5%；安徽阜阳、安徽宿州、安徽蚌埠、山西运城农村居民人均现金收入分别增长14.6%、14.5%、14.3%、14.2%。菏泽城乡收入增速均居全省第一位。

总体来看，2013年在十分复杂严峻的宏观形势下，中原经济区各有关地区抓住难得的历史机遇，结合本地实际，锐意进取，开拓创新，务实重干，开展了一系列卓有成效的工作，发展的科学性明显增强、协调性明显提升、基础进一步夯实、后劲进一步蓄积，为促进经济平稳健康较快发展积累了宝贵经验，为实现中原崛起打下了坚实基础。

二 发展环境仍然复杂，经济企稳回升的基础尚不稳固

总体来看，2013年以来中原经济区经济保持了增长持续平稳、运行质量持续改善、内生动力持续增强的良好态势。但当前宏观经济环境仍然错综复杂，需求不足的问题尚未根本解决，结构性矛盾依然突出，经济企稳回升的基础尚不稳固。

（一）世界经济持续复苏仍然存在较大不稳定性

全球经济仍处于深度调整期，主要发达经济体的结构性问题远未解决，新经济增长点尚未形成，美国量化宽松政策接近转折点带来新的风险和挑战，新兴经济体增速放缓。世界经济总体上仍将处于政策刺激下脆弱复苏阶段，呈现出基础不稳、动力不足、速度不均的特点。国际货币基金组织2013年以来已6次下调全球经济预期。在世界经济需求不旺的大环境下，贸易保护主义将持续加剧，影响我国的出口形势。11月份，受基数效应和圣诞效应驱动，我国出口增长12.7%，高于市场预期5.1个百分点，然而从10月份

数据看，我国制造业采购经理人指数（PMI）中的新出口订单指数仅为50.4%，环比下降 0.3 个百分点。秋季广交会成交金额无论是同比还是环比均出现下降。

（二）我国经济发展仍然存在一定下行压力

尽管我国经济开始出现向"速度下台阶、质量上台阶"发展新常态转变的积极迹象，但仍处于增长速度换挡期、前期刺激政策消化期、结构调整阵痛期"三期"叠加阶段，发展中不平衡、不协调、不可持续问题依然突出，产能过剩矛盾短期内难以明显改观。当前，全国的产能过剩呈现出行业面广、过剩程度高、持续时间长等特点，不仅钢铁、水泥、汽车、纺织等传统产业，就连风电设备、多晶硅等部分新兴产业也出现了比较严重的产能过剩。多数过剩行业产能利用率不足 75%，处于严重过剩状态。受产能过剩影响，企业效益下滑，生产经营积极性下降，工业税收持续低迷。加上房地产市场预期不稳，财政收入持续增长面临较大挑战，地方政府债务风险更加突出，经济下行压力仍然较大。同时，区域竞争日趋激烈，东部地区转型升级步伐明显加快，特别是高技术和战略性新兴产业发展势头良好；中西部地区抢抓机遇、竞相发展势头强劲，如果稍有懈怠，中部地区就可能陷入"前后夹击"的不利境况。

（三）中原经济区经济稳定发展仍然存在诸多制约因素

从短期看，一是需求不足问题依然突出，企业经济效益低位运行。企业融资成本、劳动力成本、生产经营费用上升极大压缩了企业的利润空间，制约经济效益的提升。2013 年以来，河南工业企业经济效益小幅波动、低位运行。企业成本费用总额占主营业务收入的比重一直处于较高水平，1～11 月达到91.3%，高于上年同期 0.4 个百分点。大型企业成本费用占比高达 94.2%，中小企业融资难、融资贵的问题仍然突出。1～10 月，中原经济区其他县市中，安徽淮南规模以上工业利润下降 75.8%；安徽淮北、宿州、阜阳利润也均为负增长；河北邯郸、安徽亳州、山东泰安利润仅为个位数增长。效益低位运行直接抑制了企业生产经营的积极性。1～11 月，河南工业投资增速同比回落6.2个百分点。河北邯郸新开工项目1359个，同比减少93个；河北邢台新开工项目940个，同比减少38个。二是合同利用外资持续下降。1~11月，河南省新批外商投资企业302家，同比下降7.4%；合同利用外资95.97亿美元，下降7.4%，仅完成目标的61.7%，合同与实际利用外资倒挂，对利用外资将产生不利影响。三是房地产业走势存在较大不确定性。房地产业牵涉行业多、带动面广、关联性强，是保持经济平稳较快发展的重要前提。1~11月，河北邯郸房地产开发投资仅增长3.0%，同比回落2.2个百分点。今年以来，中原经济区的经济主体——河南房地产开发投资与销售——虽然在波动中保持快速增长，但作为先行指标的土地、房屋新开工面积等指标表现较差。2013年1~2月、一季度、上半年、前三季度和1~11月河南房地产开发企业本年土地购置面积同比分别下降50.9%、37.7%、26.0%、24.4%和16.8%；河南房屋新开工面积同比增速分别为3.4%、-11.9%、0.0%、4.0%和10.4%。土地购置面积持续下降，新开工面积低速增长，后续房地产市场调控政策不确定、市场前景不明朗。从长期看，一是产业结构不合理的深层次矛盾仍未根本解决，服务业占比低，对经济的拉动作用不强；能源原材料行业占比高，受宏观环境波动影响大。国务院近日印发的《关于化解产能严重过剩矛盾的指导意见》中，化解过剩产能的五大行业，河南就有钢铁、水泥、电解铝、平板玻璃四个。战略性新兴产业虽然发展快，但占比低，短期内难以对全省经济形成重要支撑。二是城镇化发展滞后，城乡发展不均衡的问题仍很突出。城镇化发展滞后仍是制约中部地区经济社会发展矛盾的根节点。由于城镇化水平低，大量人口滞留农村，农业规模化经营发展缓慢，城乡发展失衡不断加剧。

三 积极因素仍在累积，保持经济平稳较快增长仍有较多有利条件

经过国际金融危机的洗礼，世界各国调控宏观经济的政策更加成熟，全球经济逐步进入稳定复苏的轨道。我国全面深化改革的深入实施，将为经济发展注入新的活力。随着一系列打基础、管长远的政策效应的逐步显现，中

原经济区的竞争优势更加突出,保持经济持续健康较快发展的有利因素不断增多。

一是外部环境总体趋好。主要发达经济体和部分新兴经济体复苏趋于好转。全球贸易和跨国投资有望随着经济复苏出现回升,全球经济低迷的状态将会有所改观。目前世界经济合作组织 34 个成员综合领先指标处于 2011 年 6 月以来的最高水平。11 月份全球制造业 PMI 上升至 53.2,创下自 2011 年 5 月以来的最高点,表明全球制造业仍处在上升趋势。预计 2014 年经济复苏态势总体好于 2013 年。我国经济有望延续稳中向好态势。十八届三中全会开启新一轮改革大幕,改革范围之广、力度之大都是空前的,改革红利会进一步释放,将为经济平稳健康发展注入新的动力。12 月份,中国制造业 PMI 为 51.0%,连续 15 个月位于临界点以上。这些数据表明国内市场需求趋于活跃,经济企稳回升的态势渐趋明显。同时,2013 年出台的一系列政策措施效应将持续发挥,有望加大对产业结构调整、新型城镇化、农业农村发展、基础设施建设、民生改善等领域的支持力度,将为中原经济区发展带来新的机遇。

二是内部动力充足。首先,中原经济区三大国家战略规划的深入实施以及近年来各地一系列打基础、管长远的重大工作逐步见效,中原经济区长期积蓄的发展潜力和发展后劲将进一步释放,有助于保持经济平稳较快增长。其次,一系列稳增长、调结构、促改革政策效应的持续释放,将对经济发展产生有力支撑。截至 11 月份,河南规模以上工业增加值已连续 6 个月保持稳定。1~11 月,河南工业生产者出厂价格指数和购进价格指数同比虽分别下降 1.5% 和 0.8%,但降幅均连续 4 个月回稳收窄。11 月份,全省设备利用率预计达到 80% 以上的企业占 49.1%,较 10 月份提高 1.2 个百分点。产成品库存增速继续走低,由上年同期的 23.2% 下降到 1~11 月的 5.6%。货运量、周转量增速逐月提高。铁路货运量、周转量降幅连续收窄,由负转正。最后,近年来,为弥补传统支柱产业周期性调整的短板,各地区不断加大产业产品结构调整与转型升级力度,积极效应正在持续显现。适销对路的终端产品、高技术产品产量大幅增加,装备制造、高技术和电子信息产业比重不断上升,有效缓解了需求不足对经济的冲击,奠定了经济稳定增长的新基础。1~11 月,河南装备制造

和电子信息业增加值占比分别为15.4%和2.8%，同比分别提高0.7和0.6个百分点。高技术产业增加值占比为6.1%，同比提高0.6个百分点。1~11月，河北邯郸装备制造业增加值总量首次超过煤炭行业，总量居工业行业第2位，增长29.4%，增速比1~10月提高2.9个百分点；装备制造业投资增长43%，高新技术投资增长65.2%。山东聊城高新技术产业投资增长50.9%，占工业投资比重20.6%，同比增加4.6个百分点。河北邢台高新技术产业投资增长38.4%，其中，电子信息、生物技术和新材料投资分别增长167.0%、61.9%和52.2%。

综合分析，当前宏观环境仍然错综复杂，全球经济仍有较大的不确定性，需求不足的问题仍未根本解决，结构性矛盾仍然突出。在持续的去产能化和去杠杆化压力下，宏观经济仍将呈现慢节奏、弱复苏、会反复的区间震荡状态。但全面深化改革措施的逐步落实和稳增长政策效应的持续释放，将进一步推动经济持续回升向好，2014年中原经济区仍有望保持平稳较快增长。

四 持续求进，加快中原经济区建设步伐

随着《中原经济区规划》的深入实施，中部地区的发展基础更加扎实，发展空间更加广阔，发展机遇更加突出。因此，我们要抢抓机遇，持续求进，开拓创新，加快发展，推动中原经济区建设再上新台阶。

（一）坚持稳粮强农，不断提升农业现代化水平

集中力量建设粮食生产核心区，通过稳粮、提效、转型，不断巩固农业发展基础和粮食生产能力。加快农村改革发展，因地制宜推进新农村建设。扎实推进高标准粮田"百千万"工程建设，依托优势大力培育农业产业化集群。着力构建新型农业经营体系，扶持发展新型农业经营主体。实施都市生态农业发展工程，发展农业新业态。落实强农惠农富农政策，完善农业支持保护体系。

（二）深化产业结构战略性调整，构建现代产业体系

一是把加快发展服务业作为产业转型升级的战略重点。完善和落实政策，大力发展生产性服务业，着力发展金融、现代物流等高成长性服务业，培育发展商务服务、科技服务等新兴服务业，积极发展生活性服务业，促进文化、旅游、信息、电子商务等服务业发展提速，水平提高，比重提升。推动房地产业、商贸流通业等传统支柱性服务业转型升级，显著扩大产业规模和就业规模。二是加快制造业转型升级，推动产业结构向高端和终端发展。坚持"创新引领、承接转移、改造提升"，加快实施制造业转型升级提升工程，着力补短板、延链条、扩优势。加快发展高成长性制造业，积极培育战略性新兴产业，改造提升传统支柱产业，激发企业发展活力。

（三）以新型城镇化为突破口，实现"三化"协调发展

着力提升城镇综合承载能力和吸纳就业能力，积极优化城市形态和空间布局，加快构建城乡发展一体化新格局。加快中原城市群一体化发展，加强中原城市群之间的城际联系，打造区域核心增长极。优化城市空间分布和规模结构，促进各类城镇协调发展，构建科学合理的城市空间格局。加快农业转移人口市民化，推进城乡要素均衡配置，保障农业转移人口合法权益。加快城市基础设施建设，优化城镇发展环境。健全城乡发展一体化体制机制，推动城乡一体化发展。

（四）完善基础支撑体系，构筑发展新优势

加强基础支撑能力建设，培育持续发展的竞争优势，提升发展载体优势。把郑州航空港综合实验区建设作为河南省经济工作的一号工程，以基础设施完善、产业基地建设、起步区开发为重点，推动实验区建设全面提速。夯实基础设施优势。突出抓好航空港、铁路港、国际物流港、"米"字形快速铁路网、高等级公路网等"三港两网"建设，形成开放式的现代综合交通体系。强化人力资源优势，深入实施全民技能振兴工程。培育自主创新优势，着力构建以企业为主体、市场为导向、产学研相结合的技术创新体系。

附表 2013年1~11月中原经济区各市区主要经济指标

单位：亿元，%

	GDP（前三季度）		规模以上工业增加值	规模以上工业利润（1~10月）		固定资产投资		社会消费品零售总额（前三季度）		公共财政预算收入		公共财政预算支出		城镇居民人均可支配收入		农民人均现金收入	
	总量	增速	增速	总量	增速	总量	增速	总量	增速	总量	增速	总量	增速	总量	增速	总量	增速
河南省	23516.02	8.7	11.8	3441.92	13.0	22734.02	23.3	8812.66	13.4	2154.64	17.1	4734.94	10.1	16644	9.6	6798	12.5
河北邢台	1208.30	6.8	8.7	100.90	10.7	1318.81	19.5	486.50	13.0	80.73	3.6	219.28	10.1	—	—	—	—
河北邯郸	2426.10	8.7	10.0	118.90	6.7	2516.04	18.7	745.80	13.3	156.87	-7.3	324.51	4.1	—	—	—	—
山西长治	980.10	8.1	10.2	—	—	917.80	25.7	303.09	13.3	128.34	10.6	202.04	23.7	16726.23	9.7	6784	12.9
山西晋城	734.00	9.1	11.9	—	—	696.75	27.8	215.01	13.5	86.26	12.4	117.75	22.8	17208.63	9.6	7448	13
山西运城	830.10	8.7	13.0	—	—	901.05	22.4	424.53	13.8	42.94	12.1	171.42	15.0	15607.45	10.5	6249	14.2
安徽宿州	656.70	10.8	14.7	23.42	-16.5	661.98	26.8	210.40	14.2	61.93	26.3	178.81	17.8	16166	10.0	6029	14.5
安徽淮北	488.00	9.1	10.3	45.34	-16.8	620.60	22.1	144.00	13.9	50.35	3.5	90.61	3.1	16930	10.0	7888	13.5
安徽阜阳	727.10	9.8	14.8	52.92	-10.2	561.12	25.9	369.40	14.0	80.33	23.9	257.39	16.8	15513	10.1	5931	14.6
安徽亳州	551.60	9.5	14.9	28.10	3.2	482.44	26.7	255.70	13.7	57.91	30.4	167.05	16.6	16160	10.2	7392	14.0
安徽蚌埠	658.50	11.3	15.3	43.33	16.3	953.99	21.8	302.00	14.3	92.25	28.3	151.30	15.8	17172	10.0	7985	14.3
安徽淮南	602.80	9.7	11.1	8.15	-75.8	747.78	24.6	207.30	13.6	102.33	14.9	137.03	18.4	17168	10.6	8563	13.6
山东聊城	1668.50	9.7	12.0	438.76	13.9	1311.02	20.7	578.07	13.1	126.99	21.7	210.25	15.8	—	—	—	—
山东菏泽	1502.36	12.2	17.8	364.86	17.2	732.59	23.1	760.22	13.4	144.92	5.5	264.54	11.2	15392	11.3	7885	14.1
山东泰安	2008.25	10.6	12.2	379.91	5.4	1869.64	20.9	780.75	13.2	166.80	1.1	232.35	5.5	21235	9.9	9710	13.7

专题报告
Special Reports

B.3
构建河南现代产业发展新体系研究

耿德建[*]

摘　要： 现代产业体系是相对于传统产业体系而言的优化升级版的产业构成，是一个先进制造业、现代服务业和高端化农业互相融合、协调发展的系统。构建河南现代产业体系，就是通过推进产业结构战略性调整，构建起结构优化升级、产业融合发展、布局错位发展、层级互动发展、机制动力强劲、要素保障有力的新型产业体系，打造面向未来的新的经济发展方式，全面提升区域经济的综合竞争力。

关键词： 产业结构　战略性调整　现代产业体系

---

[*] 耿德建，河南省人民政府发展研究中心。

一 我省产业结构演进步入拐点

21世纪前十年，随着工业化与城镇化的快速推进，我省三次产业构成由2001年的22.3∶45.4∶32.3演变为2011年的13.0∶57.3∶29.7，产业结构演进迈入拐点，开始由"二三一"格局向"三二一"格局演变。

由于判断产业结构变化的临界点是否到来，目前尚没有标准的公式可套，因此，判断河南产业结构的变化，只能把沿海发达省份产业结构的演变轨迹作为参照系，并从中找出反映产业结构变化临界点的一致性观测指标。从鲁、苏、粤三省的产业结构变动轨迹来看，虽然三省由于经济发展水平、自然禀赋不同，逼近产业结构调整的临界点的年份不同，但在产业结构调整临界点前后的结构变化表现出惊人的一致性。同时，在达到结构调整临界点时三省的主要经济指标也表现出一致性。广东省产业结构变化的转折点出现在2005年，其产业结构为6.3∶50.4∶43.3。在此点的前五年广东的三次产业构成中，第一产业保持下降趋势，第二产业由2000年的46.5%上升为50.4%，第三产业大致保持下降趋势，第一、三产业下降的点数共同让渡给第二产业的上升。从2005年开始其产业结构发生了转折性变化，第一产业继续保持下降态势，第二产业由2006年的50.6%下降为2011年的49.7%，第三产业则由43.3%上升为45.3%，第一、二产业下降的点数共同让渡给第三产业。山东、江苏产业结构变化的转折点都出现在2007年，其产业结构的演变轨迹与广东保持着惊人的一致性。鲁、苏、粤三省出现产业结构转折点时，其主要经济指标表现出的共同特征是：（1）经济总量迈上25000亿元台阶；（2）人均生产总值超过25000元；（3）城镇化率超过40%；（4）城镇居民人均可支配收入接近或超过15000元，农民人均纯收入接近或超过5000元。

2011年我省GDP达到26931.03亿元，城镇化率由2001年的24.4%提高到40.6%，城乡居民人均收入分别由2001年的5267元和2097元提高到18194元和6604元。按照上述分析，我们可以发现，2011年河南经济总量、人均生产总值、城镇化率以及居民收入等主要观测指标，都达到了上述三省出现产业结构转折性变化时的相应水平，也就是说，河南经济发展的阶段性变化已经逼近产业结构发生转折性变化的临界点，虽然这个转折点的来临比广东晚6年，比山东、江苏晚4年。

二 现有产业体系存在问题与成因

我省在坚持走新型工业化道路的过程中，着眼于增强产业竞争力，突出自主创新、承接转移、集聚集约、优化升级，发展壮大高成长性产业，改造提升传统优势产业，取得了明显成效。但长期积累的结构性矛盾尚未根本解决，还存在一些突出问题。

一是服务业比重小。2011年，河南服务业增加值占比为28.8%，比全国43.1%的水平低近15个百分点。同期分别比粤、苏、鲁低16.5个、16.6个和9.6个百分点。在产业结构迈入拐点时分别低14.5个、8.6个和4.7个百分点。

二是工业层次低。其主要表现为资源依赖程度高，产业价值链条短。目前，能源原材料工业占全部工业的比重在60%以上，装备制造业占比仅为19.7%。我省在全国排名靠前的工业产品多集中在资源型行业。产业链和价值链内关键环节缺失，多数产品仍集中在产业链上游和价值链低端，科技含量高、附加价值大的产品较少，研发、设计、咨询、营销、供应链管理和品牌管理等关键环节薄弱。

三是创新能力弱。工业企业科研开发投入强度低，科技人员占比小，科技经费支出占主营业务收入比重低，高新技术企业对外技术依存度较高，以企业为主体，产学研用相结合的协同创新体系不完善，企业研发中心、重点实验室、工程技术（研究）中心和孵化中心偏少偏小，同时缺乏科学配套的人才引进机制。企业缺少自主品牌、自有核心技术。

四是产业布局分散。近年来通过推进产业集聚化发展，产业空间布局分散的问题虽然有了很大改变，但尚未得到根本解决。全省180个产业集聚区，大多脱胎于旧有的工业园区或开发区，不完全是按经济区布局，而是按行政区划分布到每个县市区，数量偏多。同时许多产业集聚区也是依托原有产业发展起来的，计划经济时期沿袭下来的先天性布局分散的问题也被继承下来，从而导致地区之间产业结构雷同、同质化恶性竞争,难以实现主导产业的错位发展,尤其是食品、纺织、化工、建材、普通机械等行业,低水平重复建设比较普遍。

现有产业体系的形成原因主要有以下几个方面。一是发展路径依赖。河南省现有的产业体系是在多年基于比较优势基础上累积形成的,是资源禀赋的进一步延伸,不可避免地打上路径依赖的烙印。由于河南省是资源大省,具有较为突出的资源优势,在计划经济时期,国家大项目和省市工业项目往往依据这种优势安排布局。在计划经济向市场经济转轨时期,河南作为内陆省份,市场发育程度低,产业发展是沿着"有什么—生产什么—销售什么"的思路展开的,从而被锁定在资源导向型的发展轨道上。在市场经济时期,部分产业也是因为资源优势通过招商引资引进来的。这种资源导向型产业与市场导向型经济相比就有先天性缺陷。首先,容易形成结构刚性。当经济景气时,资源型产品价格上涨,利润大幅上升,引起大规模生产简单复制,增量进入。当经济不景气时,坐等下一轮经济周期的到来,久而久之,形成结构刚性,不仅带来结构雷同、产能周期性过剩等问题,也增加了结构调整的难度。其次,阻碍技术创新。由于资源性产品投入简单的劳动、技术、资本、加工即可以获得相应的利润,因此企业往往更多依靠规模扩张来实现企业做大做强,从而弱化了技术创新的冲动。最后,引起经济波动。由于资源性产品多集中在中低端,离最终消费相对较远,对市场的反应迟钝,往往难以根据市场变化适时调整而导致较大幅度的经济波动。目前我省产业体系存在的许多结构性问题都与这种资源型发展路径依赖有着极大的关系。

二是城镇化水平低。城镇化与工业化是互为动因的关系。城镇化促进了人口和经济活动向城市集中,不仅带来了规模效益和集聚效益,而且带来多样化、高端化、个性化需求,从而促进工业产品与市场需求的直接对接,诱导企业根据"市场需要什么—生产什么—组织什么资源"的思路展开运作,引起资源导向型发展思路向市场导向型发展思路的转变,而市场导向型发展思路是根据市场需求进行生产的,技术进步、科技研发、售后服务等成为企业做大做强的着力点。同时,城镇化与服务业呈强正相关,即城市规模越大、城镇化率越高,服务业规模越大、内部结构层次越高。但近十多年以来,河南省城镇化率低于全国10个百分点左右。城市化水平低,不仅阻碍了市场发育的过程和服务业的发展,而且间接拖累了工业和高新技术产业、战略性新兴产业的发展。

三是体制机制的约束。总体上看,我省产业现有空间布局是从计划经济时期演变而来的,虽经几次规划调整,科学性、合理性有了很大改观,但受发展基础的制约,布局分散的格局并未彻底改变。在产业发展过程中,特别在经济欠发达地区,政府通过规划、政策引导和创造环境可以起到非常重要的推动作用。而落实这些政策的主体是各级政府,在以GDP为主要指标的行政考核体制和财税体制下,行政区划界限成为各级地方政府进行经济活动的约束条件。各级地方政府出于自身利益考量,自觉不自觉地对产业发展怀有兼容并蓄、多多益善的发展情结,各市的产业体系不是按经济区域而按行政区域进行打造的,加之缺乏政策规划的强力引导,由此产生经济区域与行政区划之间的冲突,阻碍各类生产要素按照市场规律跨县(市、区)自由流动和合理配置,影响产业在更大范围内的集聚,导致产业同构、恶性竞争、低效浪费。

三 现代产业体系发展趋向与宏观环境

(一)现代产业体系发展趋向

由于经济发展的阶段性变化,现代产业体系呈现出新的发展趋向。

1. 服务化

无论是发达国家,还是发展中国家,经济服务化趋势非常显著。第一产业所占比重进一步减小,第二产业比重也逐步下降,而第三产业比重呈现不断增长的态势。从世界平均水平看,1995年服务业在GDP中所占比重为65%,2006年上升到69%。美国服务业在GDP中所占比重从1995年平均72%上升到2006年的77%,提高了5个百分点,尤其包括金融、信息服务、咨询服务等在内的知识型服务业在国民经济中的比重不断提高。

2. 高新技术化

产业结构高新技术化是用高新科技改造传统产业的过程。一方面,信息技术等高新技术产业发展迅速,在经济中所占比重持续增加。另一方面,高新技术改造传统产业特别是制造业，加速了传统产业的高技术化。用高新技术改造传统产业，不但使已经失去竞争优势的劳动密集型产业，如纺织业、服装业、建筑业正在转变为资本和技术密集型产业，而且使钢铁、汽车、化工等资本密集型产业转变为技术密集型产业。用信息技术改造传统服务业，可使其日趋信息化和知识化。新技术的引进在一定程度上降低了传统产业的衰落速度，使部分传统产业焕发新的生命力。

3. 融合化

由于技术进步，发生在产业边界和交叉处的技术融合，改变了原有产业产品的特征和市场需求，导致企业之间竞争合作关系发生改变，从而导致产业界限的模糊化甚至重划产业界限，产业融合已经成为当今世界产业结构变化的潮流与趋势。在不同的产业领域内，产业以渗透融合、延伸融合和重组融合等不同的方式演进，最终将促成整个产业结构的高度化、合理化，并构架出融合型的现代产业体系。

4. 国际化

一个国家或地区的产业结构变动通过产业核心要素的国际流动，冲破国家疆界、行政区域限制，在全球产业结构调整中实现转换。随着以信息技术产业为核心的知识产业的兴起，逐渐出现了全球性产业，其发展突破了地区和产业的界限，产业结构的开放度不断提高，任何一国的产业结构调整都不再局限于一国一地来完成，而必须依据要素禀赋条件和经济发展水平，通过参与国际产业大循环、借助产业国际化转移来完成。

上述现代产业体系呈现出的发展取向不仅为我们约略勾画出产业结构调整和现代产业体系塑造的路线图，也颠覆了产业结构调整总是局限在自有产业内部打转转的思路。如果不能把握产业发展的新趋向，仍然沿用基于比较优势和原有基础的调整思路，在短时期内结构调整也许有所进展，但从长期来看，这种调整只是对原有结构的复制和放大，构建起的产业体系又成为下一轮调整的对象，从而陷入不断调整的循环。依据市场需求和产业发展趋向来作为产业塑造的着眼点，并不是放弃发挥比较优势，而是选择发挥哪些比较优势，从而使二者有机结合起来，构建起具有竞争力的现代产业体系。

（二）构建现代产业体系的宏观环境估判

当前河南省推进产业结构战略性调整所面临的宏观环境是一个全新的环境，该环境改变了以往相当长的一个时期内机遇与挑战孰大孰小的简单判断，捕捉机遇、规避风险、塑造优势时刻处在时空的变动中，都对构建现代产业体系产生重要影响。

1. 世界经济发展模式调整引起产业转移新动向

2008年以来世界经济发生金融海啸，由此引发世界主要国家经济模式大调整。英美模式大调整的核心是重振制造业，将制造业作为经济战略调整的突破口，欧洲模式调整的核心是发展以知识和创新为主的智能经济，实现可持续发展。东亚模式主要对低成本优势难以维系等结构性问题进行反思和调整，把加快体制创新、推动科技创新、促进产业升级、提高劳动生产率作为调整的着力点。这三种主要发展模式的大调整无一不是集中在产业结构的调整上，势必引发产业转移的新动向。从国际产业转移的角度看，发达国家在金融危机后实施"再工业化"，大力发展符合未来技术发展方向和适应市场需求变化趋势的新兴产业，新兴产业的全球分工格局也将向发达国家转移，一些制造行业由此可能出现投资"回溯"的迹象。从国内区域产业转移看，一是在我国增长速度平台下移将使需求规模相对收缩的背景下，地区之间的产业转移不可能是一种"扩张性转移"，只能是一种"收缩性转移"，我省不可能复制20世纪90年代劳动密集型产业在沿海地区创造的经济奇迹。二是以劳动密集型产业为主体的产业转移，不仅存在于东部与中西部之间，更存在于中国与越南、菲律宾等要素成本更低的东亚国家之间，存在于发达省份内部。在需求规模相对收缩和产业转移多方向的前提下，承接沿海地区产业转移呈现空间距离衰减效应。三是"人口红利"消耗殆尽，工资成本、土地成本持续上升难以避免。伴随这些变化，长期以来的低成本优势正在削弱甚至丧失。四是本轮发端于沿海地区、以劳动密集型产业为主体的产业转移已经过了生命周期的全盛期，进入后期的衰减阶段，国际和地区间正在兴起的新一轮产业转移呈现出高技术化和服务化的特征。这种产业转移的新动向对于河南而言，不仅加大了招商引资的难度，也加大了通过招商引资促进结构调整的难度。因此改变传统的开放模式成为推进结构战略性调整的重要考量因素。

2. 我国经济增长平台下移诱发宏观政策新变化

当前乃至今后一个时期，中国经济正处在增长阶段转换和寻求新平衡的关键期，经济增长将由高速增长下移到中高速增长的平台，在这个转换过程中，我国经济稳定运行的区间收窄，脆弱性增大。在这样的形势下，国家宏观调控的重点放在"稳增长、调结构、促改革"上，宏观政策将围绕"守底线、调结构、控风险、转动力"发生相应的变化，短期内不会有大规模刺激政策。在这种背景下，河南经济下行的压力会更大，持续时间会更长。这就使得在保增长与调结构之间面临两难选择，如何把保增长与调结构的双重目标有机统一起来，是推进产业结构战略性调整时必须面对的重大课题。

3. 第三次工业革命引发生产方式变革的新影响

第三次工业革命初现端倪。第三次工业革命及其生产方式的变革在带来比较优势加速削弱、新兴产业竞争压力加大、经济增长点断档等风险的同时，也孕育出催生新的产业群体、加快传统产业转型、缓解要素约束等发展机遇。如何趋利避害、对接第三次工业革命，是推进产业结构调整时必须认真把握的重大命题。

四　构建现代产业体系的总体思路与基本框架

（一）总体思路

深入贯彻落实科学发展观，以实施粮食生产核心区、中原经济区和郑州航空港经济综合实验区三大战略规划为依托，以加快城镇化进程为契机，以提升产业竞争力为目标，坚持实施市场需求拉动、科技创新驱动、开放经济促动、要素配置联动，围绕做大服务业、做强工业、做优农业，突出发展高成长性产业，改造提升传统支柱产业，积极培育新兴产业，构建起结构优化升级、产业融合发展、布局错位发展、层级互动发展、机制动力强劲、要素保障有力的新型产业体系，打造面向未来的新的经济发展方式，为实现中原崛起、河南振兴、富民强省提供坚强支撑。

(二)基本原则

坚持转型升级。推进产业结构战略性调整,依据现有基础和市场需求,分层级谋划产业发展,突出发展高成长性制造业,用先进实用技术改造传统优势产业,培育接续替代产业;以城市化为契机,大力发展现代服务业,促进产业结构优化升级。

坚持互动互补。以新型工业化带动城市化和农业现代化,以推进农业规模化和现代化为大多数农民向城镇转移创造条件;以城镇服务业的大发展吸引农民转移就业,支撑工业转型升级,形成良性循环。

坚持集群集约。在推进产业集聚区建设的基础上,推动产业集聚上规模、上水平,引导产业集聚向产业集群演进。按照区域比较优势和主导产业的培育,推进产业布局相对集中,培育发展一大批具有区域竞争优势的产业集群;推进产城融合,形成良性互动发展。

坚持创新创优。实施创新驱动战略,争创国家级创新示范基地。把推进产业结构战略性调整与实施创新战略有机结合起来,突出企业创新的主体地位,把产业集聚区推向创新的主战场。创新体制机制,建立和完善产学研"一条龙"的科研创新体制。突出引进、消化、吸收、再创新,鼓励开展原始创新和集成创新,实现经济增长由传统扩张模式向创新引领模式转变。

坚持开放带动。紧紧抓住新一轮国际先进制造业和现代服务业转移的机遇,开展产业链招商,突出引进科研团队、管理模式,兼顾引进资金项目,促进由原有的"资金—项目—产业"的招商模式向"科研—项目—产业"的招商模式转变,以提升招商水平,通过开放引进优质发展要素,改造嫁接现有产业,以增量盘活存量、以优量注入能量。

(三)构建框架

产业构成优化升级。到2020年,实现三次产业构成由目前的"二三一"格局向接近"三二一"格局转变。提高服务业比重,其增加值占国内生产总值比重达到40%以上。现代服务业增加值、先进制造业增加值、高新技术产业增加值比重分别超过25%、20%、10%,基本形成现代产业体系。

三次产业协调发展。经济增长主要依靠农业、制造业和服务业协同带动。依靠生产性服务业的发展,将专业化的人力资本、知识资本导入农业和制造业产品生产过程,提高附加值,增强竞争力,实现传统产业的升级改造。制造业高加工度化水平大幅提升,战略性新兴产业和现代服务业成为支柱产业,传统农业向现代农业转变基本实现,形成三次产业协调、创新驱动主导、绿色低碳发展的新格局,基本建立先进制造业和现代服务业综合平衡发展新体系,成为具有较强竞争力的先进制造业基地和现代服务业基地。

产业布局错位发展。在经济全球化和区域一体化背景下,实现在原有产业基础上的区域内与区域外以及区域内城市之间有效分工协作、错位发展的产业体系。这种分工协作、错位发展表现在:(1)产业集中度。第一层级是中原城市群的产业集聚。以现有优势产业集聚区为基础,以郑、汴、洛、焦、新、许形成的区域为重点,谋划发展郑州汽车及配件、郑州电子信息、郑州物流、郑汴科技教育、洛阳装备制造、许昌电气、新乡电池、濮鹤化工、漯河食品等重点产业集群,使其尽快成为行业有地位、国内有优势、国际有影响的产业集群和产业基地。第二层级是以省辖市为单元谋划建设的市级层面的重点产业集群。第三层级是各县(市、区)和特色产业重点镇着力发展的特色产业集群,如长垣起重、民权制冷等。(2)区域发展特色。将郑州市及相邻区域打造成先进制造业和现代服务业基地。将黄淮四市打造成现代农业、农产品加工业和高端消费品工业基地。豫西以洛阳为中心重点发展重化工业和装备制造业及旅游业;豫西南地区重点发展装备制造业和医药工业;豫北地区重点发展轻工业、食品加工业和精细化学工业。

产业领域重点发展。以城镇化发展为契合点,做大服务业。以发展服务业为产业转型升级突破口,大力发展物流、信息、金融、旅游、文化等高成长性服务业,使之成为带动服务业发展的主导力量。培育发展健康服务业、教育培训业、商务、养老、家庭服务业等新兴服务业,形成新的产业发展支撑点。改造提升传统服务业,创新商业业态、商业模式和服务产品,推动批发零售、餐饮住宿、房地产服务等传统服务业转型升级。以科技创新为着力点,做强工业。加快发展高成长性制造业,着力做大电子信息、汽车及零部件、智能装备制造、生物医药和节能环保产业规模,成为引领带动制造业结构升级的核心力量。改造提升食品、轻纺、有色、化工、建材等传统支柱产业，增强产业链中高端产品带动能力，构建传统支柱产业发展新格局。积极培育战略性新兴产业增长点。以新能源、新材料等产业为重点，培育具有核心技术的龙头企业和产业集群。支持航空、航材制造产业发展。以规模化经营为切入点，做优农业。在稳定提升粮食生产能力的前提下，按照市场化取向的要求，积极推进土地流转，促进规模化经营，以生产规模化带动专业化、标准化和基地化，推进农业链式发展；用工业化理念经营农业，推动农业与高端市场的对接。挖掘农业的旅游休闲和生态文化功能，促进农业与第二、三次产业融合发展；强化农业质量安全，发展安全、优质、绿色农业，构建面向市场的现代新型农业发展格局。

动力机制强劲有力。一是体制机制引领。充分发挥市场在配置资源中的决定性地位，着力优化资源要素配置，使其在推动产业结构调整中发挥积极作用。二是技术创新驱动。把提高技术创新能力摆在推进产业结构战略性调整的突出位置，强化消化吸收能力，构建技术创新的有效载体。三是人力资本充裕。变人口优势和人力资源优势为人力资本优势，构建产业结构调整的人力资本基础，大力培养和造就高素质的管理和技术人才。改变过去引进人才的单一模式，把引进科研机构和科研团队作为重点，以弥补区域内科研力量的不足。四是保障支持有力。加快推进行政审批体制和投资体制改革，着力提升政府决策的科学化、民主化水平和政府工作效率，形成有利于培育现代产业体系的发展环境。

五 构建现代产业体系的对策建议

（一）推进发展与转型共赢

从在全国发展大格局中的地位出发，加快发展、缩小差距、实现赶超仍是今后一个时期河南经济社会发展的首要目标任务，保持经济以较高速度稳定增长十分必要。但从经济发展阶段和区域性特征出发，促进结构调整，加快转变经济发展方式，是河南省急需破解的命题。因此，要把保持增长与调整结构兼容在统一的目标思路框架中，以发展促转型、以转型促发展。从沿海发达省份

的发展轨迹看，进行结构调整总会付出一定的增速回落的代价和经历某种程度的阵痛，发展与转型双赢难度很大，要以超常的举措争取以较小的速度代价换取结构的优化升级。

（二）实施技术创新驱动

长期以来，技术创新严重不足一直是制约河南省结构调整与升级的主要因素。科研机构、科研团体发育不足，自主创新能力弱，特别是原始创新能力十分薄弱。技术创新更多集中在通过招商引进项目并进行消化吸收的模仿创新上。模仿创新受制于关键性技术垄断、衍生性技术不强等先天性缺陷，这种以市场换技术、以资金买技术的路子越走越窄。但是加强科研团队建设，提高自主创新能力又不是短时期内能够见效的，甚至滞后于结构调整。要克服这两种弊端，必须把工作的着力点转移到搭建技术创新平台上来，切实加强科技孵化平台、成果与企业对接平台、成果产业化融资平台建设，做大做强一批有影响的创新型示范企业、创新型企业和高新技术企业。打造一个集科技成果展示、技术交易、科技研发、教育培训于一体的示范基地。同时把改革开放和体制机制创新作为根本动力，完善激励自主创新的政策体系，建立健全科技进步目标责任制，完善科技宏观统筹协调机制，优化创新创业环境，推动科技与产业融合发展。

（三）强化开放带动

在自主创新能力短时期内难以获得大幅提高的背景下，扩大对外开放，发展开放型经济，通过招商引进优质发展要素，改造嫁接现有产业，以增量盘活存量、以优量注入能量，仍然是推进产业结构调整的主要途径。要以国务院批准规划建设郑州航空港经济综合实验区为契机，放眼世界谋划一批新项目、大项目、高科技项目，把航空港经济区打造成我省促进产业结构调整的先行区。要以产业集聚区为载体，面向国内、国际继续大力开展链式招商引资，把世界500强企业、国内大型企业作为合作的重心，通过链式招商推进产业集聚向集群化发展，使产业集聚区成为推进产业结构调整的主战场。创新招商模式，在以市场换技术、引项目的同时，更加重视以市场换研发机构，变引进科技人才为引进科研团队。通过科研平台建设，瞄准世界著名企业和著名科研院所，引进科研分支机构。推进部分产业向西部转移，对现有产业中比较优势行将不再、迁往西部地区又具有一定优势的产业进行分类排队，预测分析，抓住机会转移出去，通过减量达到优化结构的目的。

（四）加快城镇化进程

推动城镇化发展是优化产业结构的重要撬动力量。要抓住城镇化加速发展的机遇，推进农村转移人口市民化进程，迅速做大城市规模。强化中心城市带动作用，突出郑州中心城市的引领地位，依托交通枢纽、物流网络、营销服务和研发体系，推进新型产业向其集中布局，形成产业集聚发展、产城融合发展的空间结构，通过空间集聚、要素集约，形成区域联动，实现共赢。

（五）化解资源瓶颈约束

资源要素约束加剧，对产业结构调整形成倒逼机制，资源要素配置使用效率的高低也在某种程度上决定着结构转型的成功与否。因此，要充分发挥市场的决定性作用，提高资源配置水平，突出发展重点，促进有限资源向技术先进、效率较高的区域、产业和企业倾斜，建立资源优化配置的效率机制，提高资源使用效率。发挥土地、环保、能源等方面的调控作用，引导优化企业投资方向。改革规划编制体制，强化规划编制的科学性、系统性和可操作性。

（六）构筑发展新优势

强化人力资源优势。实施全民技能振兴工程和重大人才工程，大幅度提高劳动者技术素质，推动低成本劳动力优势向技能型劳动力和创新型人才优势转变。推进职业教育资源整合和布局调整，建立以职业院校、培训机构、企业为载体的职业技能培训体系。打造创业公共平台，建设包括试验、测试、生产和生活在内的创业综合体，吸引理工类优秀人才。打造交通物流优势。发挥区位、市场优势，加快现代综合交通枢纽和现代物流网络建设，促进人流、物流、信息流、资金流融合集聚，推动传统交通优势向现代交通和现代物流综合优势转变。提升协作配套优势。依托产业门类齐全、中小企业数量众多的基

础，促进产业专业化分工、社会化配套、集群化发展，推动招商引资由主要依靠资源要素优势向产业协作配套优势转变。以产业集群龙头企业为核心，积极吸引产业链条整体转移和关联配套产业协同转移。营造体制机制优势。激发市场活力，加快构建有利于转型升级、科学发展的体制机制，推动产业结构调整由政府主导型向内生驱动型转变。最大限度取消和下放投资项目审批、核准、备案和生产经营活动、资质资格许可等事项。强化政策支持优势。发挥政府性资金的引导作用，采取以奖代补、贷款贴息、财政补贴、风险补助、政府采购等方式，支持重点产业发展。引导鼓励金融机构参与结构战略性调整的过程，发挥信贷资金的作用。积极争取国家财政支持，大力发展产业投资基金，引导社会资本投向产业结构调整重点领域。优化建设用地配置，保障重点产业重大项目建设用地需求。

B.4 河南省产业集聚区人口集中问题研究

任俊英*

摘　要：

近年来，河南强力推进产业集聚区建设。经过几年的发展，全省产业集聚区规模不断扩大，产业集群发展态势持续增强，基础设施和公共服务功能不断改善，集聚人口和吸纳就业能力不断扩大。但同时也存在产业集聚区布局比较分散、同质化竞争激烈、"半城镇化"现象比较突出、推动人口集中的体制机制不健全等问题。产业集聚和人口集中是一个全球性的历史过程，国内外相关专家和学者从不同视角进行了研究，在产业集聚和人口转移的形成原因、集聚创造的优势以及产业集聚人口集中的公共政策等方面，提出了许多有说服力的理论学说。本文在全面分析全省产业集聚和人口集中情况的基础上，依据国内外关于聚集经济和人口集中理论，遵循产业集聚发展规律，依托比较优势，提出了加快产业集聚区建设、促进人口集中、加强服务管理的建议：优化全省产业集聚区空间布局，建立产业集聚引导机制，加强公共服务和管理工作，创新体制机制，实行分类指导。

关键词：

河南　产业集聚区　人口集中　对策

近年来，为推进经济结构优化升级，加快转变经济发展方式，提升区域产业竞争力，河南省委、省政府强力推进产业集聚区建设，通过产业集聚带动人

---

* 任俊英，郑州大学公共管理学院。

口集中，通过人口集中促进服务业发展。经过几年的建设和发展，产业集聚态势逐步形成，产业集聚区已成为转型升级的突破口、招商引资的主平台、人口转移就业的主渠道、改革创新的示范区和县域经济的重要增长极。本课题在全面调研掌握全省产业集聚区和人口集中情况的基础上，充分借鉴国内外经验，遵循产业集聚发展规律，依托比较优势，提出河南省加快产业集聚区建设、促进人口集中、加强服务管理的思路和建议，为省委省政府及有关部门提供决策参考。

一 全省产业集聚人口集中现状

近年来，河南各级各部门认真贯彻落实省委省政府重大决策部署，按照"三规合一"、"四集一转"、产城互动的要求，优化完善规划布局，加强政策扶持引导，创新体制机制，积极承接产业转移，大力推进产业集聚区、商务中心区、特色商业区和城市新区建设，促进产业集聚发展和人口集中，在复杂多变的形势下，有力地推动了工业的转型升级和城镇化的快速发展，促进了全省经济社会的持续健康发展，并呈现以下几个特点。

（一）产业集聚规模不断扩大

全省通过政策引导、加大投资、开展招商、创新管理等有效措施，有力地促进了产业集聚区的快速发展。2012年，全省产业集聚区规模以上工业增加值比上年增长22.6%，占全省规模以上工业的43.7%，对全省规模以上工业增长的贡献率达到63.9%。产业集聚区规模以上工业主营业务收入24690.66亿元，增长22.9%，占全省比重达到47.9%，比上年提高5.4个百分点，对全省规模以上工业主营业务收入增长的贡献率达到74.3%。产业集聚区规模以上工业利润总额1455.03亿元，增长14.3%。全省产业集聚区完成固定资产投资10229.57亿元，比上年增长35.7%，占固定资产投资的比重达到49.0%，比上年提高4.5个百分点，产业集聚区固定资产投资增长对全省固定资产投资增长的贡献率达到68.3%。其中，产业集聚区工业投资7454.44亿元，增长37.8%。

（二）产业集群态势持续强化

各产业集聚区依托资源禀赋、产业基础、地理区位等综合优势，明确主导产业，强化产业配套，大力开展针对性招商引资，推动同类和关联项目集中布局，拉长产业链条，积极发展各具特色的产业集群。2012年，全省主营业务收入超百亿元的产业集聚区达到100个，其中，超500亿元的达到10个，郑州航空港区超过1000亿元；主营业务收入超百亿元的特色产业集群达到55个，比上年增加21个。产业集聚产生了巨大的综合带动效应，不仅有效促进了全省产业结构的转型升级，而且大大提高了区域承载国际、国内高层次产业转移的能力，河南正成为承接沿海产业转移的高地。

（三）公共服务功能得到改善

近年来，全省产业集聚区加大基础设施和公共服务设施投入力度，拓展功能，搞好配套，基础设施日益完善，服务功能日趋完备，产业集聚区承载能力不断提高。截至2012年底，全省产业集聚区累计完成基础设施投资超过3500亿元，建成区面积达到1589平方公里，道路总长1.5万公里，标准厂房1.3亿平方米。建立博士后科研工作站、流动站50个，博士后研发基地44个。建成研发设计、职工培训、检验检测、仓储物流、产品展示等各类公共服务平台340个，其中，综合服务中心85家，省级及以上质检中心73家，省级及以上企业技术中心119家。多数县城的公交、邮政等市政服务实现对产业集聚区的覆盖，产业配套服务和公共服务能力显著提高。此外，包括企业急需的金融、物流、信息、人才引进与培训、生活服务等方面，都有不同程度的提升。发展配套能力的不断增强，为产业集聚区持续发展奠定了坚实基础。

（四）产城融合步伐逐步加快

随着各市产业集聚区建设的快速推进，产业集聚区作为产城融合主平台的作用日益凸显。河南各市将产业集聚区作为拉大城市框架的着力点，同新城区建设、老城区改造、中央商务区建设以及新型农村社区建设有机结合起来，围绕产业集聚区规划建设学校、医院、商业服务等城市功能设施，实现产业集聚区与城区功能设施的对接与协调发展。如郑州、济源、漯河等地产业集聚区基于企业需要，建设了包括金融、通信、餐饮、娱乐等服务内容的产业发展综合服务中心，促进了第三产业发展，带动了农民转移就业，加快了城镇化进程。

（五）集聚人口能力显著增强

近几年全省产业集聚区快速发展，区内许多建设项目投产，创造出了更多的就业岗位，增强了吸纳就业的内生能力，有效促进了农业人口向城镇转移。2012年，全省产业集聚区规模以上工业从业人员达到284.8万人，同比增长16.3%，高于全省增速9.2个百分点，占全省规模以上工业从业人员的比重达到50%，对全省规模以上工业从业人员增长的贡献率高达104.9%，绝大多数适龄村民都选择了在附近的产业集聚区就业。产业集聚区已经成为吸纳就业的主渠道，成为加快河南人口转移和扩大就业的主要支撑点。

二 河南产业集聚区人口集中存在的主要问题

近年来，全省大力推进产业集聚区建设、促进产业集群发展，符合科学发展观要求，符合经济发展规律和趋势，符合河南实际。但在产业集聚区建设和人口集中过程中，也存在不容忽视的问题，主要表现在以下几个方面。

（一）产业集聚区布局比较分散

全省180个产业集聚区，大多脱胎于旧有的工业园区或开发区，不完全是按经济区布局，而是按行政区划分布到每个县市区，数量偏多，布局分散。虽然产业集聚区的规划建设实现了县（市、区）域范围内的产业集聚，结束了村村点火、户户冒烟的分散发展历史，但跨县（市、区）的产业集聚才刚刚起步，跨省辖市的全省范围内的产业集聚尚未展开。有些不适宜产业大规模集聚的县也规划建设了产业集聚区，由于位置偏僻，发展基础差，缺乏比较优势，发展效果不好，前景不容乐观，对产业集聚区的整体形象造成了一定的负面影响。如某县产业集聚区位于深山区，受地形限制分为三块，各项成本都高，也容易破坏生态环境。某些县地理相近，优势相似，很难实现主导产业的错位发展,造成主导产业雷同、同质化恶性竞争。有不少农区县的主导产业都是农产品加工业。有的省辖市的主城区也没有统一规划布局,而是各个区各自规划兴建产业集聚区。这种空间规划布局的分散,加上缺乏大项目向省会、市区集中,致使省、市都难以形成在全国优势显著的特色产业集群和基地。

(二)发展方式较为粗放

发展方式粗放主要表现在以下几个方面:一是同质化竞争激烈。一些地方为了上规模,不顾产业结构是否合理、产业发展是否符合当地实际,多个产业集聚区同时上一些技术含量不高的项目,产业结构雷同问题突出,造成了低水平的过度竞争和土地、资金、能源、劳动力等资源的浪费,同时带来包括招商、市场、人才乃至用工在内的多方面的恶性竞争,难以形成区域内的分工协作。二是存在"拼盘式"集聚现象。有的产业集聚区背离产业集聚的规律,缺乏从产业链角度出发的整体设计,甚至基本不计产业的关联性,把几个毫不相关的产业放在一起,往往是以"堆"代"群",造成集聚区内主导产业过多。三是土地使用效益较低。有些产业集聚区内生活区占地面积较大,绿化面积偏高,标准厂房建设多为单层厂房,两层以上标准厂房面积占比不足50%;一些企业贪大求多,该进标准厂房却不进,自成一统;一些企业弄虚作假,夸大投资,圈占土地,追求土地背后的隐形收入。

(三)"半城镇化"现象比较突出

国际上的城镇化进程,是伴随着市场化和工业化,农村人口自由向城市迁徙的过程。而中国城镇化进程受城乡二元分割体制制约,以流动就业为主要形式,并没有完成农村人口在城镇的定居或者"落户"迁徙。目前的城镇化率还只是名义上的城镇化,在被统计的城市常住人口中,约有四分之一是城乡两栖的农民工,河南作为劳动力输出大省,这一比例更高。目前,河南省约有农民工2400万,其中进入本省各级城镇的约1200万,这一部分农村人口中相当比例的人在城镇居住半年以上,并被算入城市化率,而且这一比例还在不断提高。由于城镇政府把发展产业集聚区、开展招商引资看成"挣钱"的事,推动农民转市民是"花钱"的事,因而各级政府缺乏推动人口集中的主动性、紧迫感，相应的体制机制不配套，这些农民工很难获得当地城镇户口，社会保障集体账户不能随个人流动，他们在劳动报酬、子女教育、社会保障、住房等许多方面不能与城市居民享有同等待遇，处于"城市不开门，农村难断根"的"夹生"状态。

（四）公共服务设施建设和管理不完善

城镇基础设施的建设与发展，对于提升城镇功能，加快人口集聚具有特别重要的意义。但是由于河南经济发展水平相对不高，城镇基础设施建设投入不足，特别是教育、文化、医疗卫生等公共服务设施建设欠账较多，对农民向市民转化过程中的住房、社保、子女入学等资金投入力度不够，保障性住房建设远远不能满足进城人口的需求，基本公共服务设施和管理服务水平仍然较低，严重制约了进城农民的积极性。从调研情况看，当前推进城镇化缺乏顶层设计，现有政策不健全、不衔接、不透明、不稳定，使得大部分农民尽管渴望成为"城里人"，但对转市民吃不透、把不准，心存疑虑，持观望态度。一方面，现有农民转市民落户约束条件多，城市的社会保障覆盖面窄，保障程度低，已有社会保障难以异地转移接续，与当地城镇人口享有的基本公共服务水平仍有较大差距，难以形成稳定的生活预期。另一方面，当前国家对农民的转移支付逐年增大，农民享有种粮直补、农机具补贴等惠农政策，还享有与农民户籍相联系的计划生育优惠政策，特别是农村耕地、宅基地在城镇化加速背景下具有较大的升值潜力，农民进城的机会成本增大。不少农民害怕一旦转为市民，在城市的权益落实不了，在农村的权益又保不住，进退失据、陷入被动，一些已经转为城镇居民的农民工甚至要求非转农。

（五）政府推动人口集中的体制机制不健全

城镇化政策体系不完善，农民工对转市民的利益预期不高。在城镇政府来看，发展产业集聚区、开展招商引资是"挣钱"的事，而推动农民转市民是"花钱"的事。与推动产业集聚相比，各级政府推动人口集中的热情不高，缺乏推动人口集中的主动性、紧迫感，相应的体制机制不配套，严重影响了人口集中的推进。首先，为了应对农民转市民，政府需要加强城市基础设施建设，提高公共服务供给能力,需要对农民向市民转化过程中的住房、社保、子女入学等问题增加资金投入,各级财政压力非常大。其次,人口集中带来的规模效益、集聚效应是一个渐进积累的过程,对经济拉动作用具有滞后性,很难在短期内反映到 GDP 增长、财政收入增加等政绩上,且涉及的政策制约因素多,社会矛盾点多,政府推进人口集中的工作难度大。最后,对人口集中没有硬性的考核指标和系统的考核体系,缺少激励各地创新体制机制的有效办法,各级政府普遍缺乏推动人口集中的主动性、紧迫感。目前,不少城镇政府仍然对农民市民化的正面作用研究、宣传、认识不够,把其当作负担,只看到坏处和短期的负面因素,而忽略农民进城扩大城市规模对产业升级尤其是服务业发展的带动作用,忽略人口集中后改善民生的成本将会显著下降等长期的正面影响。

三 加快推进产业集聚区人口集中与服务管理的对策建议

(一)优化全省产业集聚区空间布局

以全省总体空间发展战略为指导,按照立足现有实际、突出发展重点、适当兼顾平衡的要求,在主体功能区规划的基础上,充分衔接省、市土地利用规划、生态功能区规划、城乡规划和有关专项规划,综合考虑产业发展基础、资源环境承载能力、基础设施配套条件等因素,重组布局全省产业集聚区。选择主导产业突出、带动作用强、影响力大、发展前景好的产业集聚区,规划建设为省级战略层面的产业集聚区,始终突出区域经济竞争制高点和集合、引领、带动的发展导向,加强产业发展、开发方式、管理模式等方面的创新,促进产业集聚区高水平建设。未能被定为省级的市地,原则上一市一个产业集聚区,突出其差异化和特色化要求,使之成为区域经济增长点和县级产业集聚区的覆盖区。县级产业集聚区转变为所在市产业集聚区的工业园区或功能分区。同时根据所处区位和产业发展方向等因素,通过一定的制度安排,引导产业突破县域范围的小集聚模式,走市域、省域大范围、大规模集聚的道路,分层次培育、打造特色优势产业集群和基地,构建起以省级为重心、市级为骨架、县级

为节点的产业集聚区发展格局,为发展大产业、承接大项目、培育大企业构筑战略性大平台。

(二)建立产业集聚引导机制

收集、总结、完善省内外乃至世界各地促进产业集聚、发展产业集群的做法和经验,建立健全生产要素跨行政区集中集聚的规划引导机制、市场流通机制、政绩考核机制、税收分成机制,建立起政府职能和市场机制有机结合的产业集聚机制,引导、促进非农产业向优势地区、优势城市、重点集群集中集聚,为大范围的产业集聚创造体制机制条件。加强招商引资的统筹协调,建立健全相应的体制机制,引导全省范围内招商引进的同类和相关产业项目尽可能向省定重点产业集群布局。

(三)加强公共服务和管理工作

按照"政府推动、市场运作、自主经营、有偿服务"原则,引导产业集聚区内龙头企业加强与高校、科研院所合作,加强企业技术中心、研发中心、孵化中心等创新载体建设,积极推进环保基础设施"共建共享",实现废水集中处理、集中供热等,在确保完成污染减排目标任务的同时,也为入驻企业降低治污成本、提高资源使用效率提供条件,提升对项目入驻的支撑能力。引导产业集聚区与中心城区对接互通,加快与产业集聚区配套的医院、学校、幼儿园、综合服务区和公租房等建设,增强对产业集聚区发展的支撑能力。

(四)创新体制机制

加快推进产业集聚、人口集中,必须加快制度创新。深化户籍制度改革,对在产业集聚区就业的农民工,凡有固定住所和稳定收入且进城居住半年以上、"农转非"意愿比较强的,应登记为城市常住人口,在农村原有享受的各项政策暂时不变,同时享受城镇居民待遇。加快完善社会保障和医疗、教育体系,在城乡统一社保体系建立之前,对在城镇落户的产业集聚区就业农民工,凡符合户口所在地城镇居民最低生活保障条件的,应按照程序纳入城乡居民低保范围。扩大养老保险覆盖面,将其纳入相应养老保险范围。健全基本医疗保险政策，实现医疗保险全覆盖。统筹安排其子女上学问题，义务教育经费可随学生在区域之间、城乡之间进行转移，使之享有与城镇学生一样的待遇。将在产业集聚区就业一年以上的农民工全部纳入城镇住房保障体系，租售价格要考虑其承受能力，切实满足其住房基本需要。

（五）实行分类指导

由于各市经济基础、发展水平、发展阶段不同，促进人口集中的时间、规模、方式等有很大的差异，必须实行分类指导。经济发达地区可以先行一步，出台促进人口集中的政策意见，加大人口集中的工作力度，探索经验，起到示范带动作用。经济欠发达地区经济较为发达的县市也可以比照经济发达市的做法率先突破。建立促进人口集中的指标体系，只作为考察人口集中的动态和取向的监测，不作为工作考评体系。同时，建立奖补机制。政府设立土地流转专项基金，对自愿退出承包地的，给予经济补助；不愿退出承包地的进城农民，实行"两不变，一奖补"政策（即原承包的耕地、林地、荒地承包权不变，享受的国家各项补贴和集体收益分红不变，对进城农民承包地依法进行流转的，给予一定的补偿），使进城农民有一定的收入保障。对自愿放弃农村宅基地的进城农民，每份宅基地（含地面建筑物、附着物）给予一定补偿。对向城镇集中的农民从事高效农业、观光休闲农业用地给予大力支持，并给予金融扶持、税收减免等政策优惠。

B.5
河南省新型农业经营主体的选择和培育

秦小玲*

摘　要： 规模适度的家庭农场，既保持了家庭经营的基础，能够以家庭自有劳动力为主完成生产过程，具有较高的土地产出率，又扩大了经营规模，具有合理的规模效益和较高的劳动生产率，对现阶段较低的农业社会化服务水平也较为适应，是我省培育农业新型经营主体的一个方向。服务型的农民合作社较生产型的农民合作社具有更大的市场需求和成长基础，也是我省农业新型经营主体培育的一个重点。工商企业具有较强的资金技术实力，对改造现代农业具有独特的优势，但由于工商企业直接进驻农业土地流转成本高、监督管理成本高、对农业社会化服务要求较高等，因此其在粮食生产领域优势不明显，但是在非粮领域和农业产前、产中、产后服务尤其是农产品运销加工领域优势很大。因势利导，促进工商企业与农户建立紧密的利益联结机制，是发挥工商企业带动作用的一个重要方面。

关键词： 农业新型经营主体　家庭农场　农民合作社　工商企业

随着工业化、城镇化的快速发展，农业经营方式正在发生深刻变化，农业副业化、农户兼业化、农业劳动力老龄化日趋明显，"谁来种地"的问题凸显。党的十八大、十八届三中全会报告和2013年中央一号文件指出，农业生

---

* 秦小玲，河南省人民政府发展研究中心。

产经营组织创新是推进现代农业建设的核心和基础,要在尊重和保障农户生产经营的主体地位的基础上,培育和壮大新型农业经营主体,充分激发农村生产要素潜能。作为一个农业大省,河南省新型农业经营主体的发展受土地资源禀赋、发展阶段、粮食主产区的功能定位等多种因素影响。如何在各种约束条件下,加快培育适宜的规模化农业经营主体,构建新型农业经营体系,加快现代农业发展,是我们面临的重要课题。

一 我省农业经营主体发展的现状与问题

农业经营主体大体有三种类型:以家庭为基础的经营主体、农民合作组织和企业。目前我省农业经营主体以小规模分散经营农户为主体,专业大户、家庭农场、农民合作社和农业公司化企业数量呈不断上升的趋势。根据省农业厅提供的资料,2012年在工商部门登记注册的各类农民合作社4.5万家,各级农业产业化龙头企业达到6400多家,种粮大户1.37万户,符合统计调查条件的家庭农场15500多家,至2013年前半年全省各级工商机关登记的家庭农场达1189家。新型经营主体经营耕地的面积也不断上升,2012年全省农村土地流转面积达到2595万亩,约占家庭承包经营面积的27%。其中,转入农户的占总流转面积的69.5%,转入农民合作社的占15.1%,转入农业企业的占8.6%。在流转的农村土地中,经营面积百亩以上的农户达到3.8万家,千亩以上的达到2600家。但是在实际运行中,新型农业经营主体发育遇到一些问题。

第一,专业大户和家庭农场发展无序,缺乏应有的规范。专业大户和家庭农场代表着未来培育新型农业经营主体的方向。在2013年中央一号文件出台前,家庭农场还没有被单独统计,全省也没有一家严格意义上的家庭农场,专业大户与家庭农场没有做严格区分。2013年中央一号文件出台后,很多地方为了迎合,出现了一窝蜂登记家庭农场的现象。从2013年2月底到2013年5月的3个月中,全省各级工商机关登记名称中含有"家庭农场"字样的市场主体共1189户,居全国前列。而我省还没有一套严格的关于家庭农场登记注册的办法,家庭农场登记注册很不规范。就专业大户来说,全省也没有一个统一规范的认定标准,从各地情况看,大户的经营规模从几十亩到几千亩甚至上万亩不等,跨度非常大。一些地方对这种超大规模的土地经营过分偏好,农地流转中已经出现因经营规模过大导致规模不经济的情形。同时,专业大户和家庭农场在发展过程中存在的土地流转费用高、土地负担重,金融保险服务缺位、秋粮机械化程度低等问题十分突出,虽然不少地方出台了一些支持大户和家庭农场的政策,但是从调查情况看,这些新型经营主体的生存环境和发展状况并不乐观。

第二,农民合作社发展面临很多困惑,对农户的带动作用不强。从调查看,相当一部分农民合作社名不副实。不少合作社只是挂个牌子,根本就没能维持日常运营,只是个空壳。有的合作社则是为了获得政府对合作社的政策扶持而戴了一个合作社的帽子,实际上就是合伙企业或公司。目前在现有合作社中真正能发挥作用的仅三分之一左右,对农户的带动作用十分有限。同时,多数农民合作社内部管理不规范,不按合作章程执行,利益共享风险却不共担,日常开支和运行主要依托领办主体,内部联系合作不紧密,不符合合作社的基本原则。此外,农民合作社的生产主体和服务主体角色也比较模糊,总体看生产型合作社发展较快,服务型合作社发展势头不足。

第三,农业产业化龙头企业与分散农户的合作不对等,利益联结机制不紧密。龙头企业与农户的连接方式主要有:公司+农户、公司+合作社+农户、公司+基地+农户,等等。但在实际运行中,这些联结机制都不十分紧密。龙头企业与农户存在利益冲突,现实中处于强势地位的企业往往压低价格,侵占农民利益。农户或中介组织由于利益得不到保障,往往对农产品的质量漠不关心,或通过以次充好、掺假等方式来扩大利益空间。尤其当农产品市场价格出现波动时,企业与农民互相毁约的现象比较严重。据调查,龙头企业与农户的合同毁约率高达80%。此外,近年来"公司"为取得原材料,直接承包农民土地实行纵向一体化经营的方式逐渐增多,但是在运营过程中出现了土地租金压力大、劳动监督难、管理成本高等一系列问题,导致公司在种植环节普遍亏本,发展势头不旺。

二 我省新型农业经营主体发育的制约因素

一般来说,一个地区农业经营规模的大小和相应的经营方式的变化,受到资源禀赋、发展阶段等多种因素的影响。对河南省来说，农地规模经营的扩大和新型农业经营主体的发育受到人多地少、人口城镇化滞后、粮食主产区的功能定位等一系列因素的影响。

1. 人多地少

河南省耕地总量约11889.6万亩，居全国第二位。总人口为10543万人，常住人口为9406万人。人均耕地面积只有1.1亩，是全国平均水平的80%。从今后一个时期看，在最严格的耕地保护制度下，我省耕地总量将会长期保持在现有水平，人口将在现有基础上继续增长。在这种情况下，人均耕地将继续减少，并随着人口总量达到峰值，在低水平上稳定下来，人均土地过小的局面短期内难以改观。人多地少对农业新型经营主体发育带来如下影响：一是规模化起点低，易形成租地农场；二是土地流转成本大，且不易集中成片；三是过于分散细碎的农业经营格局不利于刺激新型农业服务主体的发育。培育新型经营主体，必须立足人多地少的基本省情。

2. 人口城镇化滞后

在一定人地关系下，农民非农化、市民化程度越高，农地流转率就会越高，农业规模化水平就会越高，新型经营主体产生及发展的空间就比较大。我省处于工业化、城镇化快速发展的阶段，人口非农化、城镇化程度落后于全国平均水平。2012年，我省从业人员一产占比为41.8%，比全国平均水平高8.2个百分点；城镇化率为42.4%，比全国平均水平低10.2个百分点，这是我省土地流转率低的根本原因。一般来说，城镇化率不断提高，会大大减少农村人口基数，减轻土地人口压力，从而使人地关系得到缓解。问题在于我国人口城镇化远远落后于就业非农化，虽然农民大规模进城务工，但是这些人口转而不移，没有真正融入城市，形成了特有的农民工阶层。半城镇化模式对农业规模化经营带来如下影响：一是农村人口基数和农户数量不能有效减少，从而难以对农地流转产生实质性推动；二是半转移人口不会轻易转包土地，即使转包也会要价很高，高昂的土地成本会成为规模化主体发育的障碍；三是农户小块土地就业承载力有限，农村人口大规模外出务工，使农业兼业化、副业化经营固化，形成"老人农业"。当前，国家致力于推进农业转移人口市民化，推进人口城镇化。在这个过程中，农业规模化经营主体的成长，在很大程度上取决于半城镇化模式的矫正程度。

3. 粮食主产区的功能定位

河南是全国重要的粮食生产基地，2012年粮食产量为1127.7亿斤，占全国的9.6%。按照中原经济区规划和河南省粮食生产核心区规划，到2020年，河南省粮食产量要在现有基础上增加172.3亿斤，达到1300亿斤。在耕地面积基本稳定的前提下，必须在现有基础上继续提高粮食单产，提高土地产出率。粮食主产区的功能定位会对我省培育新型农业经营主体带来以下影响：第一，必须以种植粮食作物为主；第二，不能以降低土地产出率为代价；第三，粮食作物较其他作物需要更大的规模才能显现出效益；第四，粮食种植较其他作物省工省时，因而更容易实现兼业经营；第五，粮食利润空间小，小规模经营农户对农业社会化服务的一般需求很大，但有效需求不足。因此，粮食主产区的功能定位，无论对新型农业经营主体的发育，还是对农业服务主体的生成，都会产生很大影响。

此外，我省新型农业经营主体的发育还受到农业物质技术条件、农业社会化服务水平、农业生产特性等因素的影响，目前农业基础设施薄弱、秋粮机械化程度低、金融保险服务供给不足等已经严重影响了新型农业经营主体的进一步发展壮大。

三 我省新型农业经营主体的选择

从农业发展一般规律和先发国家的经验来看，家庭农场是农业经营最有效的主体。根据我省省情和农业发展的一般规律，并充分考虑以上约束条件，我省新型农业经营主体的发育，应当是以家庭农场为主导，同时包括合作型和公司型农场等在内的多元化经营格局。在演进过程中，不同的经营主体在不同的发展阶段、不同的领域会表现出特有的适应性和阶段性特征，培育新型农业经营主体，应根据不同经营主体的优势，因势利导使其在适宜的领域发挥更大的作用。

1. 规模适度的家庭农场是新型农业经营主体选择的基本方向

专业大户和家庭农场都是建立在家庭基础上的经营主体，既坚持了以农户家庭为基础的原则，又扩大了经营规模，解决了家庭经营低、小、散问题，是我们在选择经营主体上的一个基本方向。一般来讲，我们把种植或养殖生产规模明显大于当地传统农户的专业化大户称为专业大户。专业大户的划分往往具有相对性和区域性，没有严格的标准，经营规模从几十亩到几千亩甚至几万亩不等，对雇工与不雇工也没有严格要求。在现有专业大户中，有一部分仅仅是经营规模扩大，集约化经营水平并不高，甚至带有粗放经营特征。根据河南省统计局对全省150个种粮大户的调查，在现有的生产力水平和农业社会化服务体系下，当种植规模超过200亩，单产开始降低。有的更大规模的大户，甚至还不如分散农户的单产高，这部分大户除了能增加自身的收入外，对农业产出的贡献较小。

家庭农场与专业大户有点类似，但又不同，家庭农场实质上是制度化、规范化了的专业大户。家庭农场至少在以下方面区别于专业大户。一是规模适度。家庭农场的规模必然受到家庭人口的限制，由于家庭人口不可能无限扩大，所以家庭农场的经营规模都不会太大，比如说上海松江的家庭农场经营范围为80~200亩。在这样一个规模水平下，家庭农场能实现规模经营与精细化管理的有机结合，避免了规模小而无效、规模大而不精的双重弊病，因而能够兼顾劳动生产率和土地产出率。专业大户则没有明确的标准，只要经营规模明显高于当地传统农户都可以称为专业大户。二是土地流转关系稳定。家庭农场一般要求土地流转达到一定期限。比如江苏家庭农场登记管理办法中就规定土地流转期限必须为五年以上。而专业大户的流转期限则长短各有，不做严格限定。三是家庭农场以家庭成员为主要劳动力，不雇工或尽量少雇工。专业大户中有些则是长期雇佣大量农业工人。现实中有些专业大户已经符合家庭农场条件或稍加调整就可以成为家庭农场。总体上，家庭农场和专业大户比较起来，家庭农场在集约化水平、经营管理水平和生产经营稳定性等方面较专业大户都有更高的要求。而且建立在自有劳动力基础之上的家庭农场，以家庭自有劳动力能顾及的范围确定一个合理的经营规模，在提高土地产出率的基础上，实现了家庭收入水平的提高。同时这种规模适度的、以自有劳动力为基础的家庭农场对目前较低的农业社会化服务体系也较为适应。因此家庭农场应成为下一步我们培育新型经营主体的重中之重，也将成为未来农业生产经营体系的中坚力量。

2. 服务型的农民合作社较生产型的合作社更具有优势

可以断定，在很长一段时期内，我省农业经营方式仍以农户小规模分散经营为基础，农民合作社在分散小农组织化程度上仍将发挥着不可替代的作用。即便是专业大户、家庭农场，也需要通过农民合作社提高组织化程度实现与市场的有效对接。现实中，农民合作社有两种类型：一种是生产型农民合作社，另一种是服务型农民合作社。

生产型农民合作社直接流转耕地从事农产品生产，现实中常常会产生以下问题。一是流转土地资金问题。在农产品还没有生产和产生效益之前需要预付农民的土地流转费。二是即使有足够的资金，现实中能大规模、长时期、集中连片流转到耕地也比较困难。尤其在第二、三产业不发达的地区，农民会担心地租出去不还怎么办，或者地租出去了自己没事干，等等。三是由于粮食生产效益低，生产型合作社从事农产品生产很容易走上非粮化道路。四是建立在非家庭基础上的农民合作社从事农业生产，会涉及雇工问题，而农业生产的监督管理成本非常大，或者可以说很难在短期内看出劳动的质量如何，会出现"民不肯尽力于公田"的现象。五是许多生产型合作社从决策程序和分配方式上看，具有明显的公司化趋向，不符合作社精神和原则。从长期来看，农民合作社从事农业生产，尤其是粮食生产，虽然有规模，但效益并不一定高。其实在现实中，由于种植环节利润低，尤其是粮食生产，这种生产型农民合作社的生存都比较困难，总体上数量也不是很多，对土地规模经营所起的带动作用也非常有限。

服务型的农民合作社以提供农业生产经营的产前、产中、产后服务为主，其实质是一种服务主体。无论是分散的小农，还是规模化的大农，都需要通过合作社这种方式，来解决生产经营中政府公益性服务和经营性服务解决不了的问题。从河南省的实际来看，服务型的农民合作社在现实中遭遇却很复杂。一方面，河南省农户规模小，严重的规模不经济，对合作的需求很大，比如基础设施建设、供种、机械化作业等，一家一户的小农很难解决这些问题，迫切需要通过合作解决这些问题。但是另一方面，正因为规模小，农户走上兼业化发展道路，随着农业收入比重的降低，农户对农业经营收入不够重视，农户加入农民合作社的意愿又不是很强。同时由于粮食作物的特点是耐储存、价格稳定、品质相对单一，从销售来看，基本是国家保护价收购，因此从事粮食生产的小农对市场不敏感，也基本不存在与大市场对接的困难，农民合作的动力不足。此外，粮食收益低，利润空间本来就很小，分散农户进行合作的成本又很大，合作收益不明显，也钝化了合作要求。所以在粮食生产领域，农民合作社发展一直不活跃。但是随着生产规模的扩大，粮食型家庭农场的发展，有可能会逐渐释放出合作的需求，尤其是形成对生产性服务的需求，成为服务性合作组织发展的长期动力。但是在对种植经济作物或从事畜牧业的农户来说情况却明显不同。经济作物或畜产品多是鲜活农产品，不耐储存，对市场销售要求高，风险较大，因此农户合作的意愿和动力都很强，同时经济作物相对于粮食产品价高利大，也有合作的空间。因此，农民合作社一般在非粮领域发展较快，这也是种养大户、家庭农场在达到一定规模后领办合作社的原因。

综合来看，服务性的农民合作社较生产性的农民合作社更具有成长性，生产性合作社明显发展势头也很旺，但是从长期趋势看具有明显的过渡性特征。

3. 工商企业在非粮生产领域及农业产业化经营上更具优势

工商企业进入农业一直是比较有争议的一个话题，其好处不言而喻：可以为农业注入资金，生产方式先进，提高农业的规模化、标准化水平，等等。但是对工商企业进入农业的顾虑也是一直存在。工商企业进入农业一般有三种方式，第一种是直接流转农民土地从事农产品生产，第二种是通过农业产业化经营带动农户生产，第三种是作为农业社会化服务主体为农业生产经营提供服务。工商企业作为农业社会化服务主体，是拓展经营性服务主体，完善农业社会化服务体系的应有之义，没有异议。问题主要集中在第一种和第二种方式上。

就第一种进入方式，工商企业直接流转农民土地从事农产品生产，多是为建立稳定可靠的原材料基地或从事休闲观光和高效设施农业。工商企业从事农业生产通常规模较大，基本都是成千上万亩的土地规模。以河南省目前亩均1000元的土地租金价格，成千上万亩的租金就需要几百万乃至上千万的资金需求，而且这部分租金是在还没有产生效益之前就需要预付给农民的，所以工商企业从事农业生产土地成本非常高。此外由于农业生产的特性，规模大导致监督、管理成本也很高。在各种成本都高的情况下，工商企业为赢利，极易走

上非粮化的道路。而且现有的农业社会化服务水平也满足不了如此大规模的土地经营，农业生产单产水平必定受到影响，规模效益就会大打折扣。总之，目前大规模的工商企业从事农业生产还难以满足保持和提高粮食土地产出率的要求，同时其劳动成本、管理成本较高，土地成本压力更大，对金融保险等农业社会化服务和农业生产条件的要求较高，与当前的农业社会化服务水平也不适应。但是如果解除必须种植粮食作物且持续提高土地产出的约束，大规模公司化农场的优势就会增多。这说明大规模公司化农场虽然不适于粮食种植，但有可能适于非粮领域。

就河南省目前实际情况看，人多地少、非农化程度低是基本省情，就发展规模经营来说，方向肯定不是以工商企业为经营主体的大规模经营，而应当是以农民家庭为经营主体的适度规模经营。但是作为农业大省，通过农业产业化经营拉长产业链条，提高农产品附加值是发展现代农业的一条有效途径。工商企业尤其是农业产业化龙头企业流转土地从事粮食生产，建立标准化的原材料基地，是面临分散小农、农民合作组织发育又不充分的一种无奈选择。调研中发现，企业流转土地成本较高，再加上雇工、管理、监督等费用，企业在粮食生产这一环节基本很难赢利。但是如果工商企业不这样做，或者禁止工商企业这样做，企业又会因原料无法保障而面临巨大的经营风险。双汇的瘦肉精事件和三鹿的三聚氰胺事件就是很好的例子。

就第三种进入方式，工商企业从事农业产业化经营，拉长农业产业链条，带动农户增收，是河南省目前农产品加工企业进入农业的一种主要方式，就是建立了原材料基地的企业，也只能提供原材料的一部分，很大程度上还需要通过订单农业的方式来获取原材料，这也是龙头企业通过产业化经营带动农户增收的一个基本方向，也是我们应当继续鼓励的。比如双汇、金丝猴、科迪等农业龙头企业基本都是一部分建立原材料基地，一部分通过"公司＋农户"或"公司＋合作社＋农户"等方式来获取原材料。其中主要的问题就是企业与农户的利益联结机制不紧密，使这种合作方式大打折扣。

企业通过农业产业化经营带动农户一般有以下三种形式。一是企业领办合作社以农产品加工企业组织农户加入合作社，这种方式的企业以合作社的组织方式建立起公司与农户间纵向的长期契约关系，农户按照企业下达给合作社的生产计划进行生产，企业提供品种选择、技术指导等服务。这种关系下的企业和农户更多是一种合同买卖关系，还没有形成真正的利益共同体。现实中处于强势地位的企业往往压低价格，侵占农民利益。农户由于利益得不到合理保证，往往对农产品的质量漠不关心，或通过以次充好、掺假等方式来提高利益空间。而且，一旦市场发生变化，企业与农民互相毁约的现象比较严重，但是这种形式目前却占多数。二是农户与公司合办合作社。与第一种方式相比，这种形式的显著特点是这种方式的企业以个体、私营的小微企业为主。企业能够更好地以所有者兼经营管理者的角色参与并控制农户的整个生产经营过程。农户也可以从中直接参与合作社的利润分配。但在实践中，公司以市场消费者需求为导向的经营理念与农户以产品销售收入最大化为导向的经营理念经常发生冲突，与公司相比，农户更倾向于短期利益最大化。三是农户自办合作社与公司对接。在这种方式下，公司与合作社是各自平等、独立的市场主体的交易关系。对于农户来讲最大的好处是摆脱了对公司的单向依附，农户的生产经营不再被公司所控制，经营收入有更大的提升空间。但是农户承担的经营风险也随之加大。而且现实中由于经营管理人才匮乏，管理经验少，经营管理水平低，因此这类合作社并不占多数。

四 我省培育农业新型经营主体的思路与建议

农业在我国不仅是一种生产方式，也是一种生活方式，尤其是对于农耕文化如此厚重的河南省来讲，农民从农村转移到城市将是一个相当缓慢的过程。在人多地少、城镇化不彻底、工业化后劲不足的情况下，农民非农化、市民化对我省人地关系的改善十分有限，农业经营的基础规模依然很小。可以断定，在很长一段时期内以分散小规模农户为基础的农业经营格局难以改变。

根据以上分析，河南省新型农业经营主体的选择应当是在农户小规模经营的基础上，以培育适度规模的家庭农场为基本方向，形成包括专业大户、合作性农场和公司化农场在内的多元化经营格局。同时充分发挥农民合作社在农业生产服务领域的作用，挖潜工商企业在非粮生产领域以及农业产业化经营中的优势。

1. 大力培育适度规模的家庭农场

一是界定家庭农场规模经营的"度"。根据河南省统计局2013年对150个种粮大户的调查,在现有的生产力水平和农业社会化服务条件下,经营规模在100~200亩时,单产水平和规模效益都是最好的。应尽快确立家庭农场的适度范围,上限可以参照河南省统计局的调查结果,下限则要能使家庭农场主获得基本与外出务工相当的收入水平。对于专业大户的考量可以参照家庭农场,当单产水平高于一定程度时才给予大户补贴。二是加强对家庭农场的管理。抓紧制定家庭农场的认定标准及制度。从我省目前的实际来看,专业大户还没有统一的标准,家庭农场虽有登记注册,但是准入门槛较低,除了在名称中对家庭农场有特别规定外,其他提交材料与一般市场主体无异。所以要尽快制定家庭农场的认定标准,包括规模的边界、劳动力来源的限制以及经营范围等,对符合要求的家庭农场进行登记注册。三是完善对家庭农场的财政补贴政策。现行的各种惠农补贴主要是以分散农户为对象,在一些项目上虽然不排除大户和家庭农场,但毕竟不是为家庭农场量身定做。而且我国的家庭农场自有土地少,涉及巨额的土地流转租金如何消化的问题。下一步应将惠农补贴的增量部分逐步向种粮大户和家庭农场倾斜,同时借鉴上海松江家庭农场的做法,通过引导土地流转租金价格或者对家庭农场租金进行补贴等方式来消化部分土地流转费用,促进家庭农场和专业大户成长。从长期看,随着工业化、城镇化的发展和科学技术的不断进步,农户的适度规模经营的边界也将不断扩大,必须就如何增加从事农业生产农户的自有土地做出制度安排。

2. 增强农民合作社对农户的带动作用

首先,对现有农民合作社进行规范化整顿。建议对现有的农民合作社做一次全面的清查,对于那些只挂有农民合作社牌子而不运作的合作社或者只是为了套取农业补贴的合作社进行取缔。对于实质是公司运营而不具有合作社成立基础的,帮助其转为公司登记。对于那些没有按照合作社章程运行,运行机制不规范的,要给一定时间进行规范化改造,并定期审核。其次,鼓励发展服务型农民合作社。在人多地少的情况下,不可能无限地扩大土地的经营规模,在这种情况下,完善的社会化服务体系对农业新型经营主体的培育和壮大非常重要,而提供生产性服务的农民合作社在扩大外部规模上发挥了至关重要的作用。要落实支持这一类合作社发展的优惠政策，使其在农业服务体系中发挥基础性的作用。最后，适度发展生产型的农民合作社。生产性的农民合作社实现规模经营大体有两种方式。第一种是租赁，农民与合作社是契约关系，不参与合作社经营决策。租赁虽然解决了土地规模经营问题，但是没有解决农民组织化问题。这种形式其实和工商企业租种农民土地进行农业生产没有实质性区别，农民与合作社没有成为利益共同体，除了流转土地的租金，合作社对农民的带动作用几乎没有。第二种是土地入股合作社，这种形式既解决了土地规模化问题，又把农民组织了起来，土地不仅成为农民参与合作社分配的重要依据，也成为与合作社联系的纽带，使农民与合作社真正成为利益共同体。现实中，应该更加鼓励这种形式的生产型合作社。

3. 建立工商企业租赁农户承包耕地的准入和监管制度

一是合理界定工商企业进入农业的领域。对于高效特色农业、设施农业、休闲观光农业或规模化的养殖业等，公司制的企业效率高、管理方式先进，有其比较优势和发展空间，而且这部分农业所占份额较小，涉及的农户数量也不多，进行资本化经营的社会风险较小，应通过市场机制加以鼓励和引导。二是建立严格的工商企业租赁农民土地的审批程序。对于工商企业进入农业生产领域要对企业的资质、业务范围、从事农业生产领域、生产规划等内容进行严格的审核，如要求企业规模达到一定程度，从事农业相关领域达到一定年限，并有经权威或专业部门审定的项目计划书等。防止一些空壳企业套取农业补贴和一些游资进入农业扰乱农业市场。并且在工商企业进入农业后，要继续对其加强监督管理，防止非粮化、非农化倾向。三是鼓励工商企业与农户建立紧密的利益联结机制。工商企业通过产业化经营带动农户进入市场是农户增收的一条有效路径。在这个过程中，可以通过共同投资、利润返还等形式来稳固第一种方式的合作。通过加强对农民合作社的指导、对职业经理人的培训等方式提高农民合作社的经营水平，增强农民合作社与工商企业的对话能力，使其更好地带动农民增收。

B.6 新形势下平原农区经济社会发展思路研究
—— 以河南省扶沟县为例

耿德建 闫杰*

摘　要： 扶沟是平原农区县，发展刚刚进入工业化初期阶段，与全国和全省总体经济社会发展存在阶段性的差异，经济社会亟待快速发展。但其工业化进程却面临着严重制约：一是作为主体功能区规划中的农产品主产区，国家将限制其进行大规模高强度工业化和城镇化开发；二是本轮区域间产业转移即将结束，通过招商引资发展工业的回旋余地压缩；三是国家加大了转变发展方式的工作力度，政策准入门槛提高。但同时，扶沟也将获得国家对农产品主产区、欠发达地区越来越多的政策性扶持，其发展面临机遇。新的政策和市场环境决定了扶沟工业化道路不能再沿用工业规模扩张、结构调整进而做到质量并重的传统发展模式，而是要考虑在最大限度发挥既有比较优势的前提下，迈上符合宏观经济布局、经济发展方式转变和产业发展趋向的新的发展道路。也就是要进行非常规的跨越式发展，更多地服务于中央政府和省级政府的需要，着眼于生态文明建设和第三次工业革命命题，按照在更高层次上、更大范围内的地区分工需要，顺应产业发展趋势，跃过低成本、大规模进行工业化扩张的阶段，走出一条全新的农产品主产区县的发展道路。

---

* 耿德建，河南省人民政府发展研究中心；闫杰，河南牧业经济学院。

关键词：
　　农产品主产区　　发展方式　　转变

作为黄淮平原传统农业县，扶沟在全面建成小康社会的进程中，走出一条农业县"三化"协调发展的路子，实现跨越式发展，具有典型性和代表性。探讨新形势下扶沟经济社会发展的思路，对中原经济区农业县的发展具有重要的启示和借鉴意义。

一　扶沟县经济社会发展的基本特征

（一）经济发展进入了工业化初期阶段，农业县向农业工业县转型发展特征明显

扶沟县位于黄淮平原传统农区、黄泛区腹地，是国家功能区规划中的农业区域，是中原经济区粮食生产核心区，也是一个典型的传统农业县。2005年，该县农业比重在50%以上，占比高出全省平均水平32.9个百分点；人均GDP不足600美元，低于全省平均水平近800美元，处于钱纳里发展阶段划分标准的前工业化阶段；人均财政收入122.64元，低于全省429.19元的平均水平，县域经济综合实力在河南省108个县域中排名104位。

2006年以来，扶沟县开始大力实施"工业兴县"的追赶战略，以规划建设产业集聚区为载体，抓住沿海劳动密集型产业向内地加快转移的机遇，大力招商引资，推进工业化，逐步发展起了棉纺织造、机械制造、食品加工三大工业支柱产业，带动了县域经济结构的转变。目前，扶沟县GDP已超过百亿元，人均GDP 2500多美元，跨入了工业化初期的发展阶段。三次产业比重调整为30.5∶47.7∶21.8，第二产业比重接近50%，进入了工业主导发展的新时期。

总体看，扶沟县发展仍滞后于全省平均水平，位于全省工业化后进行列。目前全省已进入工业化中期的中段，而扶沟县才刚刚叩开工业化大门，尚未进入工业化初期的中段，工业化进程未充分展开，经济总量依然较小，处于农业县向农业工业县转型发展的时期，农业县特征依然十分突出。从产业结构看，农业比

重大。第一产业占比仍高达30.2%，高出全省平均水平17.2个百分点。从城乡结构看，农村人口占比高，达70.1%，高于全省平均水平10个百分点；就业非农化程度低，第一产业就业人员占比高达64.1%。从收入结构看，非农收入占比低。全县一般财政预算收入中，工业贡献的增值税和企业所得税占比只有17.5%；农民人均纯收入中，工资性收入仅占33%，2/3的收入依然来自家庭经营。

（二）集约农业发展充分，形成了鲜明的农业特色

扶沟县是个典型的平原农业县，但与黄淮平原农区的县份相比，其发展个性极为鲜明，农业特色十分突出。

一是以集约农业经营闻名全国。与黄海平原大多数传统农业县以投劳较少的粮食生产为主的农业不同，扶沟县是以投劳较多的集约农业而闻名。20世纪70年代初期扶沟县开始推广麦棉套种，进行多熟制立体种植模式的探索，相继推广了麦、棉、菜、瓜等三熟、四熟套种模式，率先在全国探索出了"六种六收"甚至"七种七收"的作物生长模式，全县作物复种指数一度接近300%，居全省之首。新华社原社长穆青称扶沟县"把地种神了，像绣花一样"，扶沟也由此以高效集约农业而闻名全国。

二是农业产业特色突出。经过不断调整发展，扶沟县的集约农业逐渐形成了"粮－菜－瓜"为主的套种结构，在粮食、棉花、蔬菜、畜牧四大农业主导产业中，蔬菜瓜果等特色种植面积越来越大，市场影响也越来越大，特色优势十分突出。目前，全县100亩以上连片成方的蔬菜基地108个，各类蔬菜示范园64个，蔬菜专业合作社87家，形成了不同特色的八大无公害蔬菜生产基地，成为全省第一蔬菜大县、全国果蔬十强县。但从目前看，这一农业优势还主要体现在种植领域。相对于生产领域，农产品流通和加工环节薄弱，尚未形成有较强区域影响力的农产品批发市场，彩印包装、净菜加工、冷链物流等农产品加工增值体系建设明显滞后。

（三）工业化起步晚，发展基础薄弱

扶沟县工业化才刚刚起步，基础薄弱，优势不突出，发展制约多，可持续发展的基础尚不牢固。

一是工业发展起步晚。改革开放以来，扶沟县错过了1980～1990年就地发展乡镇企业和1990～2005年县域工业发展的两次重大机遇，直到2006年，扶沟县才规划建设了产业集聚区，招商引资，落地了一批重大工业项目，真正开启了县域工业化进程。由于起步晚，与其他地区相比，扶沟县的产业规模小，发展阶段位于较低层级。2011年，全县工业完成增加值41亿元，远低于全省107个县104.8亿元的平均水平。但也由于起步晚，没有经历"村村点火、户户冒烟"的乡村分散化工业发展阶段，扶沟县工业化进程一开始就利用后发优势，依托产业集聚区，形成了相对集聚的产业布局。目前，扶沟县产业集聚区入驻企业占全县规模以上工业企业的92%，成为带动县域经济转型发展的主要力量。

二是工业产业门类少。目前全县主要有三大工业支柱产业，即利用棉花资源优势形成的棉纺织造业、利用传统产业优势形成的机械制造业和利用粮食、蔬菜、畜产品资源优势形成的食品加工业。三大支柱产业完成增加值占全部工业增加值的近60%，占规模以上工业增加值的70%多。工业企业少，全县规模以上工业企业只有96家。

三是工业发展制约较多。工业发展以传统产业和传统产品为主，高科技产业少，且处于价值链中低端，目前全县只有四种"省高新技术产品"。扶沟近年工业增量主要靠招商引进的企业，但这些企业多为技术进入门槛低的劳动密集型产业，多是追逐廉价劳动力和土地而来的"游牧型"企业，加上当地工业门类少，配套能力差，引进企业稳固可持续发展的基础还未形成。同时，历史上扶沟县工商业极不发达，缺乏工商业传统。尽管有近40万农村劳动力，其中富余劳动力近50%，但由于工商业从业人员素质较低，大大制约了工业的提升与发展。

（四）城镇化水平低，服务业发展滞后

近两年，扶沟县加速启动行政新区、改造提升老城区、发展繁荣产业集聚区，城镇化水平有了较大提高，城镇面貌有了很大改观，初步形成了北部产业集聚区、中部商贸居住区、南部行政新区"三区"互动发展的县城建设格局。县城建成区面积达到18平方公里，城镇承载能力逐步增强。同时，农村劳动力外出务工经商数量越来越多，目前已占农村劳动力数量的58.4%，人口逐

步加快了向城镇集中,城镇化水平有了较大提高。但与全国和全省发展水平相比,扶沟县城镇化水平依然低下,目前城镇化率仅30%多,低于全省平均水平12个百分点,远低于全国平均水平。

由于城镇化水平低,服务业发展的拉动力不足,城镇产业发展层次较低,第三产业在整个经济中的占比不足22%。县城还主要是传统的行政服务中心,特色镇特别是中心镇发展缓慢,服务业仍以为农业、农村提供生产、生活服务的传统商贸餐饮服务业为主,现代物流、文化旅游和信息服务等新兴服务业少。

(五)财政保障能力不高,社会建设任务繁重

扶沟县"三农"比重大,县域经济实力弱,是一个典型的财政穷县,2011年,扶沟县地方财政一般预算收入仅2.68亿元,而一般预算支出为18.18万元,主要靠财政转移支付吃饭。因此,扶沟县的社会事业难以依靠本级财政投资建设,而是主要依靠上级政府的投入和专项资金支持,形成了上级财政依赖型的社会事业建设格局。

自2006年新农村建设启动以来,随着国家支农惠农领域不断拓宽,支持力度不断增大,扶沟县社会事业投资规模不断加大,建设步伐明显加快。2006年,扶沟县成为全国7个农村义务教育经费保障机制改革试点县之一,2008年开始建立城乡居民基本医疗保障制度,农村居民参合率达到98.9%;2010年开展了新型城乡居民养老保险试点,农村参保率达到94%,民生改善成效显著。但由于历史积累,传统农区农村社会事业欠账多,建设标准低,社会事业发展的主要指标目前仍大多低于全省平均水平,社会发展的任务十分繁重。

二 扶沟经济社会发展面临的宏观环境

(一)扶沟与全国和河南省总体经济社会发展相比出现阶段性差异,县域自身发展需要与总体发展要求明显错位

整体而言,我国已进入工业化中后期阶段,第一产业占比已经下降到10%的转折点,正在向后工业化时期过渡,其中沿海发达地区已经进入工业化后期阶段。随着党的十八大提出要通过经济转型、体制改革、改善民生、生态文明建设等一系列措施，逐步解决我国经济社会发展不平衡、不协调、不可持续的问题，我国开始由快速发展期进入调整提升期。

河南省与全国经济同处于工业化中期阶段，但是落后于全国平均水平，处于工业化中期的中前期阶段，发展任务十分繁重。但随着资源环境约束趋紧，"一资双高"的产业结构和发展方式难以持续，转型问题也十分迫切。因此，河南的发展选择是既要转型又要发展，在发展约束增加，发展要求提高，发展的市场环境、要素供给条件更严峻的情况下，消除与全国的发展差距，实现中原崛起和全面小康。

从黄淮四市所属的农业县来看，经济发展水平处于一个较低的平台，其尚处于工业化初期阶段，工业化还有待于充分展开。因此，积极承接产业转移，加快县域工业化、城镇化进程，符合"梯度发展"规律，是一个普遍的选择。

宏观经济导向和宏观政策是以全国发展平均水平为依据的，尤其考虑在总体经济发展实力和国际竞争力方面的支撑作用，国家政策和宏观经济导向会更多地考虑沿海发达地区的经济社会发展状况。因此，对处于低一级发展台阶上的地区而言，必须在较低的发展阶段，面对国家针对较高阶段经济发展状况制定的宏观经济思路；在较低的发展阶段，面对在较高发展阶段才会面对、才需要解决的问题。这可能是扶沟县在确定今后一个时期发展思路时"纠结"的一个总根源。

（二）国家颁布《全国主体功能区规划》，扶沟农产品主产区特征会继续强化

为实现协调、健康、可持续发展，国家推出了区域经济总体规划和《全国主体功能区规划》。按照这一规划，河南以郑州为中心的中原城市群划为重点开发区，以提供工业品和服务产品为主体功能；包括黄淮四市在内的广大平原地区，被纳入限制开发的农产品主产区，以提供农产品为主体功能，该类地区必须把增强农业综合生产能力作为发展的首要任务，限制进行大规模、高强度的工业化和城镇化开发。为实现这一目的，国家既用政策加以引导，也用行政手段进行约束。

第一,农业政策支持。《全国主体功能区规划》在农业政策中明确指出,要逐步完善国家支持和保护农业发展的政策,加大强农惠农政策力度,并重点向农产品主产区倾斜。一是调整财政支出、固定资产投资、信贷投放结构,保证各级财政对农业投入增长幅度高于经常性收入增长幅度,大幅度增加国家对农村基础设施建设和社会事业发展的投入,大幅度提高政府土地出让收益、耕地占用税新增收入用于农业的比例,加大中央财政对农产品主产区的转移支付力度。二是健全农业补贴制度。三是完善农产品市场调控体系,保持农产品价格处于合理水平。

第二,行政手段约束。要求建立健全符合科学发展观并有利于推进形成主体功能区的绩效考核评价体系。对于限制开发的农产品主产区,实行农业发展优先的绩效评价,强化对农产品保障能力的评价,弱化对工业化城镇化相关经济指标的评价。

第三,供地约束。按照不同主体功能区的功能定位和发展方向,实行差别化的土地利用和土地管理政策。严格控制农产品主产区建设用地规模,严禁改变基本农田的用途和位置。

第四,产业发展方向和空间。除了支持农业发展外,《全国主体功能区规划》一是支持农产品主产区依托本地资源优势发展农产品加工业;二是支持农产品主产区在一定限度内进行工业化、城镇化开发。即以县城为重点推进城镇建设和非农产业发展。

就河南省而言,《国务院支持河南加快建设中原经济区的指导意见》,对以河南为主体的中原经济区给予了特殊的定位:不能牺牲农业和粮食、不能牺牲生态和环境,在此前提下实现"三化"协调发展,使工业化、城镇化达到或接近全国平均水平。为此,河南也需要通过区域分工来兼顾粮食和农业、生态和环境、工业化和城镇化建设等多重目标任务。与全国区域政策安排相比,由于发展任务繁重,省一级更倾向于在国家划定的大片农产品主产区择出点式重点开发区,更强调主体功能之外的其他功能,强调政策目标的多重性,因而对农产品主产区的限制性措施会趋软,这会对该区域非农化发展带来更多的空间。

就扶沟县而言,刚刚迈进工业化门槛,就遭遇了内外激励方向不一致的问题。就政策作用的范围和作用的强度而言，国家层面更强、更广。就内在动力而言，自身工业化发展更强。扶沟如果努力争取和认真落实国家支农政策，就无异于接受和服从了政府投入对要素流向的引导作用，就会在农产品主产区的道路上继续走下去。从各种力量的对比来看，扶沟农产品主产区角色继续强化是难以避免的。

（三）市场条件和要素环境条件发生变化，承接产业转移的难度明显加大

积极承接产业转移，是欠发达地区利用发达地区的扩散效应，发挥自身资源丰富、要素成本低、市场潜力大的优势，加速工业化、城镇化的重要途径。但是，受经济总体增长速度放缓、要素成本上升、资源环境约束加大等因素影响，承接产业转移的难度明显加大，前景并不看好。

第一，需求规模相对收缩。首先是世界经济和贸易增长放缓。国际金融危机深层次影响不断显现，世界经济增长动力不足，发展速度放缓。其次是中国经济增长速度将由前些年的高速增长调整进入到次高速增长期。增长速度平台下移将使需求规模相对收缩，经济增长的动力显著下降。在这种背景下，地区之间的产业转移不是地区之间的"产业平移"，更不可能是一种"扩张性转移"，只能是一种"收缩性转移"，内陆欠发达地区不可能复制作为转移对象的劳动密集型产业20世纪90年代在沿海地区创造的经济奇迹。

第二，产业转移空间距离缩短。地区间的产业转移源于地区差距，正是因为中西部地区发展水平明显低于沿海发达地区，才有了本轮发端于沿海、目的地为中西部、以劳动密集型产业为主体的产业转移。但差距不仅存在于东部与中西部之间，更存在于中国与越南、菲律宾等要素成本更低的东南亚国家之间，存在于发达省份内部——如江苏的苏南与苏北地区、广东的珠江三角洲与东西南地区，还存在于与珠三角、长三角这些产业转移策源地邻近的省份与地区，如与珠三角邻近的湖南，与长三角邻近的江西、安徽等。因此，在需求规模相对收缩的大背景下，产业转移又是多方向的，我省承接沿海地区产业转移，必须正视空间距离缩短效应的影响。

第三，要素成本上升和环境压力加大。经过30多年的集中性开发，我国

劳动力资源结束无限供给状态，进入刘易斯拐点区间，面临着工资成本上升、企业运行成本增加的全新格局。随着最严格耕地保护政策的不断强化和主体功能区规划的实施，土地成本持续上升难以避免。两型社会建设，生态文明推进，也意味着要把以往因体制缺陷而低估或外在化的资源成本和环境成本内在化于企业成本。伴随这些变化，长期以来的要素低成本优势正在减弱甚至丧失。对扶沟来说，在县域招商引资竞争白热化的条件下，即使勒紧裤腰带、降低要素成本和税收成本吸引来的"转移"，也很难对地区发展产生应有效力。由于低成本、低税收一般只对低附加值产业有吸引力，一个地区难以靠这些产业建立长期优势。随着产业升级步伐的加快，这些做出巨大牺牲吸引来的"产业"很快会成为淘汰的对象。更不用说这些外来企业很多就是游牧型的，一旦完成对一个地区低成本资源和环境的啃食，就要迁徙到别的丰草区。

第四，本轮产业转移进入衰减期。本轮发端于沿海地区、以劳动力密集型产业为主体的产业转移起始于2008年的金融危机，至今已经历了五六个年头，可以说已过了生命周期的全盛期，进入衰减阶段，最多持续两三年，将走向终结，国际和地区间新一轮产业转移开始呈现高技术化和服务化的特征。

此外，由于扶沟工业化起步晚，产业门类少，在本轮以劳动力密集型产业为主体的产业转移中，其面临着产业配套条件不足的致命缺陷，在竞争激烈的招商引资中处于明显的不利地位。

（四）政策投入力度会越来越大，政策性资金将成为县域发展动力

作为比全国、全省经济发展水平低一个台阶的欠发达地区，在追求更加平衡、更加协调、更加可持续发展的大背景下，将成为重要的统筹对象，会得到较多的政策性扶持；农产品主产区在发展权受限的同时，发展权补偿性政策支持会陆续到位，这将为限制发展区的发展带来机遇。用好、用足政策性资金，将是限制发展区发展的重要支撑和动力。

支持政策主要包括以下几个方面。一是财政支持政策。《中原经济区规划》明确，要加大中央财政转移支付力度，支持粮食主产区提高财政保障能力。《全国主体功能区规划》指出，要适应主体功能区要求，加大均衡性转移支付力度，增强基层政府实施公共管理、提供基本公共服务和落实各项民生政

策的能力。中央一号文件明确指出，要不断强化农业补贴政策，完善主产区利益补偿、耕地保护补偿办法，加快让农业获得合理利润，让主产区财力逐步达到全国或全省平均水平。二是民生支持政策。《全国主体功能区规划》和《中原经济区规划》同时强调，要加大中央财政转移支付力度，重点支持改善民生和促进城乡基本公共服务均等化。中央预算内投资对粮食主产区基础设施和民生工程建设给予重点支持。三是产业发展。除了支持农业和农产品加工业发展外，还强调要优先在主产区安排农产品加工等农业发展项目，支持在主产区中心城市和县城布局具有支撑作用的重大产业发展项目。四是在限制开发区实施人口退出政策。这包括以下几点：其一，强调稳妥推进人地挂钩工作，实行城镇建设用地增加规模与吸纳农村人口进入城市定居规模挂钩，建立农村人口有序转移机制；其二，优化开发和重点开发区域要实施积极的人口迁入政策，加强人口集聚和吸纳能力；其三，限制开发和禁止开发区域要实施积极的人口退出政策，切实加强义务教育、职业教育与职业技能培训，增强劳动力跨区域转移就业的能力，同时，引导区域内人口向县城和中心镇集聚。

（五）扶沟县作为农产品主产区县将面临发展道路的重新选择问题

在上述宏观背景下，扶沟作为农产品主产区县处于两条道路的交叉口。一是常规的跟进式发展，更多地服从本区域经济发展的需要，继续沿着招商引资、承接产业转移即目前的工业化道路前进。二是非常规的跨越式发展，更多地服从于中央政府和省级政府的需要，着眼于生态文明建设的理念和第三次工业革命的命题，按照在更高层次上、更大范围内地区分工的需要和产业发展趋势，跃过低成本、大规模进行工业化扩张的阶段，走出一条全新的农产品主产区县的发展道路。

跟进式发展道路应该说还有空间。第一，本轮以劳动密集型、土地密集型产业为主要内容的产业转移的生命周期还没有终结，还可以在这一段时间做做文章，继续沿着当下的路子走一段时间。第二，《全国主体功能区规划》颁布后，目前北京、广东、广西、山东、宁夏、内蒙古、黑龙江等省、区、市的主体功能区规划已经发布,河南在2010年已形成了《河南省主体功能区规划纲要》,目前《河南省主体功能区规划》尚未出台,对农产品主产区的各项约束政策还没有正式生效,使得这些已被划入农产品主产区的县还有一段自由发挥的时间,但是这个区间不会太长,因为除了政策约束,还有市场倒逼。第三,主体功能区规划并不是铁板一块,主体功能区除了主体功能外还要兼顾其他功能,即是说政策上对农产品主产区还给予了一定的工业化、城镇化发展空间。但是,这条还能前进一段时间的老路,眼看越走越狭窄、越走越昏暗。

后一条非常规的跨越式发展道路是艰辛的,短期内难以见效。既有发展道路的成功会抑制重新选择的冲动,过于务实会制约新的选择,过于注重现实利益和短期利益,也会增加重新选择的难度和阻力,最重要的是创新发展本身就面临着很大的不确定性。但是,这条道路符合宏观经济趋向和经济发展一般规律,经过惊险一跳后可能越走越宽广。

因此,权衡各种因素的影响,目前扶沟县的发展道路选择,应是在最大限度发挥既有比较优势的前提下,进入符合宏观经济布局、经济发展方式转变和产业发展趋向的新的发展道路。

三 扶沟县经济社会发展的思路与途径选择

从扶沟经济社会发展的阶段性特征和宏观经济背景出发,今后一个时期,扶沟经济社会发展的思路选择是:紧紧围绕实现赶超和协调发展的双重目标,以"三化"有机结合为着眼点,以产业集聚、人口集中、土地集约为抓手,打造田园特色,做"特"城镇,促进人口转移和集中,实现城镇化新突破;突出产业集群化发展,做"新"工业,促进产城融合,实现工业化发展新突破;突出农业规模化发展,引进公司化运作,做"强"农业,实现农业发展新突破,着力参与区域分工,着力改革创新开放,着力改善民生保障,着力优化生态环境,以发展促协调、以协调促发展,在全省率先走出一条传统农业县"三化"协调发展的路子,形成城镇引领作用突出、工业主导支撑强劲、农业基础地位牢固的发展新格局。

（一）以促进土地流转为切入点，着力打造市场化取向的新型农业

改革开放以来，扶沟作为典型的传统农业大县，"在土地上绣花、在田野间舞蹈"，塑造出个性鲜明的农业特色，探索形成了农业集约发展的扶沟模式。这种脱胎于计划经济和短缺经济背景下、建立在家庭联产承包土地分散经营基础之上的发展模式，更多释放的是农民对土地的热情以及劳地结合的原始动力，为特定时期扶沟县经济社会发展起到了一定的作用。但是这种发展模式随着市场化取向的发展，反而成为阻碍扶沟农业发展乃至整个经济发展的力量。这主要表现在以下几方面。一是扶沟农业集约发展模式的特点之一是精耕细作，这种精耕细作不是建立在农业科学技术进步的基础之上，而是以投入大量劳动为前提的，从而使劳动力与土地的结合更加紧密，难以把劳动力从土地的束缚中解放出来，单就精耕细作与粗放经营比较而言，农民可以从土地中获得一定的比较效益，却丧失了远高于农业效益之外的第二、三产业的比较效益。二是扶沟农业集约发展模式的另一大特点是作物套种，这种经营方式实质上是在一家一户分散经营的基础上又叠加了农业产品和时间空间的分散，致使难以形成规模化种植的格局，使得农产品的销售限定在以本地域为中心的有限市场范围内，难以在更广阔的市场空间延伸。三是扶沟农业集约发展模式的第三大特点表现为以劳地结合为主导，农民的种植经验、习惯以及土地的品种种植适应性是其首要选择，会种什么、能种什么，就生产什么、供应什么。这种非市场主导的商品供给方式难以与大市场对接。四是扶沟农业集约发展模式是"为农而农"，不是"为业而农"，每一次的农业结构调整总是受集约模式分散化的影响，在农业内打转转，不能跳出农业发展农业，由于规模化种植缺失，难以成长出以农产品为原料的加工业以及相关产业，割裂了三次产业的联动发展，形不成由农而业的链式发展格局。当然，近年来我们也欣喜地看到，扶沟正以蔬菜规模化种植为代表，打破原有农业集约发展的模式，向市场化取向下的农业产业化发展迈出了重要的一步。

从扶沟农业发展的历程和宏观政策的导向来看，扶沟农业发展要在实现经济追赶的过程中做出更大的贡献，必须在农业发展思路上做出全新的选择。今后一个时期，扶沟农业发展的基本思路选择是：按照市场化取向的要求，着力

推进土地流转，促进规模化经营，以生产规模化带动专业化、标准化和基地化；着力引入公司化运作，用工业化理念经营农业，建设农业产业化集群，提高比较效益；着力拓展农业功能，凸显农业特色，在做强蔬菜品牌的同时，挖掘蔬菜的旅游休闲和生态文化功能，促进三次产业融合发展；着力强化农业质量安全，建设安全、优质、绿色农业，从而构建市场化的现代新型农业发展格局。

（二）依托产业集聚区载体平台，主攻以高精为方向的新型工业

扶沟工业起步晚、发展基础差，规模扩张阶段尚未完成。但从宏观发展环境看，一是国家主体功能区规划把扶沟列为限制开发地区，扶沟工业发展势必受到政策性的影响。二是本轮区域间产业转移行将结束，通过招商引资发展工业的回旋余地压缩。三是国家加大了转变发展方式的力度，政策准入门槛提高。要在这种工业发展基础上和宏观环境中完成农业县的工业化进程、实现经济追赶注定是一项艰巨而又繁重的任务。这也决定着扶沟的工业化道路不能再沿用工业规模扩张、调整结构进而做到质量并重的传统发展模式，而是需要进行全新的选择。

从扶沟工业发展的实际状况和宏观背景变化出发，扶沟今后乃至更长一个时期工业发展的思路选择是：着眼于高起点、跨越式发展，以产业集聚区为载体，改造现有工业，延伸产业链条；以引进大公司的产业链为重点，发展新型产业；以蔬菜规模化基地为依托，发展以生物制剂工业为代表的高端农产品加工业；以建设郑州航空港综合试验区为契机，抢先发展配套产业，从而构建起以高精为方向的新型工业，完成工业化任务。

（三）塑造田园型城市特色，构建多功能复合型中等城市

按城镇化发展的标准判断，扶沟尚处于城镇化快速发展阶段的前奏期。即使进入城镇化快速发展阶段，从其经济社会发展水平和自然地理区位来看，扶沟短时间内也难以集聚足够的人口，快速膨胀为中等城市。一方面，扶沟目前的产业发展水平较低，难以通过大工业的发展带动生产性服务业进而带动生活性服务业发展，从而引起人口持续集中，扩大城市规模。另一方面，扶沟县周边没有大城市，不处于具有足够辐射带动能力的全国性、区域性中心城市的直

接辐射区,今后相当一段时间扶沟将处于自主发展时期,既不会被周边大城市裹挟,造成资源大量流失,形成灯下黑的局面,也不会直接受惠于大城市的辐射,在外力带动下产生明显的跃升。越过周边区域再往外推,北部是郑州、开封,西部、西南部是许昌、漯河,南部是周口,东部是连绵的农业区,而这五个区域性中心城市均处于集聚发展的成长期,对周边地区的作用以极化效应为主、扩散效应为辅。扶沟不仅难以参与这些城市的发展分工,难以分享区域性中心城市发展带来的成果,而且其发展要素也要按市场配置的法则不断地向上述优势地区集聚。这既是扶沟城镇化发展慢的背后原因,也是今后扶沟推进城镇化的最大障碍。尤为值得注意的是,全省为加快城镇化进程,可能会推进行政层级改革,把距中心城市25~30公里的县城划归区域中心城市的行政区,进行城市化管理,从扶沟县城的区位来看,只能是自主发展。在这种发展背景下,扶沟如果不调整城镇化发展思路,而是继续延续旧有的发展模式,这种劣势地位就难以改变。

从扶沟城镇化发展的实际出发,今后一个时期,城镇化发展的思路选择是:以郑州航空港综合实验区建设为契机,参与区域性中心城市的区域功能分工;塑造田园城市特色,对发展要素进行反吸引;促进人口向县城集中,合理谋划城镇空间布局,构建多功能复合型中等城市。

(四)把握保障和改善民生与促进经济发展的契合点,把二者兼容在统一的发展思路中

目前扶沟经济发展实力还处在"吃饭财政"的阶段,远没有达到"建设财政"的发展阶段。党的十八大从全国平均发展水平出发,做出了全面建成小康社会的战略部署,并把保障和改善民生提到了相应的战略高度。这就是说,扶沟在低经济发展水平上,既要加快发展,又要保障和改善民生,因此将面临更大的困难。由此,扶沟必须从大多数农业县发展过程中长期存在的促进发展与保障和改善民生的两难选择中跳出来,把握保障和改善民生与促进经济发展的契合点,把二者兼容在统一的发展思路中,以加快发展保障和改善民生,以保障和改善民生促进经济发展。

保障和改善民生既是发展的目的,也是发展的过程,还是发展的动力。今

后一个时期，扶沟保障和改善民生与发展社会事业的思路选择是：强力争取政策资金，有效整合现有保障资金，积极引入社会资本，通过适应市场化取向的改革，把城市基础设施建设、就业、教育、卫生、住房、社会保障等与促进经济发展对接起来，以实现保障和改善民生与促进经济发展的双重目标。

四 促进经济社会发展的对策建议

（一）积极争取建立省级"生态文明建设试验区"

扶沟地处豫东平原、黄泛区腹地，县内河流和自然湿地较多，平原绿化水平高，工业污染少，是国家级绿色农业示范区和全国绿化模范县。要充分利用当前中央和河南大力推进生态文明建设的契机，积极争取在扶沟县设立省级"生态文明建设试验区"，围绕生态文明建设进行综合性配套改革试验。以此为平台，争取在相关改革和发展政策上获得支持，先行先试。加快实现"三保一高"，即保护生态环境，保障科学发展，保护群众环境权益，提高环境质量水平，促进生态友好和经济社会的全面发展，努力走出一条以不牺牲农业和粮食、生态和环境为代价的生态文明建设之路。

（二）打造中西部地区最大的蔬菜物流中心

蔬菜产业是扶沟县现代农业的一张名片。随着城镇化市场化的快速推进和人们消费需求的不断升级，农产品供需环境发生巨大变化。一是农产品需求向多样化、优质化方向演进，消费者对农产品的绿色安全要求越来越高；二是随着人们膳食结构的变化，肉蛋奶和蔬菜瓜果等鲜活农产品需求规模越来越大，稳定供应问题越来越突出；三是在全球一体化大背景下，影响农产品供求的因素越来越多，农产品市场波动越来越剧烈。上述这些变化对农产品流通方式提出了新的挑战，对政府调控的范围、内容、手段、方式等提出了新的要求。为适应农产品市场形势的新变化和扶沟蔬菜产业发展的新要求，建议扶沟尽快建设集蔬菜交易集散、安全检测、市场调剂、科技研发于一体的蔬菜物流园区，努力打造成中西部地区最大的蔬菜物流中心。

（三）打造全省重要的农业生态观光旅游示范区

随着城镇化水平的提高、生活质量的改善和工作节奏的加快，人们到秀美田园和清新自然环境中陶冶情操、修身养性的愿望越来越强，走进自然、亲近自然、享受自然的人越来越多。清澈的水面、碧绿的田野、恬静的乡村，是人们观光休闲的最佳去处。扶沟县要顺应这一趋势，拓展农业的多种功能，进一步彰显农业生态保护功能、观光休闲功能和文化传承功能，结合丰富的历史文化资源和旅游资源，充分利用毗邻郑州、开封、周口、许昌等城市的交通区位优势，以现代化农业科技多功能园区为载体，大力发展生态农业、观光农业和文化旅游业，打造农业生态观光旅游示范区，弘扬悠久的农耕文明和博大精深的传统文化，提高农业的附加值，同时促进交通、餐饮、房地产等产业发展，推动农业发展方式转变和城乡经济社会的发展。

（四）打造全省重要的现代教育培训示范基地

扶沟自古就有重教育、乐诵读的良好传统，改革开放以来特别是近年来，全县基础教育和职业教育工作取得显著成效，是全国基础教育先进县和河南省职业教育强县，在全省率先以"产业集聚区+专业人力资源培训"为模式建设了现代化职业教育基地。工业化、城镇化加速发展，对人力资源素质要求越来越高。同时，随着经济社会的快速发展和收入水平的提高，人们对子女教育和职业技术培训越来越重视。扶沟县要积极探索创新发展模式，进一步加快发展基础教育和职业教育，规划建设教育培训园区，打造全省重要的现代教育培训示范基地，推动优质教育资源向县城集聚，以优质教育吸引人口向县城集中，带动相关产业快速发展，促进县城经济繁荣。

（五）打造具有中原特色的田园生态示范城

扶沟县要加快城市建设，提升城市品位，不应再走"水泥森林、高楼大厦"的老路，而应按照既体现时代特征又不失厚重历史底蕴、彰显田园湿地特色的理念，着力打造具有中原特色的田园生态宜居城。一要科学规划。城市规划是城市建设和发展的灵魂和龙头。扶沟县在编制和实施城市规划中，要遵

循尊重自然、加强保护的原则，强化自然生态格局在县域空间体系中的突出地位，充分利用河流、湿地、农田、林木及自然景观的原有生态，保持历史遗址、人文景观的原来风貌，保护基本农田、湿地等资源，营造绿色田园生态系统，打造"居者心怡、来者心悦"的绿色田园宜居城市。二要突出特色。城市因规模、发展水平、经济基础、地理位置、自然条件、历史文化传统、民族风格等的不同而千差万别。扶沟县要遵循因地制宜、顺势而为的原则，把县域作为一个巨大风景区来规划，把城、镇、乡、村作为一个个景点来打造。充分利用独特的湿地资源，打造湿地景观，把县城打造成具有湿地韵味的中原小城。把河流当作生态走廊，把道路作为景观通道，把农业产业园区和城市公园作为生态基质，使城市湿地系统与乡村生态农地系统渗透融合，构建"农田绿水抱林盘，大城小镇嵌田园"的景象，使扶沟成为"江南韵味的北方小城"。使每一位到扶沟的客人，骑上车就能直达景区和精品乡村旅游点，获得"离城市不远，离田园很近"的感受，欣赏扶沟具有个性化的城市风貌。

B.7 河南省信息化建设研究

薛金房*

摘　要： 近年来，河南省积极推动信息化建设，取得了巨大成就，并呈现出强劲的发展势头，但仍存在信息化水平不高、数字鸿沟现象突出等问题。根据党的十八届三中全会精神，围绕省委省政府"稳增长、调结构、促转型"的中心任务，河南应该牢牢抓住第三次工业革命到来的历史机遇，走出一条具有河南特色的信息化发展道路。

关键词： 信息化　工业化　城市化

信息化是指充分利用信息技术，开发利用信息资源，促进信息交流和知识共享，提高经济增长质量，推动经济社会转型发展的历史进程。简单说，信息化就是工业社会向信息社会演进的历史进程。信息化作为一种先进生产力，在推动企业的生产经营方式、人们的生活理念和习惯发生重大变革的同时，必将对整个经济、社会和政治带来深刻影响，这是生产关系与生产力相适应、上层建筑与经济基础相适应的客观要求，是不以人的意志为转移的，从这个意义上讲，信息化也是一场革命。河南信息化建设取得了巨大成就，迈入了信息时代，发展势头强劲。但横向比较，信息化水平还不高，也存在许多亟待解决的问题。本研究分析了河南信息化建设的现状和趋势，提出了下一阶段信息化建设的基本思路、原则、任务以及保障措施。

---

* 薛金房，河南省人民政府发展研究中心。

一 河南信息化建设的基本现状

（一）主要成就

1. 信息基础设施建设成就突出

2013年7月底，河南通信光缆总长度达到77.6万公里，排全国第5位；互联网用户达到5248万户，排全国第6位；网民达到5755万人，网民普及率为61.2%。实现了普通电话和广播电视自然村"村村通"，行政村全部通宽带；县城以上城区、高速公路、机场和重点景区实现了3G网络覆盖，全省电话用户达到7076万户，其中移动电话用户达到5787.6万户，电话普及率为75.3%，河南已经进入了网络时代。

2. 电子政务建设成效显著

地方政府门户网站已经普及，"金"字工程累计开发出100多个业务应用系统，包括国库支付、税务监管、党员远程教育等各类纵向业务网30多个，其中90%的纵向业务网延伸至省辖市，80%的纵向业务网全部或部分延伸至县（市、区）。建立了省网络与信息安全协调工作联席会议制度，成立了河南信息安全测评中心，全省信息安全等级保护得到加强。

3. 信息化与工业化融合深入推进

在河南规模以上企业中，有80%以上的企业建立了门户网站，30%以上的企业建立了自动化办公系统并开展了电子商务，一半以上的企业全部或部分实现了信息化集成系统管理，制造业企业运用信息技术实现了自身快速发展。培育了"企汇网""豫商网""中国制造交易网""Ⅰ衣尚""长垣起重机网"等一批发展态势强的电商企业。

4. 农业信息化迈出新步伐

圆满完成了国家"三电合一"农业农村信息化试点工作，建立了12316"三农"热线省级综合服务平台，建立了乡镇和行政村信息服务站点、乡镇信息库，建立了"河南农业信息网""河南农村党员干部远程教育网""兴农网"和"金防工程"等一批涉农服务网，促进了农村和农业经济持续健康发展。

5. 社会信息化水平明显提高

全省交通、教育、卫生、人口、就业、社保等领域信息化建设全面推进,其中,省交通信息网覆盖了全省18个省辖市,高速公路实现了"一卡通";省教育科研网覆盖了18个省辖市和104个教育单位,入网用户超过140万户;省三网融合试点取得明显成效;省网络电视台与中国网络电视台集成播控平台实现了业务对接;郑州市有线电视网络双向化改造基本完成;成立了河南省物联网产业联盟,涉及物联网的一批新型产业稳步发展;"数字城市""智慧城市"建设进展顺利。

6. 信息产业成为新的经济增长点

2012年,河南电子信息产业实现主营业务收入2009亿元,占全省工业企业主营业务收入51558亿元的4%;全年完成电信业务总量611亿元、电信业务收入479亿元,分别排全国第6位和第8位。河南规模以上电子信息企业已达750家,其中超百亿元企业2家,上市企业10家,初步形成了以郑州为核心,以洛阳、南阳、信阳、漯河、新乡、鹤壁为支撑的电子信息产业发展格局。

(二)基本特点

1. 网络资源建设全国领先

当前河南光缆线路已达77.6万公里,排全国第5位;移动电话基站、互联网宽带接入端口数均排全国第6位;域名数、IPv4地址数分别排全国第8和第10位;已备案网站达到15万个,排全国第8位。成功引进阿里巴巴·河南(郑州)基地、中国移动、中国电信、中国联通数据基地等一批大型项目,初步形成了从光缆线路、移动电话基站、互联网端口,到IPv4地址、域名资源,再到区域性信息数据基地完整的网络基础资源体系。

2. 电子商务发展势头强劲

培育了"企汇网""豫商网""中国制造交易网""世界工厂网""大庄网""荣威网""世界泵阀网""银淘银基网""I衣尚""长垣起重机网"等一批发展势头较强的电商企业,能够为全省40万家中小企业提供"一站式"

综合服务。2012年，河南电商企业在阿里巴巴综合排名上升到全国第9位，呈现出较强发展势头。

3. 郑州市信息化建设成效突出

信息化水平在全省领先。2012年，郑州市信息社会指数达到0.534，在全省排第1位、在全国排第33位，而河南其他地级市信息社会指数在全国的排名都在100位以后。信息化应用在全省领先。郑州交通、教育、卫生、医疗、社保等社会信息化也在全省最前列，比如，郑州交通已推出公交、地铁"一卡通"。信息产业在全省领先。2012年，郑州市电子信息产业实现销售收入1300亿元，增长140%以上，增速位居全国35个大中城市第1位；实现进出口总额293.9亿美元，占全省的56.8%；培育了郑州航空港产业集聚区、郑州国家动漫产业园、863国家软件园、中部软件园、大学科技园、省电子商务产业园等一批信息产业基地，信息产业发展势头强。

（三）问题分析

1. 河南信息化水平仍然处于落后地位

从全国看，2012年，河南信息社会指数为0.363，排全国第23位，属于全国10个信息化水平落后省份之一。从中部地区看，河南信息社会指数排倒数第二位，高于江西，低于湖北、湖南、安徽、山西4省（见表1）。从全省看，"郑、汴、洛、焦、新、许、平"七市是中原城市群重要城市，其中，除了郑州信息社会指数排全国城市第33位之外，其他六市均排在100名之后（见表2）。河南信息化水平不高，除了信息产业比重小、信息技术应用不够等客观原因之外，还有城镇化水平低、人均收入水平低，以及产业结构、人才结构不优等深层次原因。

表1 中部六省信息社会指数及排名

	全国	河南	湖南	湖北	安徽	江西	山西
信息社会指数	0.439	0.363	0.372	0.41	0.379	0.356	0.415
全国排名		23	21	12	20	25	11

**表 2　郑州、开封、洛阳、焦作、新乡、许昌、平顶山七市
信息社会指数及在全国城市中的排名**

	郑州	开封	洛阳	焦作	新乡	许昌	平顶山
信息社会指数	0.543	0.308	0.378	0.382	0.375	0.360	0.338
全国城市排名	33	252	152	145	159	184	206

2. 数字鸿沟现象突出

城乡之间、城市之间以及政府部门之间的信息系统自成体系、相互分割，造成系统重复建设、信息重复输入，浪费了大量人力和财力。跨部门、跨系统、跨行业信息资源共享难、协同难，造成信息利用率低，信息化效果被打折扣。政府公开信息陈旧且不完整，重要文件信息披露不及时，与民众和企业联系沟通不够。

3. 体制机制不完善

信息化是一个庞大的系统工程，涉及经济社会的方方面面，包括政府、企业和居民，因此，应有一个强有力的组织机构来领导和协调。当前，河南信息化工作机制还不完善，缺少一个从上到下联系密切、组织有力的领导协调体系和机制，已出台的《河南省信息化条例》落实不力；一些政府部门为企业服务、为民服务思想淡薄，信息公开不全面、不及时；信息资源开发利用不足，信息资源整合、共享推进缓慢。

二　河南信息化的发展趋势

（一）河南信息化将进入发展快车道

当前，河南信息化呈现强劲发展势头。从发展速度看，2007~2012年，河南信息社会指数的年增长率达到9.75%，在全国排第8位、在中部六省排第2位，比全国平均增长率8.88%高出0.87个百分点。从基础设施看，光纤线路、移动电话基站、互联网端口、IPv4地址、域名资源等信息网络设施和资源建设都处于全国先进地位。其中，截至2013年7月，河南通信光缆线路

总长度为 77.6 万公里，只用了两年多的时间，通信光缆线路总长度就比 2010 年增加近一倍。从后续项目看，中国移动、中国联通、中国电信、阿里巴巴、奇虎 360 等全国一流信息企业项目先后落户河南，其中，河南将优先发展呼叫中心建设，加快洛阳中国移动集团呼叫中心和信阳中国电信集团呼叫基地建设，打造中西部地区规模最大的呼叫服务基地。最近郑州还被设立为国家级互联网骨干直联点，这些都为河南信息化快速发展打下了坚实基础。

（二）智慧城市建设将成为信息化热点

当前，河南 18 个省辖市已经有 17 个在建或完成了数字城市地理空间框架的建设与应用，其中郑州、平顶山、济源、鹤壁数字城市建设获得专家组验收通过。鹤壁的"智慧鹤壁指挥中心"已经投入使用，其互联网已接入市国土局、农业局、监察局、环保局、供电公司、住建局、气象局以及淇滨区城市管理等 10 个信息业务系统。2013 年初，建设部公布了首批国家智慧城市试点（90 个）名单，河南的郑州市、鹤壁市、漯河市、济源市、新郑市、洛阳新区等六地区列入国家智慧城市试点。郑州市制定了《郑州市智慧城市建设总体规划》；洛阳市提出了要把洛阳新区打造成我国最高水平智慧城市样板；新乡市早在 2011 年就制定了《新乡市"智慧城市"项目建设工作方案》；2012 年底，焦作市政府与中国联通河南分公司签订了"智慧焦作"战略合作协议；2013 年 6 月，南阳市政府与中国电信河南分公司签订了共建"智慧南阳"战略框架协议；周口市出台了《"智慧周口"建设工作推进方案》。从全国看，2012 年我国已有 154 个城市提出建设智慧城市，41 个地级以上城市在"十二五"规划或政府工作报告中正式提出建设智慧城市，智慧城市已经成为当前城市建设的一大特色。

（三）信息消费将成为扩内需的重要板块

信息消费是指以信息通信技术产品和服务为主要对象的消费行为，包括手机、平板电脑、智能电视等智能终端信息产品，包括语音通信、互联网接入及数据、信息内容应用、软件等多种信息服务，还包括电子商务、云服务等新型信息服务。目前，信息消费已经形成了巨大的市场规模。2012 年，河南电子信息产业实现主营业务收入 2009 亿元，比上年同期增长 115.2%，占全省全社会消费品零售总额10787亿元的18.6%；河南信息传输、软件和信息技术服务业总收入为524亿元，占全社会消费品零售总额的4.9%。从全国看，2012年我国信息服务业增加值占GDP比重已经达到7.3%。随着信息技术创新的不断加快，与信息技术相关的新产品、新服务、新业态不断涌现，信息消费需求不断攀升，信息消费市场潜力巨大，已成为政府扩大消费需求的重要领域。

三 河南信息化建设的基本思路和原则

（一）基本思路

以党的十八大、十八届三中全会精神为指导，围绕省委省政府"稳增长、调结构、促转型"的中心任务，抓住第三次工业革命到来的历史机遇，确立"一个目标、二个融合、四个坚持"的发展思路，即以建设"智慧河南"为目标，推进信息化与工业化融合、信息化与城市化融合，坚持对外开放，承接产业转移，壮大信息产业经济总量；坚持扩大应用，覆盖城市农村，促进经济结构转型升级；坚持集合整合，培育新型业态，放大信息化应用成效；坚持深化改革，充分发挥市场配置资源的决定性作用，推进政府审批制度改革，打造中国最优发展软环境，促进信息化与工业化、城镇化、农业现代化协调发展，走出一条具有河南特色的信息化发展道路，打造河南经济升级版。

（二）主要原则

1. 应用带动

信息化的重点在于信息技术的推广应用。应围绕"企业、政府、居民"三大应用主体，瞄准世界最先进的信息技术，在发挥市场配置资源的决定性作用的前提下，研究制定政府的信息化支持政策和措施，加快河南电子政务、电子商务、"两化融合"、"智慧城市"建设步伐。

2. 创新驱动

继续扩大开放，着力引进国内外一流信息企业和研究团队，扩大信息产业规模。支持企业原始创新、集成创新和引进吸收再创新，完善信息产业创新体系，实现信息技术研发新突破，拉长产品链条，培育具有核心技术、市场潜力大的跨国公司和大型企业集团，提高企业竞争力。

3. 整合共享

建立强有力的组织协调机构，提高信息网络整合机构的权威性和执行力。打破部门、系统和行业垄断，建立信息资源互通、共享机制，实现跨部门、跨系统、跨行业信息系统的互联互通和信息共享。强化为企业、为居民服务理念，精简政府职能，创新业务流程，努力实现政府行政业务网上全办理。

4. 惠民利民

遵循市场经济基本规律，充分发挥市场的价格机制、供求机制、竞争机制的作用，打破行业垄断，促进电信企业有序竞争，引导通信费用、上网费用继续下降，创新信息服务新业务，为社会提供价格低、质量优的信息服务。

5. 安全可控

及时分析预测信息化新技术、新业态带来的利弊得失和风险隐患，坚持防御与综合防范相结合，利用法律、行政、经济、技术等手段，建立完善多层次的网络信息安全体系，提高网络与信息监管水平，为信息化快速发展提供可靠保障。

四 河南信息化建设的主要任务

（一）建设新一代信息基础设施

新一代信息基础设施是信息化的载体和支撑。建设"宽带河南"。统筹布局新一代移动通信网、下一代互联网、下一代广播电视网、卫星通信等设施建设，实现3G网络覆盖所有乡镇和行政村，建成超高速、大容量、高智能的省级干线传输网络。支持中国联通中原数据基地、中国移动（洛阳）呼叫中心、中国电信信阳呼叫中心产业园建设，打造全国重要的信息通信枢纽。加快物联网发展。从技术研发、服务平台建设、测试评估、应用推广等方面，为河南物联网应用提供全方位的解决方案，建设智能交通、智能水利、智能电网、智能矿山等物联网示范工程。加快"三网融合"步伐。积极推进有线接入网络带宽升级和光纤到户建设，分区域、有步骤部署无线宽带接入网络，扩大无线宽带网络的覆盖区域，支持互联网、电信、广电部门协同建设，改造升级基础网络，扩大"三网融合"试点区域。

（二）推进电子政务向智慧政府转变

智慧政府是电子政务的发展方向。加强组织领导。应成立省电子政务领导小组，由省领导任组长，省直有关厅局委参加，统领全省电子政务发展总体规划、政策措施、网站整合、重点项目建设等事宜。做好顶层设计。树立电子政务向电子政府、智慧政府转变和为企业服务、为民服务理念，精简政府行政职能，建立符合信息化要求的行政办事流程，全面推广网上行政办公。整合政府信息资源。首先，对政府部门网站进行整合，构建统一的政府网站群，实现政府信息无障碍浏览；其次，对政府部门业务进行整合，通过业务流程再造，减少业务事项、缩短业务流程，提高效率；再次，建立完善人口、法人单位、空间地理、宏观经济、诚信河南五大基础信息数据库，加强信息资源开发利用。

（三）推进信息化与工业化深度融合

"二化"融合是河南工业"由大变强"的根本之策。开展"十大基地、万家企业信息化提升工程"。围绕建设全国重要的"手机、软件、信息、家电、食品、汽车及零部件、重型装备制造、电力装备制造、化工医药、服装与箱包"十大产业基地，组织1万家企业，以信息技术研发、应用为重点，进行技术与管理创新，增强企业市场竞争力。提高产业集聚区信息化水平。建立完善技术领先的网络基础设施、行业数据中心、公共研发平台和集聚区门户网站，提高融资、知识产权、人才等服务质量，降低企业研发和生产经营成本，提高产业集聚区的知名度、凝聚力和竞争力。培育一流电商企业。以优势电商企业为主体，支持企业联合兼并重组，鼓励企业引进世界一流人才，继续开展"豫货网上行"，扩大河南电商的知名度和影响力，打造全国乃至世界知名大型电商企业。

（四）推进信息化与城市化深度融合

信息化与城市化融合的结果是"智慧城市"。加快智慧城市试点建设。以列入国家智慧城市试点的郑州市、鹤壁市、漯河市、济源市、新郑市、洛阳新

区为先导，加强组织领导与协调，高标准做好发展规划，完善政策措施，分步骤有序推进。加快建筑楼宇和家居信息化。研究开发和推广应用集家居控制、安全监控、视听娱乐等功能于一体的价格适宜的智能家庭系统，扩大数字化家庭、智能化楼宇、智能化社区示范区域，开启居民数字化生活。加快信息技术推广和应用。深化信息技术在交通、医疗、文化、教育、住房、就业等社会公共领域的推广应用，建设面向市民和企业的综合性信息化公共服务平台，提高社会信息化水平。

（五）发展壮大信息产业

信息产业是信息化的核心和关键。打造我国手机第一生产基地。以郑州航空港经济综合试验区为平台，积极承接手机项目和技术转移，依托中国移动、中国联通、中国电信在河南的重大建设项目，吸引相关配套企业落户河南，完善手机产业链条，扩张手机生产规模，把郑州培育成我国手机第一生产基地。培育我国知名软件研发基地。建设河南软件公共服务平台、软件外包创新平台、融资担保服务平台，支持具有自主知识产权的软件企业的规模化、产业化、国际化，做大产业规模。依托重点软件企业、解放军信息工程大学、郑州大学，研究开发重点工业企业软件和行业解决方案，加快软件技术服务、数字内容、集成电路设计、系统集成等信息服务业发展，把郑州建成全国知名的软件研发基地。做大做强信息制造业。围绕"手机及配套、光电产业、LED照明、新型平板显示"四条产业链，以及"电子元器件、信息安全、绿色照明、应用电子、软件及服务外包"五大特色产业，引进增量、提升存量，引导企业加大科研投入，推进企业兼并重组与合作，促进企业集中、集聚、集约发展，提高信息产业集群核心竞争力。

（六）大力推进农村信息化

以建设国家级农村农业信息化示范省为契机，统筹做好农村农业信息化顶层设计，加强地理信息、农作物模型、遥感监测、物联网等信息技术的开发和在农业生产领域的推广应用，大力发展精确农业、感知农业、数字农业。建设省级农村综合信息服务平台，完善种植、畜牧、水产、林业、水利、土地等方面的基础信息数据库，推进粮库监测管理平台和粮食监测预警系统建设，健全农业经济预测预警、减灾防灾机制。大力发展农产品电子商务，整合、开发涉农信息资源，建立健全农产品市场信息监测、预警机制，提高农业生产经营信息化水平。

（七）强化网络信息安全

网络信息安全是信息化的基本保障。加强网络信息安全基础设施建设。建立以安全监控监测、应急响应、网络信任、技术防范和密码保障系统为重点的安全技术平台，强化电子认证服务，规范数字证书的管理和推广应用；建立完善电子政务和重要信息系统的异地容灾备份体系。建立健全网络信息安全应急机制。完善网络信息安全监控预测预警系统，建立全省统一的网络与信息安全协调管理体系，全面落实信息安全等级保护、涉密信息系统分级保护、风险评估和应急处理制度，提高信息安全事件应急处置能力；加大信息安全技术和产品研发投入，增强企业自主创新能力，做大做强信息安全产业。

五 加快河南信息化建设的保障措施

（一）加强组织领导与协调

加强河南省信息化工作领导小组对信息化工作的领导与协调，统一认识、统一规划、统一标准、统一政策。建立完善省、市、县（市）政府信息化工作领导管理体系，设立信息化政府主管制度，组织做好信息化顶层设计和推进方案，精心组织实施。定期召开省信息化工作领导小组会议，研究解决信息化建设中的重大问题，加强对信息化建设试点、信息化重点项目的跟踪服务和支持。

（二）建立完善政策法规体系

紧紧围绕"二化融合"、电子政务、智慧城市、信息安全和电子信息产业等重要领域，研究制定《河南省信息化条例》《河南省信息化发展"十二五"

规划》等政策法规的实施细则和配套措施,包括设立信息化发展专项资金、把电子政务建设和维护费用纳入财政预算等,建立完善信息化政策法规体系。围绕建设"中国手机和中国软件"两个基地,制定专项扶持政策,尽快制定《国务院关于印发〈进一步鼓励软件产业和集成电路产业发展若干政策〉的通知》(国发〔2011〕4号)的实施细则。充分发挥企业和行业协会的主体作用,研究制定信息化地方标准和基础信息数据采集、交换、更新、管理标准与规范,建立完善信息化技术标准体系。

(三)创新政府行政管理

创新政府管理是先进生产力发展的客观要求。要进一步简政放权,大幅撤销不必要的行政审批环节,简化、优化办事流程,缩短报批办理时限,提高行政效率。要大幅降低企业税费负担,坚决惩治巧立名目、变相增加企业税费负担的粗暴行为,为企业留下技术研发和创新的必要资金。要健全行政追责机制,对巧立名目增加企业负担、借机故意刁难企业的单位和个人依法依规查处。要改革财政资金分散使用模式,整合统一使用财政资金尤其是科研资金,集中财力办大事,提高财政资金使用效率。

(四)培育高水平人才队伍

高水平人才队伍是信息化建设的原动力。培养和引进信息化复合型应用人才。鼓励信息骨干企业和科研机构建立人才培养基地和博士后工作站,支持企业与国内外知名高校开展合作,培养锻炼一大批信息化专门人才;以郑州大学、解放军信息工程大学等高校为主体,建立完善学历教育、职业教育、继续教育、培训等多种方式并举的人才培养体系;重点引进具有行业应用经验的信息技术人才、管理人才和复合型人才,建立优秀人才引进奖励机制和突出贡献人才激励机制,完善人才培养、引进、使用、交流机制,探索实施人才柔性流动制度,落实好各项人才优惠政策。

(五)营造良好的发展环境

总结推广信息技术在经济、政治、社会、文化、民生等各领域应用的成功经验和做法,特别是郑州、鹤壁等试点信息化建设的成功经验;大力宣传信息技术的运用给企业、政府部门、民生等方面带来的新变化、新成就和典型事例;用政府购买信息技术的方式,支持企业扩大信息技术的应用;支持企业组建本行业、本领域的知识产权保护联盟;积极开展群众性、趣味性、多样性的信息知识普及活动,提高全民信息化素质;积极引导行业协会、中介组织、高校科研院所参与信息化建设,营造全社会共同推进信息化发展的良好氛围。

B.8 河南省金融改革与发展研究

郜俊玲*

摘　要： 近年来，河南省金融业快速发展，面貌发生了巨大变化。金融产业规模迅速壮大，地方金融实力增强；组织体系日趋完备，初步形成了以银行为主各类金融机构相互竞争、优势互补、共同发展的金融组织体系；直接融资比重大幅提升，金融市场结构明显优化。总体看，河南省金融市场正在发育成长过程中，金融发展层次低，金融市场不发达，金融供需错位的结构性矛盾突出。今后一个时期河南省金融改革发展，应围绕中原经济区建设总体战略，坚持金融服务实体经济的本质要求，坚持市场配置金融资源的改革导向，坚持创新与监管相协调的发展理念，以加快债券市场发展为重点，着力丰富金融市场层次，满足多元化经济主体多层次融资需求；以促进非银行类金融服务组织发展为突破，着力健全金融服务体系，促进金融结构提升；以构建统一的地方金融监管体系为切入点，着力优化金融生态环境，促进地方金融规范、持续发展。推动河南省金融尽快实现由扩张规模为主向优化结构为主、由繁荣金融主体为主向丰富金融市场层次为主、由简单幼稚金融市场向规范成熟金融市场的阶段性转变，显著提高金融产业综合实力、区域竞争力和抗风险能力，进一步增强金融产业对经济的保障服务能力。

---

* 郜俊玲，河南省人民政府发展研究中心。

关键词：

金融　改革　发展

近年来，河南省金融业年均增加值高于 GDP 增速，成为全省成长性最好、对实体经济服务性最强的主要产业，但是，与河南省经济规模和快速发展的需求相比，金融发展依然滞后，金融瓶颈制约依然突出，特别是结构性矛盾严重。当前，随着我国金融改革不断深化，金融地方化步伐加快，河南省金融业发展正面临着前所未有的机遇。要以此为契机，针对资金有效需求不足、金融市场欠发达、金融制度不完善的突出矛盾，以完善金融市场、构建服务体系、优化金融环境为重点，采取有效措施，促进河南省金融发展迈上新的台阶。

一　发展成效

改革开放以来，特别是近年来，随着经济社会的发展和金融改革的深化，河南省金融业进入了快速发展的新时期，金融产业规模不断壮大，整体实力持续提升，已初步形成了涵盖银行、证券、保险和其他非银行金融业务的金融机构组织体系，以信贷市场为主的涵盖货币、资本、外汇、黄金等业务的多层次多功能的金融市场体系，对经济发展的支撑和保障作用显著增强。

（一）金融产业规模迅速壮大

1. 发展速度不断加快

2012 年，金融业增加值占第三产业的比重达到 11.06%，比 2005 年提高 5.4 个百分点，占 GDP 比重从 2005 年的 1.7% 提升到 2012 年的 3.4%，成为河南省成长性最好的主要产业。

2. 产业实力快速提升

2012 年，全省银行业金融机构资产总额比 2011 年增长了 20.5%。近年来，随着金融改革的深化，河南省银行业资产质量大大改善，赢利能力持续提高，银行业金融机构不良贷款不断下降，实现利润比 2011 年增长了 21%。

3. 信贷规模日益扩大

2012年末,全省金融机构本外币各项存款余额为31970.4亿元,各项贷款余额20301.7亿元,年度新增贷款由"十一五"初期的700亿元增加到3619.5亿元,对区域经济社会发展的服务保障能力进一步提高。

(二)金融组织体系不断完善

1. 银行业主体地位突出

河南省通过大力引进大中型银行和外资银行,机构主体日趋丰富,目前已形成了由政策性银行、股份制商业银行、城市信用社、新型农村金融机构等组成的银行类金融组织。2013年,在河南省设立分支机构的政策性银行2家,国有商业银行6家,区域性股份制商业银行9家,外资银行2家,地方银行机构212家。各类银行机构营业网点共有11948个,占全省金融类机构网点数量的67%。

2. 非银行机构发展迅速

近年来,河南省以证券公司、期货经纪公司组成的证券期货类机构,以保险公司、保险中介机构组成的保险类机构,以金融资产管理公司、信托投资公司、财务公司等组成的非银行金融机构等呈现出较快发展态势,初步形成了各类金融机构相互竞争、优势互补、共同发展的金融组织体系。截至2012年末,河南省设立证券公司1家,期货公司3家,财务公司5家,信托公司2家,资产管理公司5家,省级投融资公司10家,省级保险分公司58家。

3. 地方金融组织快速成长

经过多年的恢复、改革和发展,河南省已初步形成了以城商行、农信社、农村新型金融组织等银行类金融机构,信托投资、融资性担保公司、典当行等非银行类金融机构,以及投资公司等地方融资平台为主体的地方金融体系,其中,银行类地方金融机构数量位于全国前列。目前,河南省城市商业银行17家,全省农村信用社县级联社144家,已有19家改组为农商行。农村新型金融组织达52家,网点数107家,地方金融对区域经济社会发展的服务保障能力不断提高。

（三）金融市场结构明显优化

1. 资本市场融资能力增强

近年来，河南省资本市场发展步伐加快。2012年新增境内上市公司3家，募集资金46.1亿元，分别居中部六省第2位和第1位。全年上市公司实现资产注入和再融资434.6亿元，是2011年的2.5倍。

2. 融资结构趋于优化

2012年，全省非金融机构通过贷款、债券、股票三种方式融资3524.8亿元，同比增长48.2%，其中，非金融企业累计发行债务融资工具666.19亿元。全省非金融机构部门直接融资比重由2006年的不足10%提高到24.8%。

3. 保险市场快速发展

"十一五"期间全省保费收入平均增长速度达28.7%，比河南省GDP的增速高13.3个百分点，比全国保费增速高7.3个百分点。2012年全省保费年收入841.1亿元，保费规模居全国第4位。保险深度（保费收入占GDP的比例）为2.8%，保险密度（人均保费收入）为797.8元/人。

（四）金融产品供给日益丰富

1. 银行表外融资较快增长

近年来，银行业除了传统的表内信贷产品外，表外融资产品发展迅速。2012年，全省以银团贷款、信托贷款、委托贷款等为主的表外贷款业务余额同比增长17%。

2. 金融创新产品发展迅速

随着河南省资本市场的发展和非银行金融机构的迅速发展，针对中小企业融资的理财产品、基金、信托、融资租赁产品，以及提供金融服务的担保、抵押、增信等产品甚至金融衍生产品迅速发展，已成为金融创新最活跃的领域。

二　存在问题

虽然河南省金融业年均增加值高于GDP增速，发展取得了较大成绩，但是与河南省经济规模和快速发展的需求相比,金融发展依然滞后,金融瓶颈制约依然严重,特别是结构性矛盾突出。

(一)总体发展水平依然较低

1. 主要发展指标落后

河南省金融业尚不发达,主要指标大多低于全国平均水平,金融支撑和保障经济发展能力还很有限。2012年,河南省金融业增加值占GDP的比重为3.4%,低于全国平均水平2.1个百分点。经济证券化率只有13%,低于全国40多个百分点,境内上市公司数量仅占全国的2.7%,尚无省级商业银行和地方法人保险公司,这与河南省作为全国第五大经济省份的地位和经济体量很不相称。

2. 银行信贷总量不足

银行信贷是河南省社会融资的主体,银行信贷规模大小直接影响河南省资金的流动性。但是,从信贷指标看,河南省金融机构本外币各项贷款余额与GDP之比只有0.69∶1,低于全国1.2∶1的平均水平,有相当一部分GDP没有信贷支持,经济发展中大量的资金需求得不到有效供给。

3. 直接融资渠道较少

目前总部设在河南省的证券公司只有1家,期货公司3家,尚无法人基金公司。2012年河南省境内外上市公司数占全国上市企业总数的3.8%,发行股票数占全国的4.0%,在全国排第12位。

(二)金融体系结构性矛盾突出

1. 金融组织结构不完善

主要体现在两个方面:一是非银行类金融机构发育不足。河南省现有的金融机构以银行业为主,银行法人机构占金融类法人机构的96%,各类银行机构网点占全省金融类机构网点数的近70%,银行信贷占非金融机构部门融资总额的近80%。而以证券公司、期货经纪公司、财务公司、租赁公司、金融资产管理公司、投资公司、信托投资公司、典当行等组成的非银行金融机构发育不足,直接融资渠道狭窄。二是地方金融机构实力较弱。虽然河南省银行类地方金融机构数量在全国位于前列，但缺乏龙头企业，机构单体规模小、实力弱、竞争力不强，多而散、小而弱问题十分突出。全省17家城商行中，只有郑州、洛阳两家城商行资产规模达到了1000亿元左右，其他各家均不足150亿元，有3家仅在50亿元左右。农信社资产质量差，体制机制尚未理顺，化解包袱任务重，竞争力弱。

2. 金融市场结构不合理

就河南省而言，突出表现在四个方面：一是间接融资与直接融资比例失衡。2012年，河南省各项贷款余额20304万亿元，而从资本市场上直接融资量只有1896亿元，仅相当于银行各项信贷余额的9.3%。二是中小企业融资难问题严重。据有关调查，河南省大型企业在商业银行的信贷满足率为100%，中型企业在60%以上，而小微企业不足15%。数量众多的中小企业固定资产投入主要是依靠民间借贷，流动资金近85%靠影子银行和民间借贷解决。三是城市化进程中融资矛盾突出。目前河南省的城市化建设融资，特别是基础设施建设融资，主要依赖地方政府融资平台，以债券融资为代表的直接债务融资所占比重较小。四是农村金融服务较为落后。目前，河南省农村金融机构数量虽然居全国前列，但仍是以农信社为主的"一农支三农"农村金融格局，由于农信社单体规模小，运作机制不健全，产品和服务较为单一，信贷资金供给不足，加上农村金融发展的社会环境和信用环境相对落后，农村金融仍是整个金融体系中最薄弱的环节。

（三）金融服务支撑薄弱

1. 金融中介服务体系发展滞后

中介服务机构，是指那些连接产品、服务提供者和市场需求方的专业化媒介组织，它们是金融发展中有效弥补供需双方信息不对称、促进市场流通和专业化服务的重要元素。目前，河南省为各类金融机构服务的中介服务产业极为落后。突出表现在以下方面。一是金融后台建设落后。缺乏专业化、高水平的数据中心、清算中心、银行卡中心、研发中心、呼叫中心、灾备中心、培训中心等为前台业务提供支撑的后台服务机构，服务机构少，配套服务功能弱，难以满足金融机构业务发展的需要。二是市场中介服务机构发育不足。目前河南

省金融中介服务尚处于起步阶段,与金融核心业务密切相关的经济鉴证中介、融资担保中介、金融中介行业协会等服务机构数量少,发展层次低,运行管理不规范,服务功能不全,难以适应金融市场快速发展的需要。会计、律师、评估、评级等与金融核心业务密切相关的各类中介服务机构发育不足,担保抵押、增信服务、信用评级、信息披露等中介服务发展不适应金融业发展要求。

2. 高层次金融人才匮乏

作为知识密集型、技术密集型的行业,金融业发展离不开人才支撑。目前河南省金融从业人员虽已达23万人,但从人才结构看,人员总量偏多与专业人才结构性不足的矛盾突出,高端金融人才严重匮乏。一是掌握金融产品开发、风险管理等金融核心技术,具备会计、法律、投资和信息技术等知识的复合型、专家型金融人才极为缺乏。二是适应金融市场创新发展的高层次期货人才,私募、公募、证券、产业等基金经理人,保险经营高级管理人才、风险管理师、保险公估师、职业经纪人、证券保荐人、高端证券市场营销人员等专业人才不足。

3. 基础设施服务不健全

一是信用生态环境建设需要进一步加强。近年来,河南省不良贷款额和比率虽然持续下降,但仍高于全国平均水平,地方金融生态环境建设亟待加强。二是地方金融基础设施建设较为落后。由于河南省地方金融实力不足,基础性服务体系建设相对落后,特别是新型农村金融组织等发展起步较晚,相应的基础性服务体系建设没有跟上,需要配套解决。

(四)地方金融运行尚不规范

近年来,河南省地方金融特别是非银行金融机构迅速发展,成为河南省金融创新最活跃的成分,但同时也是出现问题最多、亟待规范发展的金融领域。

1. 地方融资平台潜在风险较大

地方政府融资平台是指由各级地方政府及其部门和机构等通过财政拨款或注入土地、股权等资产设立,承担政府投资项目融资功能,并拥有独立法人资格的经济实体。近年来,河南省与全国一样,地方融资平台数量迅速增加,这些融资平台,主要通过银行贷款,以及银信合作、银行理财、证信合作、发行城投债等方式筹集资金，用于城市化建设投资。地方融资平台举债规模大，信息不透明，运作不规范，潜在风险高。最大的风险，是把地方政府承担的基础建设和公共事业的投资债务化、信贷化，其所借债务大部分来自银行信贷，偿还主要依赖地方政府的土地出让收入，因此，极易造成财政金融风险相互传递。一方面，城市基础设施以及公共事业投资基础性、公益性强的，商业可持续性不确定，而地方融资平台的70%为区县级平台，受财力所限，区县级政府债务偿还能力较差，地方债务危机发生的风险较大。另一方面，基础设施和公共事业投资期限长，而银行对地方融资平台的贷款大多为3~5年期限，极易形成期限结构错配，一些投资较大的项目如果不能及时展期，就会造成局部违约风险，形成债务危机，影响社会稳定。

2. 地方银行法人治理结构不完善

目前，河南省城商行、农商行等地方银行经过转制改革，初步构建了符合商业银行要求的现代企业制度。但整体看，大多数地方银行由于股权依然以当地财政、国资为主，政府一股独大，甚至还掌握着银行人事任命权，制衡机制尚未有效建立，政企不分、制度不规范问题依然存在。农村信用社产权结构和经营机制还存在严重缺陷，产权不清晰，运作不规范，不良资产比率较高的问题较为严重，亟待深化改革。

3. 地方非银行金融机构运行无序

由于地方非银行金融机构起步晚，主体多元、层次多样、规模不同、管理渠道不一，因此这一领域管理极不规范，特别是由地方政府审批设立的各类准金融机构如小额贷款公司、担保公司等，设立门槛较低，监管制度不严，近年来乱象丛生，出现了不少问题，亟待规范管理。

三 原因分析

河南省金融发展存在的主要问题，是经济和金融发展阶段的客观反映，既有河南省基本省情决定的金融有效需求不足的根本约束，也有金融市场欠发达造成供给结构错位的自身原因，还有金融调控体系不完善带来发展不平衡的制度因素。归结起来，主要集中在以下三个方面。

（一）有效信贷需求不足

作为一个产业，金融的发展遵循着一般的供求规律和价格理论，金融供给结构和金融市场的发展归根结底是由金融需求结构和经济发展水平决定的。由于金融资源具有流动强的特征，哪里有效需求旺盛，哪里投资回报高，哪里能够可持续发展，金融资源就向哪里流动。在目前国际和国内都存在流动性过剩、大量资本寻求有效投资的经济环境下，河南建设发展的资金瓶颈制约依然突出，一个重要原因，是河南省有效信贷需求不足，大量信贷资金缺乏供给的基本市场激励。一是众多中小企业融资规模偏小。从资金需求的主体结构看，目前，河南省中小企业占全省企业数的97%，其中小微企业占93%，这一数量众多的经济主体，虽然总体上对资金有大量的需求，但单体资金需求规模小，往往达不到商业银行最低贷款线，加上抵押品缺乏和财务信息不透明，其贷款基本是商业银行不愿承接的"次级贷款"。如果没有社会中介服务机构为其提供担保抵押、增信服务、信用评级、信息披露等服务，特别是提供集合大量小规模资金需求的中介性服务，个体中小企业较难得到商业银行尤其是大中型银行的信贷支持。二是农村金融有效需求不足。与小微企业融资困境一样，我国农业生产组织规模超小和高度分散，使得小农户与大市场、大金融的矛盾更加突出。"三农"信贷成本高、风险大，商业银行不愿涉足，造成农村金融供给短缺，商业金融要实现农村服务广覆盖与商业可持续的双重目标较为困难。三是城市建设资金商业可持续性不确定。城市化建设中很多领域的投资基础性、公益性强，投资期限长，商业可持续性不确定，如果依靠银行机构间接融资，极易导致风险集中。

（二）金融市场欠发达

与经济发展水平相适应，金融的发展也具有阶段性，从初始形态向高级形态不断演进，有其自身发展的规律。一般而言，其经营范围和业务从货币、信贷市场—资本市场—虚拟经济下的金融衍生品逐步拓展创新。组织形态沿着单一银行结构—银行与非银行类金融组织—银行、非银行类金融组织和中介服务平台有机统一发展的方向演进。

从我国金融改革发展历程看，改革开放前是典型的计划经济体制，单一的国有银行体系。改革开放后到亚洲金融危机前，我国金融业基本处于体系的恢复和建立中，包括中央银行独立、专业银行和保险公司的恢复和商业化改革、股份制商业银行以及中小金融机构的建立和发展、资本市场的建立及证券公司、政策性银行的组建等。直到1997年亚洲金融危机爆发后，我国才加快了金融改革发展的步伐。一是加快了对金融存量的改革。主要是对大型国有银行、保险公司的股份制改革，农村信用社改革以及证券公司的综合治理，在国家财政支持下，主要商业银行完成了再资本化。二是调整了改革思路。主要是通过发展新型金融组织，以增量促进存量改革，实现多元化、多层次金融体系建设目标。三是地方金融进入快速发展时期。由于增量主要是地方金融，包括银行类和非银行类，这不仅打破了国有金融大一统的格局，也带来了金融产业的发展。四是金融创新大量涌现。大量非银行类金融组织、地方金融组织，面对日益多元化、多层次的社会融资需求，推出了银信合作、理财产品、私募基金、金融租赁、第三方支付等创新产品，成为金融创新的主体，并出现了影子银行体系，推动了我国金融步入金融衍生品创新发展阶段。

但总体看，目前我国金融市场还仅仅是一个欠发达的幼稚市场，组织体系框架虽然构建了起来，但金融结构不健全，融资工具、交易手段以及金融产品有限。金融体系以间接融资为主、国有商业银行近乎垄断经营的格局尚未根本改变，地方金融作用有限，新型金融机构发展不足，资金供给渠道依然较少，投融资主体的多样性需求不能有效满足。非银行类金融组织等直接融资平台发展不足，资本市场的层次不够丰富。金融市场中有股票市场而没有真正意义上的债券市场，有商品期货市场而没有金融期货市场，这些情况在河南省特别突出，与日益多元化、多层次的经济发展需求之间的矛盾依然突出。金融业专业化分工不深不细，不仅延缓了金融机构金融业务、金融手段创新所需的服务平台建设，而且影响了连接市场产品、服务提供者和市场需求方的金融中介服务组织的发展。

（三）金融调控机制不完善

一是缺乏金融进入中小企业和农村的政策激励机制。中小企业以及农村经济的"先天不足"，决定了这些领域的金融服务不能单纯进行市场化运作，而要有相应的政策和措施进行"后天调节"，即便是欧美发达国家，也都制定了一系列扶持中小企业和农村金融发展的政策和措施。但我国在推进商业银行改革的同时，相应的金融扶持配套政策没有及时跟上，有很多措施正处于改革试点阶段。近些年，虽然出台了一些向中小企业和农村倾斜的金融政策，但尚不普惠，力度不大，效果一般。

二是地方金融监管制度建设滞后。随着金融改革的深化，我国的地方金融机构正经历着由边缘化到主体化的过程，地方金融创新已成为近年来金融领域创新最活跃的成分。但是地方金融监管体制却建设滞后，难以承担越来越多、越来越重的监管职责。首先是国家"一行三会"监管体制难以覆盖地方金融。目前我国金融监管模式，在国家层面上实行的是分业监管、"一行三会"分工合作制度。但对地方金融，除银行类金融组织监管由省银监局承担外，对于投资公司、财务公司、担保公司、小贷公司等一些非银行类金融机构，我国采取的是"谁审批、谁负责、谁监管"的体制，极易出现、实际上也出现了银监机构难以监管的监管空白、监管不力的问题。其次是地方金融管理体制尚未有效建立。目前小额贷款公司、融资性担保公司、融资租赁公司、私募股权投资和创业投资等股权投资基金、典当行、阳光私募基金、对冲基金等下放到地方政府监管。但面对快速发展的创新金融组织和金融产品而言，地方监管机构不健全，尚未形成统一、有效的监管体制，金融办、省农信联社、发改委、国资委、财政厅、工信厅、商务厅、工商局等职能部门都被授权某一方面地方金融的审批、指导、协调、管理职能，管理多头，体制不顺，职责不清，部门关系协调难，出现监管真空等问题。

三是地方金融监管缺乏金融监管的专业知识与手段。目前，地方金融监管机构面对新的金融业务，缺乏实际管理经验，缺乏专业知识、专业手段，更缺乏金融专业人才，多数金融监管还只停留在简单的审批上，其监管水平难以跟上地方金融发展的复杂性和多样性。

四 发展思路与工作重点

（一）发展思路

根据经济和金融发展的新形势新要求，结合河南发展实际，今后一个时期河南省金融改革发展的思路是：紧紧围绕着中原经济区建设总体战略，坚持金融服务实体经济的本质要求，坚持市场配置金融资源的改革导向，坚持创新与监管相协调的发展理念，立足当前，着眼长远，供需双调，内外兼修，以加快债券市场发展为重点，着力丰富金融市场层次，满足多元化经济主体多层次融资需求；以促进非银行类金融服务组织发展为突破，着力健全金融服务体系，促进金融结构提升；以构建统一的地方金融监管体系为切入点，着力优化金融生态环境，促进地方金融规范、持续发展。推动河南省金融尽快实现由扩张规模为主向优化结构为主、由繁荣金融主体为主向丰富金融市场层次为主、由简单幼稚金融市场向规范成熟金融市场的阶段性转变，显著提高金融产业综合实力、区域竞争力和抗风险能力，进一步增强金融产业对经济的保障服务能力，推动河南省金融发展迈上新的台阶。

（二）工作重点

针对发展存在的主要问题和薄弱环节，下一步的工作着力点应体现在三个方面。

1. 着力发展债券市场

这几年河南省直接融资比重提升，其中主要是企业上市融资。由于上市融资的企业基本上是经营业绩较好且并不缺乏信贷支持的大型企业，因此，尽管河南省直接融资比重有较大提升，但经济主体融资的结构性矛盾依然没有缓解，缺乏层次性是河南省金融市场发展的突出缺陷。债券市场是金融体系的基准市场，债券是金融市场上期限结构最全、产品层次丰富、市场参与者最多的产品。发展债券市场可以丰富金融市场层次，拓展直接融资渠道，可以为全社会投资者和筹资者提供低风险的投融资工具，是有效缓解中小企业融资难和城镇化融资难的重要途径；同时，作为银行间市场的重要组成部分，债券市场也是金融脱媒化趋势下拓宽商业银行发展领域的有效平台，更是促进金融业细化分工、健全中介服务体系的有机土壤，可以说牵一发而动全身，是优化金融市场结构、缓解河南省金融结构性矛盾的一个"枢纽性工程"。

2. 着力促进非银行类金融服务组织发展

非银行金融组织的发展既是金融业细化分工的结果，也是丰富金融层次、

提升金融结构的推动力量。河南省金融市场欠发达的一个重要标志，就是非银行金融组织发育不足、中介服务体系薄弱，致使金融需求的经济主体与金融供给的金融市场之间缺乏有效沟通与衔接，不仅造成了中小企业等经济主体间接融资困难，也导致了直接融资渠道不畅。发展非银行类金融服务组织以及中介服务产业，完善以债券市场为主的多层次金融市场的基础，是河南优化金融结构必须着力的一个重点。

3. 着力构建统一的地方金融监管体系

金融具有虚拟经济形态和杠杆功能，不仅调节实体经济发展，自身也存在杠杆率，是高风险行业，如果不规范发展，很容易形成社会风险，造成财政负担，损害公众利益，影响持续发展。所以，必须创新与监管同步，发展与规范并重。近年来，河南省地方金融快速发展，但监管体系建设却相对滞后，影响了河南省地方金融健康可持续发展。随着河南省地方金融规模越来越大，金融创新越来越活跃，理顺监管体制已成为金融健康可持续发展刻不容缓的大问题。

五 措施建议

（一）繁荣多层次主体，完善金融组织体系

近年来，河南省在引进境内外大中型银行以及培育地方银行方面取得了显著成效，形成了由政策性银行、大中型股份制商业银行、城市商业银行、农村信用社、农村商业银行、农村合作银行和村镇银行等组成的较为完整的银行类金融组织。下一步应针对河南省非银行金融组织发育不足、直接融资渠道不畅的实际，在继续引进国内外各类商业银行和做大做强地方银行的同时，研究出台相关的优惠和鼓励政策，加大对保险、期货、证券、信托、基金、投资、财务、租赁公司等非银行金融机构的引进力度，对在河南省新设法人总部、地区性总部的金融机构，给予资金补助、税收奖励等鼓励政策。通过金融发展基金，扶持和规范发展河南省地方性银行类和非银行类的金融组织，进一步丰富和活跃河南省的融资平台。

（二）打造金融龙头，做大做强地方金融

目前，河南省建设省级银行，打造地方金融龙头企业的工作已提到议事日程。建设省级银行有利于优化地方金融结构，壮大地方金融实力，发挥地方金融服务经济社会发展的作用；有利于引导和规范民间资本进入金融服务领域，实现金融资本与产业资本的强势联合，更好地为实体经济服务；有利于扩大金融业对外开放，推进跨区域经营，形成金融资源集聚地。省级银行是地方金融的龙头企业，是多元化、多层次地方金融组织体系的重要组成部分，因此，建设省级银行，不能简单地进行合并重组做成一个孤立的省级银行，而应放在河南省整个地方金融体系发展完善的大框架下设计和推进，要充分利用河南省地方金融牌照较多的优势，充分考虑区域经济发展新趋势，规划布局发展河南省地方金融体系。可考虑以郑州银行和洛阳银行为主，增资扩股后升级为两个省级银行，打造河南省地方银行的龙头。其他城商行或引进战略投资，优化股权结构，或按照市场原则自愿联合重组、整合资源，实现规模发展，形成河南省地方金融的第二梯队。同时，深化农信社改革，打造县域特色地方银行，加快新型农村金融组织培育和发展，形成覆盖全省、层次分明、竞争有序的地方银行网络。

（三）发展债券市场，拓展直接融资渠道

根据河南省经济社会发展的实际需求，将发展债券市场作为下一步优化金融结构的重点，推进发展。要把握和抓住未来债市推进的两个主要方向：中小企业私募债与市政债券，出台措施，积极引导企业债券和公司债券发行，扩大企业在债券市场直接融资规模。积极争取地方政府自行发债试点，大胆探索市政债券发行。通过注资、重组、证券化上市等方式做实地方融资平台，推动平台专业化、市场化和规范化发展，在此基础上，推动融资平台公司发行公司债券。当前，要重视和充分利用好银行间市场，加强与银行间市场交易商协会和中债信用增进公司的合作，建立企业债券发行的鼓励机制和风险补偿机制，支持债券承销商、信用评级机构和担保公司积极介入企业债券发行工作，利用短期融资券、中期票据、区域集优债等债务融资工具，扩大企业直接融资。

（四）创新金融手段，提供多样化金融服务

加快金融产品和服务模式创新，特别是针对中小企业资金需求，支持发展适于中小企业多样化融资需求的证券化和债券化的金融产品、金融衍生品以及保险、增信、财务等服务产品。积极发展各类债券产品，创新集合大量小规模资金需求的区域集优、企业集合、供应链融资等金融产品。支持网络融资等新型融资方式，多方探索破解中小企业资金需求规模小、资金有效需求不足造成的融资难问题。要突破性发展创业投资和股权投资，引导民间资本投向实体经济。加快发展基金业，运用股权基金、产业投资基金等引导民间资金依法合理流动，扩大企业直接融资规模。

（五）强化中介服务，大力发展配套服务产业

首先要大力发展市场中介服务业。促进金融中介服务业发展，通过发达的中介服务，为金融机构的发展创造便利条件和更多机会。增强对各类金融机构的吸引力，形成金融集聚区，是国际金融中心建设的基本经验。河南省打造郑东新区金融集聚核心区，要跳出单纯吸引金融机构的传统思路，深刻认识发展服务中介机构的重要性，将发展金融服务中介机构作为重要的基础工作来抓。一是大力发展非外包业务类的专业服务，包括资产评估、征信评级、咨询研究、投资管理、基金托管、鉴证服务、核保索赔等相关金融中介服务，支持会计师事务所、律师事务所、担保公司、拍卖公司、职业培训机构、专业财经媒体和信息平台等开展有关金融中介服务。二是重点发展外包业务类的服务。尤其是加强金融后台服务中心建设、金融支付体系建设等。抓住金融外包服务成为全球产业转移主要潮流的机遇，加大开放力度，积极承接金融外包服务，引进国外知名服务中介机构，吸引高端中介服务人才，带动金融中介服务业整体水平提升。通过完善中介服务营造良好的发展环境，吸引集聚各类金融机构、人才、资讯，使郑东新区尽快成长为区域性金融综合服务中心。三是要大力发展配套服务产业。借鉴浙江省打造"中小企业金融服务中心"和"民间财富管理中心"的做法，构建适合中小企业特点的金融服务体系。支持产业集聚区设立企业融资服务中心，构建由政府引导、多元支持、市场运作为原则的区

域性金融服务平台，为企业提供风险投资、贷款担保、资金融通、引进战略投资者、上市融资、股权交易等系列化的专业融资服务。促进多层次担保体系建设，以及评级、增信、人才培训等各类金融中介服务配套产业发展，健全金融中介服务体系，构建银企有效对接的市场机制，解决金融供需主体间缺乏有效沟通问题。

（六）加强金融监管，优化金融生态环境

坚持金融创新与金融监管并重，推动金融机构商业可持续发展。借鉴温州金融改革经验，重视完善金融监管制度，探索建立健全与国家金融监管相配套的地方金融监管体系。按照对接（与中央"一行三会"监管对接）、统一（地方金融统一监管）、专业（专业机构专业人员管理）、高效的原则，建议将地方金融监管统一到省金融办，设立与"一行三会"对接的机构，切实承担起地方金融监管职责。围绕建设金融大省、诚信河南的目标，加强信用环境和金融生态建设，推进社会信用工程建设，进一步完善中小企业担保机构信用评价制度，加快农村信用体系建设，打造金融安全区，推动河南省金融业健康持续发展。

B.9 河南省生态文明建设发展报告

沈莎莎*

摘　要： 近年来，河南省高度重视生态文明建设，在节能减排、污染防治、林业生态建设和循环经济发展等方面取得了重要成效，但是由于高投入、高消耗、高污染的传统发展方式没有根本改变，人口、资源、环境的矛盾日益突出。落实十八大和十八届三中全会精神，促进人与自然和谐，加快建设美丽河南，必须改变大量生产、大量消费的传统观念，尽快划定并落实生态红线，严格耕地、水资源、空气等管理制度，加快转变发展方式，加强污染治理和生态保护与修复，全面提高生态文明建设的水平。

关键词： 生态文明　节能减排　循环经济　林业生态建设

生态文明是反映人与自然和谐程度的新型文明形态，是破解资源约束、环境污染和生态系统退化等问题的新型发展理念。河南省要从根本上转变高投入、高消耗、高污染的粗放发展模式，尽快划定并落实生态红线，严格耕地、水资源、空气等管理制度，加强污染治理和生态保护与修复，全面提高生态文明建设的水平，加快建设美丽河南。

---

* 沈莎莎，中原经济区研究会。

一 河南省生态文明建设发展现状

1. 自然地理基础条件

河南省地处山丘向平原、暖温带向亚热带双重过渡地带，复杂多样的气候条件和地貌类型为全省自然生态环境特征的形成奠定了多种多样的物质基础。全省总面积16.7万平方公里，其中平原9.3万平方公里，占总面积的55.69%，耕地总面积7926.4千公顷，人均占有耕地面积0.07公顷。全省年均降水量573.6毫米，水资源总量265.50亿立方米，人均水资源量252.47立方米。全省林业用地面积502.02万公顷，其中森林面积383.77万公顷，在全国列第21位，人均森林面积仅为全国平均水平的1/5，森林覆盖率22.98%，在全国排第20位，森林蓄积1.44亿立方米，人均森林蓄积仅为全国平均水平的1/7，其中国家级森林公园30个，面积11.98万公顷，省级森林公园75个，面积13.96万公顷。全省野生动植物资源比较丰富，植被类型丰富多样，全省有维管束植物近4000种，列入省重点保护植物名录的有98种；已知的野生陆生脊椎动物520种，列入国家一级重点保护野生动物名录的有15种；全省建立不同级别、不同类型的自然保护区33处，总面积759134公顷，占全省面积的4.5%，其中，国家级自然保护区11处，省级自然保护区20处，县级自然保护区2处。全省湿地总面积110万公顷，占全省国土总面积的6.6%；已建立湿地类型自然保护区17处，其中国家级自然保护区3处；建立国家级湿地公园10个，面积27507.25公顷。河南省矿产资源比较丰富，是全国重要的矿产资源省份之一，已发现矿产资源127种，探明储量的有75种，其中约50种矿产储量居全国前10位。

2. 主要做法

一是强化污染减排，推进污染防治。出台《河南省"十二五"主要污染物排放总量控制规划》等，开展"污染减排工程促进年"活动，强力推进252个主要污染物减排项目建设，2000余家规模化畜禽养殖场新建污染治理设施，全省179家企业开展清洁生产审核；出台《河南省流域水污染防治规划（2011～2015年）》《河南省重金属污染综合防治"十二五"规划分年度实施

方案》等。高度重视环境综合整治工作，开展集中式饮用水水源地基础环境状况调查，及时研判环境形势，解决环境问题；每年都确定几个污染严重的流域、区域、行业作为整治重点，集中力量，多策并举，强力推进，通过淘汰落后产能和对企业进行深度治理，削减污染物排放总量。

二是开展循环经济试点建设，推进节能环保。河南省整体被列入国家循环经济试点省，共有8家单位被列为国家级循环经济试点，相继出台《河南省循环经济试点实施方案》等文件，推进重点工程建设，通过开发利用低碳技术，培育五大循环产业链，通过抓好重点领域和关键环节，构建循环型社会体系；强力推进产业结构调整，将发展循环经济与产业结构升级结合起来，积极探索工农业复合型循环经济发展模式，加快节能减排重点工程建设，强化监督管理和目标责任考核。

三是加强环保基础设施建设，提升基础能力。近年来，全省加强城镇污水处理厂和生活垃圾处理场建设与管理。截至2012年底，全省累计建成146座污水处理厂和124座垃圾处理场，全省59家上网电厂、153家城镇污水处理厂开展工况监控系统建设，完成新增国控、省控重点监控企业监控基站联网建设，874个建制镇和1020个乡建设了垃圾转运站，初步建立"户分类、村收集、乡运输、县处理"的农村生活垃圾收集处理体系和农村卫生保洁制度；共关闭取缔重污染企业5690家，其中全省共关停小火电机组978万千瓦，淘汰水泥落后产能5833万吨。

四是深化林业生态建设，打造林业生态省。出台《河南林业生态省建设提升工程规划（2013～2017年）》，着力从森林抚育和改造、林业产业发展、支撑体系建设等方面提升，充分提高林地利用率和生产力。严厉打击破坏林地资源、野生动物资源的违法犯罪活动，在全省组织开展保护野生动物"百日会战行动"；2007年，全面启动集体林权制度改革，解放林地生产力，调动农民发展林业的积极性；组织实施退耕还林、天然林保护等国家林业重点工程，启动山区生态体系、生态廊道网络建设、环城防护林和村镇绿化等一批省级林业重点生态工程。

五是完善监管机制，加大信息公开力度。全面实施主要污染物排放总量预算管理，实现环境资源的量化管理；建立完善"责任网格化、制度体系化、执法模板化、管理分类化、技能专业化"的环境监察执法模式；完善环境监控运行管理体系，确保监控系统的稳定运行和数据质量；完善水环境生态补偿机制，增加考核因子，改进考核方法。定期召开新闻发布会，通过网站及时公布全省环境质量状况、污染减排指标完成情况、环境综合整治进展情况，以及通过挂牌督办、列入黑名单、区域限批等措施对环境违法案件的查处情况。

3. 主要成效

一是各项指标均有所优化。2013年全省各流域地表水水质均呈现污染级别降低趋势，城市集中式饮用水源地和城市地下水水质级别均为良好，与上年相比基本稳定；按《环境空气质量标准》（GB3095—1996）评价，全省省辖市、省直管县（市）环境空气质量优、良天数累计百分比分别为89.3%、82.8%，省辖城市酸雨平均发生率较2011年下降0.87个百分点；全省省辖城市建成区声环境质量级别为较好，电磁辐射环境质量状况继续保持良好水平。

二是污染减排成效显著。2012年全省关闭取缔重污染企业5690家，深度治理重污染涉水企业3682家；累计关停小火电机组978万千瓦，淘汰落后产能7105.8万吨；开展清洁生产审核企业179家，重点流域区域行业环境综合整治项目完成840个；全省万元生产总值能耗0.799吨标准煤，提前降到了2015的预期目标之下（如图1），万元工业增加值用水量40.29立方米，化学需氧量和二氧化硫排放量分别比上年下降3%和6.9%。

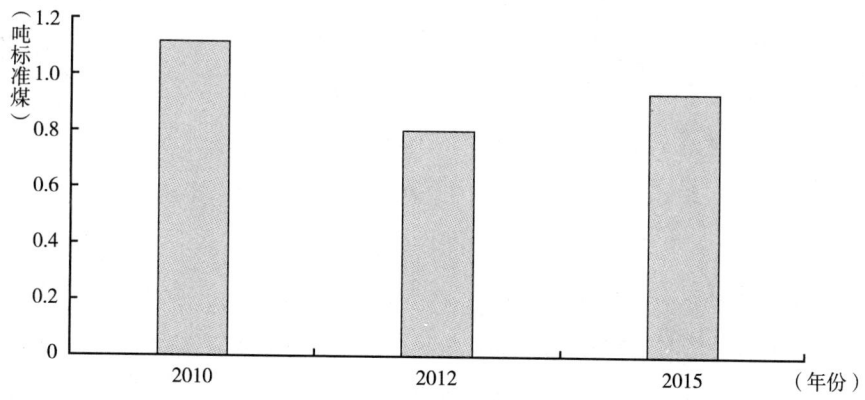

图1 全省万元生产总值能耗

三是循环经济建设稳步推进。2012年全省一般工业固体废物综合利用量1.16亿吨,利用率达75.5%,危险废物综合利用率高达84%;综合利用各类秸秆5913.04万吨,利用率达70.08%,农村沼气池产气总量13.89亿立方米;非化石能源占一次能源消耗比重不断升高,且2012年提前实现2015年预期目标,达5.3%(如图2);初步形成多层次相关联、多环节相连接、多产业相耦合的循环经济发展格局,因地制宜探索出多种循环经济发展模式。

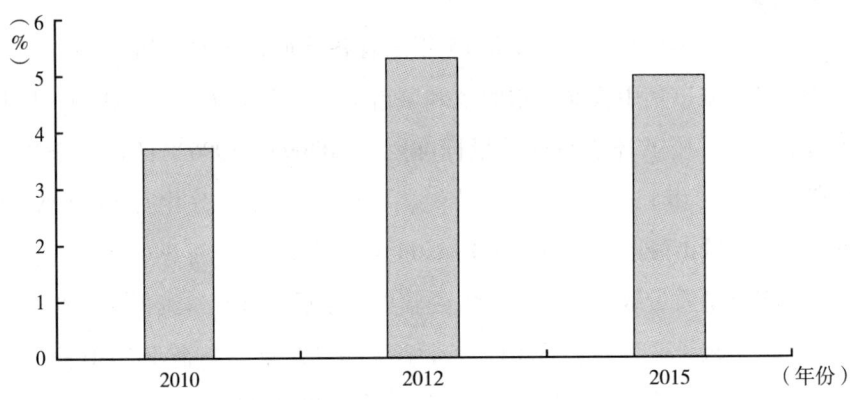

图2 非化石能源占一次能源消耗比重

四是基础能力不断提升。全省累计建成城镇污水处理厂153座,日处理污水能力达641.55万吨,年削减化学需氧量63万吨,日无害化处理生活垃圾3.3万吨;所有已建成城镇生活污水处理厂出水水质均达到国家标准,2012年全省城市污水处理率达到85%,全省城市生活垃圾无害化处理率达到84%,全省废水、废气监控基站运行率分别达到96%和97.5%。

五是林业生态省创建扎实推进。造林绿化成效显著,全省共完成造林169.77万公顷,2012年新增森林60.45万公顷,森林覆盖率达到22.98%,较2007年增加3.62个百分点。除涝面积1973.3千公顷,占易涝面积93.8%。水土流失治理面积44126平方公里,占水土流失面积的72.1%。林业产业稳步发展,全省经济林总面积达到101.44万公顷,年产量690.5万吨,林产品加工企业达1.4万多家,年木材加工能力达到2102.4万立方米,2012年全省林业总产值达到1088亿元。固碳减排效果显现,现有森林碳汇8713.5万吨,对减缓温室效应做出了积极贡献。

六是生态保护意识不断增强。全省已有28个县（市）被命名为国家级生态示范区，23个县正在开展生态县创建工作，洛阳市栾川县、信阳市新县被命名为省级生态县；有24个乡镇和7个行政村分别获得国家级生态乡镇和生态村称号，159个乡镇和1036个行政村获得省级生态乡镇和生态村称号，23个省辖市和县荣获国家园林城市称号。

4. 案例城市

（1）洛阳市：推动绿化惠民，转变发展理念

洛阳市积极应对林业建设面临的新挑战，更新发展理念，调整工作重点，加快民生林业发展。一是根据市场经济规律和群众满意度，转变工作重心。根据市场需求和群众需要来调配林业资源、制定林业规划，先后把城郊森林、廊道绿化、核桃基地和花卉苗木基地建设作为林业生态建设的重点，推动"身边增绿"和"农民增收"，让全市人民切身感受到林业发展带来的好处。2012年，全市共吸引社会投资30多亿元，新发展核桃18万亩，发展花卉苗木13万亩，城郊森林公园总数达16个，总规模达13.5万亩，均创下历史之最。二是推动林业工作从重管理向重服务转变。在服务中心、服务大局、服务基层、服务群众上创造性地履行职责，将林业建设与结构调整、农民增收有机结合，把群众满意作为检验工作成效的标准，强化服务意识，提高服务效率，优化发展环境，积极构建服务型政府。三是推动林业工作从重任务向重成效转变。因地制宜、科学规划，在丘陵区大力发展名、特、优、新生态经济林，在平原川区大力营造速生丰产林、干果基地、时令鲜果和花卉产业基地。经过多年培育，在水果产业发展上，"洛宁的苹果孟津的梨，偃师的葡萄甜似蜜"成为有口皆碑的地方品牌。在城市周边发展林果、花卉为主的生态经济林，在增加森林覆盖率的同时提升森林质量和效益，注重生态效益与经济效益、社会效益的有机统一，调动社会各界投身林业建设的积极性，形成良性循环。

（2）南阳市：建设生态文明，发展生态经济

南阳市是全国绿化模范城市，也是河南省唯一入选全国生态文明建设试点地区的省辖市。作为南水北调中线工程渠首所在地和核心水源地，南阳既是生态富集区，也是生态敏感区，在发展过程中坚持生态优先的原则，大力发展绿

色经济,生态文明建设取得显著成效。一是坚持造林绿化。全市把林业生态建设作为推动生态文明建设的重要着力点,大力推动自然保护区、森林公园和湿地公园建设,2012年森林覆盖率居全省第一,达33.99%。二是强化节能减排。实施环农工程,发展农村新能源,初步形成"秸—沼—果""秸—沼—菌"等多种循环经济模式,同时逐步淘汰重污染企业,先后关闭800多家污染企业。三是发展绿色经济。南阳市坚持生态建设和经济建设同步推进,实现生态富市和生态强市,2012年全市生产总值增速高于全省平均水平,2013年前三季度继续保持平稳健康增长的态势。

(3) 鹤壁市:发展循环经济,转变发展方式

鹤壁市将发展循环经济作为转变经济发展方式的重要战略举措,通过工业经济体系、城市循环体系和农业经济体系的循环利用,探索新型工业化道路。一是完善政策和体制环境。建立激励约束机制,把循环经济指标量化纳入考核范围,在政策上给予发展循环经济的企业倾斜,同时增加技术研发投入,重点突破循环关键链接技术。二是综合利用资源和废弃物。充分利用资源,初步形成煤电化材、食品工业、金属镁等循环经济产业链。三是推进污染减排。强化政府和企业的责任,一方面,建立政府节能减排工作责任制和问责制,加大环保执法力度,淘汰落后产能,另一方面,在所有企业全面推行清洁生产审核,全方位监督和管理。同时,积极推进城市节能和生活节能。2012年全市城市环境空气质量优良天数333天,占比91%,较往年提高0.9个百分点;城市集中式饮用水源地水质达标率100%,级别为优,是全省饮用水质量最好的地区之一;主要污染物排放大幅削减,其中化学需氧量、氨氮、二氧化硫和氮氧化物排放量分别为4.34万吨、0.417万吨、4.84万吨和6.22万吨,削减率分别达4.19%、3.92%、5.47%和4.31%,圆满完成年度减排目标。2013年全市重点推进30个循环经济项目,累计完成投资16.7亿元,占总投资额的61%,位居全省前列,人均生产总值3.45万元,高于全国平均水平。

二 河南省生态文明建设存在的问题

随着工业化、城镇化进程的加快,污染物排放量刚性增加,污染减排压

力持续加大；环境容量有限，支撑发展的资源环境明显不足；水、大气等老污染问题尚未完全解决，机动车、灰霾、畜禽养殖等新产生的污染问题逐步凸显，污染事件时有发生，公众对环境质量改善的期待日益迫切。我国的资源、环境和生态系统已难以承载传统的发展方式，生态文明建设仍面临着巨大压力。

第一，全社会生态文明意识有待提高。畸形的发展观是全省生态文明意识不强的症结所在，"高投入、高消耗、高污染、高排放"的粗放增长方式，"重经济轻环境、重速度轻效益、重利益轻民生"的发展理念，以牺牲生态环境为代价，片面追求高速增长和GDP，导致人口、资源、环境的矛盾日益突出。生产者的生态文明意识不强，一方面，一些单位过度消耗自然资源，无节能量化考核标准，用水、用电、燃油以及办公用品消耗等浪费现象严重；另一方面，一些企业违法排污加重环境污染。管理层生态文明意识不强，土地开发格局不合理，生产空间偏多、生态空间和生活空间偏少，由于盲目开发、过度开发、无序开发，加之相关法律、政策和考核体系还不能适应生态文明建设的要求，一些地区已经接近或超过资源环境承载能力的极限。消费者生态文明意识不强，在消费领域存在诸多不文明现象，如挥霍浪费、乱扔乱吐、乱搭乱建等。

第二，能源资源约束趋紧。全省人口基数大，资源能源相对不足，重要资源的人均占有量均低于全国平均水平，能源、水资源和环境容量是影响全省长期持续发展的三大制约因素。如人均水资源占有量不足全国平均水平的1/5，远低于国际公认的水资源紧张警戒线，多数地区地下水超采现象严重。人均耕地面积仅相当于全国平均水平的1/4，可利用的后备耕地资源严重不足，土地人口承载压力较大。资源能源利用效率不高，2012年，我省GDP占全国的5.7%，但能源消费总量占全国的6.48%，万元生产总值能耗、水耗远超过世界平均水平，能源利用效率低于国内平均水平，万元生产总值能耗为0.799吨标准煤，万元工业增加值用水量为40.29立方米，较2015年规划目标仍有较大差距（如图3）；能源矿产等资源开发程度过高，在已探明矿产储量中，探明的石油储量已消耗67.1%，天然气已消耗53.4%。粗放式生产使得保障能源和重要矿产资源安全的难度日益增大。一方面，资源面临枯竭、能源渐趋紧张，另一方面，能源资源的消费量不断增加，经济社会发展的瓶颈约束更加明显，发展难以为继。

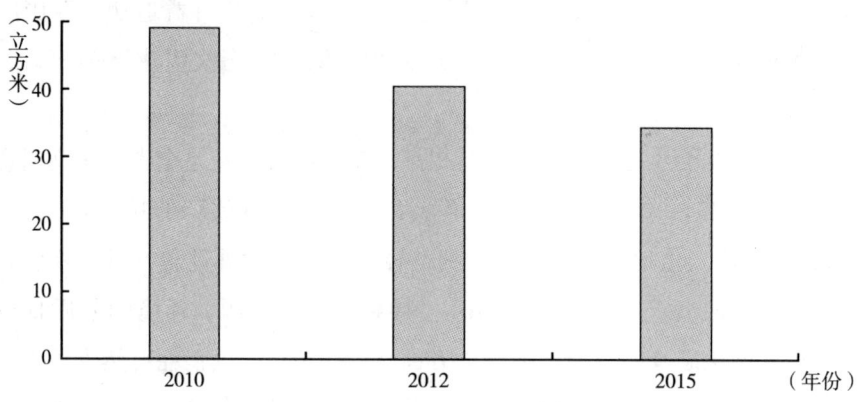

图3　万元工业增加值用水量

第三，环境污染严重。河南省产业层次较低、结构性污染突出，工业内部资源能源型加工业比重较大，服务业比重偏低，全省污染物排放强度总体偏高，加之乡镇生活污水处理、垃圾处理设施以及医疗废物、其他危险废物污染防治设施建设滞后，超出环境自净能力，水、土壤、空气污染不断加重。2012年全省废水排放量40.37亿吨（其中化学需氧量排放量139.36万吨，氨氮排放量14.98万吨），废气排放量35006.34亿立方米（其中二氧化硫排放量127.59万吨，氮氧化物排放量162.59万吨），主要污染物排放强度与2015年规划标准仍有较大差距（如图4）。全省地表水和地下水污染及饮用水安全问题日益严重；部分地区重金属、土壤污染加重，污染面积扩大，持久性有机污染比较严重；部分城市空气污染严重，雾霾等极端天气增多，冬季郑州等地出现长期持续的大面积高污染雾霾天气，影响人民群众的生产生活和身体健康。随着全省工业化、城镇化进程的加快和经济总量的不断增加，能源资源消耗和污染物排放仍会刚性增加，环境承载能力面临严峻挑战。

第四，生态系统退化。人类的过度开发导致生态系统不能正常的循环和更新，污染物大量排放与有限的环境容量之间矛盾凸显。全省森林覆盖率处于中等偏下水平，森林生态系统质量不高。水土流失、土地沙化面积比较大，自然湿地萎缩、河湖生态功能退化、生物多样性锐减等问题十分严峻，全省自然灾

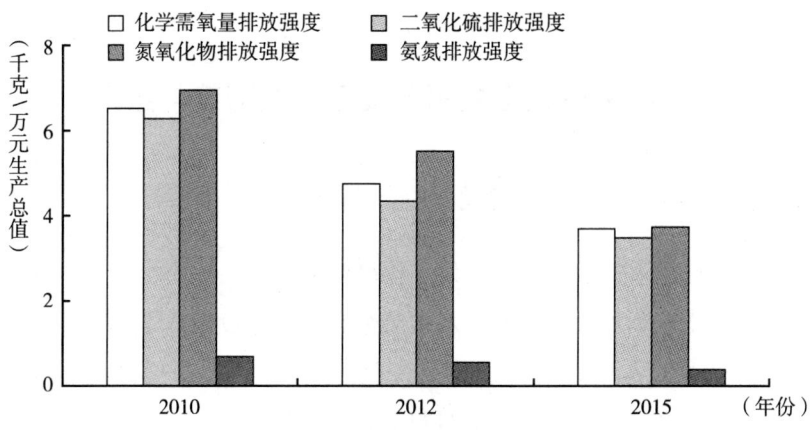

图4 主要污染物排放强度

害频繁，因气象、水文、地质、生物和人为活动造成的灾害损失每年平均达30~40亿元，受灾最严重的年份高达80亿元以上，生态建设和环境保护的任务仍十分繁重。全省水土流失面积占国土总面积比重不断上升；资源开采和地下水超采造成土地沉陷和破坏；生物多样性减少，濒危动植物物种数增加，生态系统缓解各种自然灾害的能力减弱。

第五，制度不健全。一是环境产权制度不明晰，环境经济政策体系不完善。现行土地制度存在农村土地产权不完整、土地流转机制不健全、征地制度不合理、政府垄断城市建设用地供应、城市土地使用制度不完善等问题。水资源管理制度和空气质量管理制度的环境产权界定不清，利益主体不明，生态补偿机制很不完善。二是市场调节没有建立起来，价格偏低，产权不明确，缺乏合理的市场评价体系，环境执法成本高、违法成本低，监管机制不健全。三是以GDP为考评的行政激励制度不合理。对生态文明的认识不足、重视不够，过分倚重经济发展指标，生态环保指标在干部的政绩考核体系中所占比重偏低，资源消耗高、利用率低的发展模式持续占主导，导致环境污染严重。

综上，全省的生态系统已难以承载传统发展方式的消耗和破坏，只有加大力度建设生态文明社会，才能从根本上解决资源环境瓶颈制约，继而保证经济社会的持续健康发展。

三 河南省生态文明建设面临的形势与选择

（一）河南省生态文明建设面临的形势

党和国家高度重视生态文明建设。建设两型社会已成为全社会的共识，生态建设投入力度不断加大。党的十八大对生态文明建设做出了全面部署，明确提出要把生态文明纳入社会主义事业"五位一体"总体布局，十八届三中全会明确提出建立系统完整的生态文明制度体系。此外，国家对河南省的地区战略定位也更加重视和支持资源环境保护和建设。

生态文明制度体系不断完善。十八届三中全会明确，要健全自然资源资产产权制度和用途管制制度，划定生态保护红线，实行资源有偿使用制度和生态补偿制度，改革生态环境保护管理体制。近年来，河南省相继出台了水污染防治、水土保持、林地保护、节约能源、节约用水等方面的地方性法规，制定公布了重点污染行业污染物排放标准，主要用能产品限额标准、用水定额、建筑物节能设计规范等地方标准，建立了环保目标责任制、领导干部综合考核制、节能减排问责制和"一票否决"制等制度，形成了较为完善的法规、制度和标准体系，为生态文明建设提供了法律基础和制度保障。

具有较强的经济实力和社会基础。河南省依托丰厚资源，近年来经济发展保持了较高的增长速度和质量，综合经济实力不断增强，2012年经济总量居全国第五位，人均生产总值31499元，全省进入加快发展、加快转型的新阶段，生态文明建设的物质基础坚实；新能源、节能环保等战略新兴产业快速发展，生态环保新技术应用日益广泛，为生态文明建设提供了强有力的技术支撑。

城乡居民的环境要求不断提高。近年来，我国城乡居民的生活水平得到很大提高，人们除了对农产品、工业品和服务的需求不断提高之外，生态产品方面的需求也越来越迫切，清新的空气、干净的水、安全的食品不断受到高度重视，人民群众的生态产品需求不断被要求提到重大民生工程的位置上。此外，群众资源节约和环境保护意识明显提高，加快生态建设已成为全省人民的共识和自觉行动，为生态文明建设提供了良好的社会基础。

当前，全省生态环境建设尚处于起步阶段，与生态省要求仍有较大差距，保护与发展的矛盾日益突出，作为资源型省份，河南省应利用良好的宏观环境和难得的机遇，全面提升生态文明建设的质量和效益。

（二）河南省生态文明建设的选择

落实十八大和十八届三中全会精神，促进人与自然和谐，加快建设美丽河南，必须改变大量生产、大量消费的传统观念，尽快划定并落实生态红线，严格耕地、水资源、空气等管理制度，加快转变发展方式，加强污染治理和生态保护与修复，全面提高生态文明建设的水平。

1. 提高认识，树立生态文明的理念

一是坚持尊重自然、顺应自然和保护自然的基本理念，抛弃工业文明时代的"主观价值论"，在发展的过程中注重人性与生态性的全面统一，增强生态意识，在全社会确立"人与自然是平等、和谐、统一的"思想和观念，用科学发展观取代"竭泽而渔"的传统增长观念，服从生态规律，把人类活动控制在自然界能够承载的限度内，实现人与自然的和谐发展。

二是推进城乡公共服务能力建设。引导企业从保护自然资源的角度出发，在生产过程中选择清洁生产工艺，同时回收再利用产品及包装材料等；引导居民绿色居住和出行，采取物质激励手段，鼓励并提倡节能、低碳、环保的绿色产品消费；推进民间环保组织的健康发展，发挥其积极的协作组织作用，开展群众性生态保护和环境治理行动，为生态文明建设奠定广泛而坚实的社会基础。

三是培育生态文明意识，树立健康的消费理念。在全社会积极倡导和宣传生态文明，通过媒体宣传良好的生态环境是人们健康成长的物质条件和可靠保证，增强人们建设生态文化、维护生态环境的自觉性；完善生态环境教育与公众参与制度，向公众普及环境科学和法律知识，使群众深刻认识到环境污染和生态破坏的危害性，建立起系统的大众生态文明教育体系；引导全社会树立环保生态意识，合理适度消费，鼓励购买绿色低碳产品，使用环保可循环利用产品，使节约资源和保护环境成为民众的主流价值观。

2. 划定生态红线，严格耕地、水资源、空气等管理制度

一是实施主体功能区战略，优化国土空间开发格局。结合河南省实际情况，以《河南生态省建设规划纲要》为依据，建设"四区三带"的区域生态格局，完善与之相配套的法规和政策，加强规划实施监督，切实保护好关系全省生态安全的区域，全面推进"七大体系"的建设；通过科学规划布局城镇，促进生产空间集约高效，将生态文明理念融入编制规划与建设管理中去，大力发展绿色交通。

二是资源确权，健全能源、水、土地节约集约使用制度，完善自然资源资产管理和监管体制。对自然生态空间进行统一确权登记，形成归属清晰、权责明确、监管有效的自然资源资产产权制度；健全国家自然资源资产管理体制，统一行使全民所有自然资源资产所有者职责。

三是提高费用。充分发挥市场机制在生态文明建设中的作用，一方面加快建立可操作的资源有偿使用制度和生态补偿制度，推行排污权交易制度，坚持使用资源付费和生态补偿的机制，推行资源型产品价格和税费改革，完善对重点生态功能区的生态补偿机制。

四是强化行政约束力。在经济社会发展考评中加大资源节约、环境保护、生态效益指标的权重，建立生态环境损害责任终身追究制度。进一步调整领导干部政绩考核内容，建立体现生态文明要求的考核机制；进一步明确职责分工，加强统筹协调，提高管理水平，优化行政资源及相应的财政资源配置，把空气、水和食品安全作为重大的民生工程，切实解决影响人民群众健康的资源环境和生态安全问题。

3. 转变发展方式，提高资源利用率

一是优化产业结构，化解产能过剩。加快发展先进制造业、战略性新兴产业和服务业，提高其对国民经济的贡献，同时，吸引社会资本参与节能环保产业；加快淘汰落后产能，抑制高能耗、高排放行业的无序增长，促进产业向优势企业集中；严格控制产能过剩行业新增项目，逐步消化存量，化解产能过剩。

二是节约集约利用资源。采取有效措施降低资源消耗强度，通过节能减排降低能耗，通过科技应用实现节水和水循环再利用，合理开发矿产资源，通过法规严格管制土地用途。严格按照标准控制污染物排放总量及指标阈值，加快完善重点行业、重点产品能效标准和污染物排放标准，实施节能减排重点工程；节约利用水资源、矿产资源，推进污水资源化处理，提高废弃物的资源化水平；严格控制土地开发利用，严守耕地和粮食安全底线，科学确定新增建设用地规模、结构和时序，加大力度清理闲置土地。

三是发展绿色循环经济。各领域都要按照资源节约、环境保护的标准来从根本上转变生产方式，农业要减少农药、化肥使用量，改变传统的灌溉方式等，减少对水资源的浪费和面源污染，改善农业生态环境，积极发展生态农业和有机农业，稳定提高农业综合生产能力，保障粮食安全；工业生产要彻底改变传统的高投入、高污染的粗放式增长模式，淘汰落后的高污染高消耗企业，逐步将新的节能技术应用到工业生产领域，按照减量化、再利用、资源化的原则，推行清洁生产，发展循环经济。

四是推进科技进步，鼓励创新。坚持实施创新驱动发展战略，从资源利用、污染物排放控制和废弃物再利用等方面入手，不断提升科技支撑能力。重点发展科技导向型、高素质人才导向型的行业产业，实施政策倾斜，依靠管理创新减轻生态环境的压力；积极运用高科技对三大产业进行生态化改造，通过清洁生产实现资源节约和环境保护。

4. 加大污染治理与生态保护力度，营造良好的生态环境

一是加强污染治理，提高生态环境治理和水平。治理水污染，加强饮用水保护，禁止饮用水源地内污染源，推进水源地环境综合整治和恢复，改善饮用水水质，划定保护区和污染治理区，治理地下水和地表水，同时要加大基础设施投入力度，不断提高污水处理能力；治理大气污染，积极落实各项政策措施，把环境治理同调结构结合起来，以能源结构调整为抓手，治理重污染城市、高污染行业及重点企业，特别注意冬季采暖期污染管控，有效应对雾霾等极端污染天气；治理土壤污染，严格环境准入标准，着力控制污染源，执行高毒、高残留农药使用的管理规定，禁止新建有色金属、化工医药、铅蓄电池制造等项目，此外，严格控制污染耕地使用，有序实现耕地休养生息。

二是加强生态保护与修复，营造良好生态环境。加大对已遭到生态破坏地区的修复和投入，积极促进生态恢复。降低经济活动强度，加强监测预防，严格环境治理控制标准，强化监督管理，加强防灾减灾体系建设，提高防御能力；加强自然生态系统保护，同步推进造林绿化工作和天然林保护工作，加强生物多样性保护，提高生态系统稳定性；加快解决水、土壤、大气污染等严重影响群众健康的环境问题，推进重点流域和区域水污染防治工程、水土流失等综合治理工程。

B.10
新时期河南省旅游业发展研究

卢天杰*

摘　要： 本研究从河南旅游业的发展特征入手，分析目前河南旅游业存在的主要问题、形成原因，同时，立足于新的历史背景，重新审视河南旅游业的发展优势与机遇，并提出发展思路与布局，针对存在的主要问题给出解决对策。本研究认为，新时期的河南应充分利用历史、自然、人工三合一的丰富旅游资源和全省四通八达的水陆空交通条件，在全国拉动内需、鼓励消费的政策下，不遗余力地发展旅游产业，着力推进"产品品牌化、运营信息化、投资多元化、服务人性化"，形成区域联动、产业集聚、资源整合、链式发展态势，在全省范围构建"弓"形旅游资源布局，实施区域、部门之间合作，发展旅游产业集聚区，强化品牌意识，促进多元化投资，推进信息化进程，以促进河南旅游产业的大发展和大繁荣。

关键词： 河南　旅游业　新时期　发展

随着经济社会的快速发展和人们收入水平的不断提高，旅游消费需求逐渐增多，旅游方式发生变化，旅游市场容量进一步拓展，尤其是随着我省推进产业结构战略性调整，促进产业转型升级，河南旅游业迎来新的发展机遇。在新的发展时期，如何重新审视我省旅游发展优势，整合旅游资源，优化旅游空间

---

* 卢天杰，中原经济区研究会。

布局,推动我省旅游业的持续快速发展,是河南省在促进产业转型升级过程中必须认真研究的新课题。

一 河南旅游业发展特征

(一)旅游产业发展迅速,实力大幅增强

"十一五"期间,我省把旅游产业作为经济社会发展的重要支柱产业来培育,编制旅游规划,出台扶持政策,旅游业获得了长足发展,保持了年均25%以上的增长速度,高于全国的平均增长速度,综合收入位列全国第八。2012年,全年接待海内外游客达到3.63亿人次,旅游总收入达到3364.1亿元,同比分别增长18.07%、20.06%,分别高于全国平均增速8个、6个百分点。旅游总收入全国排名第六位,比2011年上升一个名次,总收入提升了542.04亿元(见表1)。

表1 新时期河南旅游接待量与总收入对比

	海内外游客接待量(亿人次)	同比增长(%)	入境游客(万人次)	同比增长(%)	旅游总收入(亿元)	同比增长(%)	全国位次
2008年	2	—	104.36	18.5	1591.96	—	—
2009年	2.3	—	126	—	1984.62	25	8
2010年	2.58	13.1	146.84	16.7	2294.8	15.6	8
2011年	3.07	19.04	168.29	14.6	2802.06	22.1	7
2012年	3.63	18.07	190.77	13.4	3364.1	20.1	6

新时期的河南旅游业保持着良好的发展势头,旅游综合实力由2011年的全国第七位上升为2012年的第六位(见表1)。截至2013年6月底,全省共接待海内外游客2.31亿人次,同比增长12.65%;旅游总收入1942.46亿元,同比增长15.02%,其中旅游创汇3.16亿美元,同比增长15.67%;国内旅游收入1923.5亿元,同比增长15.05%。

总体而言,河南旅游产业保持了良好的发展态势,为推进全省经济发展和中原经济区建设做出了积极贡献。

（二）旅游资源开发日益丰富，产业体系初步形成

"十一五"期间，河南省继续开发旅游资源，不断推出旅游精品工程建设，注重品牌效应，培育了很多享誉国际的知名旅游品牌，旅游产业体系初步形成。有些旅游资源在原有优秀旅游线路的基础上，继续做强，比如云台山景区、大宋文化旅游园区、龙门石窟景区、嵩山·少林寺景区、殷商文化旅游区等。其中，2012年，云台山景区接待游客达到504万人次，实现门票收入4.5亿元，仅国庆节期间，门票收入就达到4743.36万元，创历史新高；嵩山·少林寺景区五一假期期间的门票收入达到637.23万元；开封的清明上河园五一假期期间接待游客8.7万人次，同比上涨15%，收入也增加了三成多，如果加上大宋东京梦华夜晚演出，游客则达到10万人次。

同时，《禅宗少林·音乐大典》《大宋·东京梦华》《河洛风》《盛世梨园》《大河秀典》《君山追梦》等一批优秀的旅游演艺节目也吸引了大批海内外游客。其中，《禅宗少林·音乐大典》更是场面恢宏，内涵丰富，演出中多项舞美设计和创意为中国第一、世界之最，被誉为中国实景演出的扛鼎之作和河南文化旅游的"新名片"，2013年演出286场，接待海内外游客43万人次，实现收入6100余万元，同比增长13%。

2011年我国成立了目前国内最大的区域旅游合作体"沿黄九省（区）黄河之旅旅游联盟"。2012年5月19日，九省旅游局在河南省三门峡市联合推出"中国大黄河旅游十大精品线路"，进行实质性合作。郑州、洛阳等河南九市①的相关景点被列为十大精品线路。河南文化旅游与以休闲、度假、娱乐、养生为主题的生态旅游得到了大力的开发，全省已有郑州桃花谷、栾山伏牛山等十大滑雪场，南召莲花、鄢陵花都等十大温泉，郑州方特欢乐世界、开封清明上河园等二十大主题游乐园，栾川重渡沟、内乡宝天曼、辉县八里沟、黄河三峡岩洞等三十大漂流景区。同时，近年来，河南通过完善风景名胜区规划，使风景名胜区成为建设绿色河南、生态河南的重要载体，成为带动地方经济发展的动力，2012年，河南境内34个省级风景名胜景区门票收入高达

---

① 郑州、开封、洛阳、商丘、新乡、濮阳、焦作、济源、三门峡。

13.76亿元。

随着基础设施的进一步完善和信息化服务水平的升级，旅游业与文化、农业、生态、信息等产业将不断融合，衍生出多元化的旅游业态，不仅靠"门票经济"，还要有"饭票经济"和"旅游商品经济"等，形成全省多样化、链式的旅游产业格局。

（三）接待服务能力显著增强，基础设施日趋完善

河南位于我国中部，属于交通枢纽地带，随着郑州航空港经济实验区建设上升为国家战略，河南境内的航空运输得到了极大的发展，以新郑国际机场为核心打造的"郑州航空经济综合实验区"，预计在2025年将成为航空货邮吞吐量达到300万吨左右的航空"大枢纽"。目前，河南省内新郑、洛阳、南阳机场的国内航线可以到达全国各主要城市和港澳地区；陇海铁路、京广铁路、焦柳铁路、京九铁路分别交会于郑州、洛阳、商丘，亚洲最大的火车站——郑州东站于2011年投入使用，国家高铁网也交会于此；截至2012年底，河南高速公路通车里程达到5830公里，居全国第一位，省内95%的县（市）平均半个小时之内可抵达高速公路网，各区域中心城市之间2小时内到达，县城和主要旅游区30分钟内可到达高速公路。至此，河南形成了以省会郑州为中心，以航空、高铁、高速公路、省级公路和旅游专用公路为主体的立体交通网络，为河南旅游经济的快速发展奠定了坚实的基础。

"十一五"期间，全省共有A级景区185处，星级酒店512家，旅行社1158家（比"十五"末增加229家）。2012年末，全省星级酒店达到566家，其中，五星级酒店12家，四星级酒店91家，三星级酒店312家，二星级酒店147家，一星级酒店4家，国有饭店189家，股份、联营、私营等性质饭店314家，占55.48%。全省认真开展"讲诚信、促发展"主题活动，强化组织管理，规范经营，推动了河南旅行社行业的健康有序发展。全省出境游组团和国内旅行社达到1133家，其中，经营国内、入境和出境旅游业务的有37家，经营国内和入境旅游业务的有1096家。

同时，全省旅游行业开展"诚信旅游"、服务技能比赛和"创先争优"等活动，推动从业人员素质持续提高。2012年，河南全省导游人员资格考试人

数20915人，连续三年局全国首位，共有4374人获得从业资格。截至2012年底，直接从事导游工作的持证人员有7039人。服务质量不断提升，旅游基础设施和服务设施不断完善。

2013年，河南加强旅游信息化建设，开通了"河南旅游"腾讯微博，启用了网站二维码，提高了服务水平。同时，加强景区内各方面软环境管理，深入贯彻新《旅游法》，开展了对33个旅游景区的满意度调查，完成了对酒店、旅行社的满意度调查工作方案、指标体系等的规划工作。截至2013年6月底，全省共接待海内外游客2.31亿人次，同比增长12.65%，其中入境游客98.27万人次，同比增长10.81%；国内游客2.3亿人次，同比增长12.66%。受理旅游投诉案件178件，同比下降19.1%，未发生重大旅游投诉事件。

（四）多元化投资格局正在形成，旅游体制创新取得进展

体制改革创新是旅游产业发展过程中的必经阶段。近年，河南大力发展旅游集聚区建设、改进景区管理体制，并寻求多行业融合等一系列的转型升级手段。大力发展河南旅游产业集聚区是转变"粗放式"经营和"门票经济"局面的重要举措，也是促使旅游业向精细化、内涵化、创新化发展的有效途径。

新时期的河南旅游始终坚持以旅游集聚区、旅游目的地、旅游度假区和旅游集散地为抓手，以招商引资为重点，以重点项目为龙头，全面推动。目前，全省在建旅游项目451个、总投资2594.59亿元、完成投资324.81亿元，同比分别增长14.75%、2.66%、30.6%。全省10亿元以上旅游在建项目73个，总投资1846.92亿元，完成投资150.166亿元，分别占投资总额的16.18%、71.18%、46.23%。在建旅游项目中，有大型综合类、自然景区类、文化景区类、温泉养生类、旅游村镇类、主题公园类、宾馆酒店类等项目。

2012年，河南省旅游招商签约项目的个体投资规模不断扩大，其中，10亿元以上招商签约项目投资额占主体。全省招商在建项目143个，总投资1249.43亿元，到位资金335.79亿元，完成投资123.19亿元。10亿元以上旅游招商签约项目达到34个，签约总额为1050亿元，分别占34.34%和

85.05%。

新时期的河南旅游呈现出投资多元化的格局。2013年,依托中博会的契机,河南大力招商引资,以国内发达地区的民营资本为主体,同时引入境外资本,本土资金在区域投资中发挥重要力量。支持河南省内旅游企业与信托、证券、担保等公司合作,不断拓展融资渠道,发挥政府资金的奖补和贴息导向作用,并适度引导民间各类资本参与旅游项目的建设。

(五)逐步成为支柱产业,经济社会贡献更加突出

2012年,河南省生产总值达到29810.14亿元,旅游总收入达到3364.1亿元,同比增长20.06%,占全省生产总值的11.24%。其中接待入境游客190.77万人次,旅游创汇6.11亿美元,同比分别增长13.36%、11.36%,高于全国平均增速14和11个百分点。其中,河南旅游业对全省经济贡献率达到21%,成为支柱产业。

河南旅游业抓住契机加快发展,带动了其他产业的联动发展,也拉动了当地经济的发展,创造了就业机会。河南旅游与农业厅联合开展全国休闲农业与乡村旅游示范县(点)创建工作,组织了"十百千"乡村旅游创建活动,涌现出12个乡村旅游示范村、106个乡村旅游示范户、828个乡村旅游带头人。目前,全省共有国家级休闲农业与乡村旅游示范县5个,国家级休闲农业与乡村旅游示范点10个,规模以上休闲农庄627个,农家乐12874个,乡村旅游的发展带动了全省51.4万农民的就近就业。2011年,河南旅游重点宣传了12条特色乡村旅游线路,全年全省乡村旅游共接待游客5270万人次,创收148亿元。同时,河南旅游业的发展也促进了省内第二产业的发展,使旅游用品、设备制造等要素市场得到有效开发。举办旅游商品博览会、旅游产业博览会和旅游商品设计大赛,召开旅游商品研讨会,积极筹建旅游商品研发中心,多种具有地方特色的旅游商品和用品先后投入市场。旅游业的快速发展不仅提升了河南第三产业的发展水平,也带动了第一、二产业的联动发展,促进了河南经济发展方式的转变,转变了经济结构,同时也促进了就业与经济的增长,提升了区域形象,社会与经济效益获得双重回报。

二 存在的问题

近几年,河南通过体制创新、政策扶持、加大投资、品牌营销等策略,使旅游业得到了较快的发展,旅游业逐渐成为河南经济社会发展的支柱产业,发挥着转变经济结构的关键性功能。但是,旅游业在快速发展的过程中,也出现了一些突出的问题,如旅游市场化程度不够,政府主导性过强,投资力度和邻省相比差距较大,整体的服务水平还比较低,旅游产业化发展不足,带动力度小等,这些问题都阻碍了河南旅游业的进一步提升与优化,需要解决。

(一)产品结构性矛盾突出

旅游产业要素培育不够充分,基础设施建设与服务体系不配套,从而使旅游过程中的购物、娱乐、餐饮等环节比较薄弱甚至缺失,由旅游业延伸出来的产业链条短、效益低、高附加值产业缺失,旅游业整体还处在"门票经济"阶段。同时,省内部分景区的开发比较单一,传统观光型景区仍然占旅游消费主流,而休闲娱乐度假型景区还处在成长与摸索阶段。虽然河南拥有大量的5A级景区,但是目前省内还没有一个国家级旅游度假区,这和人们日益增长的消费需求不相符。

(二)市场化发育不良

旅游管理体制不够完善,机制不够灵活,部门与条块分割的现象突出,旅游市场发育不够成熟,知名旅游品牌缺失,旅游龙头企业不强,市场化程度不高。出境游占比较大,入境游占比仍然偏低。短途周边游等大众观光产品占比较高,深度休闲游等高端旅游产品占比低。

(三)产业融合不够

目前,河南旅游业与农业、工业、文体、商贸、信息业和金融业等产业的融合发展程度较低,旅游业的带动作用没有充分发挥。虽然旅游业近年与第

一、二产业也进行了联动发展,但是力度不够,层次不高,尤其是与信息业的融合发展还有很大空间,旅游信息化对于河南而言是一个大缺口。这种情况不利于旅游业的发展,也与信息化高速发展的社会特征不匹配。

(四) 服务水平偏低

河南城市旅游的服务功能普遍偏弱,服务体系不完善,水平偏低,突出表现为集散功能不完善,缺少为散客提供标识、食宿、咨询、消费、娱乐、交通等的完整服务,城市与景区之间也缺少有机对接。同时,旅游人才队伍不大,人员数量少,素质低,中高级人才缺乏,培训机制不健全,资金少。

(五) 地域发展不平衡

沿黄郑汴洛及其城郊旅游开发最好,随着沿黄九省旅游协作的启动,郑汴洛作为省内的黄金线路更加有发展优势,新时期太行、伏牛山区的旅游开发在原有的基础上有了新发展,也成为省内著名的景区,但是,旅游资源相对匮乏的豫东地区,尤其是周口、漯河地区,在旅游资源开发节奏上慢于其他地市。

三 形成的原因

(一) 资源开发与需求错位

旅游业的发展是一个全局性的产业,也是一个需要各个相关产业相互协调和联动的经济业态。因此,发展旅游业需要立足全局,突出特色,形成产业链条。河南省是一个旅游资源大省,全省各地都有各具特色的旅游资源,同时,由于依据本地条件和优势进行旅游项目的投资与开发,因此在旅游业大发展的同时,个别地区也会出现脱离全局、各自为政等问题,从而造成资源浪费,开发与需求错位。对于消费者而言,消费需求具有期限性和周期性,因此,旅游产业发展要避免重复开发建设造成的资源浪费和粗制滥造。同时，人们随着收入的提高，对旅游消费的需求不再是单一的游园逛景，而更多呈现综合性和多元性。河南针对目前旅游业发展的短板，需要推动景区链式发展，打造旅游集聚区、度假区等大规模的多样性的旅游集散地，以满足消费者的多样性需求。河南旅游信息化水平整体低下，服务能力弱，主要是因为河南旅游信息化建设投入少，这也是资源开发与需求错位的表现之一。

（二）急功近利诱发规划错位

旅游业的快速发展，给国民经济的发展带来了明显的效益，也促使很多地方加快了经济方式的转变与结构的调整，加大了本地旅游业的发展力度。河南是一个文化底蕴深厚的地方，同时也拥有独特的自然风光。河南是一个农业大省，长期以来，经济发展方式比较单一。随着改革开放的深入，个别地区看到了其他省市发展旅游经济带来的巨大经济效益，竞相跟风效仿，片面追求本地区的旅游业发展，专注单一的旅游产品开发，追求短期效益，没有形成长线竞争力。河南近年的经济发展成绩有目共睹，但是也存在很大的不平衡性，区域之间、行业之间都存在众多不平衡现象，也就出现了一些地区无视现实条件的限制，硬建设、硬上马、硬投入等急功近利的现象。同时，由于资源条件并不具备，在发展中就会出现管理跟不上、缺乏足够的政策与人才支持、没有适时的创新等问题，致使规划错位，给当地经济发展造成"烂尾楼"或"鸡肋"。

（三）制度创新不足导致管理缺位

无规矩，不成方圆。城市、地区、行业的发展需要制度先行，而制度的发展也要根据事物自身的发展规模进行不断的改进与完善。河南省旅游业基础很好，但是发展滞后。中原经济区的发展上升为国家战略，给河南带来了前所未有的发展机遇。作为第三产业龙头的旅游业在转变经济发展方式中起着重要的功能性作用，对于河南而言旅游业的发展尤为重要。制度创新是旅游业持续发展的灵魂，目前，河南省旅游业制度创新步伐慢，人才匮乏，缺少具有国际影响力的旅游品牌，没有龙头企业，这些都制约

了河南旅游业的长远发展。没有先行先试的经验做参考，就无从下手进行创新与再发展；制度跟不上发展，人才培养缺失，旅游管理人才大量流失，就会形成管理缺位。

（四）市场化发育不够，政府调控越位

河南是旅游大省，但不是旅游强省，与广东、浙江、江苏等强省之间还存在相当大的距离。传统型旅游模式仍然大范围存在，政府调控仍然占相当大比重，市场化发育不足，没有形成河南自身的旅游市场经济形态，旅游业缺少活力，没有动力。突出表现就是河南旅游结构性矛盾突出，门票经济依赖性强，旅游与其他相关产业之间的联动与融合缺乏，旅游产品层次低，旅游人才培养慢、流失快，经济产能低。随着河南对外开放程度的提升，第三产业的快速发展，经济增长方式的稳步调整与转变，政府职能的进一步调整，河南旅游市场的逐步完善与规范，我们相信这种状态会逐渐转变。

四 新时期河南旅游业发展优势的重新审视

新时期的河南旅游业面临着重大的机遇与挑战，正处于"从点到面的转变，从传统的以观光为主导模式向以观光与休闲度假并驾齐驱的新型模式转变，从散装分布到产业集聚转变，从资源型向产品型转变，从旅游要素发展到多产业融合发展的转变"①的关键期，因此，新形势下的河南旅游业需要重新审视自身优势，寻找最佳发展方式。

（一）旅游资源的综合性特征更好地满足旅游消费的新需求

河南省地处平原地区，黄河穿省而过，孕育了丰厚的历史人文景观，是华夏文明和中华民族的核心发祥地。从中国第一个夏王朝的建立，先后有20多个朝代的200多位帝王建都于此，全国八大古都中，河南占据四个：殷都安阳、汴京开封、唐都洛阳、商都郑州，还拥有商丘、南阳、濮阳、许昌、新郑

---

① 《河南省旅游业十二五规划》。

等古都，拥有丰富的历史文物和名胜古迹。恢宏古韵的龙门、凛凛的少林、神秘的羑里、连绵沉静的山脉、青灰色的砖瓦、累累的古陵，还有华夏历史长河中那些如灿烂繁星的文人墨客，每一处遗迹、每一个典故都让河南这块土地透露着古朴悠长的东方神韵。

河南位于我国中东部，地势西高东低，三面环山，中东部以平原为主，西南为南阳盆地，跨越黄、淮、海河和长江四大水系，四季分明，风景独特，自然资源十分丰富。其中，嵩山、龙门山、鸡公山、云台山和王屋山等皆为国家级风景名胜区。近年，河南省内优秀的自然旅游资源不断被开发出来，成为国内外游客争相前往的旅游目的地，比如焦作云台山、青天河，安阳的殷墟、太行大峡谷等①。同时，随着黄河小浪底水利枢纽工程的竣工，已经形成了一处长132公里、宽3公里、面积近300平方公里的高峡平湖的壮丽奇观，成为人们观赏美景的又一最佳去处。

人文历史景观、自然生态景观、人工塑造景观三重旅游资源的相互叠加，集文化资源、自然风光、人工造景于一体，融观光、休闲、体验、娱乐、度假为一炉，构成新时期河南旅游资源的综合特征，更好地满足了人们个性化与多样性的旅游消费需求。

（二）交通区位的优势更适应旅游方式的新变化

河南是华夏腹地，承东启西、连南贯北，是中部的核心，也是中原经济区的主体，2012年，河南公路网络进一步完善，高速公路、铁路纵横交错，内河航运通江达海，民航运输四面八方，多种交通方式相结合的立体交通框架已经形成。与此相适应，消费者的旅游方式也有了很大的变化，尤其是随着小长假的增多、人们收入水平的提升、私家车的增多，国内消费者越来越倾向于短线旅游或城际旅游的自驾旅游方式，旅游市场也由团体旅游方式向家庭旅游、个人旅行等自由行方式转变。交通状况的极大改观也使人们不再受到出行时间的限制，有了"说走就走"的潇洒，极大地促进了旅游消费。因此，河南在

---

① 焦作云台山、神农潭、青天河；安阳红旗渠、太行大峡谷；济源五龙口；鹤壁云梦山；平顶山石人山；洛阳白云山、鸡冠洞、重渡沟、龙峪湾；南阳老界岭、龙潭沟、宝天曼；驻马店嵖岈山、薄山湖等。

交通基础设施极大改观与旅游消费方式发生变化的情况下，催生了更大容量的旅游市场。

（三）国家实施内需拉动战略有效扩大旅游市场的新容量

新时期，由于国际金融危机的影响，国家继续实施拉动内需的发展战略，以保持国民经济的稳定发展。新时期的河南，经济结构转型升级，新型城镇化发展势头强劲，2011年底，河南城镇化率由2006年的32.5%提高到40.6%，成为中部六省城镇化率增长最快的省份。[①] 同时，社会保障体系逐渐完善，人民的生活水平得到显著提高，人民对于多元化消费的需求也越来越高，旅游消费成为居民日常生活的一大开支。

以河南为核心的中原经济区合作日益加强，经济与社会效益都取得了较大的进步。河南具有人口优势，旅游消费市场潜力巨大，中原经济区区域内有两亿人口，河南周边几个省份有几亿人口，到2011年底，中部地区的城镇人口达到16278万，这是一个很大的旅游客源市场。区域合作的加强，产业调整的不断升级，以及人们消费的多样性与跨地区性，都对旅游业的发展产生着促进或刺激作用。随着旅游经济在国民经济中的地位越来越高，旅游业的发展得到了良好的护佑。在有条件、有资源、有消费需求、有消费能力的情况下，旅游市场的扩大势在必行。

（四）河南经济发展阶段性变化进一步催生旅游业的新发展

新时期的河南始终坚持走一条新型工业化的发展道路，大力推进经济结构调整，切实转变发展方式，在保持经济平稳较快发展的同时，经济结构与质量发生了积极变化，经济发展的协调性显著增强。2012年，全省三次产业增加值占GDP的比重分别为12.7%、57.1%和30.3%，第二、三产业比重较2007年提高2.1个百分点。2012年，河南省地区生产总值达到29810.14亿元，同比增长10.1%，其中，旅游总收入3364亿元，是2007年的2.5倍左右，占国民生产总值的11.21%，成为支柱产业。旅游业被称为第三产业的龙头，不仅

---

① 朱有志主编《中国中部地区发展报告（2013）》，社会科学文献出版社，2012。

是现代服务业的重点，也会提升一产、促进二产、主导三产，其产业带动性、经济扩张性、融合渗透性和效应递增性都很明显，既可以调整优化产业结构，又能够转变经济发展方式。

河南的旅游产业不仅是建设河南省资源节约型社会与环境友好型社会的先导产业，也是扩大内需、促进发展的主导型产业。新时期的河南经济面临着巨大考验，尤其是建设中原经济区，要以不牺牲农业与环境为前提。目前，河南恰逢经济结构转型升级的历史机遇，大力发展第三产业，构建大旅游格局，促进河南旅游业的大发展大繁荣，是河南经济发展的重要一环，随着新时期河南旅游业的快速发展，省内基础设施建设的逐渐完善，旅游产业多元化投资局面的形成，河南旅游业渐趋成为振兴河南的一大优势和支撑产业。

2013年上半年河南的旅游总收入同比上涨15.02%，旅游创汇增长15.67%。河南依托良好的交通基础和巨大的消费市场，将会进一步促进旅游业的大发展，也将促进全省经济的大发展。

五 新时期河南旅游业发展的思路与布局

（一）基本思路

依托河南省内优质、特色、丰富的旅游资源，以强大的交通网络与中心城市为基础，抓住新型城镇化发展的契机，打破现有的行政区划，整合全省景区资源，发挥综合性优势，着力推进"四化"并举，形成"联、聚、合"发展态势，促进旅游产业链式发展格局，构建全省"弓"形旅游资源布局，推动河南旅游业大发展、大繁荣。

产品品牌化。以创建全国知名品牌示范区为契机，依托资源优势，树立品牌意识，遵循市场规律，围绕河南旅游的主题形象，大力实施旅游产品品牌战略，增强河南旅游产品的品牌影响与竞争力。

运营信息化。全面提升河南旅游信息化水平，加大投资力度，完善信息化的应用范围，持续加强信息技术和旅游文化之间的对接，加快旅游公共信息服务体系建设，不仅要鼓励电子商务市场多样化发展，还要构建诚信体系和技术标准体系。

投资多元化。积极引导并鼓励各类社会资本投资旅游业，不断通过兼并、参股、收购、发行债券、特许经营、租赁承包、BOT（建设—经营—转让）或TOT（转让—经营—转让）等方式参与旅游市场的开发与经营，有效整合社会资本，边引导不同渠道的政府资金，边吸引社会资金，使其投入旅游配套项目的开发和旅游资源的开发中。

服务人性化。不断完善河南省内旅游基础设施现代化水平，充分树立"以人为本"的服务理念，使旅游业服务体现人文关怀，注入人本思想，体现华夏深厚的文化内涵。

区域"联"动。借助中原经济区发展和建设华夏历史文明传承创新区的契机，积极参与全国性区域合作，继续做好做精沿黄九省精品线路，加强不同地市、区域之间的旅游产业协作与联动。

产业集"聚"。发展旅游产业集聚是根据河南旅游业发展形势做出的决定，也是河南旅游业发展的必然趋势，更是实现旅游产业向内涵化、精细化、规模化和创新化发展的有效途径。必须坚持"品牌引领、特色突出、配套完善、要素集聚"的原则，依托城市与交通配置资源，走大企业运营、大项目运作的产业综合体发展道路。

资源整"合"。整合河南旅游资源优势，做大做强旅游品牌，借助河南完善的交通区位优势和人口消费潜力，大力发展旅游业，整合全省旅游市场，统一配置，统一规划，提高经营效益。同时，整合社会资本，积极引导旅游市场的开发与建设，加强旅游产业与其他产业的"融合"，形成产业联动发展。

链式发展。完善配置旅游产业要素，形成链式发展态势，逐步使单一的旅游门票经济向多元化旅游消费的产业化经济转变。以旅游业为龙头带动第三产业、第二产业和第一产业的发展，同时，使旅游业与其他产业形成互动，扩大市场容量，增大产业发展空间。

（二）基本布局

河南旅游资源呈现"弓"形布局（见图1）。

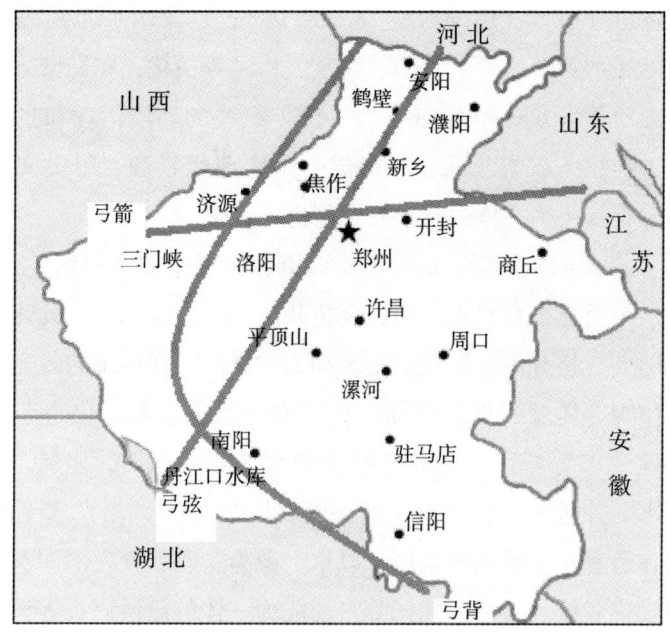

图 1　河南省旅游资源"弓"形布局

1. 弓背：南太行、伏牛山、桐柏山以半环形组成"弓背"。以伏牛山为中心，南太行和桐柏山—大别山为两翼，充分利用本区域的自然资源和人文资源，培育游赏、涉险、自驾、攀岩、漂流、滑雪、垂钓等多种野外旅游项目，逐渐形成以朝拜、休闲、医疗、养生、餐饮等为内容的具有山地休闲特色的旅游产品体系，同时，使本区域发展成山地休闲度假综合体。努力将这一地区打造成中部地区乃至全国著名的山地度假品牌。

2. 弓弦：沿南水北调线形成"弓弦"。"弓弦"南起淅川县丹江口水库陶岔闸，北至豫北安阳市省界，贯穿8市①、35县（市、区），全长共731公里。有效整合沿线资源，形成一条既体现地方特色和文化内涵，又集合沿线人文与自然景观游览、城市游憩和生态休闲于一体的生态文化旅游带。沿着此旅游带的中线干渠，把山水、古迹和景观工程串连成一条旅游长廊。重点打造渠首、

---

① 南阳市、平顶山市、许昌市、郑州市、焦作市、新乡市、鹤壁市和安阳市。

渡槽、穿黄隧道等项目；建设沿线18个景区①；建设南水北调博物馆和穿黄工程纪念馆以展示黄帝、楚、三国、调水、移民等文化；布局城郊游憩、农业观光、休闲运动等项目。持续加强"弓弦"沿线的环境治理和景观改造，并为干渠建筑工程注入旅游新元素，形成一条集现代景观、历史文化、生态休闲、低碳旅游等特色为一体的新兴旅游经济增长带。

3. 弓箭：沿黄河旅游带形成全省旅游资源布局中的"弓箭"。"弓箭"西起三门峡，东至商丘，东北到濮阳，全长共计711公里。在大黄河之旅国家精品线路的基础上，整合黄河沿线的生态和人文资源，在传统的观光旅游产品的基础上融入休闲、体验和度假产品，打造成一条集世界文化遗产、中华古都群、黄河湿地生态等特色与资源于一体的旅游带。同时，坚持"统分结合、绿色开发、水陆并进、文化铸魂、业态组合"的原则，培育水上旅游线和沿岸旅游线。在适宜水上游览的区域，以水上游为主题，开发不同类型的系列旅游产品；建设集餐饮、住宿、休闲等多功能为一体的旅游码头等设施，完善自驾车营地和配套服务体系。联动郑汴洛古都旅游资源，使"弓箭"成为彰显华夏文明、凸显生态黄河的国际旅游精品带。

六 新时期河南旅游业发展对策

（一）加强区域、部门间的合作，构建大旅游发展格局

继续加强各区域、各部门之间的合作与对接，在原来的合作基础之上，深入研究与探索合作区域，寻找更大的发展空间。随着河南旅游业的快速发展，各个部门、区域之间的协作有了初步的成效，比如旅游部门与农业厅合作开发乡村旅游；与林业部门合作打造生态旅游品牌；与工信厅、民航局、金融机构签订战略协议，保障旅游要素问题等；分别与漯河、三门峡、开封、周口、驻马店、河南大学签订战略合作协议，形成了局、市、校推动旅游业发展的合

---

① 丹江、方城垭口、武侯祠、白龟山水库、神垕古镇、二七塔、山阳城遗址、陈家沟、寨卜昌古代民居建筑群、百泉风景区、潞王陵、凤凰山、比干庙、鹤壁云梦山、岳飞庙、羑里城、曹操高陵、殷墟。

力，构建了河南大旅游发展格局。新时期，河南旅游在大旅游格局的基础上仍要坚持区域与部门之间的合作与对接，开展多层次合作，凝聚合力，拓展空间。

（二）推动集聚化发展，促进旅游业转型升级

《河南省旅游业十二五发展规划》中着重提到，新时期，在河南省建设一批旅游产业集聚区，主要包括郑州新区、登封嵩山、焦作云台山、洛阳龙门、永城芒砀山等旅游产业集聚区，争取到"十二五"末建成10个投资超过20亿元的旅游产业集聚区，其中5个投资超过100亿。这也表明新时期河南省旅游业转型升级的方向就是集中力量发展旅游产业集聚区。

建设旅游集聚区是依据河南省旅游业的发展现状与自身特点而提出的发展战略，目的是提升整体竞争力，扩大要素融合度，延长旅游产业链，降低运营成本，提高旅游服务效率和综合效益，满足旅游消费者多样化需求，同时为消费者提供高品质的旅游体验。河南旅游通过加快集聚区的建设，也可以转变河南旅游产业粗放式经营和"门票经济"的局面，从而促进河南旅游业的转型升级。

（三）强化品牌建设，增强旅游业竞争力

享誉海内外的大型户外实景演出《禅宗少林·音乐大典》的成功，使河南拥有了一张优质的文化旅游名片。音乐大典通过大手笔的制作与精湛的实景演出，将河南登封少林的人文景观与自然风光融合在禅宗宗教之中，让人们在欣赏惟妙惟肖的实景画面时，渐渐懂得佛教禅宗的深刻寓意，从而加深对嵩山少林的了解，增加对登封悠久文化历史的眷恋。音乐大典有力地传递了河南文化旅游的魅力，吸引了更多的海内外游客，提升了河南旅游的内涵。品牌是产品赢得市场的助推器，随着河南旅游市场的逐步完善，加强旅游品牌建设势在必行，也将成为促进旅游产业快速发展的保障。加强品牌建设就应该适应品牌营销的基本规律，在生产好的旅游产品的基础上，利用品牌建设渠道进行旅游产品的营销。品牌建设是新时期河南旅游的重点工作之一，首先，应培养和吸引高层次、高素养、国际化的品牌建设人才；其次，

营造适合产生旅游品牌的良好环境,进一步扩大开放,使旅游市场化,为品牌建设打下基础;最后,加大投资,创造优质旅游产品,好的产品,自己会说话,因此应整合资源,适应市场,多产出像《禅宗少林·音乐大典》之类的好产品,吸引游客,留住游客。

(四)加强服务管理,优化发展环境

落实《旅游服务质量提升纲要(2009~2015)》,规范旅游服务标准,不断提升旅游服务质量,优化旅游发展环境;进一步规范旅游市场秩序,加大旅游市场执法监督力度;继续强化准入退出机制,2012年,注销旅行社20家,取消34家饭店星级资格、限期整改11家,优化了旅游环境;建立并完善合理的评价与监督体系;整合资源,加强合作,继续与部门合作,完善省内旅游公共服务设施,尤其是旅游信息化服务设施;继续提升从业人员的服务水平。通过组织培训与比赛等活动,调动全省旅游从业人员提高自身专业素养和服务水平,优化河南旅游环境。

(五)加大招商引资力度,加快投资多元化步伐

新一轮国际金融危机使国内第一、二产业受到波及,尤其是制造业回缩,刺激了第三产业的发展,促使服务业转型升级。应抓住产业转移的历史机遇,加大旅游业的招商引资力度,使更多的社会资本投入现代服务业,转移金融危机的影响,从而使旅游业从危机中寻找发展机遇。

近年来,河南社会经济实力大幅增强,为旅游业的发展储存了能量。社会上积累了大量的闲散资金,而河南金融改革相对落后,中小企融资不易,生存困难。如何在招商引资方面,既利用国内外大企业的资金,也用活省内的社会资本,这就需要政府积极引导多元化投资,培育良好的河南旅游市场体系,激发社会资本向旅游市场倾斜,集中力量推动旅游产业升级;拓宽旅游融资渠道,鼓励国内外企业和投资者利用多种方式参与旅游开发与经营;开展河南旅游产权交易,构建交易平台,为河南的旅游企业、重点项目、创意成果转化等提供融资市场。

（六）推进信息化进程，促进旅游与信息化的融合

全力推进河南旅游业信息化进程是助推河南旅游业飞跃式前进的重要举措。要继续完善河南省旅游公共服务网络，继续拓展并完善数字电视、移动终端和新兴媒体的旅游服务功能，尽快建成多媒体旅游数据库；依托河南省旅游服务中心智能化大厦与河南省旅游数据中心，与通信运营商合作，开发手机旅游信息查询系统，整合全省旅游景区信息资源，实行全省联网，使游客在信息终端上可查询景区的人数、路线、食宿等信息，以合理安排行程，如此，也可以避免热门景区游客爆棚的"只看人不见景"的现象，保证游客的旅游消费权益；建立河南省旅游行业网络管理平台，实现河南全省旅游业的网上行政透明化，既提高效率，方便快捷，又绿色环保，加快信息化进程。构建全方位、多体系、完善、高效的全省旅游信息化网络服务平台，推动河南省旅游业的快速发展。

B.11 河南省加快构建举省开放体制研究

刘殿敏*

摘　要： 改革开放以来特别是进入新世纪以来，河南坚持把对外开放作为基本省策，大力实施开放带动主战略，着力建设内陆开放高地，全省对外开放取得了明显成效，有力地促进了全省经济社会发展。但总体上看，河南开放型经济规模偏小，举省开放体制尚未形成。面对当前国际国内新形势，河南要加快提升对外开放水平，拓宽开放广度和深度，实现对外开放新突破，就必须按照党的十八届三中全会的部署，全面深化改革，尽快构建举省开放体制。本课题在调研掌握全省扩大开放、承接产业转移过程中取得的成功经验、存在的矛盾和问题的基础上，提出了加快建立举省开放体制的对策建议。

关键词： 河南　构建　举省开放体制　建议

一　河南构建开放体制取得的主要进展

近年来，为应对国际金融危机的冲击，省委、省政府把开放招商作为"八策"之首和综合性战略举措强力推进，通过优化开放环境，建立健全全省开放联动体制机制，深入开展大招商活动，积极承接产业转移，取得了"一举应多变""一招求多效"的综合带动效应，举省开放体制建设取得明显进展。

---

* 刘殿敏，河南省人民政府发展研究中心。

1. 全省三级联动开放机制基本建立

党的十六大后，随着全国开放型经济全面发展格局的形成，根据全面建设小康社会、实现中原崛起的新形势，2003年河南首次明确提出把开放带动作为加快河南经济社会发展的主战略，2006年省委、省政府出台了《河南省加快实施开放带动主战略指导意见》（豫发〔2006〕7号文件），把对外开放提到了前所未有的战略高度。2008年以来，面对国际金融危机和国内经济增速大幅下滑的严峻形势，河南把改革创新、扩大开放作为解决深层次矛盾的治本之策，提出了要建设内陆开放高地，构建举省开放体制，扩大开放效果，带动工作全局。根据省委、省政府对新形势下对外开放提出的新任务、新要求，河南先后出台了关于加强招商引资、承接产业转移、利用外资、促进对外贸易等一系列重大政策，开放型经济政策体系不断完善。河南加快构建符合新形势下河南经济社会发展要求的举省开放体制和机制，实行省、市、县三级联动，各省辖市、县（市）和省直有关部门设立对外开放工作机构，建立了政务环境评价评议机制和投资环境监测评估体系，进一步优化了对外开放和招商引资环境。目前，全省上上下下、方方面面对扩大开放的重视程度前所未有，开放的氛围空前浓厚，基本形成了一级抓一级、层层搞开放的良好环境，全方位、多层次、宽领域对外开放格局逐步形成。2012年，河南经济外向度达到10.9%，比2009年提高6.2个百分点，开放型经济水平全面提高。

2. 开放招商促进机制有效推进

近年来，河南把开放招商工作摆在带动全局的战略高度，坚持高层推动，驻地招商，各级主要领导亲自谈、亲自抓，强力推进。河南成立了招商引资信息处理和受理服务、联审联批和代理服务、投诉权益保护等3个中心，招商引资全程服务平台基本建成，河南对境内外投资者的吸引力持续增强。各市县围绕开放招商，不断完善分级负责制、领导分包制、协调联动制、跟踪督查制、考核奖惩制等项目推进机制，全面推行首问负责制、服务承诺制、限时办结制、无偿代理制、领导包案制等服务机制，建立了定期工作例会、通报督查、回访等多种工作制度，形成了较为完善的促进机制，有力地促进了全省开放招商工作。2012年，全省实际利用境内外资金5791亿元，占全社会固定资产投资的28%，其中，实际利用外资121.18亿美元，是2009年的2.53倍，年均增长36.18%，实际利用省外资金5026.6亿元，是2009年的2.28倍，年均增长31.67%；一批重大项目落户河南，其中包括瑞典山特维克集团公司、美国空气化工产品有限公司、卡特彼勒公司、法国液化空气集团公司等4家世界500强企业。河南先后与中石化、华电、北车等10多家央企签署战略合作协议或补充协议，签订66个项目合作协议，中国建筑、国药集团、海尔集团等18家国内500强企业新入驻河南，在河南投资的世界500强和国内500强企业分别达到76家和146家。

3. 对外贸易"大通关"机制不断完善

扩大出口是今后河南发展外向型经济的重要着力点，也是河南经济发展的潜在优势。近年来，为应对国际市场需求持续萎缩、全国外贸增速回落的严峻形势，加快转变河南外贸发展方式，稳定出口，扩大进口，进一步增强外贸拉动经济增长的作用，河南研究出台了一系列政策措施，不断建立健全体制机制，推动对外贸易跨越式发展。2012年全省进出口总额先后跨过400亿、500亿美元两个台阶，达到517.5亿美元，增长58.6%，其中出口总额296.8亿美元，增长54.3%，均创历史新高，进出口、出口增幅分别超全国平均水平52.4和46.4个百分点。

4. 部门协作推进机制逐步建立

在大力推进工业领域招商引资的同时，河南有关部门结合其职能，研究出台了推进对外开放招商的政策措施，出台了本系统开放招商专项方案，逐步完善部门协作机制，着力推动各领域对外开放工作，全省对外开放合力进一步增强，开放领域不断拓宽。卫生领域开放合作实现新突破，2012年外商直接投资河南卫生、社会保障和社会福利业0.12亿美元，环比增长64.29%，中美荷美尔肿瘤研究院、华中阜外心血管病医院等一批高端医疗服务项目落户河南。文化对外开放呈现新局面，2012年河南成功举办了"河南省与非洲友好交流摄影展"、"2012两岸豫剧联演"、第二届中原动漫嘉年华等活动，外商直接投资河南文化、体育和娱乐业0.54亿美元，环比增长167.55%。科教对外合作水平逐步提升，2012年外商直接投资河南科学研究、技术服务和地质勘查业2.36亿美元，是2009年的4.65倍；实施了200多项对外科技合作项目，与意大利都灵理工大学合作建立了"洛阳中意研究院",与伦敦大学建立了车用生物燃料国际合作基地,河南国家级国际科技合作基地达到5家,中外合作办学项目(机构)已达243个。金融保险领域对外开放成效明显,2012年外商和港澳台商直接投资金融业0.87亿美元,是2011年的26倍多。平安银行、华夏银行新落户郑州,人寿保险电销中心、中华联合保险电商运营中心、郑州商品交易所技术中心、民生银行战略研发服务基地等金融中后台中心相继入驻郑东新区。物流业对外开放取得新进展,美国联合包裹、深圳华强等一批服务业企业落户河南,郑州国际物流园建设加速推进,嘉里物流(郑州)中部物流基地、郑州安得物流园、新加坡丰树(郑州)物流园等招商项目全面开工。

5. 对外投资保障和服务机制正在积极探索

为了加快优势企业"走出去",河南积极引导和推动企业到新兴市场、自贸区市场开展境外投资和加工贸易,鼓励企业加强与金融机构、保险机构协作,为企业"走出去"提供外汇保函、内保外贷、中信保项下保单融资等支持。建立境外直接投资重点联系县制度,确定巩义、灵宝等10个县(市)为河南第一批境外直接投资重点联系县(市)。为了有效缓解资源不足的矛盾,河南积极支持企业开展境外资源开发,建立了促进境外矿产资源开发联席会议制度。目前河南企业在境外已取得探矿权170个,采矿权16个,部分矿产品已回运河南。

6. 开放载体建设步伐不断加快

近年来,河南以产业集聚区为载体,大力促进产业集聚集群发展,各市县党委、政府认真贯彻落实省委、省政府决策部署,积极引导资金和项目向产业集聚区聚集,产业集聚区保持良好发展态势。洛阳、濮阳、安阳经济技术开发区和新乡工业园升级为国家级经济技术开发区,河南国家级经济技术开发区达到9家,新乡高新区升级为国家级高新技术产业开发区,河南国家级高新区达到5家。开发区、产业集聚区已经成为各地推进开放型经济的主阵地、区域经济发展的重要增长极。《中原经济区规划》正式实施,特别是《郑州航空港经济综合实验区发展规划》上升为国家战略,为河南开放招商奠定了更坚实的基础。郑州跨境贸易电子商务服务试点城市成功获批,新郑综合保税区、郑州

出口加工区、保税物流中心配套服务更加完善，海关特殊监管区进一步健全，河南开放招商综合竞争力显著增强。

二 河南开放体制中存在的主要矛盾和问题

在充分肯定成绩的同时，我们还要清醒地看到，由于受主观和客观因素的影响，河南开放程度还不够高，开放领域还不够宽，尤其是开放机制和服务体系还不够健全，全省"一盘棋"开放联动机制尚未形成，这些问题需要在今后的工作中逐步加以解决。

1. 体制性障碍仍大量存在

加入世界贸易组织后，我国对涉外体制进行了改革，基本建立了适应开放经济的市场经济体制，但由于改革仍不到位，特别是在追求 GDP 的政绩考核体制下，一些地方还存在不合理的审批制度和政策规定以及庞杂收费、税制缺陷、行政垄断、地区封锁、标准混乱等问题。部门之间本来可以互相补台却变成了互相拆台，以邻为壑，加高壁垒，增加了发展的成本，妨碍了要素自由流动。在招商引资工作中，地方政府在特殊优惠政策上竞争过度，忽视内部体制机制的配套建设，引起一系列政策扭曲，造成了社会总福利的损失，使开放工作付出了不必要的体制性成本，严重制约了开放的扩大。

2. 服务机制不完善

尽管近年来河南投资贸易环境有了很大改善，但仍不健全，在经济发展软环境上仍有许多问题亟待解决。突出表现在：河南开放带动战略已经提出多年，但一些领域的具体政策措施至今尚不完善；一些地方的政务管理不规范，项目审批部门多、环节多，有关部门服务意识不强，办事效率不高，成本高，影响了河南招商引资的形象；对外商生产经营过程中的问题，"事不关己、高高挂起"，不过问、不关心、不协调，使外资企业发展不起来，留不住外商，影响河南招商引资的信誉；一些地方的政策和产业发展导向受"一把手"影响较大，前任领导出台的政策措施被下任领导新的政策代替，缺乏连续性和稳定性，使外资企业无所适从；一些地方、一些部门不作为、乱作为、违约失信现象时有发生，甚至还存在"吃、卡、要"现象，优化开放环境的任务艰巨。

3. 地区之间缺乏利益协调机制

随着各地利用外资的竞争日益激烈，在招商引资工作中，一些地方和干部一味追求引资的数量，不顾当地的资源和条件，存在"捡到篮里就是菜"的现象，忽视引进的项目对当地资源、环境、生态等方面的不利影响，热衷于对外商的引进，对外资的引进缺乏科学评估，低水平重复建设较多，甚至把落后的淘汰性产业也引进来，严重影响了利用外资的质量。

4. 对外贸易的促进政策亟须完善

促进政策对外贸发展具有明显的引导、激励和催化作用。凡是外贸发展快的地方，都是激励机制建立较早、政策体系较为健全的地方。根据最近调研情况，郑州、洛阳、焦作、鹤壁、信阳等市对出口工作高度重视，出台了促进政策，但河南有些市还没有建立出口奖励机制，没有设立促进外贸发展的资金。尽管有的市出口增幅较大，但由于促进对外贸易发展的政策欠缺，出口的长期持续发展受到一定的不利影响。

5. 开放载体建设仍需加强

经过近年来的不懈努力，河南产业集聚区已由起步阶段进入提升水平、扩大效果的关键时期，但是由于对产业集聚区管理部门的权力下放有限，产业集聚区的发展还存在一些薄弱环节和不足之处，集群发展水平有待提升。

三 当前河南对外开放面临的宏观形势

当前，国内外形势正在发生深刻变化，对河南对外开放提出了新的更高要求。我们必须准确把握当前河南对外开放过程中面临的机遇和挑战，扬长避短，增强扩大开放的责任感和使命感，实行更加积极主动的开放战略，加快构建举省开放体制，促进对外开放迈上新台阶。

1. 主要机遇

从国际环境看，当今世界和平与发展仍是主题，我们仍然处于有利于对外开放的战略机遇期。经济全球化、区域经济一体化趋势在加速推进，世界各国的经济联系和相互依赖程度不断增强。国际产业转移趋势进一步加快，产业转移规模前所未有，我国依然是世界产业和资本转移的首选地，国际产业转移直接跨过沿海向内地转移趋势明显。产业转移的模式开始出现一些新变化，表现在国际产业转移的原动力开始由传统的成本驱动型向市场扩张型转变，由生产要素由"单个转移"到生产流程协作配合的"抱团转移"转变，产业格局由"海外接单、沿海加工、国际销售"到"沿海接单、内地加工、内外销售"转变。河南作为拥有1亿人口的大省，本身就是一个巨大的消费市场，非常契合这一轮以满足当地市场最终消费为目标的产业转移。

从国内环境看，党的十八大提出了全面建成小康社会的新目标，强调实施更加积极主动的开放战略，完善互利共赢、多元平衡、安全高效的开放型经济体系，着力培育开放型经济发展新优势，全面提高开放型经济水平。国家继续实施积极的财政政策和稳健的货币政策，宏观经济增速有望继续保持较高的增长速度。全国区域经济发展布局基本形成，中央进一步加大对中西部地区的扶持力度。沿海产业向中西部转移速度明显加快，一些大型央企面对自身结构调整和外部整合重组双重压力，向中西部抢滩布局、加快战略性扩张的愿望与冲动更加强烈，产业转移的规模前所未有。

从河南发展看，建设中原经济区已经上升为国家战略，河南在全国发展大局中的地位和影响显著提升，打开了中原经济区建设的战略突破口，抢占了区域竞争的战略制高点，为河南扩大对外开放提供了更大的平台和更广的空间。河南正处在工业化、城镇化加速推进阶段，今后一个时期，河南城镇化率每年将提高2个百分点左右，这意味着巨大的需求空间和市场潜力，也意味着巨大的商机和我们开放招商的强大吸引力。与此同时，随着近年来对外开放的强力推进，河南对外开放软硬环境日趋完善，与沿海发达地区的体制、政策差距逐步缩小，对外开放综合优势更加突出，整体上已进入一个起势跃升、拓展深化的关键阶段，扩大对外开放、构建举省开放格局、建设内陆开放高地正当其时。

2. 面临挑战

从国际看，世界经济低增长、高风险态势短期内不会明显改观，发达国家和地区也纷纷举起招商引资大旗，美国全面启动"国家招商引资"行动，首次建立一个横跨23个部门的招商引资工作组，致力于增强美国对全球资本流动的竞争力。新加坡不断扩大招商引资力度，国家投资促进局规模超过500人。同为"金砖国家"的巴西、印度，在招商引资方面也各具特色，世界主要经济体均看重招商引资，国际招商竞争白热化正在演变为"全球化"竞争态势。提高关税、贸易禁令、出口补贴以及各种形式的非关税贸易壁垒等频繁出现，我国遭遇反倾销、反补贴和保障性措施的限制不断增多。

从国内看，我国经济发展的基本面总体较好，但受国际形势影响，面临着经济增长下行、物价上涨、中小企业生产经营困难、经济金融等领域存在一些不容忽视的问题等潜在风险，我国经济已进入实质转型期和个位数增长阶段，企业投资信心、投资能力、投资扩张愿望都有所下降。国家大力推进节能减排，加快实现经济发展方式转变，对统筹国内外发展和对外开放提出了更高的要求。开放招商面临的区域竞争日趋激烈，沿海发达地区都在进一步优化开放招商环境，出台激励政策，凭借良好基础，持续招引名商名企，并着力推动企业和产业在省内转移。如广东大力实施"双转移"战略，着力推进珠三角地区相关产业加快向粤东、粤西北地区转移；江苏推进苏南产业和企业向苏中、苏北转移。中西部省份招商引资力度不断加大，安徽依托皖江城市带承接产业转移示范区，提出"首攻大上海，融入长三角，突破粤闽，拓展港台"的战略部署；重庆努力打造"西部一流开放环境"，开放招商成效世人瞩目。有专家预测，本轮产业转移周期只有不到10年时间，其中沿海发达地区产业转移大多将在今后3至5年完成，开放招商、承接产业转移非常紧迫，机遇稍纵即逝。

从河南看，河南对外开放总体水平还比较低，经济外向度尽管由2009年的4.71%上升到2012年的10.92%，但与2012年全国经济外向度的46.83%相比，对外开放程度还存在较大差距，且省内各地之间对外开放的程度差距较大，最高的济源市（28.18%）与最低的商丘市（0.94%）相差27.24个百分点。河南开放领域还不够宽，开放机制和服务体系还不够健全，特别是受土地、环境、融资等要素制约，部分项目落地难度增大，对外开放体制还有待于进一步完善。

四 河南加快构建举省开放体制的对策建议

对外开放是我们的基本省策,扩大开放是实现经济社会发展的重要推动力量。在当前形势下,河南各级、各部门要进一步巩固和强化开放意识,拓展开放境界,加强上下联动,注重协调配合,以更宽的视野、更大的力度、更务实的举措,尽快形成全方位、宽领域、多层次的开放新格局。

1. 加快推进郑州航空港经济综合实验区开放载体建设

将郑州航空港经济综合实验区建设作为中原经济区建设的战略突破口,作为河南探索全方位扩大开放新途径、打造内陆开放高地的综合性抓手。建设郑州航空港经济综合实验区是一项开创性的宏大工程,必须精心谋划、锐意开拓、有序推进。为此,要按照国务院批复的郑州航空港经济综合实验区发展规划的要求,高水平编制实验区概念规划、总体规划和专项规划,高标准建设各类软硬件设施,建立完善高效率的管理运转机制,为实验区实现高速度可持续发展奠定基础。要大胆探索、勇于创新,在航空运输、扩大开放、通关模式、口岸建设、产业发展、财税支持、投融资、人才引进、土地管理等方面先行先试,把实验区建设成全国航空港经济发展先行区,为探索全省改革开放和协调发展路子积累经验的有效平台。要充分利用区位、人口、市场潜力等条件,积极承接高端产业转移,强力推动高端制造业和现代服务业集聚发展,加速融入全球产业链和产业分工体系,在更大范围、更高层次上融入国际市场、参与国际分工,在全国形成一个富有生机和活力的内陆开放新高地。要协同推进实验区、郑州中心城区和中原经济区的发展建设,加快郑州国际航空货运枢纽、航空经济产业体系、内陆开放型航空港区、现代航空都市建设,努力实现港产、产城、空地等重大构件的有机结合。

2. 尽快完善对外开放推进机制

对外开放不是一个部门、一个领域、一个地方的事情,而是涉及全省各个部门、各个地方的全局性、综合性工作。因此,各级各部门都要树立对外开放"一盘棋"思想,通过自身开放、支持开放、适应开放,形成上下左右的协作联动机制。要坚持高位推动,继续实施对外开放党政"一把手"工程,各级党委和政府要站在全局和战略的高度来理解、把握、部署、推动对外开放工作。要进一步发挥对外开放工作领导小组的综合协调作用，研究、解决、推进重点工作和重大问题。各地注重抓"块"，做好主动对接，细化落实，跟踪推进，尤其是要打破地市、县（区）的行政区域阻隔，进一步明确各自的产业发展方向和重点，加强产业链合作和产业链招商，使各地市、各产业集聚区在主导产业选择方面有进有退，在承接产业转移过程中分工协作，推动跨地市的特色组合和层次链接，避免省内竞争性招商和低水平重复引进，尽快形成分工明确、条块联动、步调一致的联动开放工作推进机制。

3. 完善服务促进机制

创造优良的"软环境"是发展开放型经济取之不尽、用之不竭的法宝。近年来，河南的投资环境已经得到了外来投资者的认可，"郑州速度""河南速度"的形成都是政府部门强化服务意识、提高工作效率的结果，其产生的直接效益就是河南在金融危机期间成功引进了一大批跨国企业，使河南实际利用外资额不仅没有出现大幅度下降，反而有了较大幅度的增长。今后一个时期，河南要举全省之力，进一步提升河南的环境优势。

4. 加快形成区域联动发展和开放合作新机制

加强中原经济区内地区合作发展新模式。建立中原经济区内各地区之间的合作新机制，加强地区双边和多边联系，建立多边合作体系，全面加强规划编制、产业分工、基础设施建设、生态共建、环境同治等方面的合作。通过不断密切地区间的交往与合作，加强基础设施和生态环境建设的合作，共同推进跨地区的交通、能源、通信、水利等重大基础设施项目的前期工作和建设，促进地区产业对接、基础设施对接，为实现各地区共同发展奠定基础。积极推进区域市场共建，不断完善合作机制，加快形成多层次、多形式、多元化的区域市场体系，全面提升合作水平。逐步打破行政界限和市场分割，共同建设统一的商品市场、产权交易市场、人力资源市场，实施统一的市场监管。逐步统一区域内市场准入机制，使人流、物流、资金流和信息流畅通，促进商品和资本、土地、技术、人才等要素自由流动，进一步强化科技资源、信用体系、质量互认等对接，实现资源优化配置。

5. 加快制定《河南省举省开放促进条例》

当前河南正处于加快开放发展的关键时期，为了适应对外开放新形势新阶段发展的要求，一些省市不仅在宏观管理和政策导向上进行了调整，而且还制定了相关法规。如重庆市制定了《重庆市促进开放条例》，作为全国首部促进开放的地方法规，条例共分总则、开放职责、开放措施、开放环境、开放保障和附则六章共五十条。该条例不仅为重庆着力改善开放环境、扩大开放提供了体制机制保障，还为充分调动各方面开放的主动性、积极性提供了法律依据，使投资者在重庆放心投资。河南应借鉴外地经验，建议省人大尽快制定并颁布《河南省举省开放促进条例》，以地方性法规方式，对扩大开放过程中存在的诸如行政许可超期、政府承诺随意、行政效能低下、容错机制缺失等方面的问题进行规范，将举省开放体制纳入法制化管理轨道。

农业现代化与河南农村人口转移研究

刘殿敏 范允涛*

摘　要：

近年来，河南现代农业发展取得明显成效，农民生活水平大幅提高，但在农业现代化进程中还存在农业基础薄弱、规模经营水平较低、农业物质技术装备水平不够、新型农业服务主体发育缓慢等问题。全省农村人口转移不断加快，呈现以省内转移为主、转向省外的数量逐步减少的态势。但目前全省农村富余劳动力需要转移的数量仍较多，转移人口"半城镇化"现象比较突出。究其原因，主要在于城镇化水平低，产业结构不合理，城乡二元体制改革滞后。要加快推进全省农业现代化和农村人口转移，建议进一步改善农业生产条件，加快提高农业规模化经营水平，强化人口转移的产业支撑，突出中心城市带动作用，深化户籍和社会保障制度改革，加强农村劳动力转移就业服务。

关键词：

农业现代化　河南农村人口转移　对策建议

进入21世纪以来，河南高度重视农村劳动力转移就业工作，相继出台了一系列政策措施，有效促进了农村人口向城镇和非农产业的快速转移。但从总体上来看，在农村劳动力转移过程中还存在一些不容忽视的问题。党的十八大报告指出："加快改革户籍制度，有序推进农业转移人口市民化。"明确指出在当前和今后相当长一段时期内，应以农业转移人口市民化为重要任务，积极

---

* 刘殿敏、范允涛，河南省人民政府发展研究中心。

稳妥推进城镇化，这为河南提供了重要机遇。本课题在深入调研和广泛搜集全省农村人口转移资料的基础上，通过对河南农村人口转移现状和问题及成因进行分析，提出河南加快农村人口转移的基本思路和对策建议，为省委省政府及有关部门提供决策参考。

一 河南农业现代化发展状况

（一）全省农业现代化发展取得的主要成效

近年来，河南抓住国家构建支农惠农政策体系的机遇，认真贯彻执行中央各项支农惠农政策，坚持不懈抓好"三农"工作，深入开展粮食稳定增产行动，积极推进粮食生产核心区建设，深入推进高标准粮田"百千万"工程和农业产业化集群培育工程，加快推进中低产田改造，大力实施大中型灌区改造和小型农田水利建设，全面提高农业物质技术装备水平，着力构建现代农业产业体系，现代农业建设取得明显成效，农业现代化水平大大提高。

1. 粮食产量连年增长

近年来，河南不断巩固并提高粮食综合生产能力，粮食等主要农产品产量连年增长，为保障国家粮食安全、支撑地方发展做出了重要贡献。一是粮食实现"九连增"。2012年，河南省粮食产量达到1127.7亿斤，比2004年增加275.7亿斤，增长了30.2%，年均增长3.6%，高于全国平均水平0.7个百分点。二是粮食播种面积逐年提高。2012年全省粮食作物播种面积达到14977.7万亩，比2004年增加了1522.5万亩，增长11.3%，年均增长1.3%，高于全国平均水平0.2个百分点。三是粮食单产不断提高。2012年全省粮食平均亩产为376.5公斤，比2004年增加60公斤，增长了19%，增幅高于全国平均水平4.3个百分点。四是农业结构调整加快。深入推进农业结构调整，2012年，畜牧业总体保持平稳增长态势，猪牛羊禽肉总产量增长5.7%，禽蛋总产量增长3.5%，牛奶总产量增长3.1%，肉、蛋、奶产量均居全国前列。

2. 农业物质技术装备条件显著改善

进入21世纪以来，随着政府支持农业政策力度的逐年加大，投入资金的不断增多，农业先进生产要素的全面进入，农业物质技术装备条件大大改善。农用机械总动力、农田有效灌溉面积、化肥使用量、农村用电量、农药使用量和农用塑料薄膜使用量大幅度增加，农业生产方式由人力畜力为主转入以机械作业为主的新阶段。农业机械化水平不断提高。2012年，全省农机总动力突破一亿千瓦，农业综合机械化率达到73.5%。小麦生产更是实现了全程机械化，玉米、水稻等主要粮食生产机械化也加快普及。以化肥、农药等为代表的各类现代流动要素的投入不断增长。2012年，河南亩均化肥使用折纯量和亩均农药使用量分别为127斤和2.38斤，分别比2008年增长了14.4%和8.1%。2012年，河南亩均农用薄膜使用量2.87斤，比2008年增长了18.6%。以使用粮食优良品种为主的农业先进实用技术得到广泛应用。小麦、玉米、水稻等主要粮食作物优良品种覆盖率稳定在95%以上，主要粮食品种基本上5年更换一次，良种对单产的贡献率不断提高，有效地促进了粮食增产。

3. 农业规模化经营水平不断提高

近年来，随着农村劳动力大量外出务工，农业从业人员不断减少，农村土地流转加快，农业规模化主体不断涌现，农业规模化经营水平明显提高。2012年河南农村土地流转面积达到2595万亩，约占家庭承包经营面积的四分之一，有些地区如信阳等地流转比例更是达到了60%左右。土地流转的加快，为一些规模化经营主体的出现创造了基础条件，种植大户、家庭农场、农民合作社、农业产业化龙头企业等开始涌现，经营土地的面积在全省所占的比例不断提高。2012年河南有种粮大户1.37万户，在工商部门登记注册的各类农民合作社4.5万家。全省各级农业产业化龙头企业2012年上半年达到6400多家。全省符合统计调查条件的家庭农场有15500多家，至2013年5月全省各级工商机关共登记的家庭农场共达1189家。

4. 农民合作组织加快发展

长期以来，河南一直把培育农民合作社作为提高农民组织化程度的重要抓手。至2013年5月底，全省在工商部门登记注册的各类农民合作社5.29万家，位居全国第四，入社农户348万户，占全省农户的20.8%。合作领域不断拓宽，合作层次不断提升，经营范围覆盖整个农业，涉及种养、加工和社会化服务。一方面，农民合作社作为农业生产的主体直接从农民手里流转土地，实现规模化种植，取得了一定的经济效益。其中有的是农民以土地入股合作社，有的是成立土地银行，形式多样。另一方面，农民合作社又作为农业社会化服务的主体，为农业生产提供产前、产中、产后服务。比如一些农机专业合作社，在周口、驻马店等地的合作社土地托管等形式。还有一些合作社直接从事农产品加工，拉长产业链条，通过农业产业化经营带动农户。

5. 农业社会化服务体系不断完善

河南积极推动服务模式创新，初步形成了以政府公益性服务机构为主导、合作社和农业产业化龙头企业共同参与的多元化发展格局，其中农业公共服务系统得到显著加强。近年来，河南重点加强农村土地流转服务体系、农业技术推广体系和农业病虫害防治体系等建设，全省现有基层农技推广机构2530个，其中县级农技推广机构628个，县以下基层农技推广机构978个。全省79个县（市）、1083个乡镇建立了土地流转服务中心。至2012年底，提供农机及流通服务的合作社达到16431家。

6. 农民生活水平大幅提高

2012年，河南农村居民人均纯收入7524.94元，扣除价格因素，比上年实际增长11.3%，是2007年的1.6倍。农村居民人均生活消费支出5032.14元，比上年实际增长13.8%。农民生活质量进一步提高，农村公共服务水平持续提升，人民群众衣食住行用条件明显改善。"十一五"期间，农村劳动力新转移就业500万人以上、总量达到2570万人。累计实现525万农村贫困人口稳定脱贫。初步建立覆盖城乡的社会保障体系，城镇居民医保、城乡居民养老保险制度实现全覆盖，新农合参合率达到97.65%，农村五保等社保对象待遇不断提高。公共文化服务水平不断提高，实现了县县有图书馆、文化馆，乡乡有文化站，村村通广播电视、有农家书屋。

（二）现代农业发展中存在的主要问题

虽然河南省在农业现代化进程中取得了明显进展，但是总体来看，由于土地流转水平低、仍以农户小规模分散经营为主，农业经营方式落后的问题一直没有明显改观，严重制约了全省农业现代化的发展。

1. 农业物质技术装备水平较低

进入 21 世纪以来，随着工业化快速推进，河南农业物质技术装备水平有了明显提高，生产条件有了很大改善。但是，这并非单纯是农户积极投入的结果，还得益于国家支农惠农政策支持，依赖于国家财政的投入，农户增加农业投入的长效机制尚未建立起来。目前，中国正处于工业化、城镇化发展的中期阶段，反哺支持农业的力度还有待继续提高。而河南作为欠发达地区，人均财力在全国倒数第一，省辖市和县（市）、乡镇的财力更是有限，再加上农户数量大，很难依靠各级政府的支持来改变农业收益低的格局。与发达省份相比，河南物质技术装备水平依然存在较大差距，还需要继续加大农业投入，不断向农业注入现代农业技术。目前，农业已经全面进入高成本时代，支持农业特别是粮食生产持续发展，必须发展农业适度规模经营，提高农业规模效益，增强农业持续发展的内在动力。

2. 农村土地流转水平比较低

农业规模化是农业现代化的基础。没有规模化，农业运用现代生产要素和先进技术的成本就比较高，农户就缺乏增加农业投资的内在经济动力。至 2012 年底，全省农村土地流转面积达到 2595 万亩，约占家庭承包经营面积的四分之一。这个流转水平是包括小块并大块的土地互换的流转水平，而小块并大块并没有发生土地承包经营权的转让，只是耕地地理位置的调整，严格来讲并不属于土地流转的范畴，所以实际流转水平更低。在现有的土地流转水平下，流入合作社、龙头企业及其他主体的规模经营占 20% 左右，流入农户的占 80% 左右，按 30 亩的边界来算，真正能够形成规模经营的土地承包经营权转让的农户只占 2% 左右，整体上仍以农户小规模分散经营为主。土地流转过程中，流转不规范，流转合同签订率不高，多数大户和合作社仍以口头约定为主。流入工商企业的虽大多签有流转合同，但是违约率比较高，土地流转纠纷事件频发，流转也不是十分稳定。整体上流转期限较短，多为 3~5 年，不少大户甚至不约定流转年限。

3. 农民合作组织发展面临很多困惑

一是相当一部分不符合合作社的基本原则，也与现行的《农民专业合作社法》的精神不吻合。目前一部分农民专业合作社根本就没有日常运营，只

是有个空壳,有的则是为了获得政府对合作社的资金扶持而戴了一个合作社的帽子,实际上就是个体企业或公司。目前在现有合作社中真正能发挥作用的仅三分之一左右,对农户的带动作用十分有限。二是多数农民合作社内部管理不规范,不按合作章程执行,利益共享风险却不共担,日常开支和运行主要依托领办主体、内部联系合作不紧密,等等,也影响了合作社的健康发展。三是合作社的生产主体和服务主体角色也渐模糊,比如一些农机专业合作社也会直接流转土地经营,土地托管由部分环节托管开始向全程托管转变,全程托管的形式就比较靠近生产主体的角色。

4. 新型农业服务主体发育缓慢

新型农业服务主体尤其是经营性服务主体要进入农业服务领域,首先要考虑的是成本收益问题。由于农户数量太多、过于分散,新型农业服务主体面临着与众多小规模农户交易的高昂成本。而农业比较收益又低,所以整体上农业服务领域处于一种有需求无收益的状态,仅靠市场机制来培育经营性的服务主体是相当缓慢的。就是农民自己合作组织的服务也面临着一个内部组织成本问题,如果农户规模过小,合作收益不高,合作成本大于合作收益,合作也难以进行。正因为如此,虽然河南一直在大力鼓励加工企业与农户结成稳定的市场关系,带领分散农户进入市场,大力发展合作社,但是总不见起色。就是公共服务组织与分散的农户打交道,也有一个组织成本太高的问题。

二 河南农村人口转移情况

(一)全省农村人口转移不断加快

近年来,随着河南经济社会的稳步健康发展,特别是中原经济区建设的全面推进,全省各地产业集聚区建设快速发展,承接国内外产业转移增多,就业环境进一步改善,农民工政策不断落实,农村人口向城镇和非农产业转移步伐不断加快,外出务工人数持续增加,农民工资性收入大幅提高。从总体上看,目前河南全省农村人口转移呈现出如下特点。

1. 农村劳动力省内转移持续增加

自 2011 年,河南省农村劳动力转移出现了拐点,省内转移就业人数首次超过省外,2012 年以省内转移为主、本省就业的格局继续稳固,转向省外的就业人数呈现出逐步减少态势。到 2012 年底,全省农村劳动力转移就业总量已达 2570 万人,其中省内转移 1451 万人,省外输出 1119 万人(包括境外就业 7 万人),省内转移超过省外输出 300 多万人。另据国家统计局河南调查总队对全省 4200 个农户的监测调查报告,2012 年末,被调查户从业劳动力为 11905 人,其中外出从业 3363 人,较上年末增长 4.5%,外出从业人员占就业劳动力的 28.2%,较上年末提高 1.3 个百分点;省内务工人员较上年增长 4.1%,出省务工人员较上年微降 0.1%;年内外出从业人员 3882 人,较上年增长 1.6%;年内返乡人员 555 人,占外出从业人员的 14.3%。农民工选择就近务工的意愿增强,中原经济区建设的吸引力增大。

2. 省外转移主要在东部地区

2012 年,河南出省务工到东部地区务工的人员同比下降 2.6%,到中部地区(不含河南)务工的人员同比下降 6.9%,到西部地区务工的人员同比增长 34.1%。尽管到东部经济发达地区务工的人数有所下降,但省外务工地相对集中。2012 年到北京市、浙江省、广东省务工的人员,较上年分别减少 4.9%、10.6%、5.0%,但是仍有 65.9% 的省外务工人员集中在京、沪、苏、浙、粤五省市。同时,到西部地区务工的人数在省外务工人员中所占比重,较上年上升了 2.7 个百分点,其中,到内蒙古自治区、新疆维吾尔自治区、陕西省务工的人员,分别占西部地区务工人数的 12.5%、47.4% 和 8.6%,表明西部大开发正吸引越来越多的河南农民工参与。

3. 就业主要转移在第二、三产业

2012 年,河南农村转移劳动力在非农产业的人员比重越来越大,从事第一产业的人数占外出务工人员的 2.0%,从事第二产业的占 67.8%,从事第三产业的占 30.2%。从增长情况看,河南农村劳动力转移仍以电子加工、服装加工、制造等行业及建筑业、服务业为主,其中,从事第一产业的人数与上年持平,从事建筑业的人数增长 2.9%,从事第三产业的人数增长 6.0%。

4. 外出人员收入水平持续提高

近年来，河南外出人员劳务收入逐年提高，2010年以来年均增长19%左右，年劳务收入占农民人均纯收入的52%左右，已成为农民家庭经济收入的主要来源。2010年全省劳务收入总量为1980亿元，人均8379元；2011年全省劳务收入总量为2340亿元，人均9493元；2012年全省劳务收入总量为2810亿元，人均10934元。2012年，河南农村劳动力外出务工人均月薪低于1600元的，占外出务工人数的15.9%；月薪为1600~3000元的占60.1%；月薪在3000元以上的占24.0%，其人员数量比上年增长48.6%。从农民工生活消费水平看，受物价上涨、生活成本增加等因素影响，2012年，河南农村劳动力外出务工人均生活消费支出4588元，比上年增加437元，增长10.5%。

5. 农民工年轻化趋势明显

作为新生代农民工，80后由于多数是在衣食无忧的环境中长大，他们打工的动因已经由"经济型"转为"生活型"，在争取获得更高经济收益的同时，也希望能开阔视野、增加个人阅历、满足情感需求。为此越来越多的新生代农民工选择离家外出，而不是选择在本乡本土就业。2012年，河南农村劳动力外出务工人员中，25岁以下的占35.8%；26~40岁的占36.4%；40岁以上的占27.8%。其中，30岁以下的年轻人占外出务工人员的51.9%，80后、90后的年轻人已成外出从业的主力军。

6. 农民工回乡创业人数逐年增多

近年来，河南各级党委和政府积极落实创业优惠政策，大力扶持农民工回乡创业，在资金、场地、信息、技术等方面提供服务，农民工回乡创业人数逐年增多。目前河南回乡创业人数累计达98.2万人，带动近330万人就地就近就业。回乡创业已成为农村劳动力转移就业的重要途径，回乡创业农民工已成为全省自主创业的生力军。

7. 产业集聚区成农村劳动力转移就业的主阵地

随着近几年全省产业集聚区的快速发展，区内许多建设项目投产，创造出更多的就业岗位，增强了吸纳就业的内生能力，有效促进了农业人口向城镇转移。据统计，2012年全省集聚区规模以上工业从业人员突破280万人，占全省规模以上工业从业人员总数的50%以上，对全省规模以上工业从业人员增长的贡献率超过100%，绝大多数适龄村民都选择了在附近的产业集聚区就业。产业集聚区已经成为吸纳就业的主渠道，成为加快河南人口转移和扩大就业的主要支撑点。

（二）农村人口转移中存在的主要问题

随着工业化、城镇化水平的不断提高，河南越来越多的人口持续向各级城镇转移，但总体来看转移的进程仍然不够快，转移数量处于较低水平。主要表现在以下方面。

1. 农村富余劳动力需要转移的数量仍较多

虽然近年来全省农村劳动力转移就业总数在逐年增加，并在人力资源方面有力支撑了经济结构调整、产业转移、产业集聚区发展及新型城镇化建设。但由于河南是人口大省、农业大省，全省农村劳动力总量为4800多万人，农村富余劳动力为3200多万人，目前仍有600多万农村富余劳动力需要进一步转移。即使在已经实现非农就业的劳动力中，也普遍存在就业、收入不稳定的问题，缺乏在城镇落户扎根的能力，绝大多数外出务工者年龄大了以后还要返农。据调查，当前全省农村劳动力转移就业中稳定就业的仅占30%左右。

2. 农民工享有的保障水平较低

近年来由于各级政府不断强化保障农民工工资兑现措施的实施，全社会对拖欠农民工工资现象也普遍关注，这一现象已得到极大改善。在农村劳动力跨域转移中，已基本不存在雇主拖欠工资的现象。但由于用人单位和雇主的漠视以及农民工维权意识的缺乏等因素，外出从业人员中，没有与用人单位和雇主签订劳动合同的占68.3%，每天平均工作10小时以上的占47.3%。同时，用人单位和雇主为农民工提供养老保险、工伤保险、医疗保险和失业保险的比例仍然较低，分别占5.1%、14.1%、7.4%和2.4%。此外，用人单位和雇主为农民工提供伙食和住宿的情况较差。外出从业人员中，用人单位和雇主既不提供伙食也没有伙食补贴的占30%，既不提供住宿也没有住房补贴的占28.2%，外出务工人员住工地工棚的占20.1%。

3. 技能培训质量和水平有待提高

随着近年来各级政府对农村劳动力转移就业培训工作的高度重视，投入力度的不断加大，转移劳动力接受过专业培训的比重越来越高。2012年，全省农村转移劳动力参加过技能培训的占转移就业总数的43%。但同时，全省转移劳动力技能培训的任务还很繁重。据统计，2012年，全省农村劳动力转移就业总人数中，男女比例由1.4:1变为1.3:1，女性外出务工比例略有增加。全省农村转移劳动力中初中及以下文化程度者占转移就业总数的60%，且以45岁以上中年妇女和55岁以上男性为主，对他们进行转移就业开发难度较大。再加上目前培训补贴标准偏低，且兑付补贴资金程序复杂，用工企业门槛不高，导致农民工参加培训和培训机构承担培训的积极性不强、培训效果不佳，从而大大影响了转移劳动力的就业率和工资水平。

4. 农村劳动力转移缺乏有效引导

目前河南不少县乡人力资源基层服务平台仍然比较薄弱，在机构人员、设施配备、功能服务、经费保障等方面存在明显不足，农民外出务工存在用工信息不共享、不对称的现象。由于不少地方仍然缺乏对农民工就业的组织指导，不能很好地整合和调剂农民工资源，无法对农民工外出就业实施有效的信息引导，农民工外出存在较大的盲目性。目前外出从业人员中，经政府（单位）组织外出和中介组织介绍外出的仅占4.3%。

5. 转移人口"半城镇化"现象比较突出

中国的城镇化率实际上只是名义上的城镇化。在被统计的城市常住人口中，约有四分之一是城乡两栖的农民工，河南作为劳动力输出大省，这一比例更高。由于城镇政府把发展产业集聚区、开展招商引资看成"挣钱"的事，推动农民转市民是"花钱"的事，因而各级政府缺乏推动人口转移的主动性、紧迫感，相应的体制机制不配套，这些农民工很难获得当地城镇户口，社会保障集体账户不能随个人流动，致使农民工特别是长期在外居住务工生活的新生代农民工，在获得就业、社会保险、子女教育、住房保障、城市户口等城市基本公共服务方面，还存在许多体制性、机制性障碍。大量农民工在劳动报酬、子女教育、社会保障、住房等许多方面不能与城市居民享有同等待遇，处于"城市不开门，农村难断根"的"夹生"状态。

三 影响河南农村人口转移的原因分析

目前制约河南农村人口转移的原因既有工业化、城镇化和农业现代化发展滞后的客观因素，也有管理体制机制改革不到位的主观因素。归结起来主要有以下几个方面。

（一）陈旧的观念意识根深蒂固

延续了几千年的小农思想、农本思想、村本思想，使一部分人思想保守、观念陈旧，认识不到产业集聚、人口转移的合理性、必然性。在落后观念的制约下，一些地方推动人口转移的方向不明确、思路不清晰，规划的城镇体系存在人口规模布局不合理的问题，造成本应做大做强、处于城镇体系上端的中心城市规模不大，过多人口分散在规模效益并不理想的下级城镇体系中，人口转移仍处于较低水平，严重制约了城镇化和工业化进程，影响了农村人口转移的规模和水平。同时，很多农民仍有较强的惜地情结，依靠土地的最低保障意识和持有土地获利的预期愿望较强。在当前农村土地尚未完成确权、缺乏一个实现土地合理价值途径的情况下，害怕进城后失去土地承包经营权和宅基地，这种顾虑使相当一部分农民不愿彻底脱离农村进入城市。另外，城镇就业住房紧张，生活成本较高，社会保障不完善乃至存在某些城乡文明的冲突，农民转移的心理预期大大降低，他们更愿意选择在城乡间流动的"候鸟式"转移，这对推动人口转移、促进土地流转、提高农业规模化水平形成了较强的约束。

（二）城镇化水平低且发展不平衡

农村人口转移与城镇化水平密切相关。目前河南城镇化水平依然偏低，2012年全省城镇化率为42.4%，低于全国平均水平10.2个百分点，低于全省工业化率8.2个百分点。依据钱纳里模型，当人均GDP达到1000~3000美元时，城镇化应领先工业化发展。2012年河南人均GDP按2012年汇率折合后超过3000美元，应处于工业化中期阶段，城镇化率应介于30%~60%偏上限，显然还存在很大的差距。同时，河南城镇化发展不平衡，在河南18个省辖市

中,城镇化水平最高的郑州市达到66.3%,比城镇化水平最低的周口市和驻马店市(33.4%)高32.9个百分点。城镇化水平低,限制了服务业的发展空间,削弱了第三产业吸收农业劳动力和促进第二产业高级化的能力。

(三)产业结构不合理

新中国成立后,中国选择了优先发展重工业的战略,河南工业结构受此影响,长期以来"重重轻轻"。改革开放后,中国抓住国际产业转移的机遇,先行开放沿海地区,实施出口导向发展战略,引进外来资本和技术,大力发展劳动密集型的轻纺工业,在扭转中国重工业为主工业结构的同时,吸引了大量劳动力集聚,不仅实现了工业化和城镇化的快速推进,而且也形成了外需拉动下的"生产制造在沿海、原料和劳动力提供由内陆"的地区分工新格局。河南作为内陆省份,不具备沿海"外源型"发展的条件,开放型经济发展较晚,在既有的发展基础上,走上了一条利用丰富的矿产资源、农业资源推进工业化的"内生型"发展道路,进一步强化了河南工业的重工业化、资源化结构。同时,计划经济时期建立起来的轻纺工业在沿海地区冲击下优势逐渐丧失,资源型重工业的特征更为突出。河南省是全国重要的经济大省和新兴工业大省,第二产业增加值比重为56.3%,虽然高于全国平均水平(45.3%)11个百分点,但由于产业结构不合理、产业层次不高,资源性工业比重偏高,产业链条延伸较短,对劳动力就业的吸纳能力有限。河南省的第二产业专业化分工程度不高,与之相配套的服务业发展不充分。2012年,河南省第三产业增加值比重仅为31.0%,比全国平均水平44.6%低13.6个百分点,服务业发展滞后,已经成为影响农村劳动力转移的重要瓶颈。经济的快速发展并没有带来就业岗位的快速增加,大量的农村劳动力被阻隔在工业化的大门之外。

(四)农业规模化经营水平较低

农业现代化水平决定了农村人口转移的水平。农村人口转移,是由城乡差别而产生的拉力与农业发展排挤劳动力而产生的推力共同作用的结果,这是国内外人口转移的一般发展规律。据有关研究,当农村人口数量下降到总人口的25%以下时,农业土地的规模化、专业化、集约化生产经营才能达到一定水平,农业的科技含量和服务水平才能大幅度提高,农民的收入水平和整体素质才会有明显的进步,才能使更多的农村人口从农业中分离出来,转移到城镇从事非农产业。作为传统农业大省和农村人口大省,目前河南农村人口比重为57.6%左右,农业从业人员比重高达45%。虽然近年来农村土地承包经营权流转步伐在加快,但河南依然维持着户均5亩地的超小规模分散经营状态,农户小规模分散经营的格局一直没有明显改观,严重制约了现代农业的发展和农村人口的转移。

(五)政府推动人口转移缺乏内在动力

在城镇政府来看,发展产业集聚区、开展招商引资是"挣钱"的事,而推动农民转市民是"花钱"的事。与推动产业集聚相比,各级政府推动人口转移的热情不高,措施不多,力度不大,成效不明显。首先,为了吸纳进城农民转为市民,政府需要加强城市基础设施建设,提高公共服务供给能力,对农民向市民转化过程中的住房、社保、子女入学等,需要增加大量的财政资金投入,各级财政压力很大。据测算,目前农民工市民化平均成本约为10万元,其中大城市每吸纳1人的市政基础设施和公共服务设施投入约为15万元,中等城市约为9万元,城镇层级越高,财政投入成本越大。目前,按河南每年城镇化率提高1.6个百分点,向城镇转移160万人口计算,每年基础设施投入约1600亿元。同时,要为进城农民提供总体上高于农村标准的社会保障,并不断提高保障水平,政府的财政投入是巨大的,而且越是大城市投入越大。河南作为欠发达地区,人均财力在全国倒数第一,省辖市和县(市)、乡镇的财力更是有限。其次,人口转移带来的规模效益、聚集效应是一个渐进积累的过程,对经济拉动作用具有滞后性,很难在短期内反映到GDP增长、财政收入增加等政绩上,且涉及的政策制约因素多,社会矛盾点多,政府推进人口转移的工作难度大。最后,对人口转移没有硬性的考核指标和系统的考核体系,缺少激励各地创新体制机制的有效办法,各级政府普遍缺乏推动人口转移的主动性、紧迫感。目前,不少城镇政府仍然对农民市民化的正面作用研究、宣传、认识不够,把其当作负担,只看到坏处和短期的负面因素,而忽视农民进城扩大城市规模对产业升级尤其是服务业发展的带动作用,忽视人口转移后改善民生的成本将会显著下降等长期的正面影响。

（六）城乡二元体制不合理

长期以来，中国实行了以城乡户籍管理制度、城乡分离的就业制度、不能均等化的公共服务、不平等的社会保障制度、向城市倾斜的财政金融政策等为主要内容的城乡二元结构体制，这些政策与制度形成了一个相互支持、互为补充的刚性制度体系。这种体制固然对中国的工业化进程起到了巨大的推动作用，确保了农业对工业、乡村对城市的巨大贡献，但阻断了农村人口向城市转移的自然流程，且在弱化农村经济的同时，也衍生出附着在制度之上的利益差别和城市偏向。近年来虽然国家实施城乡统筹政策力图消除这种制度的影响，但由于多年形成的制度惯性和改革累积效应的作用，城乡二元结构难以得到实质性的改变，在农村无力为人口转移买单且本应政府买单的情况下，必然造成人口转移支付成本带来的压力。城乡二元体制对促进农民进城、推动人口转移形成了很强的约束，尤其是对那些已经在城镇取得稳定就业、具备落户城镇条件的农民工的约束更加明显。

四 加快推进农业现代化和农村人口转移的对策建议

发展现代农业，提高农业劳动生产率和经济效益，确保粮食安全，必须不断减少农业人口，促进耕地流转和相对集中，加快农业由超小规模的分散生产经营向适度规模经营转变。同时，推进农村人口转移要以持续提高农村转移人口就业水平为核心，以深化城乡二元体制改革，增强基本公共服务供给能力为保障，以先行先试推动深层次制度创新为动力，引导激励农业转移人口优先向各级中心城市有序转移，不断提高河南城市化水平和质量。

（一）进一步改善农业生产条件

建设国家重要的粮食生产和现代农业基地，为保障国家粮食安全做贡献，既是中央的要求，也是河南的庄严承诺。为此，河南必须加快建设高标准粮田，提高粮食综合生产能力。要加强农业基础设施建设，加快重大控制性水利工程建设、低洼易涝地治理、病险水库除险加固等工作，增强抗御水旱灾害的能力，夯实农业基础。实施高标准粮田"百千万"建设工程，统筹推进水、电、路、林等田间生产设施建设和平原村庄规划布局，配套建设合作社、农技服务站等农业服务体系，尽快建成一批亩产超吨粮的百亩方、千亩方和万亩方高标准粮田，巩固提高河南农业和粮食生产优势地位。提高农业物质技术装备水平，加快农用工业发展，提高农业的机械化、化学化、水利化、电气化、信息化水平，积极发展农产品产后处理与精深加工机械化技术，推进秋粮生产机械化，以农业科技进步推动新型农业现代化。

（二）加快提高农业规模化经营水平

农业规模化经营是现代农业发展的重要内容，又是现代农业发展的方向和必然趋势，更是农村劳动力转移的前提。当前，河南要提高农业规模化经营水平，就必须加快提高专业化、标准化、集约化水平，提高农业劳动生产率，推进农业现代化发展。一要加快土地流转，实现相对转移。土地流转是实现规模化生产、集约化经营的有效方式，要在保障农民土地承包权的前提下，引导农民依法、自愿、有偿、合理地流转自己的部分承包土地，通过租赁、入股等各种形式实现耕地流转，加快农业由超小规模的分散生产经营向适度规模经营转变。二要尽快培育农业规模化经营主体。要整合现有支农政策，采取多种措施，对达到一定规模的种养大户重点倾斜，增强农业规模化经营主体的能力，加快农业生产经营模式向以大户和家庭农场为主转变。三要鼓励工商企业入驻高效特色农业领域。经济高速发展的今天，一些工商企业纷纷投资农业，使大量城市资金涌入农村，以农产品开发为方向的公司大量涌现。要引导这些企业进入畜牧、果蔬、花卉等高效农业，使农业生产经营逐步走向工业化道路。四要大力发展农产品加工龙头企业。强化后加工业在农业产业结构调整中的引领作用，加快发展粮食和特色农产品精深加工，积极发展生物化工。扩大畜产品加工业规模，实施一批大型畜产品加工项目，提升全省肉制品、乳制品、蛋品的加工能力和市场竞争力。五要积极培育和完善农村合作化组织。加快发展农民专业合作社和区域性、专业性公共服务组织，进一步提高农业组织化水平，使规模化经营有稳定的组织保障。

(三)强化人口转移的产业支撑

产业发展是人口转移的基础和前提,没有产业集聚和产业发展的强力支撑,不仅难以吸纳转移人口,而且城镇化发展不可持续。因此,河南省把产业发展、促进就业作为促进人口转移的基础性工程,加快推进轻工业、现代服务业等劳动密集型产业发展,创造更多的就业岗位,为增加收入提供保障。要围绕主导产业发展,积极引进就业容量大的规模以上项目,做优做大产业集聚区,在增强经济实力的同时,千方百计增加就业岗位。要大力发展服务业,依托商务中心区、特色商业区等平台,积极引进限额以上大型服务业企业,规划建设商贸街区、专业市场、集贸市场、就业一条街等就业容量大、带动范围广的就业、创业平台。出台优惠政策,支持符合国家产业政策、就业容量大的劳动密集型企业发展。

(四)突出中心城市带动作用

从城镇化发展的阶段性规律来看,在城镇化加速发展时期,由于集聚经济和规模经济的收益递增,发展要素更多地流向中心城市,表现出中心城市超先增长的规律,且城市规模层次越高,人口增加越快。可以说中心城区是实现以城促产、以城带乡的主导力量,也是人口转移的首要选择。因此,河南省要按照拉大框架、强化配套、优化功能、集聚人气的思路,着力打造中心城市,不断提升中心城区的辐射带动能力,使之成为经济发展的增长极和人口转移的首选地。要提升城市功能,加快商务中心区、特色商业区等城市重点区域的基础设施建设,加快推进城中村和旧城改造,进一步完善城区公共设施,提升城区服务功能,营造宜业、宜居的城市环境。县城要用现代城市的理念和标准来规划建设,彰显特色,城乡统筹,产城互动,集约发展,增强承载承接功能。中心镇要立足特色、搞好规划、完善功能,成为推进城镇化的重要载体。新型农村社区要按照分类推进、用地集约、功能完善的要求,渐次展开,成为吸引农村人口转移集聚的基点载体。

(五)深化户籍和社会保障制度改革

以省辖市为单元,依据当地经济发展水平,列出取消二元制户口的路线图和时间表,实行城乡统一的户口登记管理制度。中心城市规划区内的居民可直接转为当地城镇居民。在未取消二元户籍制度之前,进城居住半年以上的农村居民登记为常住人口,在农村原有享受的各项政策不变,同时享受城镇居民待遇。各类大中专毕业生被城区单位、企业录用即可在城区落户。在城区购买住房和就业、创业的外来人才,允许本人、配偶、未到法定婚龄子女和父母在城区落户。同时,扩大养老保险覆盖面,将不同类型人员分别纳入相应养老保险范围。健全基本医疗保险政策,尊重进城农民意愿,按照政策要求分别实行职工基本医疗保险、新型农村合作医疗和城镇居民医疗保险,实现医疗保险全覆盖。到城镇落户的居民符合户口所在地城乡居民最低生活保障条件的,按照程序纳入城乡居民低保范围。加大教育投入,统筹安排进城落户农民子女的教育,与城镇学生统一管理,满足进城落户居民子女入学需要。

(六)加强农村劳动力转移就业服务

一要创新农村劳动力服务管理。完善以政府为主导、社会中介为主体的就业信息网络和基本公共服务体系,进一步搞好农民工就业、失业信息统计监测和形势分析,加快实施农村劳动力信息管理电子化、数据更新常态化、就业服务人性化的"三化"管理,尽快实现河南农村劳动力转移就业服务由粗放式向精细化管理的转变。二要加大农民工就业技能培训。加大转移就业资金投入力度,进一步贯彻落实全民技能振兴工程,大力实施"农村劳动力技能就业计划",以技工院校、职业院校和用工企业培训为主,加大订单式培训、委托培训,努力使有培训需求和培训意愿的农民工都能得到技能培训,提高素质,使农民工真正拥有适应稳定就业需要的技能。三要加快公共保障房建设步伐。在产业集聚区、专业园区等区域,配套建设公租房或职工公寓。对在本地务工一年的进城农民,其住房面积、收入水平低于当地政府公布的廉租房保障标准的,逐步纳入廉租住房保障范围。四要加大农民工权益保护力度。进一步提高农民工的维权意识,加强农民工劳动保障执法监察,努力提高农民工工资按时足额支付率、劳动合同签订率和社会保险参保率,切实维护农民工合法权益。

B.13 河南省养老服务业发展研究

赵 唤*

摘　要：

近年来，河南人口老龄化具有规模大、速度快、高龄化、"未富先老"等特点。据预测，到"十二五"末，河南60岁以上老年人将达到1595万，占总人口的15.7%。随着综合经济实力的逐步增强，河南在养老服务机构、养老保险参保范围以及居家养老服务等方面取得一些成绩，但目前河南养老服务业在全国仍处于较低发展水平。庞大的老年群体在带来养老难题的同时也催生了一个新的产业。下一步，河南必须依据省情，把握好养老服务业的社会化、产业化发展方向，利用有利时机促进养老产业快速健康发展。

关键词：

人口老龄化　养老服务业　产业化

早在20世纪80年代，联合国就将老龄化问题列为联合国大会的重要议题，提醒各会员国铭记"21世纪的社会老龄化是人类历史上前所未有的，对任何社会都是一项重大挑战"。2013年11月12日十八届三中全会通过的《中共中央关于全面深化改革若干重大问题的决定》中提到"积极应对人口老龄化，加快建立社会养老服务体系和发展老年服务业"，将"发展养老服务业"作为全面深化改革的内容之一。改革开放以来，河南省综合经济实力显著增强，在养老服务机构、养老保险参保范围以及居家养老服务方面发展成效明

---

* 赵唤，中原经济区研究会。

显。但是，由于河南的基本省情并没有改变，人口多、底子薄、发展不平衡依然是制约养老事业发展的瓶颈，目前仍存在养老服务机构发展水平低、民间资本投入乏力、服务人员匮乏等问题。面对新形势新任务，如何加快推进养老服务业健康发展是河南当前需要认真研究的重大课题。

一　河南省人口老龄化现状

（一）人口老龄化加快

2010年第六次全国人口普查（简称"六普"）数据显示，我国65岁及以上人口超百万的已有26个省份，比第五次全国人口普查（简称"五普"）时增加了2个，人口大省山东、四川、江苏、河南位列前四。截至2012年底，河南省60岁以上老年人口已达到1357万人，占总人口的14.4%，高出全国0.1个百分点，五年增长了176万人，年均增长0.5%，与"六普"相比上升了1.7个百分点；65岁及以上老年人口830万人，占总人口的8.8%，五年内增长了56万人，与"六普"相比上升了0.44个百分点。《河南省老龄事业发展"十二五"规划》指出："十二五"期间，我省人口老龄化将进一步加快。到2015年，河南60岁以上老年人将达到1595万，占总人口的15.71%（见表1）。

表1　2008~2012年老年人口规模变动情况

年份	河南		全国	
	60岁及以上老年人口（万人）	占总人口比重（%）	60岁及以上老年人口（万人）	占总人口比重（%）
2008	1181	11.9	15989	12.0
2009	1337	13.4	16711	12.5
2010	1197	12.7	17765	13.3
2011	1268	13.5	18499	13.7
2012	1357	14.4	19363	14.3

注：数据根据2008~2012年《河南统计年鉴》与《中国统计年鉴》计算所得。

（二）高龄老年人口增多

根据《2009年度中国老龄事业发展统计公报》，我国80岁以上高龄老年人口已达到1899万，且每年以100万的速度增加，"十二五"期间将超过2600万。全国第五次人口普查时，河南省80岁及以上高龄人口数量已经达到一个县级市的人口级别，近95万，其中百岁及以上老人多达1130人。第六次人口普查结果显示，河南省80~89岁老年人口125万，90~99岁13.5万，100岁以上3000多人，且每年以3.65%的速度递增。

（三）老年抚养比逐年上升

根据河南省统计数据，2008~2012年河南人口抚养比发生了明显变化。2012年河南老年人口抚养比为19.2%，比2008年上升了8.4个百分点，而少年儿童抚养比为31.7%，比2008年仅上升了4.2个百分点。老年抚养比增加的速度远远高于少年儿童抚养比增加的速度，导致总人口抚养比由2008年的38.3%迅速增加到2012年的50.9%，高出全国平均水平6.3个百分点。未来，中国劳动年龄人口将进入负增长阶段，而河南又是劳动人口输出大省，留守儿童和孤寡老人的持续增加将使河南劳动年龄人口的经济负担大大加重（见表2）。

表2 2008~2012年河南省抚养比

单位：%

年份	总抚养比	少年儿童抚养比	老年抚养比
2008	38.3	27.5	10.8
2009	39.08	26.78	12.3
2010	41.6	29.7	11.8
2011	42.4	30.1	12.3
2012	50.9	31.7	19.2

注：数据来自2008~2012年《河南统计年鉴》。

（四）人口老龄化城乡倒置显著

发达国家人口老龄化的历程表明，城市人口老龄化水平一般高于农村，中国的情况则不同。目前,农村的老龄化水平高于城镇1.24个百分点,这种城乡倒置的状况将一直持续到2040年。根据全国第六次人口普查数据,河南省65岁以上老年人786万人,其中农村65岁以上老年人口占总数的61.7%。到21世纪后半叶,城镇的老龄化水平才会超过农村,并逐渐拉开差距。这是河南乃至中国人口老龄化不同于发达国家的重要特征之一。

(五)人口老龄化进程与经济发展水平不协调

与西方经济发达国家近百年的人口老龄化进程相比,我国从1982年开始了人口老龄化进程,到步入老龄化社会只用了不足20年的时间。据统计,西方国家进入"老年型"社会时,人均GDP基本在10000美元以上,而河南省在2000年的人均国民生产总值只有800多美元,老年人口却已达到7.1%,属于典型的"未富先老"。这种人口老龄化超前于现代化的怪象表明河南省人口老龄化的发展速度与经济发展水平严重不匹配。即使在综合经济实力不断增强的今天,河南人均国民生产总值也只有4990美元(2013年《河南统计年鉴》显示,2012年全省人均GDP为31499元)。

二 河南省养老服务业取得的主要进展

近年来,随着经济社会的发展,改革的不断深入,河南省积极应对人口老龄化挑战,按照十七届五中全会提出的"优先发展社会养老服务"的要求,统筹规划、统一部署、强化措施、加强引导,不断加大扶持力度,大力发展养老服务业,取得明显进展。

(一)政策框架基本形成

1990年河南省人大颁布了《河南省老年人保护条例》;2001年省政府制定了《河南省社会福利机构管理暂行办法》(省政府令第60号);2006年省政府办公厅转发了《关于加快发展养老服务业的意见的通知》(豫政办〔2006〕105号);2010年省民政厅等十部门下发了《关于全面推进居家养老服务工作的意见》;2011年省老龄委颁布了《河南省老龄事业"十二五"规

划》，同年11月河南省政府又出台了更加详细的《河南省人民政府关于加快社会养老服务体系建设的意见》，明确了原则、目标任务及措施；2012年省政府制定了《河南省社会养老服务体系建设规划（2011～2015年）》（豫政办〔2012〕72号）。郑州、安阳、信阳、驻马店、漯河、商丘、洛阳等市政府先后制定了加快社会养老服务体系建设的意见。

（二）养老保险参保范围不断扩大

近年来，河南省的城乡居民社会养老保险发展速度很快，取得了历史性突破。根据省人力资源和社会保障厅公布的数据，截至2012年底，河南省16至59岁符合参加城乡居民养老保险的人数有5100多万，实际参保人数为4719万，参保率达到92%，较全国82%的平均水平高出10个百分点。依据满60周岁开始领取养老金的标准，目前，河南无论在城乡居民社会养老保险参保人数还是领取养老金人数方面在全国均居前列。另外，2012年河南又增加了58个县（市、区）作为试点，进一步扩大了养老保险对城乡居民的覆盖面，同时，为便于维护参保人员个人账户、提取人员信息、转移养老关系等，加速信息化建设，实现省、市、县、乡四级联网。

（三）养老服务机构稳步发展

公办社会福利机构硬件设施整体水平上了一个新台阶。2006年9月，《河南省社会事业发展"十一五"规划》提出："加强农村敬老院建设，提高集中供养率，'十一五'末达到60%。"2006～2008年，全省各级筹措敬老院建设资金18.46亿元，新建和改扩建敬老院3282所，全省敬老院达3389所，床位219600多张。截至2010年底，全省共集中供养五保对象20.78万人，集中供养率达到43%。2011年，河南省委、省政府将"巩固农村五保集中供养率，完善敬老院生活设施，改善供养条件"列入十项民生工程。集中供养五保对象的最低标准由原来的每人每年2000元，提高到2240元。"十二五"期间，国家发改委和民政部在全国启动社会养老服务体系建设项目，对我省公办示范性养老机构建设每年补助不少于5000万元。目前，2010年确定的7个项目正在建设当中。

民办养老服务机构得到了长足发展。各地采用"以奖代补、政府采购、财政补贴、税费减免、政策优惠、公建民营"等方式积极吸引社会资本进入养老服务领域，促进民办养老机构的发展。一些民办养老机构在搞好养老服务的基础上，大胆探索"医养结合""养老服务加老年产品研发生产"的路子，在全国产生了一定影响。第一届中国郑州老龄产业博览会成功举办。2010年底全省民办养老机构比上年增长10%，床位比上年增长12%，入住老年人3.2万人，入住率为69%。2011年，全省新增社会养老服务机构51个，新增养老床位9000多张。截至2011年底，全省共有民办养老机构460多所，床位4万多张，入住3万多人。

（四）居家养老服务进一步推进

全省各试点单位普遍成立了居家养老服务中心，把居家养老服务作为推进社区建设的重要内容，与社区建设工作紧密结合起来，在设施建设、资金投入、政策扶持等方面予以支持和扶持。开展了政府买单或送时服务。建设了"12349"居家养老服务呼叫平台，目前洛阳、安阳、濮阳已经开通。郑州市通过政策引导、税费优惠和提供低偿或无偿社区服务场所等措施，鼓励社会化服务机构和企业在社区设置养老服务网点，广泛开展日间照料、短期托养、康复护理、精神慰藉、送餐代购、咨询指导、法律维权、安全巡视等社区养老服务。2011年，我省评选出9个省级养老服务社会化示范县（市、区）、20个养老服务机构示范单位，起到了很好的示范引领作用。目前，全省已投入使用的社区居家养老服务中心682个，其中城市居家养老服务中心（站）331个，农村社区养老服务中心（站）351个，日均服务老年人1万多人。

三 河南省养老服务业存在的主要问题

（一）养老设施落后，供需差距大

当前，西方发达国家每千名老人拥有的养老床位为50~70张，而河南平均只有18.6张，且低于发展中国家20~30张的水平。按照国务院办公厅颁布的《河南省社会养老服务体系建设规划（2011~2015年）》提出的"每千名老人30张养老床位"目标任务，河南省还差约10万张，建设任务艰巨。同时，养老服务分配极不合理。事实上，农村敬老院只针对一些特殊老年群体，造成床位闲置多，资源浪费严重；而城镇养老床位仅占总床位的16%，缺口很大，造成入住困难。管理上的不合理导致农村养老院床位出现闲置现象，服务职能缺失、护理水平低，管理方式和体制不健全。另外，绝大部分养老服务机构规模小、功能少、基础设施简陋，只能解决物质需求，提供一些简单的生活服务，而老年人的护理、康复、精神慰藉、文化娱乐等服务相对缺乏，功能亟待加强。

（二）政府财政投入少，政策含金量小

社会对养老机构养老服务需求量很大，而公办养老机构床位明显不足，只有依靠加速发展民办养老院来弥补。目前，各级财政在政府主办的养老院和社区居家养老服务中心以及公办机构的运行经费、高龄老人补贴、养老护理培训费等方面投入普遍不足。省级财政没有针对养老机构的补贴资金，只有7个省辖市出台了补贴政策，但补贴标准太低，最高的建设补贴标准为一次性3000元/床，运营补贴为150元/床/月，"雷声大雨点小"，对社会资本吸引力不大。农村敬老院几十年来没有合法身份，在院五保老人供养经费得不到保障。集中供养的老人每月平均仅200多元。另外，优惠政策落实不到位。省政府文件规定的针对养老机构的用水、用电、用气、取暖、有线电视等费用的减免政策，在部分市县得不到落实。

（三）投资主体单一，民间资本投入乏力

近年来，随着经济社会的发展、市场的开放，民办养老机构得到了快速发展，但从投资规模和投入力度来看依然差强人意，目前，我国养老机构投资仍然以政府民政部门为主。在扶持引导社会资本进入养老服务领域方面，河南省人民政府办公厅《关于加快发展养老服务业意见的通知》（豫政办〔2006〕105号），对福利性和非营利性养老服务机构的发展提出了诸如用水电气与居民同价、免税、土地划拨、信贷等优惠政策，但有关职能部门以种种理由不予

落实。政府扶持力度小，资金投入少，社会资本进入养老服务业的积极性仍然没有调动起来。而养老服务产业本身需要投入大量资金，回收周期又相对较长，行业风险比较高，使得民营资本望而却步。另外，由于养老服务机构属于社会福利机构，其福利性和非营利性身份直接影响贷款融资，金融部门认为其没有还贷能力，养老机构房产多是租赁而无法抵押，因此，养老服务机构自身发展亦受到资金匮乏的严重制约。

（四）服务队伍专业化程度低，人员匮乏

在发达国家，按照3个入住老人需要配置1个专业服务人员计算，养老服务人员的数量占老年人口比重最低不少于1%，而我国目前只有0.28%，缺口巨大。养护人员工资和福利待遇偏低，行业整体缺乏活力和发展后劲。多数护理员每天工作时间长，工作强度大，几乎没有节假日。护理员在护理过程中不仅要细心，还要忍耐一些老人的坏脾气。护理员的工资较低，根据调研，河南平均护工每月仅有1200元左右，导致多数人不愿意在养老服务机构工作。养老院招不来专业人员，只能招一些进城务工人员或"4050"人员，服务水平不高，收费标准也提不上去，形成恶性循环。目前，河南大约仅1.7万名护理人员，且他们之中经过正规院校培养与岗位训练的不足10%，绝大部分没有执业证书，无执业资格，缺乏专业护理知识，服务技能低。

四 发展环境与发展趋势

（一）发展环境

从人口发展来看，我国自进入老龄化社会以来，老年人口迅速增加，据2013年发布的《老龄蓝皮书》，全国约有2.02亿老年人口，其中失能老人3750万，慢性病患者、空巢老人过亿。无子女和失独老人渐多，2012年，至少有100万个失独家庭，且以每年约7.6万个的数量持续增加。预计到2020年，老年人口将达到2.48亿，老龄化水平将达到17.2%。作为老年人口居全国第四位的河南，到2020年，60岁以上老人将达到1754万，占总人口的16.98%。近

些年，由于计划生育基本国策的实施，加之我国处于经济社会的转型期，家庭结构开始呈现"4—2—1"型，家庭规模日益减小。另外河南作为人口输出大省，青壮年劳动力外出造成空巢家庭日益增多。家庭规模的减小和家庭结构的改变使传统的家庭养老功能弱化。

从经济方面考虑，老龄并非全是负担，也是经济资源。老龄负担不仅能够转化为巨大的经济资源，还可实现强大的综合效益。据世联地产测算，2025～2040年，我国约有5000万老年人需要通过专门的养老机构来养老。按照目前每人每年5万元的养老费用计算，整个市场产值将达到2万多亿元。据预测，"十二五"期间，河南省养老服务业潜在市场价值将达到300多亿元，由此增加的潜在就业岗位近20多万个。由此可见，河南养老服务的未来机遇与挑战共存。

从政策方面来看，党的十七大提出了"老有所养"的战略目标，十七届五中全会提出了"优先发展社会养老服务"的方针，十八届三中全会提出了"健全老年人关爱服务体系"的改革内容，社会养老服务也作为一项民生问题被政府、社会、民众广泛关注与参与。如何加强社会养老服务体系建设，成为河南省各级政府重点思考的课题之一。依据省情，打基础、强实力、增民收、促民生，在全省综合实力和城乡居民生活水平不断提高的基础上，加快推进社会养老服务体系建设。

（二）发展趋势

1. 养老服务社会化

当前，许多地方在探索一种新的养老模式，即养老服务社会化。养老服务社会化是建立在社会信用的基础上，集中社会资源，国家、社会、公民广泛参与养老服务各个环节的一种新型养老服务模式。与中国传统的居家养老相比，养老服务社会化是一种全方位、系统的养老体系。需要养老服务机构经营方式多样化、服务对象公众化、运行机制市场化、社区服务与医疗服务一体化等。我国养老服务社会化应结合我国国情，具有中国特色，即采用"居家养老＋社区养老服务＋社区医疗服务"三位一体的养老模式。

居家养老是社会化养老的主要方式，就是老人不离开家，或者说不离开社区，就能够享受到所需要的养老服务。这实际上是对传统的家庭养老的一种充实和更新。这种模式，可能是我们破解越来越沉重的养老问题的一个很重要的途径。从这个意义上说，居家养老也是我国未来养老服务发展的一个方向。

一是市场需求大。目前老年人口当中，大约有6%~8%的人需要到养老机构去养老。这样算起来，不要说今后的发展，就是目前现有的1.53亿老年人口，按照6%算，就需要900万张床位，而我们现在全国各种养老机构的床位加在一起只有173万张，缺口很大，根本满足不了需求。

二是居家养老符合中国的传统文化、习俗。中国和西方国家相比更注重家庭，尤其是老年人特别注重家庭给他带来的安全感、亲情和归属感。老年人只要生活能够自理，社区能够给他提供必需的服务，他就不愿意离开家，愿意在家里养老。这是我们目前迫切需要全面推进居家养老的原因。

2. 养老服务产业化

2013年9月，国务院印发《关于加快发展养老服务业的若干意见》，在鼓励和引导民间资本进入养老产业的同时推动社会力量成为发展养老服务业的"主角"，把服务亿万老年人的"夕阳红"事业打造成蓬勃发展的朝阳产业。这也为未来养老服务业产业化、集群化发展指明了方向。

养老服务的产业化是养老服务工作从行政性经营到市场化经营、从事业化管理到企业化管理、从非经济实体到经济实体、从财政维持到自负盈亏转化的过程。养老服务既要提倡志愿服务、立足奉献、无偿服务，也要遵循市场经济的价值规律，寻求产业化的发展道路，以奠定良好的物质基础。但是，目前我国一方面产业化成度比较低，经营与管理的市场成分较少，另一方面我国正处于转型期，为改革和推进养老服务的产业化发展提供了一定的条件和环境。推进养老服务产业化，需要我们摒弃旧有观念、建立和完善产业体系、多渠道筹集养老服务资金。

根据国际上养老服务业发展的先进经验，结合我国具体国情，我国养老服务社会化、产业化发展是必然趋势。也就是说我们必须动员全社会力量，实现社会化供给，建立与社会主义市场经济相适应老年服务管理和运行体制，促进养老服务事业的健康发展。而要推进养老服务业的社会化、产业化，需要建立一套包括建筑设施、卫生条件、服务水平、管理能力在内的资质评估认证标

准,使老龄产业发展规范化、标准化。另外,还需要充分完善养老服务体系建设,逐步形成以居家养老服务为基础、社区养老服务为依托、机构养老为骨干的居家养老服务、社区养老服务、机构养老服务互相结合、彼此协调、功能互补、结构有序的一体化网络格局。

五 加快河南养老服务业发展的对策

当前,积极应对人口老龄化、发展老龄产业,是中原经济区建设和发展的重要内容。从这一认识出发,河南省必须结合省情,通过政府引导,体制创新,社会参与,逐步建立健全投资多元化、建设标准化、管理规范化、服务专业化、覆盖城乡的养老服务体系。为达到《河南省社会养老服务体系建设规划(2011~2015年)》中提出的"到2015年,全省每千名老年人拥有养老床位数达到30张,居家养老和社区养老服务网络基本健全"的目标,需做以下努力。

1. 健全和落实对老年人的社会保障制度

在社会保障方面,要注重分类构建,多层次管理,力争做到全面、科学、合理。在对符合条件的群体提供最低生活保障、抓好农村五保供养的同时,扩大城镇养老保险和医疗保险以及新型农村合作医疗的覆盖面。对生活困难的老年人给予优惠,如可考虑免除70岁以上老年人参加城镇医疗保障和新型合作医疗的参保参合费用,对于不享受社会保障待遇的农村80岁以上高龄老年人可采取发放生活补贴等方式,保障老年人的基本生活和基本医疗需要。完善养老服务法律法规。根据国家修订《老年人权益法》的进程,及时启动修改河南省老年人保护条例,加强养老服务管理办法、规范、标准、制度的研究制定,加强各类服务项目的规范化管理和运作,建立起质量监督评估体系,加强管理和监督。建立合理的日常检查措施等,规范各服务实体合法经营,诚信运作,接受群众监督,避免损害老年人合法权益事件的发生。

2. 加快制定养老服务体系发展规划

研究制定养老服务体系建设的发展规划,明确社会化养老工作的任务和目标,必须根据全省人口老龄化发展趋势和经济社会发展形势,遵循人口老龄化进程与经济社会发展以及养老服务需求相适应、相协调的发展规律。一切从实际出发，制定更具系统性、可操作性的与养老服务事业相关的发展规划，并将其细化、量化、具体化，强化部门协调和配套落实，从而快速推动养老服务社会化的发展。要把养老体系发展规划纳入河南省经济社会发展的总体规划，加大财政投入力度，在制定经济社会发展目标、推动城乡建设中统筹考虑，合理安排，强化举措，加强指导。根据河南省的实际情况，按照居家养老为基础、社区养老为依托、机构养老为补充的思路，到 2015 年，97% 的老年人依托社区服务实现居家养老，3% 的老年人实现机构养老，实现人人享有基本养老服务的目标。

3. 实现养老服务产业投资主体多元化

投资主体多元化是指投资主体由国家财政拨款向国家、集体、个人等多种渠道投资发展，形成多元化的投资格局。要改变老年事业由政府独家包揽的局面，允许、鼓励民间和社会资本广泛参与，促进养老服务产业投资主体的多元化。当然，国家的投资仍然是不可或缺的，尤其在一些基础设施上。国家和地方政府应依据经济的发展和财力的增长情况，来保持老年服务事业经费的增长，在合理分配财力的前提下兴建尽量多的养老机构和设施。同时，要充分吸引民间资本，包括扩大社会福彩的发行规模、引导社会募捐、扶持民办养老事业、发动志愿者等。还可以通过创新金融模式，以股份制、股份合作制、会员制等方式，扩大资金来源。因此，在对现有政府养老服务机构进行改革的同时，要鼓励社区、集体、个人合资和集资兴办老年福利项目，鼓励境内外人士投资于老龄事业，并给予用地、税收等方面的优惠，扶持民办养老机构的发展。

4. 实现养老服务对象公众化

改变过去社会福利仅局限于"三无"老人的传统做法，以无偿、低偿和有偿服务相结合的方式，为全体老年人及有需要的居民提供服务。具体就是根据老年人的收入情况、家庭情况，对需要帮助的老年人提供各种不同层次的服务。如对"三无"老年人提供无偿的福利性服务，对中低收入的老年人提供低偿的非营利性的公益性服务，对高收入的老年人提供按市场价格收费的商业性服务。

5. 实现居家养老服务网络化

以家庭为核心,以社区为依托,以专业化服务为骨干力量,为居家老人提供所需的生活照料、家政、文体娱乐、老年教育、康复护理和精神慰藉等社会化服务。在原有21个试点的基础上,在城市社区普遍推广,同时不断向农村社区推进。积极推行"政府主导、社会参与、市场运作"的居家养老服务模式,转变观念,改变思路,适时创新,并采取政府购买服务、给予资金补助、提供服务场所等方式,引导和鼓励社会中介组织、家政服务企业等参与居家养老服务。完善老年人救助服务系统功能,逐步建立完善居家养老服务信息网络,建立包括老年人健康档案、子女联系方式、居家呼叫服务等功能的信息系统,为老年人提供有效的求助和服务信息沟通。建立和完善社区医疗服务体系,积极推进城镇医疗保险制度改革,扩大医疗保险参保率及覆盖面,为老年人就医提供方便。还要建立和完善城乡贫困老年人的医疗补助制度。加强社区健康教育和预防保健工作,为老人居家养老建立档案,提供从疾病预防、医疗保健到康复护理与心理咨询的一条龙服务。

6. 实现养老服务市场化、产业化

产业的兴起须有先进完善的管理体制,这就要求养老服务业逐步建立政府宏观管理、社会力量积极兴办、非营利组织完全自主经营的新体制。也就是说政府主要通过调控政策、财政资助等手段来加强养老服务业的管理和监督,今后原则上政府不再兴办国有独资养老机构,以这种方式实现老年福利事业资源的市场配置,维持产业发展的良好秩序,进而逐步实现各类养老服务组织的企业化改造以及自主经营、自负盈亏、自我发展的新格局,真正体现市场价值规律的作用,一方面市场配置资源,另一方面公平竞争、优胜劣汰。另外,坚持产业化养老,采取高、中、低多层次并举的方式,通过土地、资金、税收等政策鼓励使养老服务机构做大做强,突出规模效益,强化品牌效应,降低成本,提高水平。这种以民办养老服务机构为主体,适时推进养老服务机构的规模化、集约化、多元化经营,不断降低养老服务成本,缓解养老服务供不应求的矛盾,最终实现养老服务资源优化配置的产业模式,不但提高了养老服务业的经济效益和社会效益,而且使中低收入水平的老年人也得到了良好的养老服务。

7. 推动养老服务队伍专业化

虽然多元化社会养老需求日益增长，但养老服务队伍整体素质不高，文化程度相对较低。目前，我国现有的各种公办、国办养老机构、民办托老所以及以社区为依托的居家式养老等多种形式的养老服务机构中，具有大专及以上学历的在岗服务人员仅占人员总数的约20%，具有专业服务护理技能、医学医疗服务知识的人员不足8%，而高中及高中以下学历的人员占总数的65%以上。这种不合理的人员结构，不仅严重影响了服务项目和内容的扩展，而且制约着服务质量的提高。因此，提高养老服务队伍素质迫在眉睫。一方面要加快老年社会工作、老年护理服务等专业人才的培养；另一方面要加强养老服务专业课程开发，强化师资队伍建设。采取多种形式有计划、有目的、循序渐进地对现有服务人员进行岗位培训，并吸引大批青年志愿者主动投入养老服务这项公益事业，形成一支有实力的专兼职相结合的高素质高技能的养老服务队伍。

B.14
河南省人口结构变动的特征与趋势研究

郜俊玲　刘云　耿德建*

摘　要： 随着人口自然增长率持续下降和年龄较轻、文化程度较高的劳动人口持续向沿海发达地区和大中城市输出，河南省人口结构出现了一系列新的变化。第一，劳动人口数量开始下降。2009年出现劳动人口负增长的历史拐点，劳动人口绝对数量和占比呈现双下降趋势。第二，劳动人口年龄逐渐增加。劳动人口年龄中位数由2000年的34.6岁增加到了2010年的37.9岁，15~39岁劳动人口比重下降3.8个百分点。第三，人口抚养系数趋于上升。2012年人口抚养系数为42.8%，比2010年上升了1.2个百分点，比全国水平高出6.62个百分点。65岁及以上人口占比达到8.8%，进入老龄化社会。农村人口老龄化程度明显高于城镇。第四，常住人口文化程度与全国平均水平的差距扩大。省内高学历人口流失严重，常住人口文化程度虽然有所提高，但与全国平均水平的差距仍在扩大。上述分析表明，河南省人口增长过快的趋势已经扭转，多年来对经济发展做出了巨大贡献的人口红利正在消失，人口老龄化、高素质人口过度流失等问题成为未来经济社会发展必须面对的重大问题。保持河南省经济社会的健康稳定发展，必须积极应对人口结构变化带来的一系列挑战。

关键词： 人口结构　变动　挑战　应对

---

* 郜俊玲、刘云、耿德建，河南省人民政府发展研究中心。

河南是全国人口大省，人口基数庞大，1949年新中国成立时，人口就有4174万，占当时全国总人口的7.7%。新中国成立后，随着社会稳定和经济发展，河南人口不断增长，人口数量持续上升，至改革开放初期的1979年，全省人口达到7189万，成为继当时四川省（包括重庆市）之后的全国第二人口大省，1997年重庆设直辖市后，成为全国第一人口大省。2000年以来，随着我国经济社会发展进入新的阶段，市场经济更加深入，人口区域流动性不断增强，加上人口政策长期效应显现，河南省人口增速不断下降，常住人口数量已退居全国第三，人口结构发生了显著变化，出现了劳动人口数量下降、人口抚养系数上升、高素质人口过度流失等问题。保持河南省经济社会的健康稳定发展，必须积极应对人口结构变化带来的一系列挑战。

一 人口自然增长及数量变化的特征与趋势

1. 人口自然增速持续快速下降，进入了人口低速增长阶段

人口再生产模式和自然增长速度是影响一个地区人口数量和结构变化的基本因素。从河南省人口自然再生产过程看，新中国成立以来，河南省人口增长大致划分为三个时期。一是至1973年人口高速增长时期。这一时期，除了大跃进和三年灾害期间非正常的生育减少外，其他年份人口出生率都高达30‰以上，死亡率持续下降到8‰以下，出生率大幅上升和死亡率迅速下降带来了人口的高增长，人口自然增长率达到20‰以上。二是1974~1992年人口次高速增长时期。我国从20世纪70年代初提倡计划生育，开始提倡晚婚、一对夫妇生育两个孩子和两胎间隔4~5年的"晚、稀、少"生育政策。1982年后，计划生育成为我国的一项基本国策，并实行了城乡有别的鼓励一胎、严格二胎的生育政策，使得人口出生率和自然增长率大幅下降，这一时期河南省年均人口出生率和自然增长率分别为22.4‰和15.8‰，均比前一时期下降了十多个千分点，同时，死亡率下降并基本稳定在了6.5‰左右的较低水平上，但由于惯性和人口生产周期作用，人口自然增长率仍保持在两位数区间。三是1993年至今的低速增长时期。1992年后，河南省实施了经济增长速度高于全国平均水平、人口增长速度低于全国平均水平的"一高

一低"发展战略,同时,随着经济不断发展,人口抚养成本出现了较快上升,在严格的计划生育政策和经济因素的双重影响下,河南省人口出生率持续下降到15‰以下,人口自然增长率开始低于全国平均水平,增长幅度进入个位数区间,而全国的人口自然增长率在1998年才下降到10‰以下,比河南省迟了5年时间。特别是2002年以来,河南人口自然增长率进一步下降到6‰以下,比全国整体上提前了一年;年均自然增长率为6.45‰,比全国7.23‰的平均水平低了0.78个千分点,最近10年已低至5.2‰以下,自然新增人口年均50万左右,较全国更早进入了人口持续低速增长时期。

2. 从人口转变阶段看,河南省已转入人口"低出生率、低死亡率、低增长率"的阶段

一般来说,一个国家或区域人口转变都要经历以下几个阶段,即高出生率、高死亡率、低增长率的第一阶段,高出生率、低死亡率、高增长率的第二阶段,以及低出生率、低死亡率、低增长率的第三阶段。新中国成立后至1992年,河南省人口死亡率持续下降,人口出生率和自然增长率迅速上升,呈现出典型的"高出生率、低死亡率、高增长率"的再生产模式。从1993年开始,河南省在持续稳定低死亡率的基础上,人口出生率和自然增长率也进入到低速增长区间,完成了人口模式向"低出生率、低死亡率、低增长率"第三阶段的转型,进入由人口转变带来人口红利的"机会窗口"期。从现在看,我们还只是完成了"人口再生产模式"的转型,尚未进入"人口增长类型"的转化阶段,即"后人口时代"的人口零增长或负增长类型,人口自然增长仍在持续。

3. 总和生育率已低于更替水平,人口自然增长速度将进一步下降

总和生育率是一个地区总出生人数与相应人口中育龄妇女人数之间的比例,总和生育率直接影响着人口自然增长的速度,影响地区总人口的规模,也是反映未来人口增长趋势的重要指标。按照一般人口规律,总和生育率在2.1~2.2之间,称为生育率的更替水平,表明人口数量会维持现状。从第六次人口普查数据看,河南省育龄妇女(15~49岁妇女)数量虽然比2000年增加了157.5万人,年均增长(6.39‰)略高于年均人口自然增长幅度(6.13‰),但占总人口的比重下降了1个百分点,总和生育率也由2000年的1.44下降为

1.3，虽然高于全国1.18的平均水平，但已大大低于人口生育率的更替水平，进入低生育阶段。同时，普查数据显示，育龄妇女生育水平的城乡差异十分明显，从表1看，河南省城、镇总和生育率分别为1.06和1.18，分别比全省平均水平低0.24和0.12，乡村总和生育率为1.43，比全省平均水平高0.13，乡村育龄妇女比重较大是河南省总和生育率高于全国水平的主要原因。但是，随着河南省城镇化加快推进，乡村育龄妇女所占比重下降，也将带来总和生育率的下降。据有关专家测算，我国可能在2030年前后进入人口零增长阶段，如果不考虑育龄妇女省外迁移情况，河南省可能会晚于全国1~2年进入人口自然增长率的零增长阶段。

表1 河南省人口总和生育率变化

	总和生育率		城市		镇		乡村	
	2000年	2010年	2000年	2010年	2000年	2010年	2000年	2010年
河南	1.44	1.30	1.02	1.06	1.32	1.18	1.56	1.43
全国	1.22	1.18	0.86	0.88	1.18	1.15	1.43	1.44

资料来源：根据全国第五次、第六次人口普查数据整理。

二 人口流动与区域分布的特征与趋势

改革开放后，随着市场经济的深入发展，区域经济社会发展差距的扩大，我国人口区域流动性不断增强，人口流动迁移成为对区域人口数量和结构影响最大的变量。相对于人口自然增长率这一慢变量，人口流动这一快变量对人口数量和结构带来的影响更迅猛和全面。据第六次人口普查数据，河南省居住地与户口登记地所在的乡镇街道不一致且离开户口登记地半年以上的人口为1965万人，其中，流入外省人口约1048万人，成为我国人口输出大省。总体看，人口流动与区域分布主要呈现以下几个方面的特征。

1. 流动人口规模不断扩大

2010年，全省流动人口数量已接近2000万，比2000年增加了1000多万人，十年间流动人口净增了1.2倍，占全国流动人口的比例由5.7%上升到

7.0%，占河南省总人口的比例由 8.8% 提高到了 18.0%，流动人口规模增加迅速。

表 2 河南省人口流动数量变化

单位：万人

	全国		河南	
	2000 年	2010 年	2000 年	2010 年
流动人口	14439	26138	828	1839
其中：省内流动			473	917
外省迁入			48	59
跨省流出	4242	8588	307	863

资料来源：根据全国第五次、第六次人口普查数据整理。

2. 净迁出人口增速大大超过了总人口增速

从 2005 年我国开始进行常住人口统计以来的数据看，河南省常住人口与户籍人口的差额日益扩大，2005 年，河南省常住人口 9380 万人，比户籍人口减少 363 万人，到 2012 年，常住人口 9406 万人，与户籍人口的差额达到了 1110 万人。由于跨省流动人口的迅速增加，河南省人口规模已从全国第一位下降至第三位，排在了广东、山东省之后。2000 年以来，河南省外出人口数量除了 2008～2009 年受金融危机影响略有下降外，数量逐年上升，2010 年，跨省流动人口由 2000 年的 307 万迅速增加到 863 万，占全省户籍人口的比重由 3.3% 提高到 8.5%，占全国跨省流动人口的比重由 7.2% 提高到 10.05%，与安徽、四川等省一起成为全国人口输出大省。而与此同时，河南省流入人口远远小于流出人口，包括大中专在学学生在内的省外流入人口仅增加了 11 万，外省流入人口比例只占本省常住人口的 0.63%，在全国排倒数第一，因此河南又是一个典型的人口输入小省。大规模的跨省人口流动，使得河南省人口机械增长率出现负数，并由 2005 年的 -38.7‰ 持续大幅下降到 -118.0‰，净流出人口年均增长 109.44%，远远超过了 5.08% 的总人口年均增长速度，人口规模由全国第一下降到第三位，排在了广东、山东省之后。

3. 跨省流动人口主要流向东南部沿海发达省份

河南省人口大规模的跨省流动，是河南在全国经济地位的反映，与全国人口分布与流动趋向是一致的。从全国看，人均 GDP 超过 1 万美元的东南部发达省份是我国流动人口的主要输入地。2010 年，我国流动人口达 22143 万（不包括市辖区内人户分离人口），跨省流动人口约为 8587 万，北京、上海、天津、广东、浙江和江苏省（市）外流入人口占全国跨省流入人口的 70% 左右；而处在中部和西南部农业比重大、农村人口多的欠发达省份，是人口的主要输出地，安徽、四川、河南、湖南、湖北、江西、贵州、广西等 8 个省区人口流出均在 400 万人以上，占全国跨省流出人口的 60% 多。

河南省流动人口地区分布与全国人口地区分布变化极其一致，外出人口主要是流向经济发达、就业机会多的东南部省份。根据国家统计局提供的第五和第六次人口普查数据汇总资料计算，2010 年河南省跨省区流动人口的 77.6% 流向了东南部省份，其中流入广东、浙江、江苏、北京、上海、天津六个省市的人口占 70.66%，可以说是支撑沿海发达省份人口红利的人口贡献大省。其次是流向邻近省份，流向福建、海南等较为偏远的省份较少。同时，河南省也是人口援疆大省，流入新疆的人口占跨省流动人口的 4.48%。

4. 省内流动人口更多集聚在城镇

随着工业化、城镇化发展和经济规模扩张，省内就业机会也不断增多，劳动力在省内的流动也越来越活跃。2010 年，省内流动的人口已达 917 万，占河南省流动人口的 46.6%，占常住人口的 9.7%。从省内流动人口的流向看，主要是从乡村到城市、从欠发达的省辖市向较为发达的省辖市集聚。从表 3 看，2000 年以来，河南省农村人口数量持续下降，2012 年比 2000 年减少了 1696 万多人，下降了 19.26 个百分点，同期城镇人口由 2145 万增加到 3991 万，净增了 1846 万多人。而从第六次人口普查看，2010 年，城市内的流动人口占全省流动人口的 62.1%，镇一级占 28.2%，乡村占 9.7%。从流动人口在各省辖市的分布看，传统农业大市人口向中心城市和发展水平较高省辖市的流动趋势明显（见表 4），特别是郑州市近 1/3 的人口是外来流动人口，常住人口占全省比重比 2000 年提高了 1.9 个百分点，而黄淮四市（商丘、周口、驻马店和信阳）常住人口比重出现了不同程度的下降，尤其是人均 GDP 在河南省排在最后一名的周口市,其常住人口比重下降了1.2个百分点,是人口流失最多的省辖市。

表3 2000年以来河南省城乡人口变动

单位:万人,%

项目	2000年		2010年		2012年	
	人口	比重	人口	比重	人口	比重
城镇	2145	23.17	3622	38.52	3991	42.43
乡村	7111	76.83	5781	61.48	5415	57.57

资料来源:根据河南省统计年鉴整理。

表4 2010年河南省各省辖市流动人口分布

省辖市	流动人口(人)	流动人口/市总人口(%)	流动人口/全省流动人口(%)
郑州市	2704542	31.35	27.70
济源市	100867	14.93	1.03
洛阳市	845615	12.91	8.66
焦作市	388751	10.98	3.98
许昌市	466982	10.84	4.78
信阳市	656499	10.75	6.72
平顶山市	48258	9.91	4.98
安阳市	47540	9.19	4.87
三门峡市	196080	8.78	2.01
南阳市	876767	8.54	8.98
新乡市	447945	7.85	4.59
濮阳市	277527	7.71	2.84
漯河市	188830	7.42	1.93
驻马店市	506119	7.00	5.18
开封市	326967	6.99	3.35
鹤壁市	103910	6.62	1.06
商丘市	322939	4.39	3.31
周口市	392062	4.38	4.02

资料来源:第六次人口普查数据。

三 人口年龄结构变化特征及趋势

人口自然增长率变化和人口迁移必然带来人口结构的变化，尤其是受城乡二元制度影响，大规模的人口迁移具有鲜明的年龄选择性，极大地影响了区域人口年龄结构的变化。从2000年以来河南省人口年龄结构变化看，主要呈现出以下三个方面的特征。

1. 劳动人口数量开始下降

河南省人口规模大，劳动力资源丰富。第六次人口普查数据显示，2010年，河南省15~64岁劳动年龄人口数为6644万，占全省常住人口的70.6%，比全国74.5%的水平低3.9个百分点。据省内有关部门测算，扣除人口机械增长因素，预计2015年，河南省劳动人口总量将达到7500万，占常住人口比重达76.9%，之后，劳动年龄人口数量才会逐步下降。应该说这是有依据的，因为新中国成立至今河南省出现了4次人口出生高峰，即1953~1958年、1962~1973年、1985~1992年。这三次高峰增长的人口，目前基本都在劳动年龄，因此，从自然增长看，河南省劳动力数量及其占总人口的比重还应该进一步增加。但实际上，河南省在2009年即出现了劳动年龄人口负增长的历史拐点，出现了劳动人口绝对数量和占人口比重的双下降，并呈现出逐年下降之势。2012年，全省劳动年龄人口比2009年减少了579万人，劳动年龄人口占常住人口比重下降了1.9个百分点（见表5），而全国劳动年龄人口绝对数量下降是在2012年，河南省比全国提前了3年，这意味着河南省劳动年龄人口数量下降速度不仅快于预期，而且先于全国。

跨省大规模的人口流动，是导致河南省劳动年龄人口数量加速进入下降通道的主因。从河南省向省外迁移的流动人口成分看，外出务工的"农民工"和大中专院校学生是两个主要群体，流动人口中劳动年龄人口占80%以上。2010年以来，河南省外出劳动年龄人口占全省劳动年龄人口比重均在12%以上，拉动劳动年龄人口占常住人口比重年均下降1个百分点左右。

表5　河南省16~64岁人口数量变化

年份	16~64岁人口（万人）	占常住人口比例（％）	年份	16~64岁人口（万人）	占常住人口比例（％）
2000	6211	67.1	2009	7166	71.9
2005	6899	70.6	2010	6644	70.6
2006	6990	71.2	2011	6595	70.2
2007	7111	72.1	2012	6587	70.0
2008	7171	72.3			

资料来源：根据河南省统计年鉴整理。

2. 劳动人口年龄逐渐增高

大规模劳动年龄人口输出，不仅带来了河南省劳动人口数量的减少，而且由于省际人口迁移流动具有鲜明的年龄选择性，因此低龄劳动力是流动人口的主体。据国家卫生和计划生育委员会发布的《中国流动人口发展报告2013》称，目前我国流动人口平均年龄约28岁，由此可以看出人口输出大省劳动人口年龄随着年轻劳动人口的流出逐渐大龄化。一是年轻劳动力大量外出，拉高了省内劳动年龄人口的年龄中位数。河南省流动人口中，15~49岁劳动年龄人口占流动人口总数的74.4%，其中20~24岁劳动年龄人口所占比例最高，达17.9%。与全省劳动人口结构相比，流动人口的年龄中位数为26.3岁，低于全国流动人口年龄28岁的平均水平，比全省劳动年龄人口中位数低11.6岁。大量年轻流动人口外出，将河南劳动人口年龄中位数由2000年的34.6岁拉高到了2010年的37.9岁。二是省内年轻劳动人口比重下降趋势明显。"六普"与"五普"数据相比，河南省15~39岁劳动人口比重下降了3.8个百分点，其中，15~19岁人口比重下降了0.17%，20~24岁人口比重增加了3.13%，25~39岁人口比重下降了6.73%（见表6）。20~24岁人口比重上升，主要是高等教育扩招后，大专院校在校生较快增加带来的。2010年在河南省常住的59.21万省外人口中，学习培训的20~24岁人口有9.44万，占15.94%。三是农村劳动年龄人口大龄化程度高于城镇。2010年与2000年相比，乡村15~59岁各个年龄段人口占全省人口的比重都下降了10%以上，其中，15~19岁、30~34岁人口比重均下降了20%左右（见表7）。

由此将农村常住人口年龄中位数拉升到了33岁,比城镇常住人口年龄中位数高了1.3岁,年龄结构老化速度快于城镇。

表6 全省不同年龄段人口比重变化

单位:%

年龄	2000年	2010年	年龄	2000年	2010年	年龄	2000年	2010年
0~4岁	5.78	7.56	35~39岁	8.35	7.84	70~74岁	2.05	2.22
5~9岁	7.59	6.89	40~44岁	5.73	8.86	75~79岁	1.33	1.67
10~14岁	12.53	6.55	45~49岁	6.85	7.29	80~84岁	0.71	0.93
15~19岁	8.06	7.89	50~54岁	5.11	5.23	85~89岁	0.24	0.4
20~24岁	7.09	10.22	55~59岁	3.63	6.04	90~94岁	0.07	0.12
25~29岁	8.87	6.51	60~64岁	3.07	4.37	95岁及以上	0.01	0.03
30~34岁	10.24	6.38	65~69岁	2.69	2.98	总 计	100	100

资料来源:根据河南省第五次、第六次人口普查数据整理。

表7 不同年龄段城乡人口占全省比重变化

单位:人,%

	2000年				2010年			
	全省人口	城市	镇	乡村	全省	城市	镇	乡村
0~4岁	5276801	13.18	6.48	78.32	7107069	13.27	16.92	69.81
5~9岁	6920373	11.60	8.18	80.22	6480010	14.66	18.01	67.33
10~14岁	11428062	10.50	7.85	81.65	6160239	15.48	19.32	65.20
15~19岁	7354951	17.63	7.82	74.55	7418890	20.06	25.02	54.92
20~24岁	6467092	19.05	8.57	72.37	9611242	23.24	18.49	58.27
25~29岁	8094320	18.41	9.34	72.25	6125379	23.21	19.84	56.95
30~34岁	9339014	16.53	8.96	74.51	5997389	25.56	20.69	53.75
35~39岁	7622490	17.21	9.17	73.62	7374290	24.56	20.45	54.99
40~44岁	5225725	18.05	8.71	73.24	8331878	20.84	19.27	59.89
45~49岁	6253499	14.42	8.10	77.48	6859450	20.19	18.64	61.17
50~54岁	4659292	13.97	7.74	78.28	4915502	19.78	17.80	62.42
55~59岁	3308860	14.45	7.65	77.91	5680391	16.44	17.37	66.19
60~64岁	2804012	17.25	7.82	75.83	4108866	15.92	16.98	67.10
65~69岁	2457124	14.17	7.41	78.42	2803020	16.54	16.60	66.86

续表

	2000年				2010年			
	全省人口	城市	镇	乡村	全省	城市	镇	乡村
70~74岁	1868677	12.10	6.95	80.95	2091708	18.81	16.39	64.80
75~79岁	1210791	10.47	6.48	83.05	1572918	16.55	16.09	67.36
80岁以上	945771	10.31	6.56	83.13	1391698	14.19	15.93	69.88
总　计	91236854	15.13	8.31	76.56	94029939	19.50	19.02	61.48

资料来源：根据河南省第五次、第六次人口普查数据整理。

3. 人口抚养系数趋于上升

2012年，河南省人口总抚养系数为42.8%，虽比2000年下降了6.5个百分点，但较2010年上升了1.2个百分点，比全国水平高6.62个百分点。抚养比是反映人口结构优劣的指标，该比率下降，就带来人口红利，上升就意味着红利丧失，以此判断，2010年前后，河南省已开始失去人口红利。从表8可以看出，2000年以来，河南省人口抚养系数呈现三个方面的突出特征。一是0~14岁人口比重下降，少儿抚养系数逐渐降低。2012年，河南省常住人口中，0~14岁人口比重为21.0%，这一比例高于全国16.5%平均水平4.5个百分点。少儿人口较多、占比较大、抚养系数较大，是河南省人口总抚养系数大于全国水平的主要原因。但2000年以来，随着计划生育政策效果的进一步显现，河南省少儿人口减少，抚养系数不断下降，2012年比2000年下降了8.5个百分点，少儿抚养负担相应减轻，也反映了河南省劳动后备资源的进一步减少。二是65岁以上人口占比提高，老年抚养系数逐步上升。2012年，河南省65岁及以上人口占比8.8%，比2000年上升了1.7个百分点，比全国平均水平低0.6个百分点；老年抚养系数为12.6%，比2000年上升了2个百分点，比全国平均水平低0.1个百分点。根据联合国对人口年龄结构类型的定义，65岁以上老人比例大于7%的人口结构为老年型人口，4%~7%为中年型人口，低于4%为年轻型人口，据此，河南省已经进入了老年型人口社会。三是乡村人口抚养负担大于城镇人口抚养负担。主要受人口流动的影响，中国农村的老龄化程度高于城镇地区。2010年，城市和镇的老年人口系数分别低于全省平均水平0.9个百分点、1.01个百分点，乡村老年人口系数高于全省平均水平0.81个百分点，高于城市1.71个百分点，农村人口老龄化程度明显高于城镇。另外，家庭规模趋小，家庭抚养负担有所减轻。2010年，河南省常住人口中家庭户2592.7万户，平均每个家庭户的人口为3.47人，比2000年"五普"时的3.7人减少0.23人。小规模的家庭模式，对以家庭为主的养老模式将产生新的冲击。

表8 河南省人口年龄构成及抚养系数比较

单位：%

	2012		2010年		2000年	
	河南	全国	河南	全国	河南	全国
老年人口系数	8.8	9.4	8.4	8.9	7.1	7.0
其中：城市			7.5		5.8	
镇			7.4		6.0	
乡村			9.2		7.5	
少儿人口系数	21.0	16.5	21.0	16.6	25.9	22.9
其中：城市			16.2		19.6	
镇			20.9		25.2	
乡村			23.2		27.3	
总抚养系数	42.8	34.9	41.6	34.2	49.3	42.6
其中：老年抚养系数	12.6	12.7	11.8	11.9	10.6	9.9
少儿抚养系数	30.2	22.2	29.7	22.3	38.7	32.6

资料来源：根据中国和河南省统计年鉴整理。

表9 2012年全国部分省市人口抚养系数比较

单位：%

地区	总抚养系数	少儿抚养系数	老年抚养系数	地区	总抚养系数	少儿抚养系数	老年抚养系数
北京	21.31	10.62	10.70	安徽	39.85	25.20	14.65
天津	25.66	13.39	12.27	四川	39.34	22.57	16.77
上海	19.27	9.88	9.39	湖北	32.30	18.93	13.38
浙江	26.87	16.00	10.87	湖南	39.63	24.99	14.63
江苏	31.24	17.05	14.20	贵州	49.85	36.21	13.64
广东	31.21	22.61	8.60	广西	45.99	32.07	13.93
河南	42.80	30.20	12.59	全国	34.88	22.20	12.68

资料来源：2013年中国统计年鉴。

四 人口素质变化特征及趋势

2000年以来，随着我国义务教育政策的全面落实、职业技能教育的发展以及高等院校的扩招，河南省常住人口的文化程度有了显著提高，但是受跨省流动人口结构等影响，人口素质结构和劳动参与率出现了新的特点。

1. 常住人口文化程度提高明显，但与全国平均水平的差距仍在扩大

2010年，全省大专以上文化程度、高中（含中专）文化程度、初中文化程度和小学文化程度的人口占常住人口的比重分别为6.4%、13.2%、42.45%和24.1%，与2000年相比，大专以上文化程度、高中（含中专）文化程度、初中文化程度人口比重分别提高了4.32个、3.11个和3.13个百分点，小学文化程度人口占比下降了9.13个百分点，人口整体文化程度有了较大提高。但是，河南省的文化教育水平总体上还落后于全国平均水平，特别是随着越来越多的受过高等教育年轻人口的跨省流动，省内高学历人口流失严重，占人口比重不仅长期低于全国平均水平，差距还有进一步扩大之势。河南省15～64岁劳动年龄人口中具有大学文化程度的人口比重，2000年与全国平均水平的差距为1.06个百分点，2010年拉大到2.72个百分点；每十万人口中大学文化程度人口数，2000年河南省比全国少937人，2010年差距拉大到2532人。尤其是大专以上文化程度人口占常住人口比重，2010年河南省仅6.4%，与北京的31.5%、天津的17.5%、上海的22.0%、江苏的10%、浙江的9.3%和广东的8.2%等相比，差距更大。

2. 流动人口受教育程度高于全国平均水平

无论是跨省流动还是省内流动的人口，受教育程度均高于全国和全省平均水平。2010年，省内流动人口中男性和女性分别有44%和40%受过高中及以上教育，比全国19.6%的平均水平高20多个百分点；跨省流动人口中的相应比例也分别高达30%和27%，比全省平均水平高10多个百分点。整体看，河南省流动人口中平均受教育年限在10年以上，高于全国9.27年的平均水平。其中，在省内流动的人口平均受教育年限为11.16年，外省流入河南的人口平均受教育年限为10.5年。由于越来越多的具有本科或研究生学历的毕业生流向沿海发达省份,河南流到省外的人口平均受教育年限比省内流动人口更高。

3. 劳动参与率呈逐年下降趋势

劳动参与率是经济活动人口（包括就业者和失业者）占劳动年龄人口的比率,用来衡量人们参与经济活动的状况。近年来,随着我国劳动年龄人口受教育年限不断提高,劳动者进入劳动力市场的平均年龄增大,劳动力参与率也呈逐年下降的态势。一方面随着中国高等教育的迅猛扩张,刚刚进入劳动年龄的16~22岁人口,大多还是在校学习的学生,呈现出较低的劳动参与率。另一方面,河南省16~24岁人口大量流失,尤其大中专及以上学历毕业生更倾向在沿海发达地区就业,也使河南省的劳动参与率大幅下降。根据"五普""六普"长表数据估算,河南省16岁及以上人口劳动参与率由2000年的83.5%下降到2010年的72.3%,比全国73.6%的平均水平还低。16~64岁人口分年龄的劳动参与率呈现典型的倒U型曲线,16~24岁组和55~64岁组的劳动参与率较低。从表10可以看出,全省65岁以上人口的劳动参与率仍有3.2%,这与河南省农业人口占比较大,农业人口劳动力年龄相对较大有关。

表10 河南省16岁及以上人口的劳动参与情况

单位：人

年龄	16岁及以上人口	经济活动人口					非经济活动人口
		小计	就业人口			失业人口	
			小计	正在工作	暂未工作		
16~19岁	577959	182094	166662	152888	13774	15432	395865
20~24岁	912420	663983	622869	576611	46258	41114	248437
25~29岁	587458	517260	499802	465632	34170	17458	70198
30~34岁	577339	514743	501367	468973	32394	13376	62596
35~39岁	719198	643582	626852	585769	41083	16730	75616
40~44岁	824294	740471	723820	671870	51950	16651	83823
45~49岁	679912	599176	586583	543303	43280	12593	80736
50~54岁	485352	390932	384703	352417	32286	6229	94420
55~59岁	563877	422307	417765	378075	39690	4542	141570
60~64岁	411439	250686	248999	222929	26070	1687	160753
65~69岁	281913	133713	132956	118328	14628	757	148200
70~74岁	209440	56554	56145	49790	6355	409	152886
75岁以上	294132	38118	37754	32722	5032	364	56014
总计	7124733	5153619	5006277	4619307	386970	147342	1771114

资料来源：根据全国第六次人口普查数据整理。

五 结论及建议

上述分析表明,河南省人口增长过快的趋势已经扭转,多年来对经济发展做出了巨大贡献的人口红利正在消失,老龄化、高素质人口过度流失成为未来经济社会发展必须面对的重大问题。一个国家或地区经济社会发展状况决定其人口结构,而人口结构的变化同样会在一定程度上影响经济社会的发展与进步。保持河南经济社会的健康稳定发展,必须积极应对人口结构变化带来的一系列挑战。

1. 积极应对人口转变,对长期实行的"一高一低"战略进行适应性地调整

过低的生育水平会导致一系列经济社会问题,最直接的问题是人口老龄化和劳动力的短缺,该问题进而造成资本报酬递减,经济潜在增长率降低。根据十八届三中全会《中共中央关于全面深化改革若干重大问题的决定》,针对当前我国人口结构变化的特点,政府出台了"单独两孩"政策。河南省也做出了积极响应,开始启动这一政策,这是适应经济社会发展新要求和人口结构转变新趋势而做出的适时调整,下一步要尽快通过省级人民代表大会或其常委会修订地方条例,依法组织实施。同时尽快研究制定渐进式延迟退休年龄政策。在一个以劳动密集型经济为主的经济体中,劳动年龄人口不足会成为阻碍经济增长的因素。当人口的年龄结构处于最富于生产性的情况下,充足的劳动力供给以及高储蓄率就会成为促进经济增长的重要动力,即所谓的人口红利;当人口的年龄结构趋向老龄化并且在总体上不再富于生产性时,人口红利便会丧失。保持稳定的人口自然增长率,对于经济社会的平稳发展具有十分重要的作用。为了缓解人口老龄化问题,同时进一步避免过早进入人口零增长或负增长的"后人口时代",河南必须顺应人口结构变化新特点和新趋势,尽快对长期实行的"一高一低"战略进行适应性调整。

2. 建立集聚人才的体制机制,以更快的发展应对"未富先老"

当前,河南与全国一样,经济发展与人口变化关系最显著的特点是"未富先老"。"先老"即人口年龄结构的迅速老化,意味着我们的要素禀赋发生了变化,意味着人口大省、劳动力资源丰富的传统优势消失了,劳动力变得昂贵了。"未富"则意味着，我们并不会在非常短的时间内，一下子在资本密集型和技术密集型产业中得到足够显著的比较优势。因此，这个阶段我们将面临"比较优势真空"。此外，人口老龄化的影响不局限于经济领域，给家庭和社会也带来了冲击，老龄化加重了家庭照料老年人的负担。

区域人口结构变动既是人口再生产规律作用的结果，也是经济社会发展不平衡的反映。河南作为一个欠发达省份，人口结构的变化受区域之间人口净流出的因素影响很大，这也是河南省在全国区域经济发展中所处地位的一种映射。同时这也意味着在既定的人口转变阶段，随着区域经济的发展和区域地位的提高，人口的区域结构也是可调整、可优化的。尤其是在人口不落地的半城镇化模式下，流动人口的不稳定性很强。如果某地就业机会多、产业条件好、社会保障制度相对完善，就有可能建立新的集聚和吸引人力资源的优势，从而缓和人口过度老龄化对区域经济社会发展带来的影响。

因此，我们要认真落实《中共中央关于全面深化改革若干重大问题的决定》。一要建立集聚人才的体制机制。面对以大中专毕业生为主体的优质人才资源流失问题，要实施反流失、反吸引的人才战略。要打破体制壁垒，扫除身份障碍，逐步形成爱护人才的社会氛围，积极促进人口纵向流动，让人人都有成长成才、脱颖而出的通道，让各类人才都有施展才华的载体。尤其要借鉴深圳市、北京海淀区等地的经验，设立创业基地和创业基金，在吸纳高端人才的同时，着力为中青年科技人才干事创业创造条件。尤其在当前大中专毕业生就业难的情况下，要通过制度创新，依靠中原经济区建设和郑州航空港实验区建设的号召力，吸引这些高素质劳动力流入，置换和提升河南低素质的劳动力队伍，激发全社会的创新活力，培育新的比较优势。二要完善各种社会保障制度。2008年以来河南外出务工农民工出现回流，很大程度是因为回乡就业离家近，能解决诸如与家人团聚、赡养老人等问题，而不是因为河南的社会保障体系更健全。目前，内地和沿海的农民工工资水平已经十分接近，在经济发展水平较低、财力保障水平不高的情况下，我们要按照"低水平，广覆盖"的要求，针对社会保障制度的薄弱环节，以问题为导向，进一步加强社会保护，完善各项社会保障，用完善的保障和公共服务吸引更年轻、更优质的劳动力集聚。三要用发展的办法应对人口老龄化问题。在半城镇化模式下，年轻的较高素质人员外出务工并不稳定，因而在现实生活中并不会同步减少储蓄，影响消费。同时人力资本含量较低的农村中老年劳动力在一些产业仍然能发挥作用。在现有生产力条件下，在非农产业领域很难就业的老人和带小孩的妇女，在农业领域仍能发挥作用。因此，应对老龄社会的到来，一方面需要加快建立社会养老服务体系，另一方面也可以通过制度设计和政策调整，挖掘和利用老龄人口的人力资本，为社会创造财富。同时，人口老龄化虽然会给经济社会带来巨大压力，如劳动力减少、养老和医疗成本增加、赡养负担加大等，但同时也会带来一些发展机遇，能够刺激投资较少的个人服务和商品的需求增加。面对日益庞大的老年消费群体，应进一步开发与老年人需求有关的保健、医疗、康复、家政、保险、旅游、文化、娱乐、教育、咨询、日常生活用品、金融理财、助老智能设施等产品和服务，发掘广阔的市场潜力，促进产业升级转型。

3. 推进新型城镇化，促进农业转移人口落地

人口非农化、城镇化进程加快，是河南省人口结构变化的又一特征。河南省正处于工业化、城镇化加速发展阶段，按照城镇化的一般规律，当城镇化率处于30%~70%时，城镇化处于快速推进阶段；当城镇化率处于50%左右时，城镇化速度最快。2012年河南城镇化率为42%，正处于这个快速推进的区间。我们是一个经济发展水平低于全国平均水平的发展中省份，按照中原经济区规划，到2020年，我们的发展目标是工业化、城镇化水平接近或赶上全国平均水平，可以说发展任务十分艰巨，同时也意味着发展空间很大，人口的容纳空间很大。当前，随着沿海发达地区经济转型步伐加快，尤其是随着地区之间产业转移步伐加快，河南省外出务工人员回流趋势明显。在人口不落地的半城镇化模式下，构成流动人口主体的农民工外出务工是完全的就业指向，哪里有就业岗位，农民工就像潮水一样涌向哪里，流动的条件十分单一。但是在人口落地的新型城镇化模式下，即人口市民化的条件下，农村转移人口落地就要必须考虑迁移成本的大小，其中包括房价、社会认同等。按照这一评价，县城和中心镇农民工就业、工资、生活条件等虽然不如大城市，但是迁移落户成本却比较小，因而有可能在人口城市化过程中占得一席之地。县城实际上是两股人口城市化潮流的汇聚地，一股是本地农业人口，另一股是到大城市务工的农民工。这些务工人员经过长期务工的积累，最后带着资金、技术和与一般农民不一样的观念来到县城落户，有可能成为县城发展的一大动力。在当前条件下，应把县城尤其是人口大县的县城建设纳入国家重点建设的支持范围，完善县城基础设施建设，提高科技、教育、文化等设施的建设水平，营造城市氛围，提升县城的就业承载力和吸引力，使县城成为具有较高素质的年轻劳动人口的集聚地，改变河南省尤其是农区在人口流动中的不利局面。

4. 积极转变政府职能，处理好政府与市场的关系

从某种意义上说，人口结构的变化和劳动力市场上刘易斯转折点的到来，为实现政府职能转变，建设服务性政府带来了机遇。在一般情况下，农业转移人口对于一地政府提供的公共服务十分敏感。在城镇化过程中，他们往往会根据一个城市公共服务的水平来选择自己的目的地。反过来，地方政府如果对本地人口尤其是劳动力人口的数量有特定需求，则会通过调整自身的公共服务供给，来吸引或排斥迁移者。在刘易斯转折点到来之前，劳动力无限供给的特征使得劳动者不是政府制定公共政策的关注重点，或者说政府对其关注的方式仅是通过吸引更为稀缺的投资资金，不遗余力地扩大基础设施投资规模，从而来满足不断增加的就业需求。刘易斯转折点到来之后，随着劳动力短缺逐渐构成对经济发展的制约，地方政府会越来越多地通过增加公共服务内容，提高公共服务水平，来增强对劳动力的吸引力，以增加劳动力供给，满足企业用工需求。而一旦地方政府致力于发挥服务性职能并尽享新型政府职能的好处，其直接干预经济活动的传统职能就将减弱，逐渐回归公共服务的本职，从而在这个过程中完成由管制型向服务型政府的转变。这一过程会产生两大好处：一是增强对人力资源的吸引力，优化区域人口结构，缓解"先老"的问题；二是通过厘清政府与市场的关系，能够使要素和资源完全按照市场需求在新的人口结构条件下进行有效配置，而不再按政府指定的先导产业、战略新兴产业进行配置。只有这样涌现的产业，才最有生命力，才不会产生大面积的产能过剩。也只有在这种条件下，结构升级和产业转型才能实现，我们也才能从容地面对老龄化社会的到来，最终解决"未富"的问题。

B.15
河南城镇基础设施建设投融资机制研究

郜俊玲 刘洋*

摘 要： 城镇基础设施投融资改革的方向是市场化。但作为公共物品，其市场化存在基本约束，不能直接简单地推向市场。在这方面，先进国家和地区依据新公共物品理论，形成了以项目区分理论和可销售评估方法对城镇基础设施项目分类市场化运作模式，将城镇基础设施建设项目分为非经营性项目、准经营性项目和经营性项目，并按照项目的属性确定项目的投资主体、运作模式、资金来源渠道及权益归属等，进行多元化融资建设，很好地解决了公共物品建设资金短缺、政府财政负担过重及运营效率不高等问题，因而成为世界潮流。我们应借鉴先进国家的成熟经验，将项目区分理论运用于城镇基础设施投融资，构建政府主导、利用市场化机制引导社会资本合作共建的项目分类管理机制，推进城镇基础设施投融资市场化。同时，深化改革，创造并完善项目市场运作基础条件，加快城镇基础设施投融资领域改革创新步伐。

关键词： 城镇 基础设施 投融资 创新

河南省已进入了城镇化加速发展时期，近年来，河南省城镇化率每年约提

---

* 郜俊玲、刘洋，河南省人民政府发展研究中心。

高 2 个百分点，规划到 2015 年，城镇化水平达到 48%。城镇基础设施，是城市的构成骨架和基本的物质支持系统，是城镇生存和发展的必要前提，是影响城镇化进程的重要因素。城镇化发展过程中需要大量的基础设施投资，据相关部门保守测算，河南省要实现 2015 年的城镇化目标，约需投入 6100 亿元资金用于城镇新建设施和现有设施维护及更新改造。然而，由于城镇基础设施建设的性质和特点，长期以来，城镇基础设施建设受制于资金渠道狭窄和融资困难等因素，难以实现适度超前建设、系统协调发展。适应城市化快速发展的需要，解决基础设施短缺和融资难之间的矛盾，是我们面临的重大课题和任务。

一 城镇基础设施的特性与融资约束

城镇基础设施是指城镇生存和发展所必须具备的工程性基础设施，包括能源系统、给排水系统、交通系统、通信系统、环境系统、防灾系统等，是既为物质生产又为人民生活提供一般条件的公共设施。城镇基础设施具有典型的公共物品特性，其投融资难以简单地运用市场机制，而需要调动丰富的社会资金来满足建设需要。

（一）城镇基础设施的基本特征

1. 服务的基础性

城镇基础设施为城镇经济、社会发展和人民生活提供一般条件和基本服务，是城市的载体和各种要素集聚的基础，是国民经济的基础性部门和行业。城镇基础设施是一个庞大的综合体系，强调整体运转的系统协调，内部各个专业部门必须相互配套，密切联系，协调发展，因而，基础设施只有达到一定规模时才能提供服务或有效地提供服务，生产上具有不可分割性和规模经济要求。

2. 建设的超前性

作为基础性服务，特别是城镇基础设施整体规模大、配套项目多、施工周期长，因此要走在城镇发展对其需要的前面，适度超前、先行建设，才能适应城镇发展的需要，这也使得基础设施的投资不仅数额大，而且还会产生巨大的

资本沉淀。

3. 消费的公共性

城镇基础设施是提供社会化服务的公共设施,是作为社会共有的一般条件出现的,特别是纯公共产品和准公共产品,既不允许被少数使用单位控制和独占,也不允许排斥和歧视不同用户,具有效用的不可分割性和受益的非排他性,也因而具有一定程度的非竞争性。

4. 效益的间接性

作为公共性产品,城镇基础设施具有较强的正外部性,即基础设施的投资建设能改善投资环境,促进城市发展,进而使全体市民间接收益。正外部性的存在使得基础设施项目的边际私人收益小于边际社会收益,社会效益远大于经济效益,大多数城市公共基础设施的服务是非营利性的,使用价格也多由政府规制,直接经济效益本身难以通过市场获得,而主要通过社会效益和环境效益间接表现出来。

(二)城镇基础设施投融资的一般约束

城镇基础设施投融资,是指通过一定渠道、采取一定方式筹措城镇基础设施建设资金的活动。因此,由谁提供城市基础设施,通过什么方式提供基础设施,是基础设施投融资的核心问题。一种产品应有谁提供,取决于该产品的特性。城镇基础设施作为基础性、公共性产品,投资规模大、建设周期长、商业可持续性不确定,带有典型的"高投入、高风险、低经济回报"特征,影响了城镇基础设施市场化融资和经营,也是长期以来城镇基础设施投资短缺的基本约束。

1. 资金需求规模庞大,持续性强

城镇基础设施具有规模经济性,建设项目规模大、建设周期长、沉淀成本高、配套要求多,要求市场能够提供长期、集中、大额的资金。但从资金供给主体看,政府过去剩余积累的财政资金数额有限,难以满足快速城镇化带来的大规模基础设施投资需求;商业银行债务性的信贷融资,一般以中短期为主,而基础设施项目建设周期相对较长,有的长达10~20年,存在需求与供给的期限错配问题,难以支撑稳定的长期资金供给;资本市场债权性融资,不仅要求项目具有商业营利性，而且要求资本市场具备相当的规模、完善的功能。城镇基础设施这一"高投入"要求，使得单一的渠道和融资手段很难与之相匹配。

2. 投资回收期限长，直接经济效益不明显

不仅具有纯公共产品属性的城镇基础设施项目，而且大多数可以经营的准公共产品项目，都存在正外部性大、价格弹性小、竞争性不强的问题，这使得这些城镇基础设施难以通过定价方式在市场交换中赢利，且投资回收期长，投资往往无法直接从基础设施的运行收益中收回。由于商业投资者以利益最大化为经营目标，这样的投资项目对于商业银行和社会资金而言，可谓一种有效信贷需求不足的投资，不能满足银行贷款条件和风险偏好的需求，因而，如果没有足够有效的担保，很难得到商业性金融机构以及社会资金的支持。

3. 商业可持续性不强，投资风险较大

由于公共物品的价格和收费需要政府一定的规制，城镇基础设施赢利能力不仅受制于自身的运营状况，受制于基础设施各个系统的协调同步，更受制于政策和体制。影响因素多样，风险结构复杂，商业不确定性强，如果没有相应的补偿措施，城镇基础设施很难对社会资金产生有效的吸引。

二 先进国家和地区对城镇基础设施投融资模式的探索

城镇基础设施建设特性带来的融资难，是一个世界性课题。长期以来，各国在理论和实践上都在不断探索、寻求突破。20世纪70年代以来，随着产权制度学派的出现，经济学界对公共物品投融资理论和模式进行了创新，即由过去单一的政府提供公共物品，演进为以排他性和竞争性为标准，将公共物品进一步细分为纯公共产品、准公共产品和私人产品三大类，形成了新的指导公共物品投融资的基础设施项目区分理论和可销售性评估理论，以合理区分政府责任和社会责任。依据这些理论，发达国家和地区积极推进基础设施市场化改革，将城镇基础设施建设项目分为非经营性项目、准经营性项目和经营性项目，并按照项目的属性确定项目的投资主体、运作模式、资金来源渠道及权益归属等，进行多元化融资建设，以解决公共物品建设资金短缺、政府财政负担过重及运营效率不高等问题，为我们提供了可资借鉴的经验。

（一）非经营性基础设施的投融资模式

城镇基础设施中的一般道路、桥梁、隧道、路灯、公用绿地、防洪排涝等工程服务具有受益的非排他性、消费的非竞争性和效用的不可分性，是典型的纯公共产品。由于市场失灵，难以赢利，这些公共产品作为非经营性项目，由政府承担或主导投资。传统的政府投资模式，一般由财政资金直接投资、政府负责建设和运营，这种方式不仅造成了财政负担过重，也使得投资信息不透明，缺乏有效监督，运营效率较低。美国利用市政债券从资本市场募集资金，既较好解决了非经营性基础设施项目的融资，也有效避免了政府管理行为不规范和效率不高的问题，值得学习和借鉴。

美国地方政府的公共项目投资，有30%以上是利用市政债券融资。按照信用基础不同，其市政债主要分两类：一般责任债券和收益债券。其中，一般责任债券是针对纯公共产品建设而设立的债券，由地方政府发行，主要以税收为主的财政收入和附加税费作为偿还保障。收益债券主要是针对准公共产品建设设立的，由政府代理或授权的机构发行，以项目的收益作为还款保障。就一般责任债券来说，美国借助发达完善的资本市场募集建设资金，一方面，以举债的方式"寅吃卯粮"，突破了传统财政投资依赖税收存量，只能"有多少钱办多大事"的财政资金有限的约束，可以适应快速城镇化的需求，超前和大规模地进行城镇基础设施建设。另一方面，利用资本市场进行项目举债，可以在运营和管理中更多地引入市场机制。如资本市场的信息披露准则，能够使资金运用环节透明，从而便于公众监管；如信用评级制度，考虑地方政府整体社会经济环境、总体债务结构、预算政策的稳健性和管理能力、税收收入及构成比例等因素对一般债券进行评级，可有效避免财政负担过重引发政府债务风险；如税收减免政策，对个人投资者的市政债券利息所得免税，增大了市政债券的吸收力，等等。同时，美国将纯公共产品的建设委托给专门机构和有资质的企业，也解决了垄断企业运营效率不高的问题。

（二）准经营性基础设施的投融资模式

城镇基础设施中的园林环卫、供水、供电、燃气、公交等服务，其受益的排他性、消费的竞争性和效用的可分性介于纯公共产品与私人产品之间,属于准公共产品。准公共产品有收费机制和资金流入,具有潜在的利润,但因其附带部分公益性,市场不能完全发挥作用,需要政府通过行政干预来弥补市场机制的不足,因而可作为准经营项目进行投融资。由于技术进步会带来产品性质的改变,如过去不能计量的服务变得能够个别计量,产品因此能够收费,使得一些非经营性的传统纯公共物品也可以转化成准经营性项目,并通过制度设计,作为准经营性项目进行投融资建设。在这方面,法国的特许经营制和英国的公司合伙制为我们提供了很好的借鉴。

1. 法国的特许经营制度

特许经营制度是指拥有公共项目经营权的行政部门,将公共事业经营权交给私人机构或公立机构进行经营权承租,承租者通过征收租金等手段,对公用事业进行开发管理,自负盈亏,并承担风险。早在17世纪,法国就开始探索并成功在建造军舰和港口时运用了特许经营方式。现在,这种方式在高速公路、城镇基础设施、通信设施等领域得到了广泛应用。特许经营模式的基本特点是特许承租,它主要强调:一是设施所有权公有;二是企业获得承租后拥有经营开发权,并承担经营风险;三是政府具有指导监管的权力,并对服务价格干预以及单方中止合同的权力;四是运用合同形式规定双方的权利和义务。根据不同属性的项目合理划分风险责任,是特许经营制度的关键点。项目风险责任划分和承担主要有三种形式:(1)全部风险特许经营(CRI);(2)共担风险特许经营(CRP);(3)有限风险特许经营(CRL)。对于公共交通等一些较难通过收费弥补运营成本的公共设施投资和经营,财政予以不同比例的补贴,像法国的公共交通每年都会享受50%的财政补助。

2. 英国的 PPP(公私合伙制)模式

PPP(Public-Private-Partnership)是政府公共部门与私人部门合作,共同提供公共产品和服务的现代融资和管理的模式。在该模式下,政府部门进行招标,并与中标单位以特许权协议为基础进行项目筹资、建设与经营的全程合作。政府的公共部门与私人部门共同对项目运行的整个周期负责。这一模式,既强调构建合作伙伴关系,也注重构建利益共享和风险分担机制;既是一种项目融资模式,又是一种有效管理模式。一方面,政府通过给予私营公司特许经营权和收益权，使更多民营资本积极参与有一定盈利的基础设施项目建设，加快城镇基础设施建设进程；另一方面，政府通过制定操作规程，既让民营企业参与城镇基础设施建设的全过程，也让其参与项目设计、可行性研究等前期工作，这种公私共同参与和合作的模式，既有利于降低社会资本的投资风险，又能有效地将民营部门高效的管理方法与先进技术引入项目中，还便于对公共项目的建设与运行进行管控，较好地保障了国家与社会资本各方的利益。

（三）经营性基础设施的投融资模式

城镇基础设施中的电信、电力等既具竞争性又有排他性的服务属于私人产品，应作为经营性项目投融资，充分运用市场机制，吸纳全社会投资。但作为公共物品，项目必须符合城市发展规划和产业导向政策，在服务价格的制定上，应采取"企业报价、政府核价、公众议价"的方法，尽可能做到各方满意。在这方面，英国 PFI（私人融资优先权）模式值得借鉴。

PFI 模式是利用私有资金，开发、实施、建设、运营传统上由政府公共部门进行开发的项目。它有以下几个特点：一是适用于投资较大、有稳定收益的基础设施，如地铁等城市轨道项目，能够吸引有实力的社会资本进行投资和运营管理；二是适用于集开发、建设和运营为一体的项目，需要提供从项目策划、融资、建设到运营的全过程服务；三是适用于政府购买服务，即政府不再购买建筑工程，也不再以传统方式涉入项目的建设过程，而是与服务提供方签订一定期限的合同，其间由服务提供方进行融资、开发、建设，然后提供服务。PFI 模式能够使项目公司对项目建设及整个运营服务成本进行集成化的考虑，从而使政府在整个项目上投入的成本低于传统模式下的总成本，公共产品的管理也更有效率。

三 河南城镇基础设施建设投融资现状

改革开放以来，随着我国投融资体制改革的不断深入，河南省城镇基础设施建设经过了计划经济时期单一的财政投入模式，社会融资的规模和影响越来越大，先进国家和地区项目投融资新模式不断引进，具有中国和河南特色的投融资模式积极创新，呈现出以政府为主导的多渠道、多元化城镇基础设施投融资格局。当前，河南省城镇基础设施投融资渠道主要有以下几类。

（一）财政资金直接投资

计划经济时期，河南省实行的是单一的财政直接投资建设管理的模式，资金仅来源于预算内资金，并由政府包揽城镇基础设施建设和运营。改革开放以来，为满足工业化与城镇化对城镇基础设施快速增长的需求，我国逐步增加了城市建设相关税种，开征了"城市维护建设税和公用事业附加"，增加预算内财政资金来源，并逐步增加了各种行政事业性收费、国有土地使用权收费等预算外资金，扩大财政投资规模。总体来看，随着新的投融资模式不断出现，财政投资的比重呈不断下降趋势，2010年、2011年、2012年，全省投入城市市政公用设施建设的财政资金（包括中央和地方财政）分别为100.65亿元、101.96亿元和122.65亿元，占当年城市市政公用设施建设固定资产投资的比重分别为51.99%、43.14%和42.46%，比重虽然下降了近10个百分点，但仍在40%以上，目前依然是城市基础设施和公共事业投资的主要方式。

（二）地方政府投融资平台

为适应城市快速发展的要求，地方政府由单纯使用预算内和预算外财政资金投资城镇基础设施，开始探索财政举债投资建设模式。上海最早组建了政府性的城市建设投资开发总公司，发行建设债券利用资本市场举债融资。由于随后出台的《预算法》禁止地方政府举债，地方政府又纷纷通过财政拨款或注入土地、股权等资产，设立了承担政府投资项目融资功能，并拥有独立法人资格的城投、建投等地方政府融资平台，主要通过银行贷款筹集城镇建设资金。2008年后，国家为应对国际金融危机，出台了4万亿政府投资计划，除1.18万亿中央预算内投资外，其余2.82万亿配套资金要地方配套。同时，央行出台了"支持有条件的地方政府组建投融资平台，发行企业债、中期票据等融资工具，拓宽中央政府投资项目的配套资金融资渠道"的配套政策，这一政策刺激了地方政府投融资平台快速发展，形成了具有中国特色的"财政+信贷"债务性融资模式，而不同于美国地方政府通过债券市场举债融资的权益性融资模式。

据不完全统计，目前河南省共有10家省级政府投融资平台，包括各省辖市以及各县以产业集聚区为依托建立起的县级政府投融资平台，全省三级政府投融资平台数量为300多家。从投资结构看，目前公益性项目投资约占全部投资的22%，市政建设项目占40%。可以说地方政府投融资平台已成为城镇基础设施建设的重要融资渠道。

（三）金融市场融资

随着我国金融市场的不断改革与发展，利用银行信贷、信托、资产证券化、债券融资等形式从信贷市场和资本市场进行城镇基础设施融资的规模越来越大。一是银行信贷。从市政公用设施建设资金来源看，2010年、2011年、2012年，河南省银行贷款投资额分别为32.99亿元、16.38亿元和71.19亿元，分别占当年市政公用设施投资总额的14.2%、6.7%、20.6%，是河南省城镇基础设施建设融资一个主要渠道。二是资本市场融资。资本市场融资是一种权益性融资，主要有债券融资和证券融资。目前债券融资有国债转贷地方政府和发行地方企业债券两种形式，近些年河南省利用债券市场融资有了新的突破，2012年融资了800万元。在证券市场上，随着河南省中原环保、豫能控股、中原高速等几家大型基础设施运营公司上市，近十年在A股市场发行股票总市值达22.07亿元。同时，近年来，资产证券化、信托融资等形式也不断涌现，证券市场融资也正在成为河南省募集市政设施建设资金的一个重要渠道。

（四）项目市场化运作

随着改革开放的深入，河南省各地城市基础设施建设越来越多地应用发达国家市场化融资模式，包括BT（建设—转让）、BOT（建设—经营—转让）、TOT（转让—经营—转让）、PPP（公私合伙制）等项目融资方式。2010年，河南省建设的140座城市污水处理厂中，30座为BOT模式，3座为BT模式，9座为TOT模式，1座为上市公司经营；123座城市生活垃圾处理场中，有7座是通过BOT等合资、合作模式建设的。目前，随着各地新城区和产业集聚区的建设，这一新兴项目融资模式也正越来越多地被运用。但总体来看，市场化的项目融资比重依然较小，2012年，河南省市政公用设施投资中利用外资和其他资金仅占1.5%左右，其潜力有待于进一步开发。

四 城镇基础设施投融资存在问题与原因

改革开放以来，河南省城镇基础设施投融资渠道和投融资主体逐步多元化，城镇基础设施建设取得了很大成就，但整体看，由于基础设施的公共属性，这一领域市场化改革比较复杂和缓慢，投融资主体较为单一、投融资渠道狭窄、融资结构不合理，带来的建设资金短缺、城镇基础设施落后的矛盾依然突出。

（一）存在的主要问题

1. 融资结构不合理

目前，城镇基础设施融资主要依靠财政筹资、地方融资平台依托土地经营融资、中短期的银行贷款三个主要渠道，缺乏多层次、多样化的投融资渠道。从城镇基础设施建设资金来源看，财政资金直接投资和担保的比重占70%以上，其中，财政预算内资金占40%以上，高出全国平均水平10多个百分点；靠财政资金和土地做担保的信贷资金以及项目融资的举债资金，约占30%左右，城镇基础设施以政府财力直接投资建设为主的格局尚未根本改变。同时，在越来越多的政府举债资金中，从资本市场直接融入的权益性资金比重小，从信贷市场间接融入的债务性资金较多，使得政府举债资金的流动性较差、债务风险较大。大量社会资金没有进入城镇基础设施领域，外资和其他资金仅占市政建设资金的1.5%，特别是项目融资、证券化融资等模式，近年来虽然有较快发展，但仍然占比较小，融资渠道依然狭窄。

2. 融资债务风险加大

河南运用社会资金投资建设城镇基础设施的一个主要方式，是利用地方政府投融资平台，通过银行贷款，以及银信合作、银行理财、证信合作、发行城投债等方式筹集资金、举债建设。与政府在资本市场发行"市政债"的融资方式不同，我国地方融资平台是把地方政府承担的基础建设和公共事业的投资信贷化，其所借债务大部分来自银行信贷，偿还主要依赖地方政府的土地出让收入。一方面，相对于资本市场直接融资而言，信贷间接融资是债务性融资，具有使用上的时间性，需到期还本付息，且不能进入市场流动转让，因而筹资风险较大。目前，银行对地方融资平台的贷款大多为3~5年期限，而基础设施和公共事业投资期限长，期限错配问题突出，往往是项目在建和尚未有收益时就已面临偿债压力，一些较大投资项目大多需要展期，否则就会造成违约风险，形成债务危机。另一方面，城市基础设施以及公共事业投资基础性、公益性强的，商业可持续性不确定，而地方融资平台的70%为区县级平台，受财力所限，区县级政府债务偿还能力较差。加上地方融资平台大多信息不透明，运作不规范，举债建设潜在风险极高。

3. 项目运营效益较差

主要表现为：城镇基础设施投资建设成本高，建设项目资金超预算、工期推延普遍；运营效益低，市政行业劳动生产率远远低于其他行业，公交企业、供水企业亏损面大，水费、电费、取暖费上涨难以弥补运营成本上升；服务质量差，对市场反应迟钝，对新技术运用落后，服务项目、内容和手段不能满足发展需要，城市管网老化、事故多发等问题突出。

（二）原因分析

1. 对投融资理论认识不足，把握不住

一是在政府与市场关系问题的认识上存在偏差。不了解"公共物品"理论的新发展，将政府主导公共物品建设与运营，片面理解为政府直接投资和经营，限制社会资本进入城镇基础设施领域，这种认识制约了城镇基础设施运用市场机制进行建设。二是对投融资新理论缺乏认识，把握不住。改革开放后，我们开始学习并引进发达国家项目投融资方式如BT、BOT等，并越来越多地运用于城镇基础设施，由于很多管理者对支撑新融资模式的项目区分理论不了解，"知其然不知其所以然"，生搬硬套，虽引进了融资手段，但忽略了相应管理机制的构建，因此在应用过程中出现很多问题，影响了新融资模式的发育和发展，制约了基础设施市场化进程。

2. 金融市场不完善，制约了权益性融资

改革开放以来，包括河南在内的地方政府之所以更多地利用政府投融资平台进行市政建设融资，而没有发展"市政债券"融资，其主要原因是目前我国的金融市场结构仍以银行信贷为主，资本市场不发达，特别是债券市场发展滞后，地方政府尚无权发行市政债券，地方市政建设只能依赖信贷市场，形成了中国特色的以地方投融资平台为主的"财政+信贷"模式。同时，由于资本市场不完善，信托融资、资产证券化等权益性融资限制多；证券市场机构投资者严重不足，保险基金、社保基金、住房基金等大型基金进入基础设施领域少，制约了以债券市场为主的权益性融资发展。

3. 定价收费机制不合理，制约了项目市场运营

目前我国城镇公共产品价格和政策性收费，是参照国家《价格法》由各地自行制定，由政府价格管理部门管制，尚未形成以市场为导向的价格形成机制。由于《价格法》对公共产品价格的定价方法、监管机制等尚无具体明确的规定，目前城镇基础设施缺乏规范的定价标准，定价管理机构和监督体系不完善。加上多数经营性基础设施垄断经营，管理和信息不透明，缺少科学合理的定价机制，城镇基础设施产品市场价格扭曲，使得市场化运营的"项目融资"受到制约，发展缓慢。

4. 管理体制落后，制约了社会资本进入

作为公共基础项目，城镇基础设施建设可谓市场化进程最缓慢、计划色彩最浓重的领域之一，目前仍实行集投资、建设、管理、运营于一体的管理体制，传统的投资决策、管理方式没有根本改变。政府既是主要的投资者，又是运营者，还是监管者，政事不分，政企不分，包揽过多，垄断过多，不仅财政负担重，而且缺乏有效监督，带来了垄断经营项目运营效率和效益较低，也易造成地方政府在政绩冲动下不计成本、不顾风险盲目建设，导致项目投资的合理性和有效性不高。同时，针对新兴市场化运作的项目融资，地方政府应用市场化模式的能力不足，相应的管理体制、监管机制和服务体系建设没有跟上，既没有精通项目评估和管理知识的机构提供专业服务，也缺乏专门的机构监督管理，出现"政府越位"与"服务缺位"并存的现象，没有形成一套行之有

效的间接调控市政、公用基础设施投融资的办法和手段,这也是制约社会资本进入城镇基础设施领域的一个主要因素。

五 创新城镇基础设施建设投融资机制的思路与建议

借鉴先进国家的成熟经验,以新公共物品理论为指导,以市场化为基本取向,运用项目区分理论和可销售评估方式对城镇基础设施分类,确定项目的投资主体、运作模式、资金来源及权益归属等,进行多元化融资建设,构建政府主导、利用市场化机制引导社会资本合作共建的项目分类管理机制,推进城镇基础设施投融资市场化。同时,深化改革,建立完善项目市场运作基础条件,加快城镇基础设施投融资领域改革创新步伐。

1. 更新管理观念,深刻理解并运用公共物品投融资新理论

推进城镇基础设施投融资市场化,必须掌握新理论,树立新观念。一是认识和把握公共物品新理论,正确处理政府与市场的关系。新公共物品理论认为,除国家安全、自然生态保护等纯公共物品外,更多的基础设施属于准公共物品,能够单位化计量的一些设施可以作为私人产品经营。在这三类公共物品建设中政府和市场参与的环节有别、程度不一、手段不同,但无论哪一类公共物品,都需要政府和市场合理分工、共同运作,即便是政府职责的纯公共产品建设,政府也不需要在谋划、融资、建设、运营等各个环节都亲力亲为、大包大揽;即使是经营性的私人产品建设运营,政府也不能一概丢给市场,不顾不管,而应参与项目设计、创造市场化运营条件、全过程监管。发达国家和地区成熟的经验告诉我们,城镇基础设施改革的方向是市场化,但不是简单的、单纯的市场化,而是政府发挥主导作用、利用市场机制运作的市场化,政府和社会必须合理划分政府和社会职责,并设计相应的运行机制进行操作,促进公私合作共赢。二是树立投融资市场化运作新理念,兼顾融资手段创新和运营管理方式改革。推进城镇基础设施市场化运营,其实质是公共设施建设管理运营体制的改革,是激活社会资本参与城镇基础设施的制度设计。没有管理运营体制的改革,创新融资手段就缺乏支撑、不具备条件,而成无源之水,难以持久,甚至还会畸形发展,形成新的问题。因而,我们不能只为上项目,只为解决建设资金不足来谈论创新投融资机制,而必须树立投融资机制改革是管理方式变革的理念,切实着眼于增强公共设施建设与运营主体的活力,充分利用市场机制,设计相关制度、具体操作手段,达到拓展建设资金渠道和提高公共设施运营管理效率低下的双重目的。

2. 构建服务机制,提高政府运用项目区分理论投融资的能力

运用项目区分理论进行城镇基础设施投融资,首先是采用可销售评估方法对具体项目进行分类评估,即按照项目运营中是否有稳定的现金流收入,将公共工程分为经营性项目、非经营性项目和准经营性项目;对应不同项目属性,明确这些项目的投资主体、资金渠道、运作方式和管理模式,合理确定政府与市场的分工。要科学有效地运用项目区分投融资方式,重要的是构建与之相适应的服务机制。建议从河南省实际出发,一是在城建部门成立市政设施项目分类指导机构,配备精通项目评估和管理知识的管理人员,对规划建设的市政设施,组织或委托有关研究单位和人员进行分类评估,提出融资建设模式,纳入项目信息库,指导建设项目分类招商引资进行建设。二是重视发展为市政设施项目分类评估论证服务的社会中介组织,特别是支持具有资质的第三方评估机构,提供城镇基础设施分类评估等基础性服务。三是组织专家培训城建管理人员,让其掌握有关理论和管理方法,为运用项目区分投融资机制提供合格人才基础。

3. 发展债券市场,培育市政债发行基础

发行市政债,是政府通过资本市场举债进行非经营性基础设施建设的一个主要途径,是我国城镇基础设施投融资的重要发展方向。发行市政债首先要有完善的债券市场,这是运用市场机制举债建设城镇基础设施的基础性工作,需要从现在谋划和设计。目前,应根据河南省金融市场发展实际和经济社会发展需要,一方面把发展债券市场作为优化金融结构的重点,加强市场调研,全面系统设计,制定发展规划,配套出台措施,推进债券市场发展;另一方面要积极争取"市政债"发行试点,早日开始地方政府自行发债探索。在市政债市场建立并完善之前,重视和充分利用好银行间市场,积极运用企业债券和城投债券,不断扩大用于城镇基础设施建设的债券发行。同时,重视支持发展债券承销商、信用评级、增信机构等资本市场中介服务机构,培育债券市场发展基础。

4. 加强制度建设，完善公共服务定价和收费机制

合理的价格是吸引社会投资的基础条件，也是准经营性项目和经营性项目市场化运作的必要前提。鉴于公共产品的特性，其价格既要维护公众利益，又要兼顾运营效率，具有不同于一般竞争性领域价格改革的特点，因此，理顺城镇基础设施价格体系，不能简单地"放开"，简单地打破垄断，简单地引入市场竞争，重要的是制度的建立和创新。一是健全价格管制的法律体系，加强公共产品定价原则、定价标准、定价方法、定价程序的制度建设，用法律形式明确价格管制者的权利、责任和义务，以及公众监督的方法和权利，建设公共产品市场竞争机制和政府监管的基础。二是提高社会参与度，健全和完善政府、企业、第三方评估机构和消费者共同参加的价格协调机制，信息透明，运作公开，按成本加合理利润（或合理补偿）的原则，制定兼顾各方利益的合理价格和收费标准。三是加强价格监管。参照国际通行的做法，建立职能比较完备的政府价格监管机构，强化政府监管。同时，支持发展专业性的非政府独立机构（如第三方评估机构、消费者协会等）参与价格监管，通过社会化监管，加强对公共产品定价和价格执行的约束。

5. 加快调整与规范，促进地方政府投融资平台转型发展

目前，通过债券市场发行市政债，以及理顺价格和收费体制促进项目融资，尚处于打基础、谋长远的发展阶段，还需要一个过程，远水难解近渴。就目前看，最现实和具有可操作性的措施是继续利用地方政府投融资平台融资建设。一是针对地方政府投融资平台存在的风险和问题，通过注资、重组、证券化上市等方式做实地方融资平台，推动平台专业化、市场化和规范化发展，增强其市场信用。二是积极推进融资平台公司发行城投债、公司债。目前各地通过地方融资平台发行城投债券规模越来越大，成为市政设施融资的一个新渠道。由于其增信方式主要是土地使用权抵押、第三方担保等政府的隐性担保，城投债偿债机制实际上是政府的财政收入，也正是在这个意义上，城投债成为一种"准市政债"。虽然城投债主要是利用银行间市场和企业债券渠道发行和交易，购买者主要是商业银行和基金，社会性不广泛，投资风险不分散，但不少学者建议将"城投债"规范发展为"市政债"，待债券市场具备条件，这将是地方政府可以自主发行的政府债券。鉴于此，我们应将城投债作为载体，调整与规范地方政府融资平台发展，按照市政债发行制度要求改造地方融资平台，完善平台企业的治理结构，促进其建立决策、管理、执行、监督相分离的新型投融资体制机制，推动平台融资行为市场化；建立投资经营风险防范机制，尽快建立健全相应的债券发行、资金管理和使用制度，债券风险评价、效益评价制度，以及信用评级、专项法律建设、信息披露等基础制度，完善审计管理职能，为城投债发展为市政债奠定良好基础，创造有利条件。

6. 创新体制机制，推进公用设施运营管理市场化

一是转变政府职能，改变传统的投资配置方式，改革落后投资工程管理办法，借鉴英国 PPP 模式，在城镇基础设施建设中，运用项目区分理论，根据不同项目性质和要求，研究如何建立政府与社会资本的合作伙伴关系、风险分担和利益共享机制，形成政府主导、市场化运营的投融资管理与约束新机制。二是放开市场准入，引导民间资本参与城镇基础设施建设，对经营性和准经营性城镇基础设施，要允许一切符合资质的企业进入，创造公平的市场竞争环境。三是改革目前市政设施运营管理事业化、垄断化体制，逐步推行市政项目运营管理委托制，无论何种所有制企业，只要具有资质，只要符合政府要求，就可以通过竞标进入市政设施经营领域，以此推动现有垄断企业或事业单位市场化改革，提高城镇基础设施运营管理效率。

B.16 河南省粮食后"十连增"时期面临的问题与政策要求

刘 云*

摘 要： 如何避免工业化、城镇化加速发展时期农业和粮食生产下滑，是我们在发展过程中面临的难题。作为一个发展中的农业大省，2004年以来，河南在工业化、城镇化快速推进的同时实现了粮食"十连增"，初步形成了工业化、城镇化与粮食生产协调发展的局面。但是，随着经济社会发展和资源环境条件的变化，继续提高粮食生产能力面临一系列新的挑战和问题，需要引起关注并积极应对。

关键词： 粮食 十连增 农业

一 发展成效及面临的问题

河南省地处中部地区，是一个发展中省份，工业化、城镇化水平一直低于全国发展水平。进入新世纪，特别是在2004年人均GDP突破1000美元后，河南省进入了工业化、城镇化加速发展阶段。2012年，河南省第二、三产业占比达到87%，城镇化率42.4%，分别比2004年提高了6.3和13.5个百分点，年均增长0.8和1.7个百分点，高于全国平均水平0.4和0.3个百分点。在工业化、城镇化快速推进的同时，河南省农业基础地位不仅没有削弱，而且

---

* 刘云，河南省人民政府发展研究中心。

得到进一步的加强,粮食产量连年增长。2012 年,河南省粮食产量 1127.7 亿斤,2013 达到 1142.74 亿斤,比 2004 年增加 290.74 亿斤,增长了 34.12%,年均增长 3.3%,连续 10 年创新高,连续 8 年超千亿斤。

河南在工业化和城镇化快速发展时期实现粮食"十连增",主要在于省委省政府高度重视,始终把维护国家粮食安全作为政治责任;通过集约利用土地资源,在一定程度上满足了建设用地增加和耕地保护的双重需求;在农业劳动力大规模外出务工的同时,促进农业现代要素投入,提高了土地产出率。但是,随着工业化、城镇化进程的推进,粮食生产能力的持续提高面临严峻挑战。

(一)主产区进入工业化和城镇化加速推进阶段,耕地保护的压力越来越大

根据《中原经济区规划》,到 2020 年,作为全国重要的经济增长板块,中原经济区工业化、城镇化要达到或接近全国平均水平。正在研究制定的全国城镇化发展规划提出,2020 年全国城镇化率将在目前 52.6% 的基础上达到 60%。2012 年河南省城镇化率为 42.4%,按照《中共河南省委关于科学推进新型城镇化的指导意见》,未来一个时期,河南城镇化率保持年均增加 2 个百分点、年均增加 200 万人口的速度,到 2020 年河南城镇化率将达到 58%,与全国平均水平差距有望缩小到 2 个百分点左右,实现"达到或接近全国平均水平"的要求。

按城镇化年均提高 2 个百分点,年均新增加 200 万人口,人均城镇工矿用地 125 平方米计算,河南省每年城镇化建设合理用地需求约为 37.5 万亩,再加上交通用地、水利设施用地等其他建设用地,全省各项建设新增用地需求每年为 80 万亩。按此推算,未来 3 年就需要占用 240 万亩耕地,到 2020 年就需要占用 640 万亩。但中原地区开发历史悠久,开发程度高,河南垦殖率高达 48%,土地后备资源十分有限。目前我省土地后备资源仅 251.95 万亩,且主要分布在豫南的丘陵山区,开发成本高、利用难度大。空心村、砖瓦窑和建设用地废弃地整理潜力也越来越小,农村宅基地整理又面临着较大的经济成本和社会、政治成本。在后备资源有限的条件下,满足建设用地需求,就要求加快

新型城镇化进程，加快农民向城镇的持续稳定转移，同时加快农村建设用地的整治复耕，保证农村耕地增加的面积大于城镇周边耕地减少的面积。但是，农村土地整治复耕及其指标向城镇转移的体制机制尚不健全，推进的难度也比较大。

如果考虑省内主要农区的发展状况，耕地保护问题就更令人担忧。商丘、信阳、周口和驻马店等黄淮四市是河南的主要粮产区，耕地面积占全省的40%，粮食产量占48%。但同时这一地区也是传统农区，经济社会发展水平一直低于全省平均水平，与中原城市群地区差距更大。2012年，人均GDP仅相当于全省平均水平的62.5%，相当于中原城市群地区的47.9%；一产占比高达25.85%，比全省平均水平高13个百分点，比中原城市群地区高17.3个百分点。由于发展水平低，该类地区一直承担着很大的发展压力。当前，随着工业化、城镇化的深化发展，尤其是地区之间产业转移步伐的加快，传统农区迎来工业化的浪潮，开始通过承接产业转移扩张经济规模。然而，在区域经济发展中，低梯度地区承接高梯度地区的"落后"是必然的，而"承接落后"就意味着必须以这一地区相对富集的土地、劳动力资源和环境容量为代价来发展经济，而这一切最后难以避免地要伤及农业和粮食。

表1　2012年黄淮四市主要经济指标

	全省	黄淮四市		中原城市群地区	
		绝对值	占全省比重(%)	绝对值	占全省比重(%)
生产总值(万元)	29599.31	5742.87	19.4	17349.05	58.6
总人口(万人)	10543	3768	35.73	4262	40.42
人均生产总值(元)	31499	19675.5	62.5	41090.56	130.45
人均财政预算收入(元)	1935.25	649.41	33.56	3133.53	161.9
人均财政预算支出(元)	4748.55	3067.85	64.6	5097.13	107.3
三次产业占比	12.7∶56.3∶31	25.85∶44.39∶29.75		8∶59.71∶32.29	
城镇化率(%)	42.4	34.6		49.8	
粮食产量(亿斤)	1127.7	538.15	47.72	393.01	34.85

资料来源：根据2013年河南省统计年鉴有关数据整理。

但是，作为产粮大县，在国家不能对其发展权进行完全补偿的情况下，地方政府就不能不承担发展的压力，因而就难以遏制这种发展的冲动。在工业化浪潮还没有波及传统农区时，他们在产业发展中没有别的选择，或者说少有别的选择，还能在支农惠农政策的诱导下坚持重农抓粮；一旦有了承接产业转移哪怕是承接落后产业转移的机会，他们有了更多的选择，就不可能再像以往那样，把资源和要素包括基层干部的时间和精力花在粮食生产方面了。

（二）农业投入结构发生变化，增产方式面临调整

在耕地面积不增的情况下，粮食增产会更倚重单产增加。但从现状和趋势看，农业投入结构发生了显著变化，"十连增"赖以实现的主导要素明显弱化，粮食增产面临严重的资源环境压力。

一是化肥等农业生产资料投入增速下降。进入新世纪以来，化肥、农药、农用薄膜等农业生产资料投入继续保持增长势头，但是投入的增长速度出现下降，1990～2002年化肥、农药、农用薄膜投入的年均增长速度为6.7%、9.8%和11.2%；2004～2012年，三项投入的年均增长速度为4.18%、3.01%和5.44%，分别降低2.52、6.79、5.76个百分点。与此同时，在农业从业人员持续大幅度减少的情况下，机械对劳动力的替代率提高，农业机械使用大量增加，标志着河南农业正从高投入以提高土地产出率的增长方式，向利用机械投入提高劳动生产率的增长方式转型。未来一个时期，随着城镇化进程的加速推进，农业从业人员将继续减少，以农业机械大量投入为标志的农业劳动生产率提高将成为现代农业发展的主旋律，土地产出率的持续提高难度加大。

二是不当和过量使用化肥、农药、农膜等带来的环境污染问题越来越严重。2012年，河南耕地亩均化肥使用折纯量已经达到126.71市斤，比全国平均水平高出一倍，比世界平均水平高出7倍多。化肥当季利用率仅为40%，比发达国家低30个百分点，不但造成养分挥发流失和资源浪费，而且导致农业面源污染加剧。同时，化肥使用增加和农家肥、绿肥使用的大幅度减少，导致土壤有机质含量下降、土壤退化板结严重。此外，化肥

的不合理施用，导致农产品中的硝酸盐、亚硝酸盐等累积，影响农产品质量安全。农药利用率低带来的问题也十分突出。农药使用技术水平普遍落后，农民缺乏农药安全使用知识，施药过程不规范，使用的农药只有少部分能沉积分布到靶标生物上，利用率仅为20%～30%，70%～80%的农药流失到土壤、水域或飘失到环境中，由此带来的环境污染问题已经引起了广泛关注。

三是水资源约束趋紧。河南省水资源总量413.71亿立方米，居全国第19位，人均水量和亩均水量400立方米左右，只相当全国平均水平的1/5和1/6，不足世界平均数的1/25，属于严重缺水省份。目前，河南省正常年份缺水40亿～50亿立方米，干旱年份缺水量更大。粮食是一种高耗水作物，而河南是一个严重缺水省份，所以在河南建设全国粮食生产基地，本身就是一对矛盾。同时，农业用水浪费严重，效率低，全省灌区灌溉水利用系数平均不到0.40，水分生产率平均为1.0千克/立方米，不到发达国家的一半。近年来，随着城镇化加快，农业用水占比已降低到60%以下，工业与农业、城镇与乡村争水问题越来越严重，农业用水被挤占问题越来越突出。未来一个时期，如果河南城镇化率以每年2个百分点的高速度提高，城镇化程度越过50%的节点达到和接近60%，用水矛盾将会更加凸显，继续保持和增加现有粮食单产水平，面临着严峻的水资源约束。

可以说，在粮食"十连增"条件下土地承担的压力已经很大，资源环境的弦已经绷得很紧，依靠大水大肥等大规模投入保障粮食增产的条件已经发生变化。下一个时期粮食的增长，可能更多地依赖农业基础设施、农业先进适用技术等公共产品投入的增加。

（三）小规模兼业农户难以适应新的发展要求，农业经营方式面临调整

河南粮食"十连增"是在农户小规模分散兼业经营的微观基础上实现的，但是要在此基础上继续实现粮食增产却比较困难。

一是农户对农业和粮食生产的重视程度下降。随着农户非农收入水平的提高，农民收入构成出现了质的变化，2008年农民人均纯收入中来自农业的收

入首次降低到50%以下，2012年降低到41.22%，这意味着兼业农户整体上正在由以农业收入为主的兼业状态，向以非农业收入为主的兼业状态转化，农业也正在由兼业经营转化为副业生产，农户对农业重视程度下降。近年来频繁发生的农民消极抗灾、双季改单季、滥施化肥农药、种植结构单一等现象，就是在这种背景下发生的。

二是农户难以消化不断上升的农产品成本。从每50公斤主要粮食作物的总成本看，20世纪90年代初期经历了一轮上涨，到90年代中后期增长势头放缓甚至有所下降，2003年以来又出现大幅度增长，进入新一轮的上升通道。以河南省小麦为例，亩均总成本从2003年的279.27元增加到2011年的704.7元，增长152.3%，年均增长12.3%。在总成本构成中，物质与服务费用从180.71元增加到318.6元，增长76.3%，占总成本的比例从64.71%降低到45.2%；人工成本从70.2元增加到187.3元，增长166.8%，占总成本的比重从25.14%上升到26.6%；土地成本从28.36元增加到198.7元，增长600.6%，占总成本的比重从10.15%增加到28.2%，是上升最快的成本。由于用工成本、土地成本上升和物质成本上升，再加上用水成本的上升，同时随着农业经营规模的扩大，家庭农场的资金成本也会增加，河南农业已经无可选择地进入高成本时代。农户小规模分散经营无法取得规模效益，难以有效消化不断增加的农业生产经营成本。

三是小规模兼业农户难以适应农业增长方式转变的要求。在耕地面积无法增加、农业从业人员减少、化肥农药等主要投入品增速递减并将进入下降通道的趋势下，农业发展对科技投入的依赖必然越来越大，要求以提高农业全要素生产率为核心，通过技术进步和改进现代投入的效率，降低农产品成本，提高农业竞争力。就河南省的经验来看，粮食单产从低产到中产，主要靠加强农田基础设施建设，从中产到高产需要农田基础设施建设和科技投入并重，而高产到再高产就主要靠科技了，这就对农业生产者素质提出了更高要求。此外，新时期农业发展面临的资源环境压力不断加大，市场需求的层次也更高，消费者更加注重食物的质量安全，对农产品标准化生产提出了新的要求，需要农业生产经营着既要懂技术，又要会经营善管理，这都是"副业农户"无法完成的。

表2 2004年以来河南省农民人均纯收入结构变化

单位：元，%

年份	2004	2005	2006	2007	2008	2009	2010	2011	2012
农民人均纯收入	2553.2	2871	3261	3852	4454	4807	5524	6604	7525
工资性收入占比	29.53	29.7	31.4	32.9	33.7	33.7	35.2	38.2	39.72
农业收入占比	56.9	56.1	53.9	52.1	50.8	49.5	48.1	43.7	41.22

资料来源：2013年河南省统计年鉴。

（四）人口城镇化滞后于就业非农化，城乡区域关系面临调整

培育专业种粮大户和家庭农场，必须着力减少农业人口和农户数量，加快农民市民化步伐。河南现有农村劳力资源5353万人，劳动力年龄内4800多万人，其中2500万人外出务工，占50%左右。但是在半城镇化状态下，这些农业转移人口转而不移，使得乡村户数不减反增，户均占地不增反减。促进农地流转，发展农业适度规模经营必须立足于减少农户数量，减少农户数量必须致力于推动主产区农民市民化。《国务院关于支持河南省加快建设中原经济区的指导意见》，明确提出中原经济区要探索开展城乡之间、地区之间人地挂钩政策试点，促进农村转移人口市民化。但存在的问题是：第一，河南作为一个农业大省、产粮大省，正处于城镇化加速推进阶段，沿海先发地区的这一阶段是在低成本的农民工制度下完成的，如果河南在这一时期普遍施行"双挂钩"，同步解决农民工市民化的路子，无疑会加大工业化与城镇化的成本，继续拉大地区差距。第二，农民市民化不仅面临着较高的制度门槛，也面临着较高的市场门槛，其中最主要是住房和社保，就农民工目前的收入水平而言，他们普遍没有能力在城镇解决住房和社保问题。

在河南现有的2500多万农民工中，还有1000万流到省外，主要目的地是东南沿海发达地区。这一比例近年来之所以呈下降趋势，固然与产业转移和河南经济发展加快有关，但是城乡之间、地区之间的制度壁垒也是一个重要原因。沿海发达地区不仅是全国城镇化中心，同时还是主要农村劳动力输入省、重点开发区和优化开发区、粮食主销省，在区域协调发展的原则下，不应该再让欠发达的粮食输出省、农产品主产区负担发展的成本。

表3 2004年以来河南省乡村户数变化

年份	2004	2005	2006	2007	2008	2009	2010	2011	2012
农业就业人员(万人)	3235	3128	2655	2910	2837	2757	2698	2655	2628
耕地面积(万亩)	10766.3	10801.8	10803.6	10802.8	10803.3	—	—		
乡村户数(万户)	2016	2026	2025	2033	2037	2046	2061	2062	2066
户均耕地(亩)	5.34	5.33	5.35	5.31	5.30	—	—	5.24	5.22

资料来源：2013年河南省统计年鉴。

二 政策要求与建议

探索不以牺牲农业和粮食、生态和环境为代价的崛起之路，在加快工业化、城镇化发展的同时建设粮食生产核心区，保障国家粮食安全，是河南省肩负的重大使命。然而，根据上述分析不难看出，在城镇化加快发展的同时继续保持粮食稳定增长，是一项十分复杂而繁重的任务，既涉及中央和粮产区、种粮农民的关系问题，也包含城乡区域之间的关系；既涉及农业增长方式的转变，又包含农业经营方式的调整；既要顺应城镇化的趋势，提高农业劳动生产率、资源利用率，又要在高起点上继续提高土地产出率，仅依靠粮食主产省自身的努力是难以完成的。当前及今后一个时期，在城镇化加速推进的同时持续提高粮食生产能力，必须坚持粮食主产区自身努力和国家支持相结合的原则，建议国家从以下几个方面对粮食主产区予以支持。

（一）加大国家对农产品主产区的转移支付力度，构建工业化、城镇化与粮食生产的互动机制，调适国家粮食安全与主产区经济发展之间的关系

第一，加大对主产区的转移支付力度。要按照《全国主体功能区规划》的要求，尽快落实对限制发展的农产品主产区发展权的补偿，加大对主产区的一般性转移支付，使其财力尽快达到全国平均水平，使主产区不因为种粮而吃亏，能够安心重农抓粮，将国家与限制发展区的关系尽快理顺、尽快到位，减

少因补偿不到位而产生的地方与中央博弈的能量损耗。

第二，增加主产区的建设用地指标。在发展权的补偿短时期内难以完全到位的情况下，要正视主产区经济发展与粮食生产之间的矛盾，增加建设用地指标。在这一问题上，要树立动态的耕地红线观和系统的粮食安全观，破除农产品主产区加快工业化和城镇化必然威胁耕地红线、不利于粮食安全的零和思维，确立工业化和城镇化与耕地保护、粮食安全在一定条件下能够良性互动的多赢观念。按照世界范围内城镇化的一般规律，当城镇化处于50%上下时，城镇化将加快发展，河南省目前城镇化率为42%，刚刚跨入这个黄金期，要适时增加建设用地指标供给，支持主产区工业化、城镇化建设，多策并举，构建以工促农、以城带乡、三化互动的多赢机制，不要再走以牺牲工业化、城镇化为代价的强制型、被动式保农保粮路子。

第三，增加城乡建设用地增减挂钩指标，扩大指标使用范围。在未利用地开发潜力很有限的情况下，要增加城乡建设用地增减挂钩周转指标，并允许在城镇化地区和农产品主产区之间调剂使用。目前国家每年安排河南的城乡建设用地增减挂钩指标为5万亩，工矿废弃地复垦调整利用指标为2万亩，要在这个基础上扩大指标额度，促进农村建设用地集约利用。

第四，增加土地整理复垦的投入。在保证农民基本生活的前提下促进公共服务资源适当向城镇集中，引导和帮助农民向城镇集中居住，随着农民的不断减少，通过复耕缩减农村建设用地，使农村耕地增加的速度大于城市周边耕地减少的速度，这是主产区实现工业化、城镇化与粮食生产多赢的内在机理。经过这些年的农村土地综合整治，空心村、砖瓦窑场、工矿废弃地的潜力已经不大，河南近些年已经在尝试推进村庄整合，开展农民宅基地整理。但是对农民宅基地集约利用不同于废弃地、闲置地，仅仅就开发成本而言，其中多一个拆旧建新的费用，更遑论还有巨大的社会成本。因此，要增加土地整理复垦的投入，使主产区能够随着农民市民化程度的提高，顺利地将农民宅基地复垦为耕地，缩短从"人走"到其在农村占用的建设用地复垦为耕地的滞后期，并将建设用地指标周转到本地的产业集聚区、县城或城镇化地区使用。只有这样，才能在耕地面积不减的前提下增加建设用地供给。

（二）加快农民市民化步伐，着力培育专业种粮大户和家庭农场，转变农业经营方式

第一，建立农业转移人口市民财政分摊机制。据现有的研究和调查，目前农民工转市民的公共成本主要包括农民工随迁子女教育成本、医疗保障成本、养老保险、其他社会保障支出、城市管理费用、保障性住房支出等，人均8万~10万元。其中近期主要是子女教育和保障性住房，远期主要是养老保险支出。建议参照义务教育经费的分担办法，建立以中央负担为主的中央、省、市多级成本分担机制，共同承担农业转移人口市民化成本，加快解决后发地区农业转移人口市民化问题。同时，加快跨省流动农民工的市民化步伐。应按照增强重点开发区、优化开发区与农产品主产区的互动，强化城镇化中心地区对欠发达地区的带动，以及粮食主产区和粮食主销区共同承担粮食安全成本的要求，敦促作为劳动力输入地的先发地区接纳跨省流动的农民工，促进农产品主产区的农业现代化。

第二，要尽快出台新型农业经营主体的认定标准和管理办法。2013年和2014年中央一号文件提出要创造良好的政策和法律环境，鼓励发展专业大户、家庭农场、农民合作社、农业产业化龙头企业等新型经营主体，农业部首次对全国家庭农场发展情况开展了统计调查，并初步确定家庭农场的认定标准。但是从现实情况看，各地对专业大户、家庭农场、农民合作社、农业产业化龙头企业等新型经营主体的认识差异很大，在工商登记、政策支持等方面的做法也各异，不利于这项工作的规范有序推进。建议根据中央一号文件精神，一是确定我国农业生产经营方式转变的目标模式，在此基础上对小规模分散农户、大户、家庭农场和工商企业等在农业中的经营领域有一个较为明确的定位。二是考虑到家庭农场的特殊性，为了便于管理，在工商注册时单独设立家庭农场类经济实体，制定相应的准入条件。三是考虑到我国农户自有土地规模小，粮食价格受限，比较收益低，农户租金负担重等问题，建议以注册家庭农场为依据，设立农业地租补贴，为专业化农户和家庭农场开辟应有的利润空间，让专业大户和家庭农场种粮也能得到平均利润。或者，可以转变思路，出台政策，鼓励地方探索对市民化农业人口的农地进行赎买，或置换为城市住房和社会保

障等途径，扩大家庭农场和大户自有土地面积。

第三，建立健全与粮食准公共产品性质相适应的农业公共服务系统。促进农地流转，培育和壮大新型农业生产经营主体，必须同时培育新型农业社会化服务主体。从调查情况看，规模化经营主体在增地、增产和降低成本等方面的作用十分显著，但是也存在自然风险和经营风险加大、土地成本、劳动力成本显化等问题，尤其是对金融、保险和技术培训等服务需求显著增强。新型农业服务主体的生成和发展必然遵循"收益—需求"原则，但是专业种粮大户或粮食型家庭农场的收益空间很小。根据我们在许昌、长葛、临颍、鹤壁等县的典型调查，就粮食种植而言，在土地实现规模化经营后，通过消除田埂、整合沟渠，大约可以增地6%~8%，通过各种增产技术的应用和加强管理可提高单产10%左右，同时通过生产资料集中采购等还可使生产成本降低15%左右，增效作用明显。但同时，算上规模化种植的种种好处，包括粮食种植的物质成本、租金和雇工费用等，种粮大户的亩均投入在1700元左右，按亩产1000斤计，一年两季亩均纯收益仅300多元。如此，新型服务主体的发育就处于有需求无收益的状态，很难刺激市场化服务主体的生成，这就需要公共服务组织来弥补市场缺陷，这是专业种粮大户或粮食型家庭农场发展的重要条件。因此，建议在对农业社会化服务体系进行顶层设计时，要充分考虑到粮食作为准公共产品的性质，及其对社会化服务的特殊要求，重点在农场主培训、科研推广、金融保险等环节构建与农业规模化经营主体相适应的、公共服务占重要位置的服务系统。

（三）促进化肥等主要农业投入品更新换代，重建新型的粮畜互动模式，转变农业增长方式

第一，对粮食产量目标进行动态调节。粮食安全背后就是生态安全，既要保障粮食安全，又不能以牺牲生态和环境为代价。如果考虑到粮食增产背后付出的资源和环境代价，在粮食供需关系不是太紧张的情况下，建议适当淡化对粮食连年增产的过度追求，对增产目标进行动态管理。同时，应采取多种措施，注重粮食流通、加工、消费领域的节约集约利用和消费，形成精细化的、可持续的粮食使用和消费方式。

第二，促进化肥、农药、农膜等主要农业投入品更新换代。根据日本、韩国等土地密集型国家农业发展的经验，随着农业发展方式从以提高土地产出率为主向以提高劳动生产率为主的转变，以增加土地产出率为目的的化肥、农药、薄膜等投入将明显下降。河南省和全国一样，目前已经进入绝对投入量增加、增长速度下降的阶段，未来一个时期，这类投入的绝对量也将进入下降通道，我们要适应资源环境约束趋紧和农产品市场需求不断升级的趋势，按照现代农业测土配方、精准施肥发展的需要，支持主产区加大化肥、农药等涉农产业的改造升级力度，大力发展环境友好型、资源节约型农业，推进农业标准化、集约化生产。一是积极发展新型肥料、低毒高效农药、多功能农业机械及可降解农膜等新型农业投入品。二是优化肥料结构，加快发展适合不同土壤、不同作物特点的专用肥、缓释肥。三是加大对新农药创制工程支持力度，推进农药更新换代。

第三，重建新型的粮畜互动模式。在传统农业条件下，粮畜之间是良性循环的关系，即所谓"过腹还田"。目前，随着畜牧业规模的不断扩大和集聚程度的不断提高，尤其是化肥、除草剂等现代投入品的增加，对农家肥形成了替代，于是粮食作物种植与畜牧业生产之间的循环关系断裂了，"过腹"但不"还田"。考虑到畜粪污染带来的严重危害，过量不当使用化肥对土壤和环境带来的副作用，及化肥生产面临的严峻的能源约束，是否可以考虑重建粮畜互动关系，从改善土壤质量的要求出发，积极探索畜粪还田的途径，开发多种利用方式。同时考虑到农家肥使用较化肥更为费时费力，试行农家肥使用补贴，发展循环农业。

此外，要更加注重发展生态农业。建议重新启动退耕还林政策，合理界定农业边界，优化农业空间开发格局。在农产品主产区开展节能减排、精细化农业耕作管理创新，把粮食生产纳入生态文明制度建设的范畴，以此推动农业生态资源的恢复与发展，提高资源利用率。

（四）加强农业基础设施建设和农业技术创新，重点建设"两大工程"，支持河南探索出一条全新的发展道路

从河南的情况看，粮食播种面积增加的势头难以持续。自20世纪90年代

初期起，河南大宗经济作物棉花的种植面积一路下降，2012年已经降至256.67万亩，比1992年最高峰时减少了991.23万亩。在这一巨大空间内，油料、水果、蔬菜和花卉等作物面积逐步增加，粮食种植面积基本稳定。但是从2004年起，粮食作物播种面积持续增加，占农作物播种面积的比重由2003年的65%提高到2012年的70%。很显然，粮食播种面积的增加并不符合"收益—市场"原则，因为这种增加是在粮食成本不断上升，收益明显低于棉花、水果、蔬菜等产品的情况下"逆势"实现的。但是粮食生产最大的特点是机械化程度高、更省工省时，因此成为以外出务工为主要增收途径的农户的选择。在未来一个时期，随着城乡结构的变化和居民收入水平的提高，膳食结构的提升还有很大的空间，其中居民口粮需求将会进一步减小，肉蛋奶和蔬菜、瓜果、花卉等产品的需求将会明显增加，尤其是随着农业规模化经营主体的成长，利润最大化的大户和家庭农场将对市场变化更为敏感，因而粮食种植面积逆势增加的势头有可能回落。

在耕地面积减少、粮食播种面积下降难以避免的情况下，今后一个时期粮食增产必然更加倚重单产的提高；在主要投入品进入换代期的条件下，粮食单产的提高必然会更加倚重农业基础设施建设和农业科技投入。因此，加强农业基础设施建设和农业科技创新与推广，是一个需要继续强化的政策着力点。为此，河南提出要以加强农业基础设施建设、农业科技创新推广、农业机械化、农业规模化组织化等为重点，推进良田良制、良种良法、农机农艺的有机结合，建设6000万亩永久性高标准粮田。同时，河南还提出要以农业优势资源为基础，以加工集聚地为核心，以农业产业化龙头企业为支撑，加快发展农业产业化集群，形成农业与第二、三产业互促融合的格局。该思路应该说较好地兼容了国家保粮食安全，地方保经济发展，农民要求就业增收的多重要求；兼容了既要顺应城镇化的趋势，提高农业劳动生产率、资源利用率，又要在高起点上继续提高土地产出率的多重目标；既涉及农业增长方式的转变，又包含农业经营方式的调整。同时，这种思路与国家推进高标准良田建设、开展高产创建等支农政策措施高度契合。建议国家重点支持河南"高标准粮田"和"农业产业化集群"两大工程建设，支持河南走出一条"边发展、边反哺"的协调发展之路。

地区报告

Regional Reports

B.17
冀南地区城镇化发展报告

郭艳青*

摘　要： 2012年，冀南两市积极推进城镇化发展，不断扩大就业，调整产业结构，改善城市居民生活条件，提高城镇化发展质量和规模。但在发展过程中，也存在区域中心城市功能不强，产业支撑就业能力有限，基本公共服务供给水平不高，体制机制不健全等问题。因此，冀南地区应积极抓住城镇化快速发展的机遇，不断努力加快城镇化建设步伐，不断提高城镇化发展质量，实现全面稳定的城镇化。

关键词： 冀南地区　城镇化　进城人员　邢台市　邯郸市

冀南地区位于中原经济区北部，包括邢台、邯郸两市，总面积2.4万平方

---

* 郭艳青，中原经济区研究会。

公里，总人口1647.5万，其中，邢台市下辖2区、2市、15县，总面积1.2万平方公里，截至2012年总人口约为718.86万。邯郸市辖4区、1市、14县，总面积1.2万平方公里，其中市区面积450平方公里，截止到2012年全市总人口928.64万。在过去的一年，冀南地区把新型城镇化发展作为有力引擎，强力推进，使得城镇面貌发生了很大变化，城镇规划体系日趋完善，城市管理水平不断提高，城镇化水平稳步提升。与中原经济区整体水平相比，冀南地区城镇化率高出将近2个百分点。

一　冀南地区城镇化发展取得的成就

从过去200多年国际城镇化的发展进程来看，城镇化为人的全面发展提供了巨大的潜在机会，包括促进经济发展和提高人民生活水平，推动公共服务的普及以及提高公共服务质量，推动社会治理的完善，缩小城乡和地区发展的差距等。2012年，冀南地区抓住机遇，顺应时代要求，引导基础设施建设、产业布局、社会事业发展协调推进，在提高城镇化发展质量，切实加快新型城镇化进程方面取得了可喜的成绩。

（一）城镇化稳步推进

城镇化能够有效带动基础设施建设、服务业、文化事业等许多相关产业快速发展。2012年，冀南地区采取了一系列措施大力推进城镇化发展，不断优化产业结构，推进城乡统筹，深化改革，扩大开放，加强环境治理，保障和改善民生，实现经济持续健康发展和社会和谐稳定。同时，冀南地区切实推进重大项目的谋划，积极争取项目列入河北省重点项目计划，利用国家和河北省优惠政策谋求突破，使冀南地区城镇化稳步提升。

1. 城镇化率稳步提升

近年来，冀南地区城镇化率以每年1个多百分点的幅度提升，其中邢台市2012年城镇化率达到42.85%，比2011年增长了1.01个百分点，邯郸市2012年城镇化率达到46.58%，比2011年增长了1.2个百分点，增幅均比较大。特别是和中原经济区主体河南省相比，冀南地区城镇化率比较高（具体见表1和图1）。

表1 河南省及冀南地区城镇化率对比

	城镇化率	增幅(百分点)		城镇化率	增幅(百分点)
河南省	42.4%	1.8	邢台市	42.85%	1.01
河北省	46.8%	1.2	邯郸市	46.58%	1.2

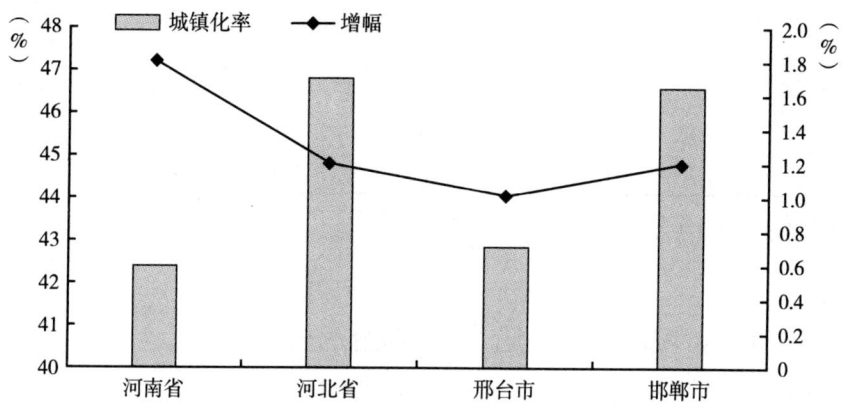

图1 城镇化率及增幅对比

2. 城市体系逐渐完善

2012年《中原经济区规划（2012~2020年）》获得国务院正式批复，根据《规划》，邯郸市将被打造成在中原经济区内具有重要影响力的中心城市和中原经济区与环渤海经济区合作交流的北部门户。为此，邯郸市以中心城区为依托，将主城区周边的峰峰矿区、磁县、永年县、邯郸县、肥乡县、成安县纳入中心城市，实施同城化管理、一体化推进的"1+6"发展模式，扩大中心城市规模和容量，进一步增强核心带动能力，为中原经济区发展带来新的活力与生机。

2012年，邢台、邯郸城镇体系逐渐完善，两市32个县市行政区域土地面积为2.35万平方公里，占河北省全部县市行政区域面积的13.32%，其中邢台市为1.2万平方公里，邯郸市为1.15万平方公里；乡镇达到362个，占河北省全省的20.3%，其中邢台市为162个，邯郸市为200个；村民委员会为9942个，占河北省全省的22.12%，其中邢台市为4834个，邯郸市为5108个；年末总人口达1493.4万人，占河北省全省的24.7%，其中邢台市为

658.3万人，邯郸市为835.1万人；年末总户数为415.27万户，占河北省全省的22.24%，其中邢台市为198.91万户，邯郸市为216.36万户（见表2）。

表2 河北省及冀南地区城镇体系指标值

	县市区个数	面积（万平方公里）	乡镇个数	村民委员会个数	年末总人口（万人）	年末总户数（万户）
河北省	135	17.67	1783	44951	6046	1866.83
冀南地区	32	2.35	362	9942	1493.4	415.27
邢台市	17	1.2	162	4834	658.3	198.91
邯郸市	15	1.15	200	5108	835.1	216.36

数据来源：河北省2013年统计年鉴。

（二）完善城市功能，提高城市综合承载能力

城镇化不仅仅是土地的城镇化，主要是人的城镇化，而城市综合承载能力是关乎城镇化水平的重要方面，城市功能的完善和提升是衡量一个地区城镇化质量的关键因素，也是让进城人员能够更好享受城市设施和便利的直接载体。因此，冀南地区十分重视城市综合承载能力的提高，不断发展经济，完善市政基础设施，提高信息化水平，让进城人员能够真正享受到城市的服务。

1. 城市经济实力有所增强

2012年，邢台、邯郸两市实现城市生产总值936.41亿元，占河北省全省城市生产总值的10.65%，占两市地区生产总值的20.55%，城市地区生产总值增长率分别为4.4%和9.8%。两市人均城市地区生产总值为39576.1元，比河北省全省高出2738.45元，其中邢台市人均城市地区生产总值为30258元，邯郸市为45427元。城市地方财政预算收入完成121.73亿元，比上年增长8.21%，占河北省全省城市预算收入的14.11%。城市固定资产投资853.85亿元，比上年增长13.38%，占河北省全省城市固定资产投资的13.84%。城市社会消费品零售总额为461.6亿元，比上年增长15.52%，占河北省全省城市社会消费品零售总额的7.48%。

2. 市政基础设施不断完善

2012年，邯郸市全市完成城镇建设投资1519.5亿元，完成年度计划的101.3%，970项城建重点项目全部开工建设。其中市政基础设施投资共完成166.26亿元，完成年度计划的102.6%，超额完成河北省下达任务。进一步加快推进东部新城集中供热管网及配套设施和邯郸东郊热电厂建设，三座污水处理厂和市中变电站等项目开工建设；大力推进城市路网升级改造工作，总投资16亿元的四座立交桥项目全部竣工并投入使用，总投资10.6亿元的"三路一场"基本完工，完成19座桥梁的维修改造，改造12条支路小街巷。

邢台、邯郸两市年末实有城市道路面积4789万平方米，比上年增长了3.68%；排水管道长度2370公里，比去年增长了1.59%；公共交通运营车辆3486辆，比去年增长了23.53%；用水人口246万人，比去年增长了9.88%；用煤气人口207.07万人，比去年增长了11.21%（见表3）。

表3 城市基础设施指标值及增长率

	河北省	冀南地区	邢台市	邯郸市
城市道路面积(万平方米)	20506	4789	1530	3259
增长率(%)	2.05	3.68	6.62	2.36
排水管道(公里)	11916	2370	806	1564
增长率(%)	2.64	1.59	0.62	2.09
公共交通运营车辆(辆)	14610	3486	1267	2219
增长率(%)	2.66	23.53	22.65	24.04
用水人口(万人)	1202	246	89.75	156.25
增长率(%)	2.73	9.88	26.64	2.11
用煤气人口(万人)	815.06	207.07	76.8	130.27
增长率(%)	-13.56	11.21	26.94	3.64

数据来源：河北省2013年统计年鉴。

3. 信息化水平提高

2012年，邢台、邯郸两市电信业务总量达92.1亿元，比去年增长13.17%；固定电话用户达182.89万户，比上年增加2万户；移动电话用户达1048.2万户，比上年增加194.1万户（见表4）。

表 4 信息化水平指标值

	冀南地区	邢台市	邯郸市
电信业务量(亿元)	92.1	38.39	53.71
固定电话用户(万户)	182.89	95.1	87.79
移动电话用户(万户)	1048.2	408.2	640

数据来源：邢台市和邯郸市 2013 年统计公报。

此外，邯郸市互联网用户为89.2万户，增加15.3万户；有线电视用户达到61.4万户，有线电视入户率为23.5%；广播、电视综合覆盖率分别达到99.98%和98.88%。邢台市2013年末局用电话交换机总容量达到698.4万门，比上年末减少169.3万门。固定电话用户达到95.1万户，增加2.6万户，其中，城市电话用户50.5万户，减少0.5万户；乡村电话用户42.2万户，增加4.1万户。

4. 环境质量趋于改善

2012年，邯郸市大力淘汰落后产能，扎实推进"循环经济试点市"建设。出台"改善发展环境20条意见"，市本级行政许可事项从206项削减到119项，66项涉企收费项目取消18项、免征22项；实施7项改善生态环境集中整治和攻坚行动，8个重点区域大气环境综合整治行动全面展开。邢台市编制完成了《邢台市城区地下水饮用水水源保护区划分调整技术报告》，并通过河北省政府批复实施；制定了《市区大气污染综合整治实施方案》；编制完成了《邢台市生态环境保护"十二五"规划》。全年完成造林面积28178公顷，比上年增加13847公顷，增长96.6%，全市林木覆盖率达到25.75%。

节能减排工作成效显著。2012年，邯郸市淘汰落后生铁产能85万吨、水泥396万吨，单位生产总值能耗下降7.37%，完成年初目标的189.5%。氮氧化物削减量均达到全省平均水平。邢台全市规模以上工业企业综合能源消费量1254.7万吨标准煤，比上年下降3.43%；单位工业增加值能耗1.995吨标准煤/万元，比上年下降14.6%；单位GDP电耗为1344.6千瓦时/万元，比上年下降6.9%。关停取缔71家不符合国家产业政策、工艺落后、污染严重的化工等涉水企业；对34家布局不合理的化工等涉水企业进行规范整合，实现集中治污。

（三）产业结构调整步伐加快，为城镇化提供产业支撑

冀南地区一直以重工业为主要支撑产业，特别是邯郸市钢铁、煤炭、建材等一直居主要地位，这些产业吸纳就业能力有限，因此，要想有效推进城镇化发展，就必须加快推进产业结构优化升级，促进产业集聚、产城融合，延长产业链，发展相关产业，以产业发展带动人口转移，进而不断提高城镇化发展质量与规模。2012年，冀南地区加快产业结构调整步伐，不断促进产业转型升级，注重提高第三产业，大力发展服务业，增强产业吸纳就业能力，通过政策支持、建立产业园区等措施倡导产业集中集聚，有效促进了产业的融合发展，为城镇化提供了产业支撑。

两市产业结构不断优化，第三产业比重不断提高。2012年，邢台、邯郸两市城市三次产业增加值比例为1.10∶55.23∶43.67，与2011年相比第一产业下降了0.07个百分点，第二产业下降了2.3个百分点，第三产业上升了2.37个百分点（2011年两市城市三次产业增加值比例为1.17∶57.53∶41.3），其中，第三产业增加值为408.93亿元，比去年增加了21.36亿元，且比河北省全省平均水平高出8.37个百分点。非农产业增加值比重为98.9%，比2011年增加0.1个百分点，比河北省全省平均水平高出10.9个百分点。

产业集聚可以增强规模效应，提高生产效率，促进产城融合，带动城镇化发展。2012年，冀南地区注重产业集聚发展，共有省级开发区38家，比去年有较大幅度增加。其中，邯郸市按照"统筹规划、突出特色、优化布局、有序建设、节约用地、持续发展"的原则，明确园区产业定位，突出产业特色和比较优势，加强基础建设，优化发展环境，园区在项目上的支撑作用显著增强。其省级开发区（园区）增至15家，还有5个园区已报河北省待批。省级开发区全年发展情况见表5。

表5 邯郸市省级开发区发展情况

	地区生产总值（亿元）	财政收入（亿元）	出口总额（亿美元）	实际利用外资（亿美元）	固定资产投资（亿元）
数 值	647.59	47.49	14.13	2.63	665.18
增长率(%)	30.20	31	30.80	32.10	31.50

邢台市 2012 年新增省级开发区 4 家，使省级开发区数量达到 23 家，且县县均建有省级园区（开发区、工业聚集区），成为河北省全省实现省级园区全覆盖的两个城市之一。清河县建设了羊绒科技孵化园区，配建科研中心和进出口检验中心，吸引了上千家中小企业入驻，使清河羊绒制品更上一层楼。内丘县实施生态发展战略，"工业出山区、项目进园区"，不仅生态环境得到了保护，工业企业在园区形成产业链条，产量、销售大幅提升。工业聚集区投资快速增长，首批 6 个省级工业聚集区在建施工项目 153 个，完成投资 182.9 亿元，占全市城乡建设项目投资的比重为 16.7%，比上年增长 29.9%，快于全市固定资产投资增速 8.7 个百分点（见表 6）。

表 6 邢台市工业聚集区情况

项目名称	施工项目(个)	完成投资(亿元)	增长率(%)
旭阳(邢台)工业聚集区	7	11.5	91.00
隆尧县东方食品城园区	20	29.4	115.90
宁晋县西城工业聚集区	15	20.3	13.30
清河汽摩工业聚集区	24	18.7	34.60
南宫市工业聚集区	33	25.4	8.30
沙河市金百家民营工业园区	54	77.7	28.50

数据来源：2013 邢台市统计公报。

通过产业转型升级和产业园区的集聚，冀南地区吸纳就业能力不断增强，从业结构不断优化。2012 年，两市三产就业人员比例为 0.02∶51.96∶48.02，与 2011 年相比，第一产业就业人员下降了 0.09 个百分点，第三产业就业人员上升了 1.9 个百分点（2011 年三产就业人员比例为 0.11∶53.77∶46.12）。两市年末单位就业人员为 45.94 万人，比去年增加了 2.2 个百分点，占河北省全省城市年末单位就业人员的 15.51%。城市第二、三产业就业人员 45.93 万人，比上年增长了 2.29%，占河北省全省城市第二、三产业就业人员的 15.56%。其中，三产就业人员为 22.06 万人，比去年增长了 6.42%（见图 2）。

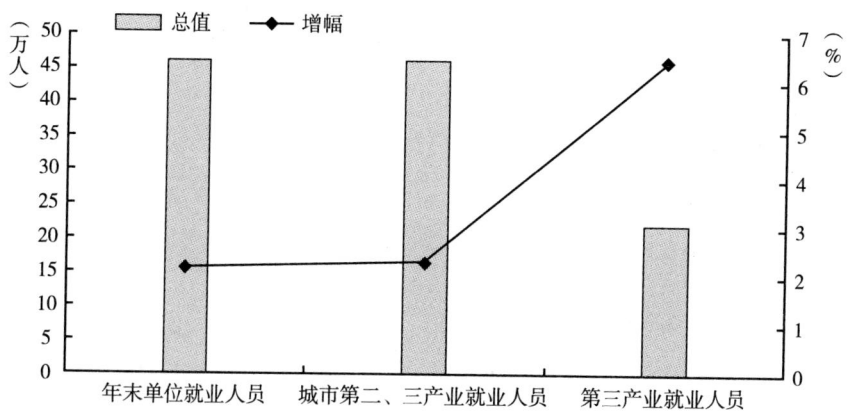

图 2　冀南地区从业人员结构

数据来源：河北省 2012 年和 2013 年统计年鉴。

（四）推进农业现代化，促进农村富余劳动力转移

农业现代化水平的提高，可以有效释放农村富余劳动力，推进人口向城镇集聚，进而推进城镇化。2012年，冀南地区不断提高农业现代化水平，提高农业规模化经营与机械化经营，深化农村体制改革、土地流转制度建立，积极推进农村转移人口离农机制，发展现代特色农业、生态农业，加强离农人员劳动技能培训，促进富余劳动力转移。

1. 农业机械化程度提高

2012年，冀南地区农业机械化率均达到60%以上，其中邢台市为61.9%，比上年提高1.0个百分点；邯郸市为62.3%，比上年提高1.5个百分点。

从图3可以看出，冀南地区整体机械化水平有所提高，特别是机收面积提高迅速，增速高于河北省平均水平。机械化水平的提高，可以很好地促进农村剩余劳动力的转移。

2. 土地流转成效显著

土地是最重要的生产要素之一，土地流转能够有效改善土地资源配置效率，进一步激活农业剩余劳动力的转移，为农业规模化、集约化、高效化经营提供广阔空间。2012年，冀南地区积极推进农村土地的流转，让更多农村富

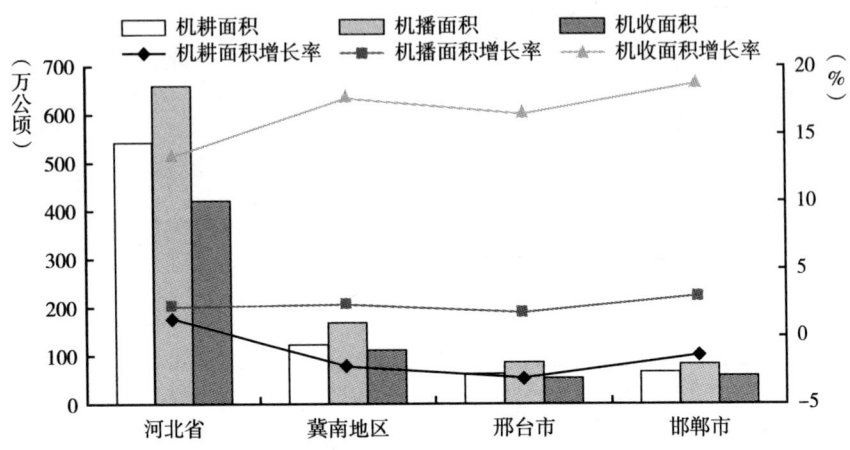

图3 农业耕作机械化水平指标

余劳动力转移。

截至2012年底,冀南地区农村土地流转面积285.9万亩,流转率为15.84%,规模经营面积达181.2万亩。其中邢台市土地流转面积137.2万亩,比去年增长21万亩;流转率为15%,比去年提高2.3个百分点;规模经营面积达87.9万亩,比去年增长15.9万亩,规模经营户效益高于分散经营10%。邯郸市土地流转面积148.7万亩,流转率为16.7%,规模经营面积达93.3万亩,规模经营主体达10000多家,百亩以上的为1068家,并且在214个乡镇全部建立了土地流转服务中心,为农民提供更好更优质的政策咨询、纠纷调解等服务(见图4)。

3. 规模经营提高

农业规模经营是现代农业发展的必然要求和重要标志,冀南地区农业目前正处在传统农业向现代农业转型过程中,现代生态农业、特色农业、农业产业化的快速发展都对农业规模经营提出了迫切要求。现在,冀南地区农业规模经营主体是农民专业合作社、专业大户、农业产业化龙头企业及工商企业四种类型。农民专业合作社、产业化龙头企业和涉农企业是农业规模经营的主力军。

截至2013年6月,邢台市共有农民专业合作社2882个,其中国家级示范区2个,省级示范区51个;成员总数25312人,其中农民24459人,占总人数的96.63%,企业单位38家;出资总额285956万元,2012年实现总收入

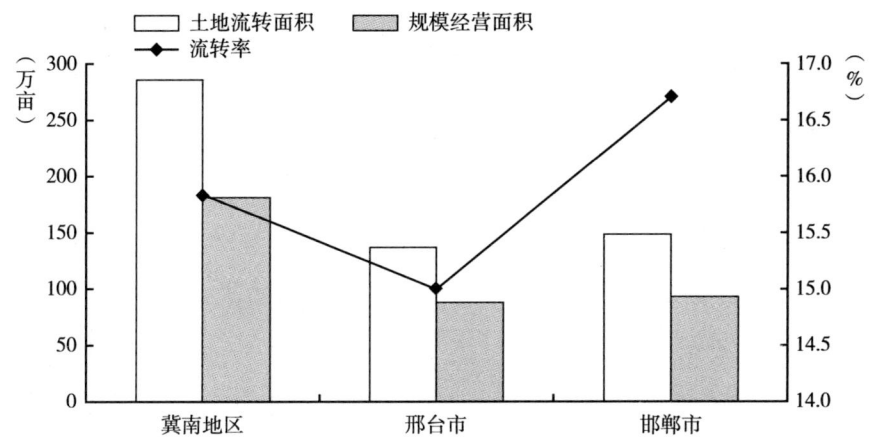

图 4　冀南地区土地流转及规模经营指标

21.2亿元，总利润1.46亿元。成立了邢台市农民合作社行业协会，加强对农民的政策和技术指导。邯郸市则加强龙头企业带动，通过鼓励农业产业化龙头企业连片经营土地，建设规模化原料基地，进而促进规模经营。此外，邯郸市还通过政策、资源等引进外来资本，吸引外来客商投资，从而带动农民进行集约化规模化生产。

2012年，通过农业现代化水平的提高，经营规模的扩大，土地流转的增加，冀南地区转移农村劳动力10万余人，且使享受城市最低生活保障的居民达到22.6万人，享受农村最低生活保障的农民达到48.5万人，有效促进了城镇化的发展和人口的集聚。

（五）推动社会发展，建立转移人口社会保障机制

2012年，为了更好地推进城镇化的发展，增强外来人员的归属感和幸福感，冀南地区加强了转移人口的社会保障建设，无论是就业服务、教育、医疗，还是住房、社会保障、生活环境等，都取得了明显的进步。

1. 收入水平提高，消费结构优化

邯郸市城镇居民人均可支配收入突破2万元，达21739.97元，比上年增长12.5%；农民人均纯收入达8447元，比上年增长14.7%；城镇居民人均消费支出为12413.21元，农民人均生活消费支出为4023元。邢台市城镇居民人

均可支配收入达 18639.38 元,比上年增长 12.3%;农民人均纯收入达 6601 元,比上年增长 13.5%;城镇居民人均消费支出为 12090.37 元,农民人均生活消费支出为 4258 元(见图 5、图 6)。

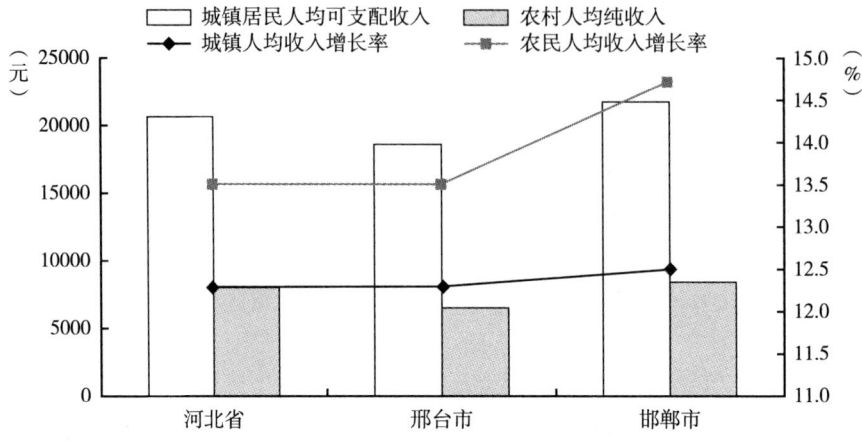

图 5　城镇和农村人员收入指标

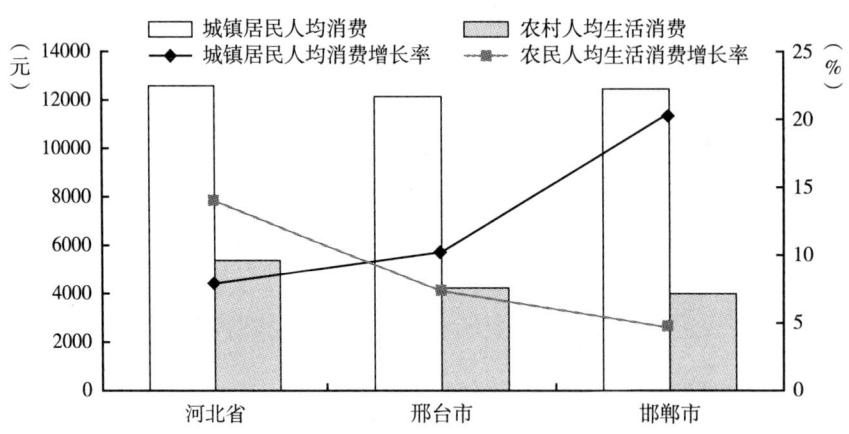

图 6　城镇和农村人员消费指标

2. 推进住房建设,改善居住环境

为解决城镇居民和进城人员住房问题,改善其居住环境,冀南地区积极发展房地产和建设公租房,不断加大回迁房建设,全力推进棚户区改造,扩大绿地面积。2012 年,邯郸市城镇居民人均住房建筑面积 28.7 平方米,农村居民人均住房面积37.9平方米。主城区回迁房建设全力推进，已开工回迁房项目80个、开工面积480.1万平方米、4.5万套，分别占应建回迁房面积、套数的81%和79%；保障性住房已开工建设2.2万套，占责任目标的124.2%，竣工6359套；棚户区改造已开工建设3.6万套，占责任目标的110.2%，竣工1.03万套。园林绿地面积达8029公顷，比去年增长0.41个百分点。邢台市农民人均居住面积达34.2平方米，比去年增加0.2平方米。园林绿地面积达3783公顷，比去年增长0.32个百分点（见表7）。

表7 居住面积及环境指标

	河北省	邢台市	邯郸市
园林绿地面积(公顷)	55600	3783	8029
园林绿地面积增速(%)	1.76	0.32	0.41
建成区绿化覆盖面积(公顷)	52435	2830	5768
建成区绿化覆盖面积增速(%)	-0.84	0.53	0.66
城镇居民人均住房面积(平方米)	32.5	33.79	28.7
城镇人均住房增速(%)	0.90	33.35	28.9
农民人均居住面积(平方米)	36.4	34.2	37.9
农民人均住房增速(%)	2.60	34	37.9

数据来源：两市统计公报和河北省2013年统计年鉴。

3. 不断提高保障水平

2012年，冀南地区先后出台多个配套政策文件，从就业专项资金的使用管理、公益性岗位管理、《就业失业登记证》异地发放、家庭服务业发展、农民工工作等方面，进一步规范了各项制度，完善了政策体系。为高校毕业生、农村富余劳动力和城镇就业困难人员搭建平台；帮助下岗职工自谋职业、自主创业；开展各种培训项目，提高就业人员的劳动技能和市场择业的竞争力。同时，将就业与养老保险、医疗保险、工伤保险、劳动监察等紧密结合，使就业人员充分享受应有的社保待遇。邢台市于2012年10月30日批准印发了《关于推进户籍管理制度改革的实施意见》，文件以统筹推进工业化、城镇化和农业现代化，促进中小城市和小城镇协调发展，引导非农产业和农村人口有序向建制镇和城市转移为思想，简化手续，强化配套措施，积极推进户籍制度的改革与创新。

2012年，冀南地区新增就业18.55万人，其中，邢台市6.25万人，邯郸市12.3万人。此外，邢台市城镇基本养老保险参保人数达56.1万人，参保职工人达39.7万人，参保离退休人员达16.4万人。企业养老金发放率达100%，建立城镇社区服务设施达171个。2012年筹集社会福利资金达7410.2万元，且直接接受社会捐款达到1220.9万元。培训补贴支出达514万元，惠及8000多人，在河北省位居第一。在2012年7月底，邢台市农民工参保人数达16.28万人，提前5个月完成河北省下达农民工参加工伤保险的任务。邯郸市城乡居民养老保险制度实现全覆盖，且在2012年9月颁布实施了《邯郸市2012年农村劳动力培训阳光工程项目实施方案》，从农业职业技能、农业专项技术、安全生产法规等方面对返乡农民工进行了培训指导，使邯郸市转移农村劳动力达到8.4万人，比去年有所提高。

二 冀南地区城镇化发展面临的问题

2012年，冀南地区城镇化建设过程中虽然取得了很大的进步，但也依然存在一些问题。

（一）城镇化水平整体不高

和中原经济区主体河南省相比，冀南地区城镇化率比较领先，但和全国52.57%的城镇化水平相比，还比较落后，和河北省其他城市相比，冀南地区城镇化率同样不高。据河北省统计局统计，2012年末，河北全省城镇化率为46.8%，而唐山市、石家庄市、廊坊市城镇化率超过50%，分别为53.60%、53.47%和50.60%。其他市依次为：秦皇岛市49.67%，张家口市47.63%，邯郸市46.58%，沧州市44.03%，邢台市42.85%，承德市41.92%，保定市41.58%，衡水市41.39%。具体比较见图7。从图中可以看出，邢台、邯郸两市城镇化率比较靠后，且均低于河北省平均水平，其中邯郸市居第六位，邢台市居第八位。

2012年，邢台、邯郸两市地区生产总值和河北省其他城市相比，水平也比较低。特别是邢台市，整体发展指标排名均比较靠后。从城市地区生产总值

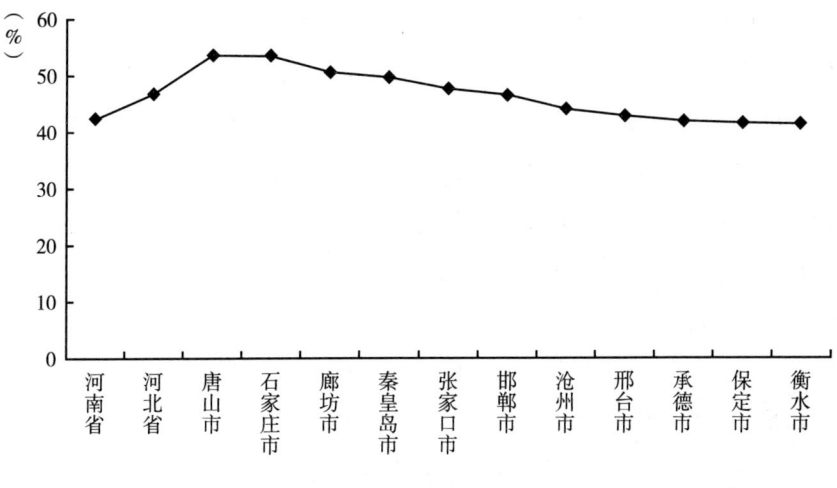

图7 城镇化率对比

看,邢台市在11个城市中排名第9位;从城市地区生产总值增长率看,邢台市排名倒数第一,且其数值明显低于其他各地市;从人均地区生产总值看,邢台市同样居倒数第一,情况不容乐观。

区域性中心城市功能不强,辐射带动能力有限。特别是邯郸市地处晋冀鲁豫四省交界区域,铁路交叉、公路交汇、机场通航,具有"东出西联、贯通南北"的独特区位优势,且在中原经济区规划中定位于连接北部环渤海经济区的门户,战略地位比较重要。但如何利用这个优势,扩大城市辐射带动能力,冀南地区还没有统一的规划与蓝图,需要进一步制定实施细则和规定。此外,冀南地区农民工"半城市化"问题也比较突出,户籍人口和常住人口之间还有很大差距,进城务工人员大部分还处于候鸟式迁徙状态,还没有真正在城市稳定下来,这些都需要通过不断改进相关政策和设施来改善。因此,冀南地区城镇化发展的道路还很长。

(二)城市支撑体系建设有待加强

城镇化本质上是一场以人为中心、以城乡统筹、城乡一体、产城互动、节约集约、生态宜居、和谐发展为基本特征的城镇化,是大中小城市、小城镇、新型农村社区协调发展互促共进的城镇化。其基本内容是以人为本的城镇化,所以只有不断改进民生,提升人民的生活质量,增强城市支撑体系,才能实现真正意义上的城镇化。2012年，冀南地区支撑体系建设取得了一定的进步，但还存在很大差距。邢台市城镇居民人均住房面积为33.79平方米，比上年下降了0.44平方米；城市公共图书馆邢台市仅有一个；年末实有出租车数量两市共7733辆，比去年减少3400余辆。城市基础建设方面，冀南地区也存在很大差距，特别是邢台市，各项指标占比均不高。年末实有城市道路面积邢台市仅占河北省全省的7.46%；排水管道长度占6.76%；供水综合生产能力占7.25%；液化石油气供气总量占6.38%；公共交通运营车辆占8.67%；年末实有出租汽车占7.71%，关乎基础的这些指标占比均不足10%，差距较大。

冀南地区工业结构中水泥、钢铁、建材等行业占的比重相对较大，特别是邯郸市，是河北南部的钢铁、纺织、电子基地，因此，大气污染问题相对突出，生态环境的治理任务更加艰巨。2012年，按国家环境空气质量新标准，邢台、邯郸均不达标。2013年，按新标准6项指标进行监测，1月1日至5月20日，邢台、邯郸均连续出现雾霾天气，超过新标准，甚至出现了重度污染和严重污染的情况。数据显示，在这140天中空气质量为优良的天数不足25天，且重度污染和严重污染的天数多于55天，在环保部发布的2013年中国空气质量最差十大城市中，邢台、邯郸均榜上有名。这些问题都影响着城镇居民的生活水平与质量，只有不断完善城市基础设施建设，改善环境质量，才能不断吸引外来进城人员在城市落脚生根，扩大城市规模。

（三）产业发展层次不高，吸纳就业能力有限

1. 产业结构还不够合理

2012年，冀南地区第二产业占比55.23%，第三产业占比43.67%，虽然第二产业比例有所下降，但依然高于河北省52.7%的平均水平，第三产业占比还需继续提高。与全国相比，第二产业高于全国平均水平9.93个百分点，第三产业低于全国平均水平0.93个百分点，同样存在差距。分市来看，邢台市第二产业占比居河北省第3位，第三产业占比仅居第7位；邯郸市第二产业、第三产业占比均居第6位。特别是邯郸市，一直以钢铁等重工业为主，第三产业发展较为落后，服务业带动就业能力不足，在当前需要不断化解过剩产能的背景下，产业转型显得更为迫切。因此，冀南地区必须不断调整产业结

构,扩大轻型服务业规模,从而吸纳更多就业人员。

2. 特色产业不突出

冀南两市历史悠久,文化底蕴丰厚,如何有效利用这些资源,将优势转化为真正的市场,带来人口和产业的集聚与发展,有效促进城镇化的不断推进,邢台、邯郸两市还需不断努力。截至2013年8月,河北省有5个国家级经济技术开发区,但是邢台、邯郸两市没有一个;2012年,河北省共有省级开发园区、工业区等177个,邢台、邯郸两市仅有38个,占21.47%。邢台辖区内有世界最大的羊绒及制品集散地、被誉为"世界羊绒之都"的清河县;有中国最大的轴承生产销售集散地临西县。邯郸市有以永年、曲周等为主的蔬菜产业,以涉县、武安等为主的干鲜果品产业,以临漳、肥乡等为主的食用菌产业……两市特色产业都比较多,但是形成市场和知名度的却比较少,就业吸纳能力还没有完全开发出来,因此产业特色推广和集成还需继续提高。

3. 人员结构还需提高

2012年末冀南地区城市单位就业人员一产占比虽然不高,但是二产占比51.96%,比三产占比48.02%高出3.94个百分点,其中邢台市高出7.4个百分点,邯郸市高出将近2个百分点。和河北省其他城市相比,已有6个城市三产占比高于二产占比,邢台、邯郸两市居于中后位置。在私营和个体就业人员中,邢台、邯郸两市为19.81万人,占河北省全省的19.59%,其中邢台市仅为6.44万人,在河北省排名倒数第4位。

(四)体制机制不健全,人口转移配套改革落后

城镇化主体是城市市民、农民工及失地农民,如何改善他们的生活,保障他们的权利,是决定城镇化发展质量的关键。特别是在户籍制度改革、农民工基本公共服务、保障性住房建设、土地利用等方面,冀南地区更要不断推进。2012年2月23日,《国务院办公厅关于积极稳妥推进户籍管理制度改革的通知》(国办发〔2011〕9号)发布,要求各地区、各有关部门认真贯彻国家有关推进城镇化和户籍管理制度改革的决策部署,积极稳妥推进户籍管理制度改革。

2012年,邯郸市保障性住房虽已开工建设2.2万套,但仅竣工6359套;

棚户区改造虽已开工建设3.6万套，但仅竣工1.03万套。这和巨大的进城务工人员相比，只是杯水车薪。社会保障方面，养老、工商、医疗等和进城人员生活息息相关的保障制度，普及还不够全面，不同城市之间社保待遇也还没有完全接轨，进城务工人员还没有真正享受保障生活的便利。户籍制度改革方面，2012年河北省出台了《关于推进户籍管理制度改革的意见》，但邯郸市还没有出台相关政策，邢台市虽然出台了政策，但很多优惠政策和规范仅限于已登记转户的城镇居民，且有收入情况和实际生活条件指标的限制，对于没有入户或者不够入户条件的农民工和外来人员没有特别详细的政策支持。邢台市虽然设立了返乡农民工培训机构，但培训指导的农民工不足万人，实际效果不明显。邯郸市农民工欠薪情况依然存在，2012年底，市本级劳动监察部门共受理欠薪投诉举报案件267起，涉及2000余人近700万元款项。这些都要靠冀南地区不断完善机制体制来减少和避免，只有体制机制逐步完善，才能从根本上增加进城人员的幸福感和融入度。

三 冀南地区城镇化发展思路与建议

2013年12月12日～13日中央城镇化工作会议在北京首次举行，会议指出，城镇化是现代化的必由之路。在全国城镇化大力推进的形势下，冀南地区也面临着自己的发展机遇。首先从发展阶段看，我国和中原经济区已进入城镇化加速推进阶段，将带来更多的机遇与挑战，并且也将带来更多的资源与变化。其次从政策环境看，国家"南资北移"趋势明显，有利于冀南地区承接产业转移，优化产业结构。中原经济区规划提出依托邯长—邯济铁路、晋豫鲁大能力运输通道和青（岛）兰（州）高速，推动邯郸、邢台等沿线工业城市振兴发展，形成支撑中原经济区北部省际交汇区域发展的经济带。河北省十二五规划将冀南两市作为战略重点，进一步明确了区域中心城市的定位。冀南地区自身也具有良好的经济基础和发展条件以及特色产业，邢台市"一城五星"城市框架初步形成，"东出西联，南承北接"重大交通项目进展顺利，邯郸市"1+6"中心城市格局加快形成，辐射带动效应日益增强，这些都为冀南地区城镇化发展带来了机遇。

在将城市群作为主体形态的背景下，京津冀将会迎来深度调整，河北地区有很大机会，作为河北地区一部分的冀南两市应顺应时代发展潮流，抓住难得机遇，积极对接中原经济区和京津经济圈战略规划，结合自身优势特色，努力加快城镇化建设步伐，不断提高城镇化发展质量。把促进有能力在城镇稳定就业和生活的常住人口有序实现市民化作为首要任务，不断调整产业结构，扩大就业人员数量，完善社保体系，根据资源环境承载能力构建科学合理的城镇化宏观布局，促进城市和小城镇合理分工、功能互补、协同发展，建立空间规划体系，推进规划体制改革，完善地方税体系，真正实现城镇化。

（一）强化产业支撑，不断扩大就业

强有力的产业支撑是城镇化发展的重要基础，因此，冀南地区应加快构建以高新技术产业为引导、以传统产业为依托、以基础产业为支撑、以现代服务业全面发展为目标的现代产业体系。在构建过程中，要切实发挥高新技术产业的指引作用，提高其对经济增长的贡献率；要显著提高传统优势产业的技术改造和进步，增强其实力和竞争力；要进一步发展基础产业，加强其对经济增长的保障和支撑能力。此外，要合理有序地引导工业企业退出原在市区，进入发展园区，积极发展一批污染少的高新技术项目，加快产业园区和集聚区的发展。服务业作为吸纳就业最重要的渠道，具有低能耗低污染的特点，因此，全面发展现代服务业是提升实力、增强活力的关键所在，也是调整产业结构的重要方面。

实施积极的就业政策，广开就业门路，适当放开部分行业准入门槛，鼓励企业招收本地工，进一步促进广大失地农民就地工作，帮助他们更好地转换为产业工人。营造健康积极的创业环境，以创业带动就业，从而更好更快地解决不同阶层、不同人员的就业问题。合理引导传统产业向现代产业转变，增强其吸纳就业能力，以发展带动就业。积极打造完善合理的就业服务体系，完善就业人员培训和保障机制，以服务带动就业。大力发展职业教育，提高职业培训的动态管理水平，结合市场供需，进一步提高培训就业率。

（二）注重政策引领，增强城市管理

1. 强化政策引领支持

制度的供给和需求是影响一个国家和地区经济社会发展的核心变量和重要因素。在城镇化日益重要的今天，冀南地区必须破除旧的、不合时宜的思想和制度，构建科学合理、行之有效的制度体系，科学编制城镇化发展规划，合理引导产业布局，从而为新型城镇化健康发展指明方向，提供依据。

2. 加强城市管理

提高城市精细化管理水平，积极探索城市管理模式的市场化，开拓创新城市管理的有效途径，推进精细化管理模式向县城延伸，加大道路街巷的整治力度，开展治理脏乱差的专项行动，清理占道经营、私搭乱建现象，不断加强基础设施的建设，全面扩大城市的绿化面积，提高城市的清洁程度。邯郸市应加快"智慧邯郸"建设，促进城市网络化、智能化、个性化发展，实现数字化功能的全覆盖。邢台市应加大信息技术推广力度，加快数字化平台的建设，强化对主要街道、交通环境、重点社区的综合整治。

（三）突出统筹区域发展，加快调整空间布局

1. 积极推进城市新区建设

邯郸市应加快东部新区的开发建设，尽快开工建设客运枢纽中心，加快文体、科技活动中心等项目的实施推进，积极推动教育园区的发展，进一步奏响东部新区开发的号角。同时，要不断完善西部城区的基础设施建设，实现城市的均衡良性互动发展。邢台市应立足邢台新区，通过招商引资、政策支持等途径尽快开工建设，同时要不断完善道路、通信等基础设施建设，加快创业服务大厦的续建工作。此外，应完善体制机制，提高七里河新区的建设速度，完善高铁新区的规划。

2. 优化市县乡发展格局

邯郸市应把县域经济作为区域协调发展的着力点，按照不同区域发展重点的不同，划分为中、东、西部，支持实力强县，扶持经济弱县，努力构建区域

协调发展的良性格局。同时，在建设过程中应注意彰显特色，完善制度，突出优势，加快商场、广场、道路等基础设施的建设，提高城市综合承载能力。并以此为依托，启动编制区域发展规划，加大高新技术产业的支持力度，重点培育成安制管、大名面粉、广平建材、馆陶新型化工等特色产业，注重上下游产业的统一集群发展，提高相关产业的规模效应，加快形成产业优势。邢台市应以完善基础设施为重点，加快区域建设的统筹规划，提高环境优良县市的数量和质量。有重点地培育特色中心镇，加快商贸型、旅游型或工业型小镇的建设，鼓励冀中能源、德龙钢铁、旭阳焦化等大型企业合并临近村镇，建设成特色新型小镇，从而促进企业和乡镇的共同发展。加快建设"一个中心（市区），三个次中心（宁晋、清河、隆尧）"的城镇体系，加快人口聚集。同时，努力提高宁晋、清河、隆尧三个"次中心"的县域特色产业规模，加大其品牌宣传力度，从而有效吸引周边人口，发展劳动密集型产业，进而良性带动人口向城镇有序流动。在此人口流动过程中也应及时进行社会保障、教育医疗、公共服务等配套设施的建设。

（四）完善社会保障体系，提高进城人员生活质量

促进有能力在城镇稳定就业和生活的常住人口有序实现市民化，是未来一段时间城镇化发展的首要任务，冀南地区应顺应潮流，加快推进小城镇建设，加大户籍制度改革力度，让农民工真正进入城市并融入城市。因此，应着力解决好这部分人口的住房保障、医疗卫生、子女教育等问题；按照资源统配、设施共建、环境共创、利益共享、风险共担的思路，淡化行政区划，推进融合发展，统筹解决市县同城问题。

邯郸市应全面完善社保体系，提高城乡居民医保补助标准，提高大病住院报销水平，加快构建合理的社会养老服务体系，丰富并提升不同形式的养老质量和水平。提升教育发展质量，提高教育发展水平，积极培育社会主义核心价值观，加快发展卫生事业，深化市区大医院与基层医疗机构的合作，完成村卫生室标准化建设任务。邢台市在做好就业和社会保障工作的基础上，应逐步推进医疗等社会保障制度的统筹，提高城市和农村的低保标准。积极发展教育事业，注重职业教育，建立人才供需的连接沟通渠道，加快职业培训示范城的建

设。不断推动特色创意文化产业的快速发展，活跃文学、艺术、影视等文化事业，让市民真正提高生活质量和水平。

（五）着力改善生态环境，加强环境综合治理

2012年及2013年，冀南地区环境问题都是一个比较严重的问题，如何有效治理环境，改善生态，让居民望得见山、看得见水、记得住乡愁，是冀南地区在城镇化发展进程中必须重视和着力解决的问题。邯郸市应围绕"天蓝水净、地绿山青"的生态目标，持续开展集中整治和攻坚行动，加快建设"森林邯郸"。加强PM2.5的监测与治理，重点抓好高污染区域的大气整治工作。实施绿化攻坚，有效推进"花海绿廊"工程。狠抓节能减排，淘汰落后产能，确保让人民群众感受到身边环境的明显变化。邢台市应坚定不移地实施"还邢台青山绿水，走生态发展之路"战略，开展污染源排查，深化大气污染综合整治，扎实推进水生态系统保护与修复。建立严格的水资源管理制度，加快完善水生态补偿机制，加快高用水企业节水保水工程的建设。大力开展造林绿化，继续实施农村环境整治。完善农村垃圾分类别、规范化处理机制，引导农民生活生产方式的绿色转变，让城市更美丽。

（六）深化体制机制改革，不断推进制度创新

任何事情要想顺利进行，必须有制度的约束和评判。在中国是否拥有城市户口，是否拥有稳定的职业，是否享受真正的市民待遇，包括医疗、教育、卫生等服务，被公认为城镇化、市民化的重要标志。冀南地区未来要努力放开户籍限制，合理有序地把符合条件的农业人口转为城镇人口，让转移农民真正成为"城里人"，要切实做好基本公共服务的均等化，实现教育资源、就业住房、社会保障、基本医疗的全面覆盖。

此外，要坚定信心，创新理念，勇于探索，积极创新土地流转模式，促进土地流转规模发展。在我国现行社会保障体系不完备的情况下，有地可种仍然是农民的基本诉求，是农民最后的依靠。大部分进城务工人员的就业状态、就业地点等因素都不断变化，如何稳定农民承包关系，免除他们的后顾之忧，仍是农民是否愿意走出去的最后一道防线。因此，要做好宣传，健全

机制，积极鼓励和引导农民参与土地流转，并在此过程中规范流转行为，强化流转服务，切实维护好农民的利益。在坚持"保障所有权，稳定承包权，搞活经营权"且"依法，自愿，有偿"的原则下，制定科学适当的流转方式，加快生产要素的流动，科学技术的推广和农民的增收，让进城人员更安心、更放心。

B.18 晋南地区城镇化发展报告

荆甜甜*

摘　要： 晋南地区位于山西省东南部，东与河北接壤，西南隔黄河与秦豫相望。该区包括运城、晋城和长治三市，区域特征十分明显。其中，运城市既是农业大市，又是山西能源重化工基地的重要组成部分。晋城和长治是传统的资源型城市，重工业突出。该地区总面积为37460平方公里，总人数1085.57万，约占全省总人数的30%，地区生产总值达3408.3亿元，约占全省生产总值的28.4%。晋南地区是中原经济区的重要组成部分。近年来，随着工业化和城镇化的快速推进，晋南地区综合经济实力显著增强，城市化水平明显提高，但与全国平均水平尚存在一定的差距，在发展过程中也存在产业结构不合理、城市化严重滞后于工业化等诸多问题。在新形势下如何促进该地区城镇化快速发展是今后乃至更长时间内必须关注的重大课题。

关键词： 晋南三市　城镇化　产业结构

一　晋南地区城镇化发展现状

城镇化水平是衡量一个国家和地区经济发展水平、社会发展程度的主要标志，是消除城乡二元构造、统筹城乡发展、扩大内需、拉动经济增长的主要方

---

* 荆甜甜，河南省中原经济区研究会。

式。2012年，晋城、运城、长治三市的城镇化率分别为41.4%、54.5%和45%，与2007年相比，晋城市降低了1.78个百分点，运城和长治分别提高20.62个和5.39个百分点；晋城市年均降低0.36个百分点，运城市和长治市分别提高4.12个和1.08个百分点，年均增幅高于全省和全国平均水平。该区城市化发展具体表现为如下几个方面。

1. 三市城镇化水平不断提高

2012年运城市常住人口为519.4592万人，约占全省总人口的14.4%。其中城镇、乡村人口分别占全市总人口的41.4%和58.6%。晋城市的常住人口约占全省总人口的6.3%，其中城镇、乡村人口分别占全市总人口的54.5%和45.5%。长治市常住人口约占全省总人口的9.3%，其中城镇、乡村人口分别占全市总人口的45%和55%。2012年三市的城镇化率分别为41.4%、54.5%和45%。与上年相比较，三市同比分别增加了1.9个、1.75个百分点和1.88个百分点，远远高于全国年平均1.3个百分点的增幅。

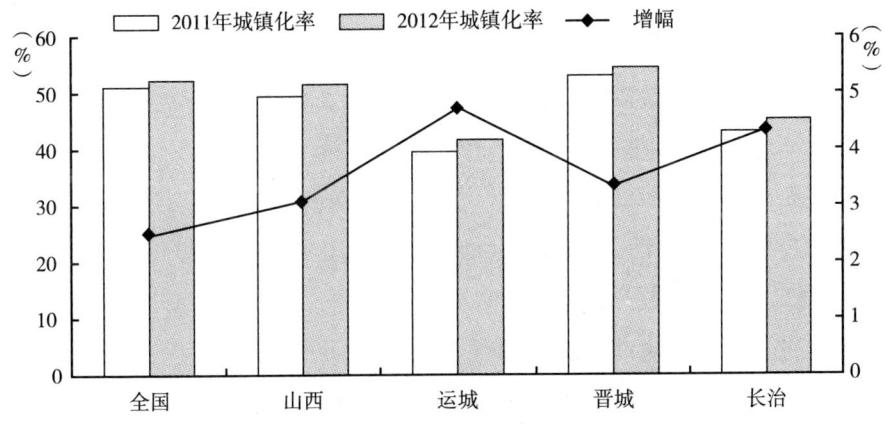

图1 2011年与2012年晋南地区城镇化率比较

资料来源：山西省2012、2013年统计年鉴。

由上图可以看出，晋南三市中晋城市的城镇化率远远超过运城市和长治市，而长治市又高于运城市。晋南三市与山西省相比较，晋城市的城镇化率高于山西省平均城镇化率，长治市和运城市低于山西省平均城镇化率。与全国相比，晋城市的城镇化率略高于全国平均水平，而长治市和运城市则与全国平均水平有较大的差距。虽然城镇化率不高，但是山西省特别是晋南三市城镇化率的增幅却远远高于全国平均水平。2012年运城市新增28.9108万人中，市区占1.1%，同时运城市的城镇化率增幅接近2%，高于全国的1.6%，也高于山西省的1.6%。由此可以看出，晋南三市中除了晋城市因城镇化起步较早而城镇化率较高以外，长治市和运城市城镇化起步较晚，城镇化水平低，但是城镇化进程发展迅速，成为晋南地区城镇化发展的后起之秀。

随着城市人口的快速增长，晋南三市的城区面积也在不断扩大。晋城市的城区面积同比扩大12.3%，也有显著增长。长治市的城区面积同比扩大8.9%。城区面积的扩大推动着城区的城镇化不断发展。

2. 人口集中转向市区和县城

2012年，运城市新增人口市区占1.1%，县城占97.3%，县级市占1.6%，新增人口的比重中县城占绝对的优势，市区和县级市的人口增长较为缓慢；晋城市新增人口市区占41%，县城占41%，县级市占18%，新增人口中市区和县城占的比例最高，县级市较低，但与运城市相比增长均衡；长治市新增人口市区占65%，县城占30%，县级市占5%，新增人口中市区、县城和县级市的增长率由高到低，市区和县城的新增人口数量占了长治市新增人口数量的95%。由此数据得知，2012年运城市新增人口几乎全部向县城流动，晋城市主要向市区和县城流动，长治市向市区流动人数过半。总体来看，三市的新增人口主要流向市区和县城，由此推动城镇化率不断提高。

3. 第二产业为主要产业支撑

2012年，运城市生产总值达到了1068.1亿元，三大产业构成比例为17:46:37，其中第二、三产业占到该市生产总值的83%，占据绝对优势。在工业内部，其主导产业为煤化工、铝镁化工等。

2012年晋城市生产总值为1011.6亿元，三大产业构成比例为4:65:31，其中第二、三产业占到该市生产总值的96%，具有决定性优势。在工业内部，其主导产业为煤炭、装备制造、新兴产业等。

长治市2012年生产总值达到1328.6亿元，三大产业构成比例为4:67:29，其中第二、三产业占该市生产总值的96%。在工业内部，其主导产业为煤化工、装备制造、光电子以及新能源新材料等。

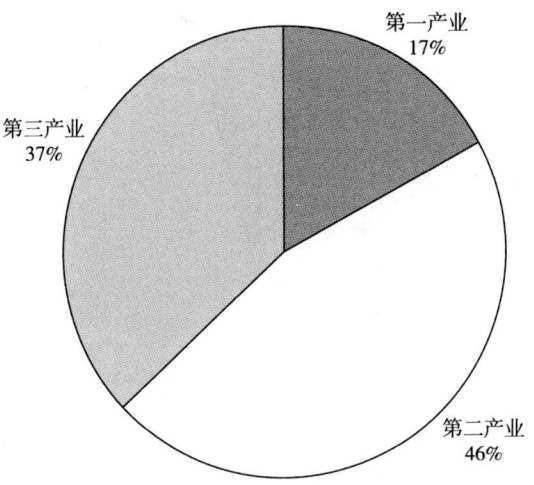

图 2　运城市 2012 年三大产业构成比例

资料来源：山西省 2013 年统计年鉴。

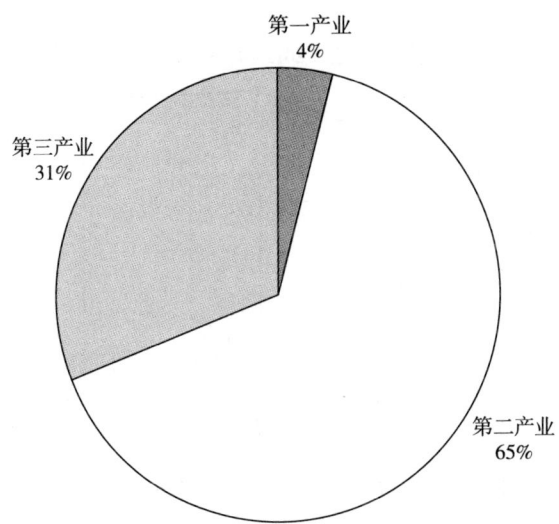

图 3　晋城市 2012 年三大产业构成比例

资料来源：山西省 2013 年统计年鉴。

可以看出，运城、晋城和长治三市的城镇化发展是以第二产业为支撑。但由于三市的第二产业内部结构以资源采掘业为主，服务功能不完善，第三产业

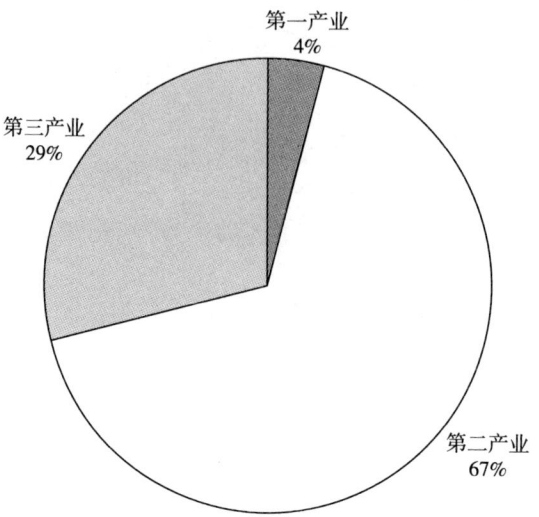

图 4　长治市 2012 年三大产业构成比例

资料来源：山西省 2013 年统计年鉴。

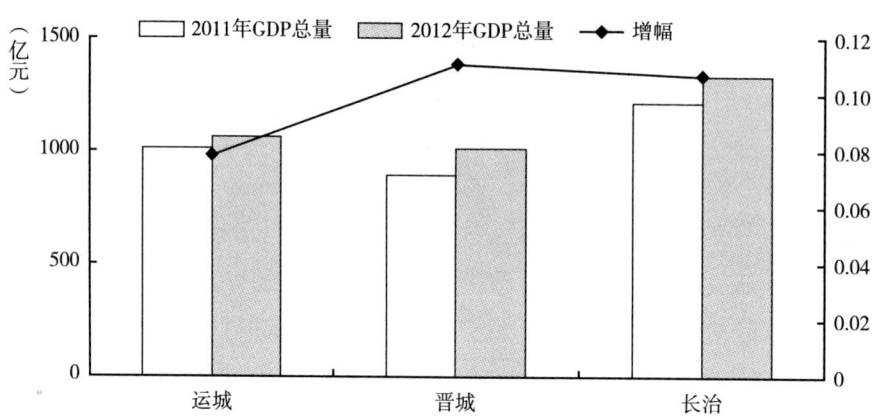

图 5　2011 与 2012 年晋南地区 GDP 总量比较

资料来源：山西省 2012、2013 年统计年鉴。

发展滞后，吸纳人口集聚的能力不强，不能提供更多的就业岗位，所以未能形成对城镇化的有效带动。

4. 人居环境明显改善

在基础设施方面，2012 年末运城市全市建成公路线路里程 15509.1 公里。

全市公路密度达到109.4公里/百平方公里。公路的客运和货运量都有明显提升。新开通4条航线，总航线达到19条，通航城市达到22个。全年邮电通信设施建设完成后业务总量达到32.2亿元，比上年增长13.0%。晋城市年末建成的全市公路线路里程为8757.1公里，其中高速公路318.5公里，比上年末增加31.6公里。全年全市完成邮电业务总量17.8亿元，增长8.5%。其中，邮政业务总量1.2亿元，同比增长5.2%；电信业务总量16.6亿元，同比增长8.5%。随着城镇化进程的不断推进，该区域的基础设施也在不断完善，投资力度也在不断加大。

2012年底，随着城镇化进程的推动，山西省农民家庭人均住房建筑面积也达到了32.39平方米，同比增加了0.56平方米。运城、晋城、长治三市的城镇居民人均住房建筑面积分别为35.18平方米、32.10平方米、30.00平方米，同比增长了0.56平方米、7.73平方米、3.19平方米，增幅分别为1.62%、31.72%、11.9%。为解决农村劳动力和新增城镇人口的住房问题，2012年运城市、晋城市和长治市开工建设各类保障性住房并取得显著成效。住房问题是民生问题中的重点，只有解决好城镇流动人口的住房问题和就业问题，才能让他们真正安定下来，从而为城镇化的建设与发展贡献自己的力量。

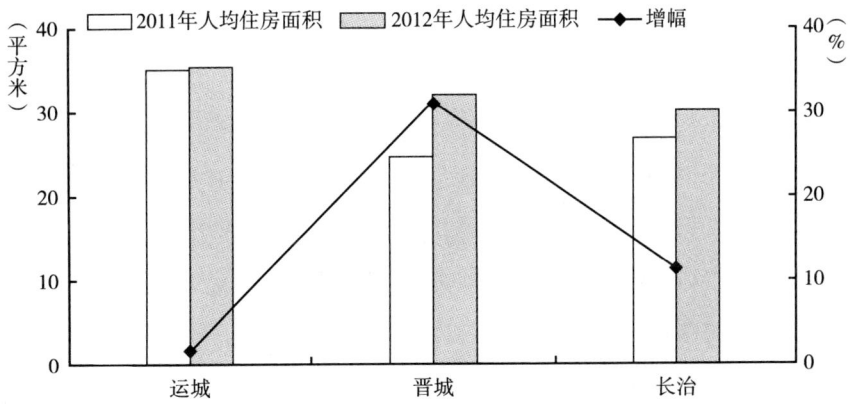

图6 2011~2012年晋南地区城镇居民人均住房面积比较

资料来源：山西省2012、2013年统计年鉴。

表1 2011～2012年晋南地区固定资产投资及增速

地 区	固定资产投资额(亿元)		增速(%)
	2011年	2012年	
运城市	664.2	826.8	24.5
晋城市	504.1	655	29.9
长治市	686.9	867	26.2

资料来源：山西省2012、2013年统计年鉴。

表2 2011～2012年晋南地区城市设施水平

地 区	排水管道长度(公里)		绿化面积(公顷)		建成区绿化覆盖面积(公顷)	
	2011年	2012年	2011年	2012年	2011年	2012年
运城市	291	366	1225	1523	1403	1712
晋城市	327	347	1494	1577	1585	1672
长治市	284	378	2384	2389	2663	2669

资料来源：山西省2012、2013年统计年鉴。

另外，生态环境建设方面也得到了加强。2012年，运城、晋城、长治三市的绿地面积分别为1523公顷、1577公顷、2389公顷，平均每万人拥有绿地面积分别为63.12公顷、52.90公顷、38.72公顷。污染治理方面，由于三市都是典型的资源型城市，重工业特征突出，因此，废水废气等污染项目的治理是一项长远工作。与2011年相比，全省工业企业的三废排放与治理情况有了明显的改善，能源消耗也有所减少（见图7）。2012年，运城市实施节能技术改造项目117个，节约标准煤106万吨，同时申报了6家资源节约与综合利用示范企业和5个资源综合利用重点项目，在全省率先实现天然气管网全覆盖。全市集中供热普及率、污水处理率和中心城区天然气普及率分别达到62%、83%、91%。晋城市强力推进污染减排，关闭落后产能及生产设施企业10个，取缔市区分散燃煤供热锅炉102台，完成污染减排重点项目38个，加大节能降耗力度，实施节能项目52个。

5. 人民生活水平不断提高

居民收入方面，三市的年增幅已超过全国平均水平。2012年该地区城镇居民的人均可支配收入为21121元，同比增长14.5%，农民人均纯收入为

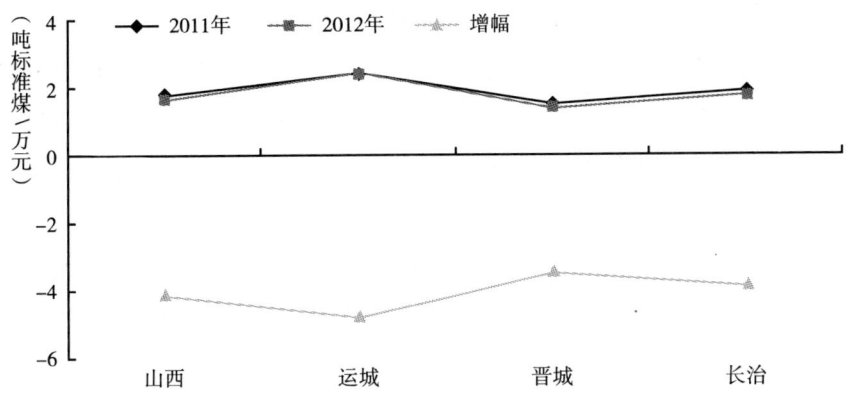

图7　晋南地区生产总值能源消耗情况

资料来源：山西省2012、2013年统计年鉴。

7513元，同比增长14.1%。2012年山西全省城镇居民家庭人均收入22100元，同比增长12.4%，农民人均纯收入约6356元，同比增长13.5%。2012年中国城镇居民家庭人均收入26959元，同比增长9.6%，农民人均纯收入约7917元，同比增长13.5%。虽然该地区居民的收入尚未达到全国平均水平，但居民收入的增幅已超过了全国的增幅。相信在不久的将来，该地区的居民收入将达到并逐步超过全国平均水平。

消费方面，该地区的居民消费能力已超过全国水平。一般来说，农村的人

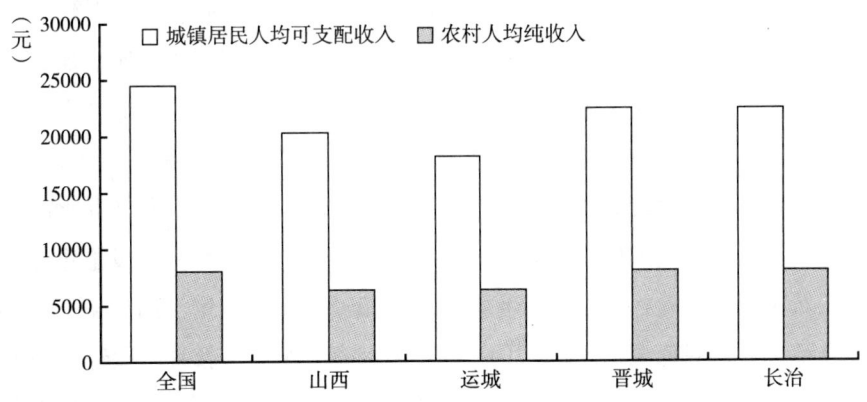

图8　2012年晋南三市居民收入情况

资料来源：山西省2013年统计年鉴。

均收入水平和消费水平普遍低于城镇。2012年三市城镇居民人均消费支出为16810.67元,增幅为9.01%,农村居民的人均消费支出为6449.67元,增幅为12.88%。2012年山西全省城镇居民人均消费支出为12211.5元,增幅为7.6%,农村居民的消费水平为5566.2元,增幅为21.35%。2012年全国城镇居民人均消费支出为16674.3元,增幅为9.98%,农村居民人均消费支出5908元,增幅为13.16%。由此数据得知,该地区三市城镇居民和农村居民的人均消费水平超过山西省人均消费水平,略超过全国人均消费水平(见图9)。

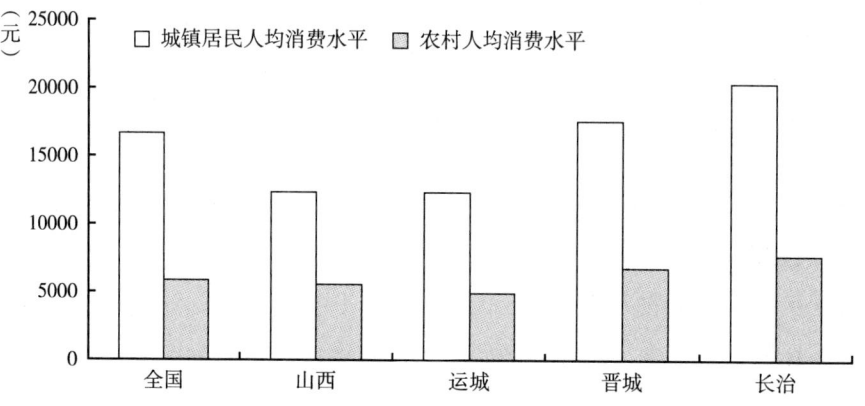

图9　2012年晋南三市居民消费情况

资料来源:山西省2013年统计年鉴。

除此之外,社会保障等方面也日趋完善。2012年运城市一般预算支出共计约192.6亿元,用于教育、医疗、社会保障等方面的资金投入明显加大。开工建设各类保障性住房12814套。同时完成了对4个县市农村义务教育方面部分力量薄弱学校的改造任务,教学质量不断提升,教育的均衡发展步伐加快。2012年晋城市在全省范围内率先实现了十二年免学费教育,教育事业得到进一步重视。医疗卫生方面投资了6个亿加强县乡村三级医疗基础设施建设,晋城市的城镇医疗保险标准位居全省第一。城镇就业岗位新增了约计4.12万个,城镇登记失业率降低至1.8%。2012年长治市完善了义务教育阶段经费保障机制,为2.4万名普通高中家庭经济困难学生免除学费。新增城镇就业约5万人,城镇养老、医疗、失业等社会保险覆盖率保持在95%以上。开展文化低保惠民活动,丰富人民群众的文化生活。除此之外,三市的城乡低保、群众性活动、残疾人、慈善救助等各项社会事业受到重视，不断加大投入，也都取得了新的成绩。

二 城镇化发展中存在的问题及成因

综观2012年晋南三市的各项指标，不难看出，三市的各项经济活动都得到快速而稳定的增长，不断取得新的成就。这是三市上下群策群力、不断进取的结果。但在城镇化快速发展的过程中也暴露出了许多问题，如资源瓶颈约束日益增强；污染问题突出，城市发展与环境保护矛盾越发尖锐，等等。这些问题具体表现为以下方面。

1. 三市城镇化严重滞后于工业化

2012年，晋南三市的城镇化率为46.97%，与上一年45.23%的城镇化率相比增长了1.74个百分点。山西省的城镇化率为51.26%。中国的城镇化率为52.57%。由此数据得知，目前山西省的城镇化率低于全国平均水平，而晋南三市的城镇化率低于山西全省的平均水平。虽然近些年来晋南地区的城镇化率在逐年增长，但与全国的城镇化率依然差距较大。2012年三市的工业化率为55.2%，山西省的工业化率为49.73%。一般来说，根据发展模型，城镇化率与工业化率的比值在1.4~2.5之间较为合理。然而由于该地区工业起步较早，基础扎实，其工业化率远远高于城镇化率平均水平。从图10我们可以看出，该地区的城镇化水平严重滞后于工业化水平。2012年，晋南地区城镇化与工业化的平均比值为0.87，远远低于合理比值。其中比值最高的地区是运城市，为1.04，接近山西全省的平均值1.03。长治市的比值最低，为0.69。晋城市接近三市的平均水平，为0.89。因此，在晋南地区，城镇化严重滞后于工业化。

2. 产业支撑能力有限

2012年中国国内生产总值达到519322亿元，其中第一产业52377亿元，第二产业235319亿元，第三产业231626亿元，三大产业构成为10.09∶45.31∶44.60。2011年晋南三市的生产总值为3130.4031亿元，其中第一产业252.3102亿元，第二产业1907.3519亿元，第三产业970.7410亿元，三次产业构成为

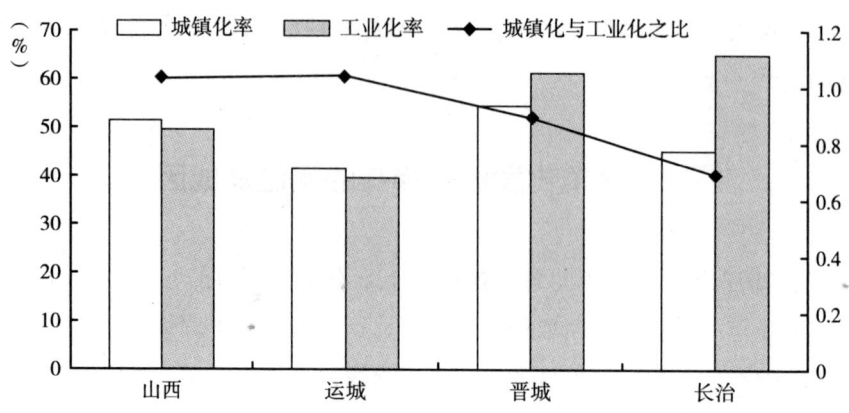

图10 晋南三市城镇化与工业化比较

8.06∶60.93∶31.01。2012年三市的生产总值为3410.0729亿元，其中第一产业273.2114亿元，第二产业2041.0231亿元，第三产业1095.8384亿元，三次产业构成为8.01∶59.85∶32.14。第一产业同比降低了0.05%，第二产业降低了1.08%，第三产业增加了1.13%。通过这些数据，我们可以清楚地认识到晋南地区在发展过程中面临的矛盾和问题。三市作为典型的资源型城市，传统工业在三大产业中的比重严重失衡，2012年中国第二产业的比重为45.31%，而该地区的平均比重达到了60.93%，远远高于全国的平均值。比例最低的运城地区二产的比例也超过了59%。特别是长治，一煤独大的倚重型产业结构目前没有实质性改变。比例严重失衡的第二产业就业人数几近饱和，无法创造更多的就业岗位。新兴产业想要成为支柱产业还需要更多的时间和政府支持。虽然该地区的产业结构不合理，但是近两年来，该地区在逐渐降低第二产业的比重，努力推动服务业的发展，使三产的比例得到平衡，产业结构得到优化提升，拉大服务业和农业的增幅；以服务业来带动人口的流动，创造更多的就业岗位，解决了城镇居民的就业等民生保障问题。

3. 环境污染严重，单位空间负荷大

城镇化的主要目的是改善农民的生活，最大限度满足人民日益增长的物质文化需要。长期以来，山西省作为全国能源基地，矿产资源十分丰富。因此，工矿城市占了相当比例，工业是经济发展的主要支撑力量。晋南三市中，晋城和长治的重工业特征十分明显，城镇单位空间负荷大，环境污染严重，导致城镇化质量不高。而煤炭资源作为不可再生资源，又决定了可持续发展对于两市具有特殊的意义。一方面，该地区在城镇化的过程中，注重的是直接的经济效益，虽然正视了环境问题，但是受利益的驱使，一直没有严格有效的措施协调好城镇化与生态之间的关系。直接导致了该地区环境污染、大气污染和水污染情况严重，给城镇化的改造加大了难度。人居环境的不断恶化，制约了城市和经济的可持续发展，虽然城镇化进程加快了，但城镇化质量却不高，全国出现的雾霾现象甚至威胁了人类自身的生存和发展。另一方面，大量农村人口向城市的集中，导致原有的生态环境系统平衡被打破，资源环境承载力相对较弱，人口的过度集中直接导致大量的生活垃圾和生活污水对环境的污染。当今社会，可持续发展理念深入人心，如何有效地协调好城镇与生态环境之间的关系，治理环境污染，杜绝资源浪费，以达到生态环境与经济效益的均衡，是政府部门必须直视的问题。

4. 城乡二元体制存在约束

城镇化就是农村人口转变为城市人口的过程，原本的目的是提高人们的生活质量。然而长期以来，我国城镇化的发展是建立在强制征用建筑用地，使用廉价劳动力，超出环境承载能力的基础之上的。从表面上看，城镇化得到了快速发展，各项数据在逐年上升，实际上内部遗留了大量的矛盾没有解决，其中较为突出的户籍制度和农村的产权制度为矛盾的主要方面，宅基地的产权不够明晰。我国城市居民的各种社会保障制度起步较早，各项待遇普遍高于农村。近些年来，许多农村人口虽然已经转移到了城市，但是后续保障工作一直没有得到解决，其中包括养老制度、医疗保险制度衔接不畅，参保成本较高，子女接受教育问题不能公平对待，等等。因为资源配置不公导致这些农村转移人口堆积了大量不满情绪，虽然人口已经转移到了城镇，但各项民生保障政策却没有完美转型，与当地原住的城镇居民不能得到平等对待。农村人口对政府的不满，城市居民与农村居民的矛盾，各种矛盾堆积起来就为推动城镇化建设埋下了隐患。民生问题是城镇化能否持续并发展下去的根本点。不能够妥善解决这些人的就业、医疗、教育、住房等各种问题，这些所谓的流动人口就不能真正的稳定下来。

三 未来城镇化发展的对策及建议

城镇化是世界各国现代化进程中的一个必然过程，也是我国现代化建设的必然结果。新型城镇化建设就是要坚持集约、绿色、低碳方针，以人的城镇化为核心，着力提高城镇化质量，统筹规划城镇布局，坚持以科学发展观为指导，以建设小康社会为目标，走有山西特色的新型城镇化道路。2013 中央城镇化工作会议指出：城镇化是现代化的必由之路，对全面建成小康社会、加快推进社会主义现代化具有重大的现实意义和深远的历史意义。因此，推进城镇化健康、持续、快速发展势在必行。本节从规划城市布局、调整产业结构等方面提出晋南地区城镇化发展的具体措施。

1. 合理规划城市布局，统筹区域内协调发展

区域内城镇化发展规划是一个地区城镇化的指导性文件，是对未来一个时期内城镇化发展的整体把握。规划工作是城乡建设发展的蓝图，推进城镇化建设一定要做好规划工作。根据晋南地区当前发展的现实情况，制定《晋南地区城镇化发展战略规划》，合理配置晋南三市的城市布局，立足于人与自然的和谐发展，坚持以人为本，突出绿色城市的理念。努力构建以中心城市为龙头、以县城为骨干、以产业片区和中心镇为纽带的新型城镇发展格局。一方面要提升主城区的城市品质，提升中心城市的辐射带动力，就要建设人与自然协调发展、绿色宜居的和谐新城。另一方面要提高县城的综合承载能力。首先要不断发展核心产业，壮大县域经济规模，以产业集聚带动人口和要素集聚。晋城和长治的重点镇要围绕工矿型、商贸型、农业型、旅游型等不同类型，注重发展特色产业，不断完善基础设施，吸纳周边农民就地转移定居，形成承载万人的规模。运城要增强"大县城"综合承载力，同时增强小城镇产业集聚力，突出特色，发挥优势，着力增强产业聚集功能，打造一批工业强镇、商贸重镇、历史文化名镇和旅游大镇。增强新农村自我发展力，发挥好示范带动作用，加强城市管理。促进县城的协调发展，加大城乡统筹发展力度，做好城镇之间的布局设计，严格执行城乡建设规划。推进该地区城镇化又好又快发展和社会全面进步。

2. 调整产业结构，构建可持续发展的城镇化模式

近些年来，晋南三市的经济处于高速发展的时期，产业结构中重工业特征明显。主要原因是山西省是资源大省，但这些资源都是不可再生资源，如果过度依赖资源，不主动调整产业结构，未来该地区的发展状况令人担忧。尤其晋城和长治作为资源型城市，在大力发展经济的同时，给自然环境带来的威胁也越来越大。在当今可持续发展观念深入人心，追求高品质生存质量和生活品质的情况下，就面临着调整产业结构、治理环境污染这双重任务。要加速推进产业结构的升级，要发展，更要树立绿色环保、低碳健康的长远发展理念，就要求在提升传统产业的基础上，培养壮大新兴产业。一方面，转变发展方式，推动产业升级。做好产业发展规划，积极推进信息化和工业化的深度融合，以工业化和信息化带动城镇化的步伐，以工业强市为主导，全面提升新型工业化水平。加快矿井整合改造，提高规模化、集约化、现代化水平，努力保障煤炭经济稳健运行，为产业转型争取时间和空间。另一方面，坚持多元发展，不断壮大非煤产业。加大投资，在新能源、文化旅游和传统农副产品方面，政府给予大力支持，加强区域合作，着力发展服务行业，打造具有晋南地区特色的产业品牌。尤其运城市作为传统的文化大市、盐运大市，要着力发展文化产业和旅游产业，加强区域内的合作交流，开展对盐文化、根祖文化等传统文化的深度发掘和开发，打造一批具有影响力的创意项目。

3. 推进制度创新，加快城镇化步伐

党的十八届三中全会通过的《中共中央关于全面深化改革若干重大问题的决定》，其中第六部分是关于健全城乡发展一体化体制机制的，报告中明确指出：城乡二元结构是制约城乡一体化发展的主要障碍。必须健全体制机制，形成以工促农、以城带乡、工农互惠、城乡一体的新型工农城乡关系，让广大农民平等参与现代化进程、共同分享现代化成果……推进农业转移人口市民化，逐步把符合条件的农业转移人口转为城镇居民。创新人口管理，加快户籍制度改革，全面放开建制镇和小城市落户限制，有序放开中等城市落户限制，合理确定大城市落户条件，严格控制特大城市人口规模。放宽城镇户籍落户条件，稳步推进城镇基本公共服务常住人口全覆盖，把进城落户农民完全纳入城镇住房和社会保障体系，在农村参加的养老保险和医疗保险规范接入城镇社保体系。因此，户籍管理制度的改革创新势在必行，新型城镇化和工业化快速推进的过程中，必须实现协调发展，实现城乡劳动力的合理流动。此外是土地流转制度。要想合理解决城镇化过程中的土地流转问题，既要解决集体土地和国有土地的流转问题，更要解决在城镇建设中，征用农民承包土地的流转问题，保护好农民的切实利益。党的十八届三中全会召开之后，土地改革政策已经成为各界关注的焦点，对于推进新型城镇化建设，土地制度改革将起到至关重要的作用。

4. 加强基础设施建设，推进公共服务配置合理化

一方面，一个城市的基础设施建设对于扩大城市功能，提升城市品位有着非常重要的作用。山西省的基础设施建设起步较晚，在很大程度上影响了城市作用的发挥，加大了旧城改造的难度。针对城乡基础设施差距较大，设施共享差等问题，坚持把城乡作为一个有机整体，重点加大对农村基础设施建设的投入，特别是道路、通信、垃圾处理设施等方面的投入，实现城乡共建、城乡共享，提高公共服务管理水平。另一方面，要想快速而稳定地推进城镇化步伐，就要重点解决最基本的民生问题，其中包括住房、就业、教育等。实现社会公共资源的均等配置，包括允许在城镇常住的农村人口落户城镇，并且与原住居民享有同等的待遇；加快廉租房、公共租赁住房等保障性住房建设，着力解决城镇中低收入人群的住房问题；不断完善基础设施，发展核心产业，壮大区域经济规模，以产业集聚带动人口和要素集聚；加快城市交通体系、市政公用设施、城乡公共服务等向农村地区的延伸，着力构建城乡一体的教育、卫生、文化、就业培训、社会保障等公共服务体系，让农民无论进城务工还是住在乡下都能得到良好的生活保障。教育方面，进一步加大教育投入，促进义务教育均衡发展，全面完成义务教育力量薄弱学校改造，积极推进中小学生向乡镇、县城集中，普及高中阶段教育，全面发展教育事业。就业方面，2012年运城城镇新增就业6.8万人，转移农村劳动力11万人，预计2013年城镇新增就业5.65万人。晋城2012年新增城镇就业岗位4.12万个，预计2013年城镇新增就业3万人，完成城镇失业人员再就业培训和新成长劳动力培训1万人。长治2012年新增城镇就业5万人，预计2013年新增城镇就业4.2万人。医疗卫生方面，加快医药卫生体制改革，逐步实现基本公共卫生服务均等化，不断提高基层医疗服务水平。完善公共就业服务体系，大力发展劳动密集型产业。健全覆盖城乡的社会保障体系，以此推动各项社会事业的发展。同时还要继续加大对农村建设的投入，大力发展现代化的农业，吸纳转移农村劳动力。提高农业生产力，确保农民收入逐年稳定增长，提升百姓的幸福指数。

5. 对接中原经济区，深化区域经济融合

晋南三市隔黄河与河南相望，三市许多企业的产品都需要进入河南市场。中原经济区的发展离不开晋南地区，晋南地区的发展也离不开中原经济区。中原经济区作为国家重要的粮食生产和现代农业基地，全国工业化、城镇化和农业现代化协调发展示范区，以河南省悠久的历史文化和浓厚的农业基础为依托，转移重工业和新兴工业给本区域带来的人口压力和资源压力，推进中原地区各产业的协调发展，同时打造完整的产业链，培养壮大企业集团。晋南三市作为中部崛起的重要基地，将支撑全国经济又好又快发展，推进华夏历史文明传承创新，引领中西部地区经济发展。

B.19
2013~2014年皖北地区城镇化发展报告

刘潇潇*

摘　要： 近年来，随着经济全球化深入发展和我国工业化、城镇化进程不断加快，皖北地区城镇化水平明显提高，产业支撑能力不断增强，城镇基础设施进一步完善，社会事业加快发展。但是，皖北地区城镇化发展也面临不少问题，如中心城市辐射带动能力不强、缺乏充分的产业支撑、半城镇化问题突出等。为此，皖北地区要想实现城镇化健康发展，必须着力培育中心城市，加快产业转型，全面提高城镇规划管理水平。

关键词： 城镇化　中心城市　产业结构　农业现代化

皖北地区（指淮北、亳州、宿州、蚌埠、阜阳、淮南的凤台县和潘集区）总面积为38979.19平方公里，总人口2999万人，地区生产总值达4450.07亿元，人均GDP为23473.3元。该地区是安徽乃至全国重要的农产品生产基地，工业化、城镇化水平较低，远离中心城市。近年来，随着经济全球化深入发展和我国工业化、城镇化步伐不断加快，尤其是随着《中原经济区规划》的深入实施，皖北地区作为中原经济区的东部门户，经济社会发展不断加速，城镇化水平不断提高，但是同时也面临着一些新的问题。贯彻党的十八大和十八届三中全会精神，落实中央城镇化工作会议提出的城镇化任务，推进中原经济区建设，必须采取得力措施，促进皖北地区城镇化健康发展。

---

* 刘潇潇，河南省中原经济区研究会。

一 皖北地区城镇化发展现状

皖北地区共管辖8个直辖区、15个县、1个代管市,共有乡镇和街道办事处505个、建制镇19个,城镇人口达1043.2万人,2012年皖北地区城镇化率达到40.8%,同比增长了11.17%。2012年以来,皖北地区按照《中原经济区规划》和《安徽省"十二五"城镇化规划》,结合自身优势,大力发展产业园经济,不断强化城镇化的产业支撑;积极推进现代农业发展,继续强化农业和粮食的基础性支撑;进一步加强城市基础设施建设,完善城市功能,城镇化呈现快速发展的局面。

(一)经济实力稳步增强,城镇化水平不断提高

一是经济总量快速增长。2012年,皖北地区实现国民生产总值达4450.07亿元,占安徽省的25.85%,同比增长12.7%。其中,蚌埠增长13%、淮北增长13.2%、潘集区增长13.6%,在全省GDP增速的排名中位居前列。人均GDP达23473.3元,比2011年的16432.6元增加了7040.7元,比安徽省的28792元减少了5318.7元,与全省的差距进一步缩小(见图1、图2)。截至2013年第三季度,皖北地区实现国民生产总值3684.8亿元,比上年同期增长10.1%,其中宿州、蚌埠增长较快,分别为10.8%和11.3%。

二是城镇化水平不断提高。2012年,皖北地区城镇化率达到40.8%,比上年的36.7%高出4.1个百分点,其中淮南、淮北、蚌埠、阜阳、亳州和宿州城镇化率依次为65.3%、57.2%、48.3%、34.9%、34.8%和33%,分别比上年高出1.6个百分点、1.5个百分点、1.7个百分点、1.6个百分点、3.5个百分点、0.1个百分点,其中淮南以65.3%的城镇化率居于首位,亳州增长幅度最大。同期,全国城镇化率为52.6%,安徽省为46.5%。与全省平均水平相比,皖北地区只有淮北、蚌埠、淮南在均值以上;与全国相比,只有淮北、淮南在均值以上,且差距不断缩小(见图3)。根据城镇化发展模型,城镇化率30%与70%之间的城镇化处于快速发展阶段,由此可以看出,皖北地区已经进入了城镇化快速发展阶段。

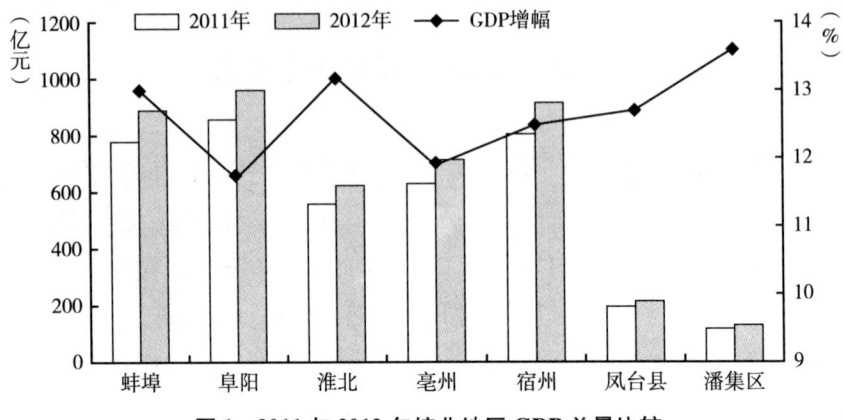

图1 2011与2012年皖北地区GDP总量比较

资料来源：安徽省2012、2013年统计年鉴。

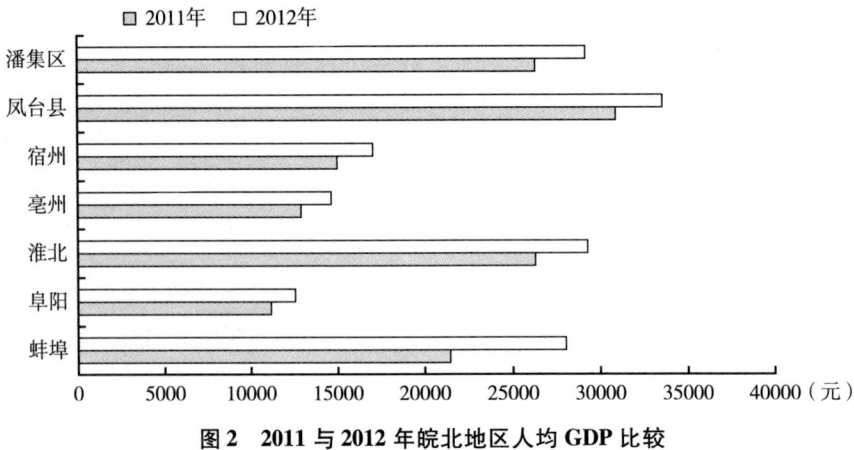

图2 2011与2012年皖北地区人均GDP比较

资料来源：安徽省2012、2013年统计年鉴。

三是中心城市地位逐渐突出。皖北地区城镇规模普遍较小，根据《安徽省"十二五"城镇化规划》和《中原经济区规划》，将重点做大蚌埠市和阜阳市，将两市打造为该地区的中心城市。从经济运行的结果看，两市的中心城市地位逐渐凸显。2012年，两市的GDP总量达1852.72亿元，占皖北地区总量的41.63%，经济总量在该地区的占比不断上升；两市城区人口达到420.34万人，城镇化率为41.6%，比全区平均城镇化率高出0.8个百分点；两市吸引外资总额8.43亿美元，实际利用外资总额达73849万美元，占该地区的

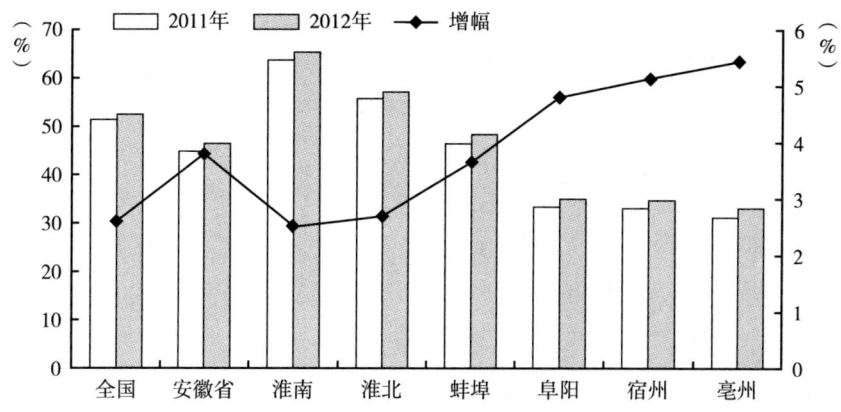

图3 2011年与2012年皖北地区城镇化率比较

资料来源：安徽省2012、2013年统计年鉴。

37.44%，招商引资能力不断增强。蚌埠依托于高铁优势，集中打造高新技术产业和现代化服务业示范区，提高其在地区内的产业优势。截止到2012年底，省级以上开发区工业总产值突破1000亿元，同比增长35%，占全市工业总产值的63%。阜阳依托于现有优势，与合肥合作打造"阜阳—合肥现代产业园区"，发挥城市间的联动效应，提高其产业集聚能力，基本实现了"七通一平"，战略性新兴行业发展势头强劲。2013年1~7月份，累计完成产值61.8亿元，同比增长34%，高出全省平均水平10.3个百分点，位列全省第三，居皖北地区城市之首。截至2013年7月底，阜阳市被认定为战略性新兴产业的规模以上工业企业共75家，主要分布在电子信息、节能环保、新材料、生物、新能源、高端装备制造等六大行业。总之，两市在区域内的产业优势不断凸显，集聚能力不断提高。

（二）经济结构不断升级，产业支撑能力不断增强

一是产业结构不断升级。2012年，皖北地区实现地区生产总值4430.38亿元，同比增长12.7%。其中，第一产业产值917.95亿元，同比增长8.90%；第二产业产值2043.90亿元，同比增长9.83%；第三产业产值1452.35亿元，同比增长24.41%。该地区的产业结构由2011年的21.75∶47.33∶30.92演变为2012年的18.50∶50.55∶30.95，一产比重不断减少，二、三产比重不断提高（见表1）。

表1　2012年皖北各地三产结构

城　市	第一、二、三产业构成	第二、三产业占比（%）
蚌　埠	17.84∶50∶32.16	82.16
阜　阳	25.91∶41.30∶32.79	74.09
淮　北	8.28∶66.13∶25.59	91.75
亳　州	25.28∶40.36∶34.36	74.72
宿　州	25.94∶41.42∶32.64	74.06
凤台县	12.16∶68.75∶19.09	87.84
潘集区	11.17∶74.06∶14.77	88.83

资料来源：安徽省2013年统计年鉴，各市2013年政府工作报告。

二是产业集聚能力不断增强。皖北各市以产业园区为载体，以主导产业为支撑，城镇产业支撑能力不断增强。产业园区经济加快发展，2012年，皖北地区共建成省级以上产业园15个，其中国家级产业园1个，产业园区共实现销售收入2954.21亿元，占安徽省产业园经济总量的14.72%；实现工业增加值585.19亿元，占全省开发区工业增加值的15.05%；进出口总额达200759万美元，占全区进出口总额的51.16%；全区产业园贡献出的财政收入达146.55亿元，占地区财政收入的36.71%，实现税收931227万元，固定投资总额达1065.06亿元，新进外商企业21家，实际利用外商直接投资金额达135004万美元，申请专利数量达6883件，批复率达58.4%，全区产业园经济指标同比均保持较快增长。优势产业继续增强，煤电、医药、农副食品、非金属矿物制品等传统优势行业保持较快增长，如亳州医药制造业增加值30.7亿元，同比增长16.2%；蚌埠化学制品业、非金属矿物制品业、农副食品加工业同比分别增长23.3%、36.6%和39.8%；淮南煤电行业增速超10%，实现利润28.1亿元，占全市工业的63.9%。新兴产业不断发展，电子信息等新兴产业产值增速迅猛。2012年，战略性新兴产业产值931.6亿元，增长37.4%，其中蚌埠电子信息产业发展迅猛，实现产值25.4亿元，增长50%，新建依爱电子产业园一期、新威电子产业园二期；宿州打造总投资76亿元的国家级智慧云计算产业园，预计实现产值超30亿元。总体来说，随着产业园经济的蓬勃发展，皖北各地形成了各具特色的主导产业，产业支撑能力不断增强。

三是经济效益不断提高。2012年,该区域整体经济运行良好,工业经济综合指数不断改善(见图4),其中潘集区同比增长了58个百分点,增速居该区首位,淮北和凤台分别上升了10.9、11.2个百分点,而蚌埠、亳州、阜阳有所下降,分别下降了4.1、26.9、37.3个百分点,规模以上企业共实现生产总值5614.37亿元,比上年增长了近一半,实现利润总额达292.81亿元。耗能也在不断减少,与上年同期相比,各地的单位GDP能耗和单位工业增加值能耗下降幅度扩大,而单位GDP电耗有所增加(见图5),其中单位工业增加

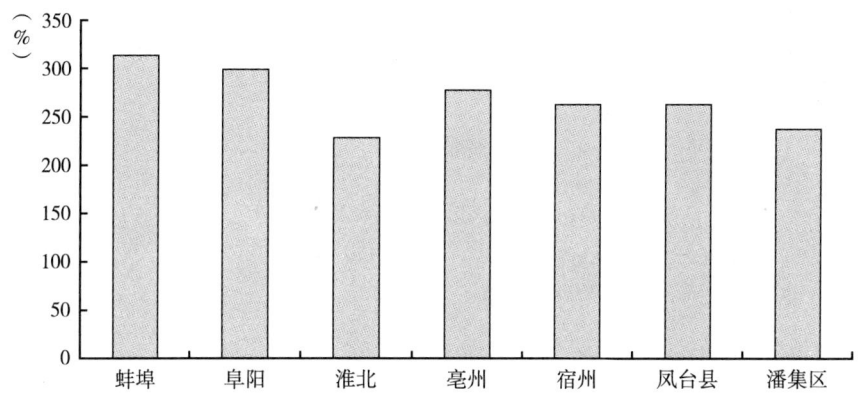

图4 皖北地区规模以上工业企业经济效益综合指数

资料来源:安徽省2013年统计年鉴,各市2013年政府工作报告。

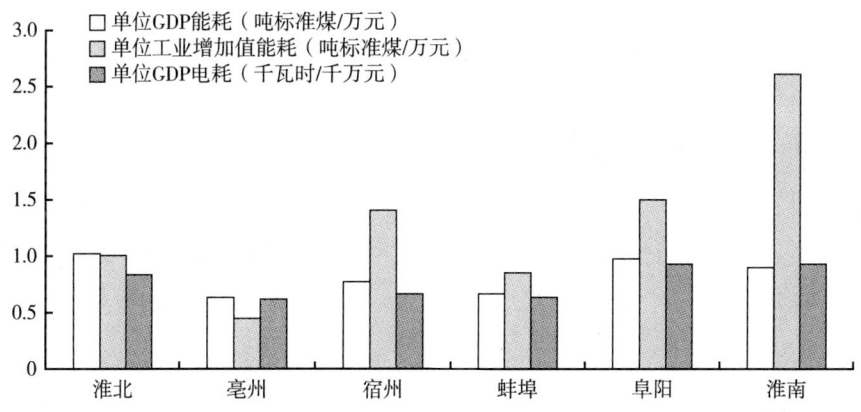

图5 2012年皖北地区能耗情况

注:淮南市包含凤台县和潘集区。
资料来源:安徽省2013年统计年鉴。

值能耗下降幅度最为明显，均在10%以上，单位GDP能耗都完成了2012年的下降指标，淮南超额完成下降指标（见图6）。

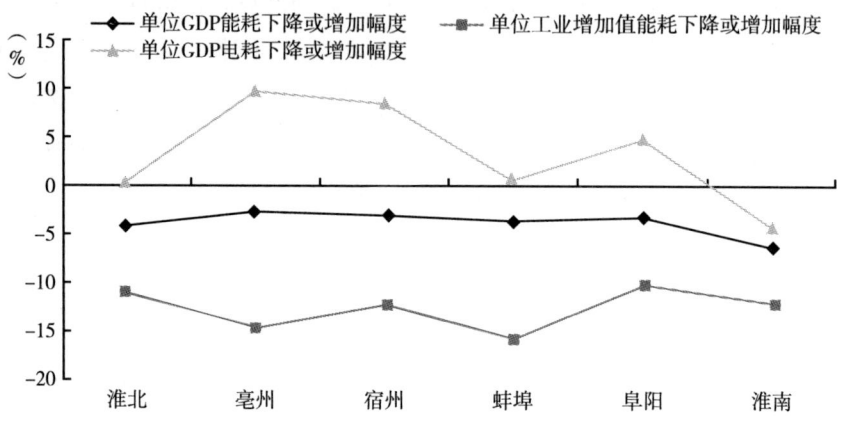

图6 2012年皖北地区能耗下降或增加幅度比较

注：淮南市包含凤台县和潘集区。
资料来源：安徽省2013年统计年鉴。

（三）农业现代化水平不断提高，农业基础作用更加稳固

一是农业内部结构不断优化。2012年，皖北地区实现农业生产总值917.95亿元，同比增长8.90%。从农作物产量看，以粮食为主的大宗农作物产量有所下降，市场需求旺盛的特色农产品产量不断增加。2012年，皖北地区粮食总产量达1806.13万吨，棉花总产量为9.69万吨，分别比上年减少了100万吨、0.21万吨；油料、蔬菜、水果的产量分别为74.4万吨、1355.25万吨、215.53万吨，同比分别增长了3.6%、7.56%、10.89%（见图7）。

二是农业生产条件不断改善。2012年，全区有效灌溉面积达1500.44千公顷（不含潘集区），农业机械总动力3093.51万千瓦时，农用排灌机械366048台（不含潘集区），农村用电量402446万千瓦时，同比分别增长了2.27%、3.54%、1.18%、12.29%（见图8）。同期，化肥、农药、农膜使用量继续增长。其中化肥折纯施用量达1505916吨，农药使用量50960吨（不含潘集区），农用塑料薄膜使用量51057吨（不含潘集区），同比分别增长了1.35%、3.38%、5%（见图9）。

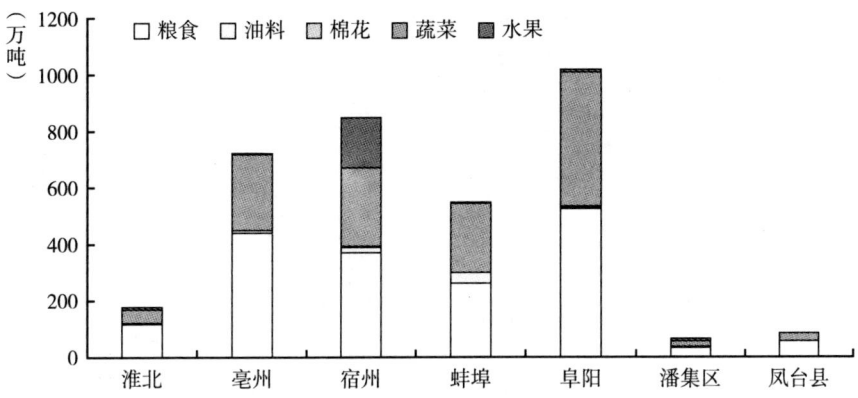

图 7　皖北各地主要农产品产量

数据来源：安徽省 2013 年统计年鉴、各地政府 2013 年工作报告。

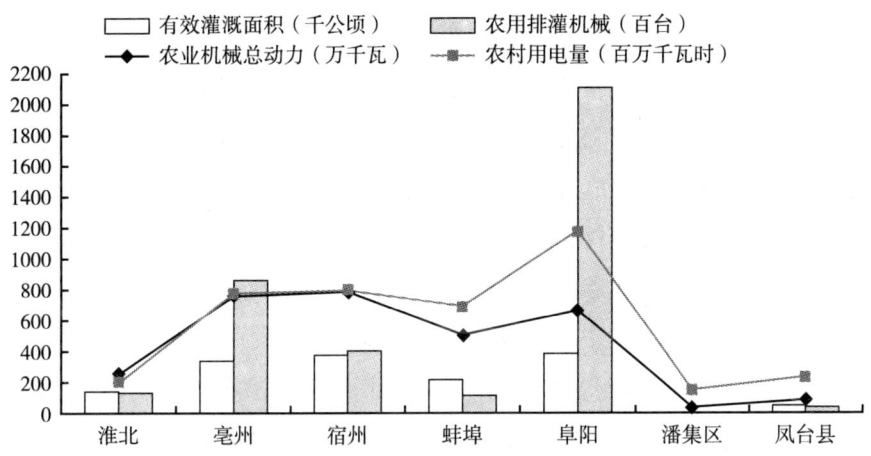

图 8　皖北各地农业机械化情况

三是农业产业化水平不断提高。农产品加工业快速发展。2012 年底，皖北地区农产品加工企业 1530 户，累计实现产值 1884.8 亿元，增长 29.3%，占全省农产品加工业总量三成以上。截止到 2013 年 2 月底，皖北地区省规模以上农产品加工企业达 1874 户，比 2012 年底净增 344 户，前 2 个月累计实现产值 419.1 亿元，同比增长 20.1%，高于全省农产品加工平均水平 4.1 个百分点，高于皖江示范区 5.8 个百分点，对全部农产品加工业增长的贡献率达到 49.7%，占全省的 41%。龙头企业实力不断壮大。阜阳有 209 家市级以上的农业产业化

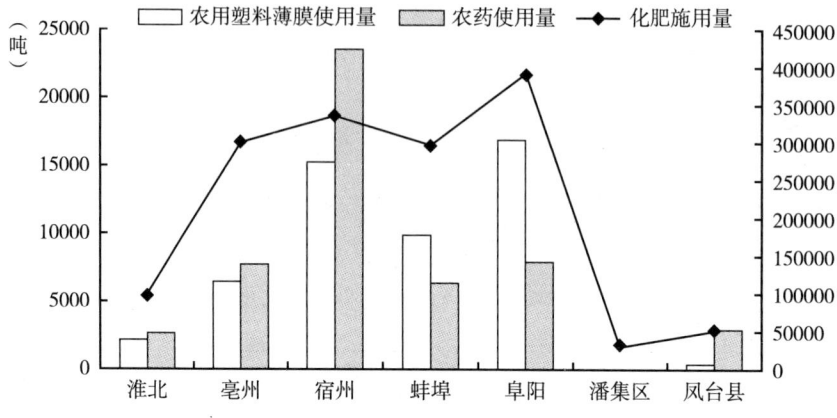

图 9 皖北各地使用化肥的情况

数据来源：安徽省 2012、2013 年统计年鉴。

龙头企业；宿州有 102 家产值超亿的农业产业化企业，其中有 1 家产值超 20 亿的龙头企业；亳州拥有 4 家"国字号"和 38 家省级农业产业化龙头企业，销售收入过亿的龙头企业达 83 家；淮北拥有 30 家省级农业产业化龙头企业。农民专业合作组织不断发展。2013 年，淮北大力推进农业产业化，农民专业合作组织达到 1100 家，土地流转面积达到 40 万亩，新增高效规模化种养基地 110 个。农业产业化示范区建设步伐加快。皖北地区拥有 5 家国家级农业产业化示范基地，分别为亳州市谯城区现代中药产业园、淮北凤凰山（食品）经济开发区、宿州砀山县砀城水果加工农业产业示范基地、阜阳市颍东区食品工业园农业产业化示范基地、蚌埠市怀远县白莲坡食品科技产业园农业产业化示范基地，占全省的 50%，占全国的 3.25%，农产品加工业呈现集聚集群发展的态势。

（四）城市建设步伐加快，城市功能进一步完善

一是城镇基础设施不断完善。2012 年，皖北地区的用水普及率和燃气普及率的平均水平分别为 96.78%、92.48%，同比增长了 0.3 个百分点、0.28 个百分点。蚌埠在用水普及率和燃气普及率方面继续以 100% 保持领先地位，其他城市同比都有小幅增长，用水普及率为：宿州 99.28%、淮北 99%、淮南 98.7%、阜阳 92.57%、亳州 91.18%，只有亳州和阜阳在全省（98.02%）指标下；燃气普及率为：淮北 97.99%、宿州 94%、淮南 92.82%、亳州

89.96%、阜阳80.13%,只有蚌埠、淮北在全省(94.61%)指标之上。皖北地区的人均道路面积和人均公园绿地面积也同比有所增长,人均道路面积亳州以38.73平方米居于该地区的首位,比全省指标(18.47平方米)多了一半,其余地区除宿州以外都在全省指标以下;人均公园绿地面积只有淮北以14.5平方米在省平均值(11.92平方米)以上,其余的均低于省平均值。皖北各地每万人拥有公共交通工具的数量分别为蚌埠15.3辆、阜阳10.7辆、淮南9.1辆、淮北8.7辆、宿州6.1辆、亳州3.1辆,只有蚌埠、阜阳在省平均值10.4辆以上,地区平均水平为每万人拥有公共交通工具8.8辆。城市设施水平详细指标见图10。

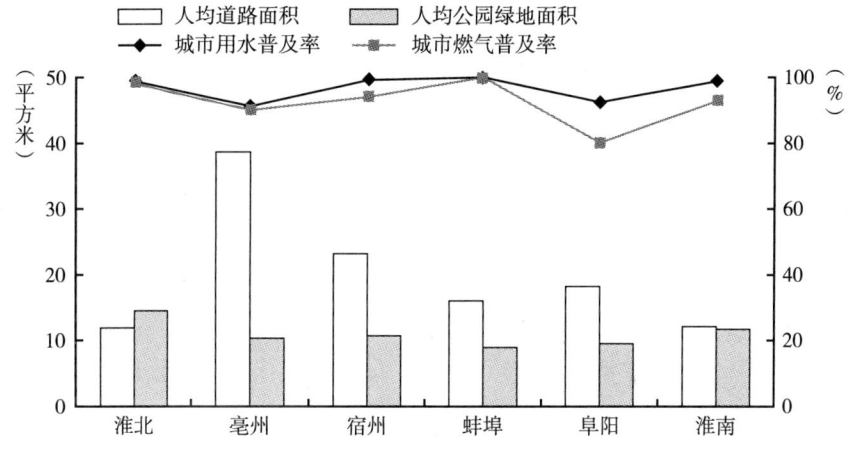

图10 皖北各地城市设施指标情况

注:淮南市包含凤台县和潘集区。
资料来源:安徽省2013年统计年鉴。

二是城镇环境保护成效显著。2012年,皖北地区建成区绿地率平均水平为33.56%,分别为淮北42.35%、亳州29.85%、宿州31.21%、蚌埠32.29%、阜阳28.95%、淮南36.68%,同比有所上涨,而与全省的34.72%相比,只有淮北和淮南在全省的指标之上。就城区内绿化覆盖率而言,地区平均水平为38.95%,分别为淮北44.16%、亳州40.89%、宿州38.6%、蚌埠37.21%、阜阳33.15%、淮南39.71%,基本上都高于全省38.8%(除蚌埠、阜阳外),同比有所上涨(除宿州外),具体数据见图11。城市污水的处理能力也有所提升,平均水平为95.51%,该地区的城市污水处理厂集中处理率只

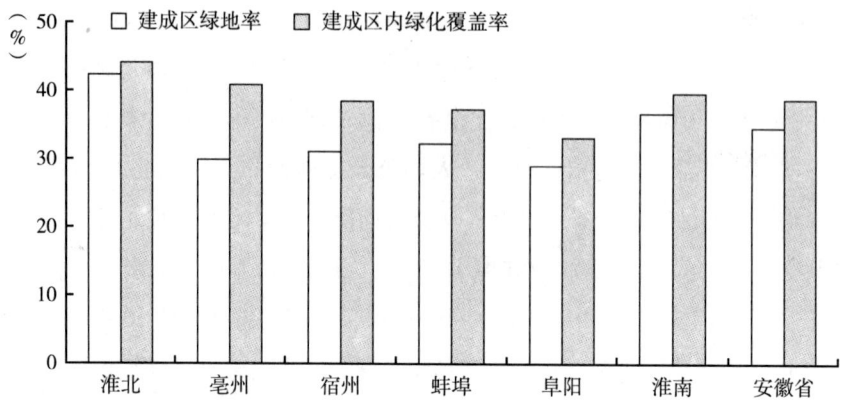

图11 2012年皖北地区绿地情况

注：淮南市包含凤台县和潘集区。
资料来源：安徽省2013年统计年鉴。

有宿州和阜阳在全省的平均水平（86.39%）之下，其中淮南的最高，为97.56%；该地区的城市污水处理率只有宿州和阜阳在全省的平均水平（94.53%）之下，蚌埠的城市污水处理率最高，为98.45%，具体数据见图12。2012年，该地区在生活垃圾处理方面，平均值为97.46%，淮北、亳州、宿州和蚌埠四个城市生活垃圾处理率达到了100%，只有阜阳（93.28%）、淮南（91.49%）稍落后，但是该地区的整体水平均大于全省水平（91.14%）。

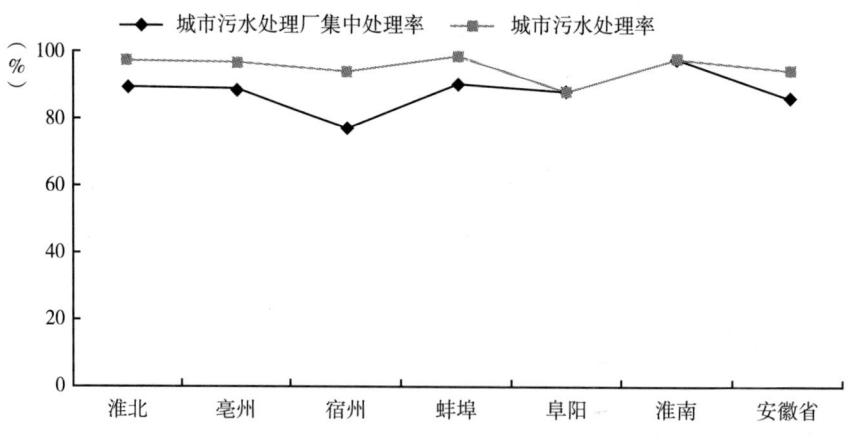

图12 2012年皖北地区污水处理情况

注：淮南市包含凤台县和潘集区。
资料来源：安徽省2013年统计年鉴。

（五）公共服务水平不断提高，居民生活水平持续改善

一是社会保障体系不断完善。2012 年，皖北地区社会保障水平进一步提高，该地区参加基本医疗保险、养老保险、医疗保险、新型农村合作医疗保险、失业保险的总人数为 3207.84 万人，比 2011 年累计增加了 121.81 万人，皖北各地五种保险的参保率同比均有所增长，其中，阜阳、亳州新型农村合作医疗保险实现了全覆盖，其余情况见图 13。针对低保人群，该地区积极建设社区服务设施，2012 年累计建成便民、利民服务设施 1739 个，同比增加了 436 个，每千万低保人员拥有的低保服务设施数量均有所增加，其中蚌埠最高为 3.27 个，阜阳最低为 0.74 个，全省的平均水平为 1.72 个，阜阳、亳州、宿州在省均值以下（见图 14）。

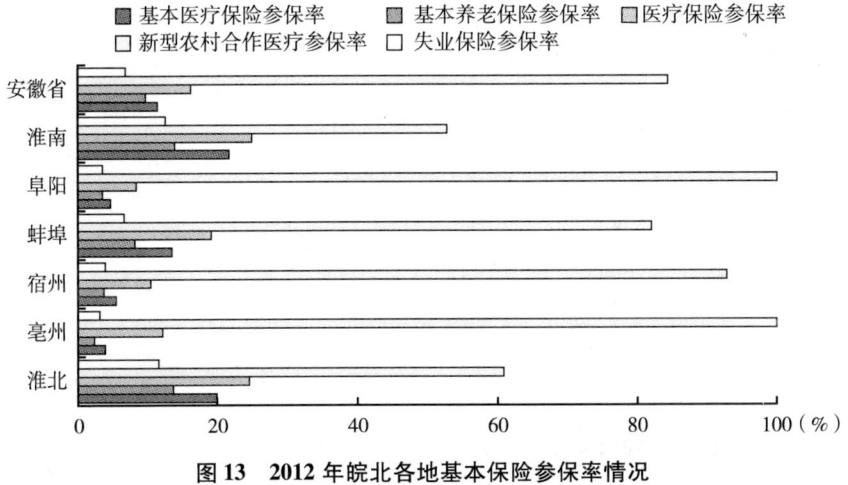

图 13　2012 年皖北各地基本保险参保率情况

二是教育、医疗卫生水平不断攀升。居民的受教育程度不断提升。2012 年，该地区每十万人口中拥有高中、中专、大专及以上教育程度的人口均值达 16515 人，比上年增加 123 人，略低于全省的平均水平（18674 人），其中，淮南以 24288 人位居该地区榜首，亳州以 11081 人位居该地区末位，具体情况见图 15。医疗卫生保障水平继续提高。2012 年，该地区共有卫生技术人员 137023 人，医院 398 家，社区卫生服务中心 866 个，同比均有所增加。每万人拥有卫生技术人员数淮南以 70 人位居首位，蚌埠、淮北紧随其后，其他地

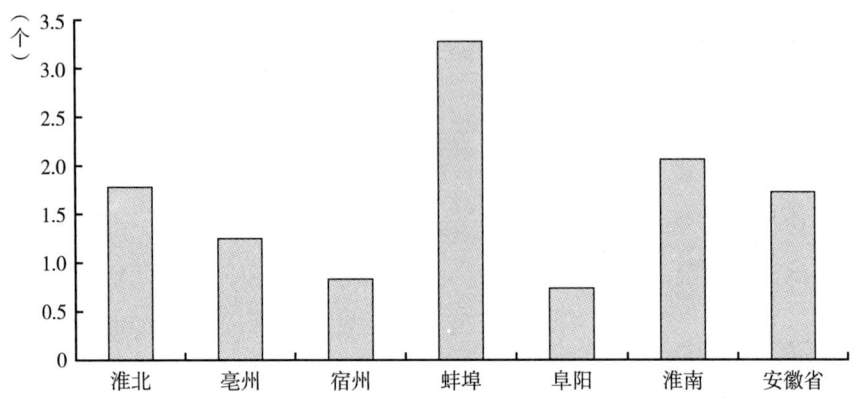

图14　2012年皖北各地低保设施建设情况

注：淮南市包含凤台县和潘集区。
资料来源：安徽省2013年统计年鉴。

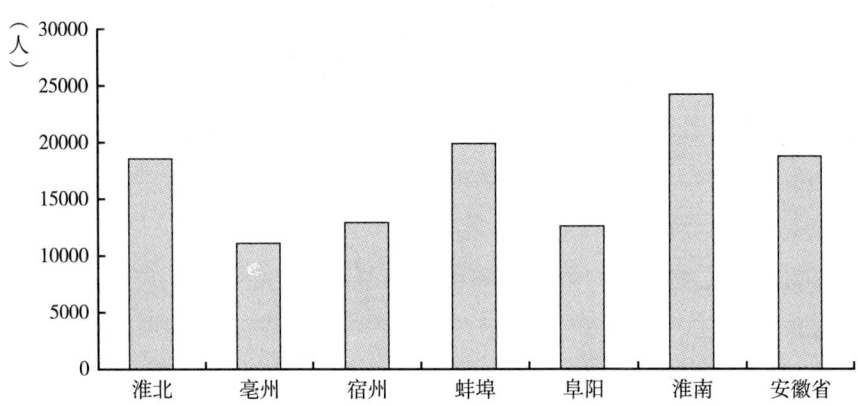

图15　2012年皖北各地每十万人中拥有受教育人口的情况

注：淮南市包含凤台县和潘集区。
资料来源：安徽省2013年统计年鉴。

区都没有达到56人的全省平均水平；每万人拥有床位数淮南54个、淮北48个、蚌埠47个，其余三地均没达到37个的全省平均水平（见图16）。

三是城镇居民收入持续增加。2012年，该地区城镇居民人均可支配收入达20152.3元，略高于全省的平均水平（20124.2元），其中淮南的人均可支配收入最高为20733.18元，阜阳和宿州的城镇人均可支配收入低于全省平均水平。城镇居民的人均消费支出为13743.59元，其中淮北为15206.53元，高

2013～2014年皖北地区城镇化发展报告

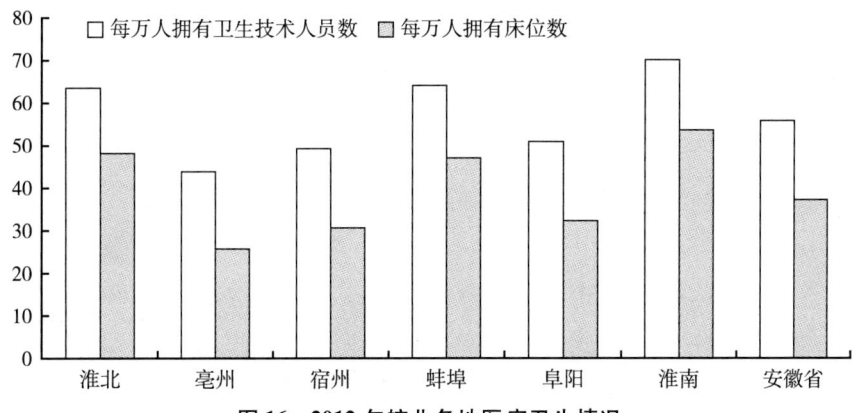

图16 2012年皖北各地医疗卫生情况

注：淮南市包含凤台县和潘集区。
资料来源：安徽省2013年统计年鉴。

于全省 15011.66 元的平均水平，其余各地都在全省平均水平之下，宿州以 12084.46 元在该地区垫底。该地区的城镇居民家庭人均恩格尔系数水平为 40.34%，高于全省 38.7% 的平均水平，其中亳州以 39.5% 居于末位，宿州以 41.46% 居于首位。该地区农民人均纯收入达 7962.30 元，远远高于 7160.5 元的全省平均水平，只有阜阳在省均值以下，凤台县以 8708.81 元居于该地区首位。农民家庭人均消费支出为 4398.30 元，低于全省 5648 元的平均水平，其中阜阳最低，为 3105.04 元，潘集区的最高，为 5457.85 元。该区农民的家庭人均恩格尔系数为 40.2%，高于 39.25% 的全省平均水平，除亳州和潘集区外，其他各地均在全省平均水平之上（见图 17 - a 和图 17 - b）。

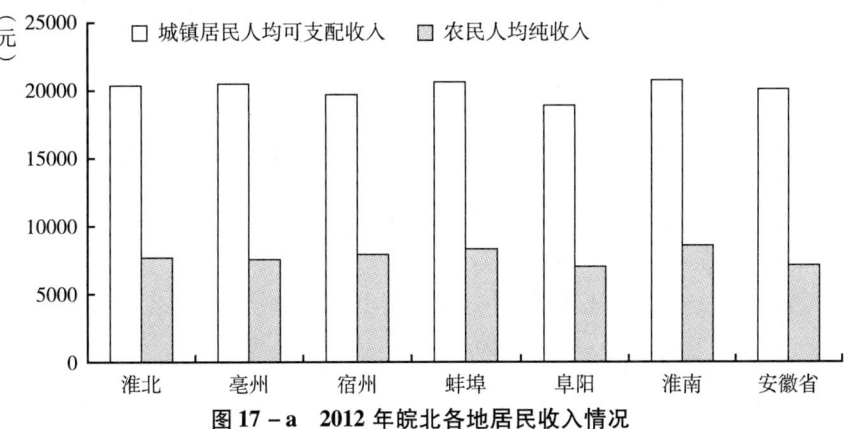

图 17 - a 2012 年皖北各地居民收入情况

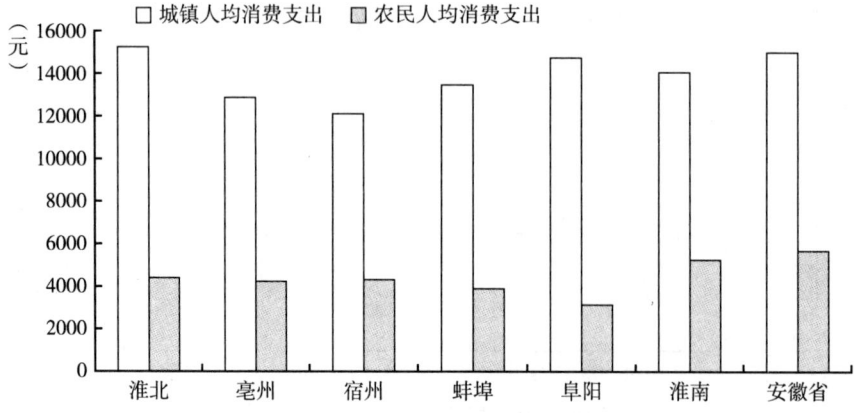

图 17 – b　2012 年皖北各地居民消费支出情况

注：淮南市包含凤台县和潘集区。
资料来源：安徽省 2013 年统计年鉴。

二　皖北地区城镇化发展中存在的问题

（一）城镇化水平低，人口集聚和承载能力弱

一是城镇化滞后于工业化。根据发展模型，城镇化率一般高于工业化率，与工业化率的比值在 1.4 与 2.5 之间较为合理。而在皖北地区，尽管近几年城镇化水平在加快提升，但城镇化依然滞后于工业化，远未达到合理程度。2012年，皖北地区城镇化率为 40.8%，工业化率为 44.81%，城镇化与工业化的比值为 0.91，远低于发展模型中合理的比值（见图 18）。其中淮北的比值最低，为 0.6542，比值最高的是亳州，为 1.40，虽然在合理的比值范围，但是亳州的工业化与城镇化水平都很低，这两项指标几乎都处于该地区的末位，不具有代表性，宿州也是如此，相对而言淮南的比值较具有代表性，但（城镇化与工业化的比值为 1.26）依然低于合理值。

二是区内城镇化水平不均衡。2012 年，皖北各地的城镇化水平分别为：淮北 57.20%、亳州 34.80%、宿州 33.00%、蚌埠 48.30%、阜阳 34.90%、淮南 65.30%，最高的淮南与最低的宿州相差了 30.5 个百分点，区域内城镇

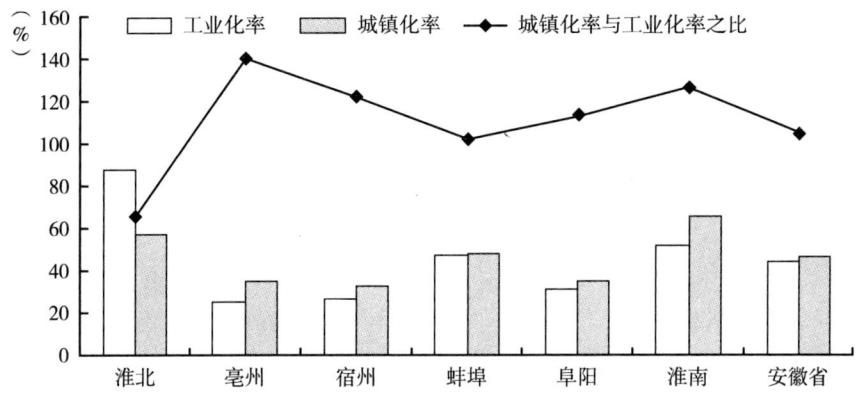

图 18　2012 年皖北各地城镇化与工业化比较

注：淮南市包含凤台县和潘集区。
资料来源：安徽省 2013 年统计年鉴。

化水平差距大。并且，该地区除了淮北、蚌埠、淮南，其他地区城镇化水平均在省平均水平以下，只有淮北和淮南在全国水平之上，整体城镇化水平不高。

三是城镇平均规模小。皖北地区由于历史原因，人口密度大，城市人口密度为 3120 人/平方公里，比全省水平（2401 人/平方公里）每平方公里多了 719 人，但是城市城区人口数在 100 万以上的很少，只有蚌埠和阜阳城区人口略大于 100 万人，分别为 1037396 人、1343724 人；县城人口集聚能力较弱，中等城市规模的县城较少，皖北地区县域的平均城市人口规模为 141386 人，城市人口规模超过 20 万的县域没有，城市人口规模最大的县域为颍上县 199048 人，这就造成该地区人口分散，人口集聚能力弱，严重影响城镇化的进程。

（二）中心城市实力薄弱，辐射带动能力不强

蚌埠、阜阳作为皖北地区相对较大的城市，虽然说近几年来发展较快，但是由于其自身实力薄弱，在区域发展中龙头作用不明显，辐射带动能力不强。蚌埠市虽然在多个行业中具有比较优势，但是整体经济实力不强，城市竞争力不强，缺乏具有较强带动作用的产业集群。阜阳市虽然在皖北地区人口与经济规模均为最大，但是工业化、城镇化水平都比较低，农业比重过大，很难担负

区域性中心城市的重任。从中心城市发展的阶段来看,皖北地区的这两个城市对周边地区的极化作用尚不突出,更遑论扩散作用的发挥。这是该地区城镇化发展面临的最大问题。

(三)产业结构层次低,城镇产业支撑不强

近年来皖北地区虽然说产业结构不断优化,尤其是产业园经济不断发展、产业集聚能力不断增强,但是总体而言,产业层次低的局面依然没有改变,城镇化的产业支撑力度不强。2012年,皖北地区的三次产业比重为18∶55∶27,不仅与皖江示范区9∶58∶33的三次产业比重形成了鲜明的对比,而且与河南省12.7∶57.1∶30.2的三次产业比重相比结构也明显不合理。农业所占比重大,农产品加工度低,产业链条短;工业基础薄弱,资源型工业比重大,缺乏科技含量高、附加值高的高新技术产业;第三产业发展缓慢,尤其新兴服务业、生产服务业发展水平低,是皖北地区产业发展的基本特征。城镇规模和城镇化水平从本质上说是由产业规模和产业发展水平决定的。由于第二、三产业发展水平低,就业承载力不强,很难吸引大规模人口集聚,进而无法促进生活服务业和生产服务业的发展,这是皖北地区城镇化水平低的根本原因。

(四)"半城镇化"问题突出,农民市民化进程缓慢

伴随着城镇化的快速发展,皖北地区"半城镇化"的问题越来越凸显,农民市民化进程缓慢。转移人口生活在城市,但根基却在农村,由于户籍制度的限制,在劳动报酬、子女教育、社会保障、住房等许多方面并不能与城市居民享有同等待遇。再者,由于农民本身素质低且技能有限,往往从事技术含量不高的工作,缺乏专业的技能培训和知识,收入水平不高,也缺乏移居城镇的能力。这就导致两个结果,一是城市人口流动性高,产业工人队伍不稳定,不仅给城市带来一系列的社会问题,而且从更深层次上影响了地区工业化进程,造成"拉力"不足;二是产业工人队伍不稳定,农村转移人口多数不愿意放弃承包的土地,也不利于农村土地流转和农业规模化经营,从更深层次上制约了农业现代化的发展,又造成"推力"不足,进而形成了一种特有的惰性,制约着该地区工业化、城镇化的发展。

（五）城镇公共服务滞后，城市管理水平不高

一是城镇基础设施落后。城市建设用地不断增加，城镇居民的人均住宅面积也不断增加，但是城镇基础设施建设缓慢，跟不上城市扩张的速度，严重影响了居民的生活环境和城镇化的进程。以交通为例，由于综合运输体系建设滞后，交通基础设施欠账较多，枢纽地位的作用远远没有发挥出来，京沪高铁途径宿州和蚌埠，但由于其配套交通设施不完善，周边城市不能共享高铁所带来的便捷。二是公共服务能力不强。在农村转移人口市民化进程中，其就业、住房、社保、教育、医疗等问题凸显，政府不能够及时、有效地出台相应的措施来解决这些问题，从而使农村转移人口处于身份尴尬的境地，既不能够获得城市居民的待遇，享受均等化的公共服务，融入城市，又回不到农村。

三 皖北地区城镇化发展的思路与建议

根据美国经济学家诺瑟姆的研究，城镇化的进程分为三个阶段：第一阶段，当城镇化率在30%以下时，城镇化发展缓慢；第二阶段，当城镇化率在30%~70%时，城镇化加速发展；第三阶段，当城镇化率超过70%时，城镇化进入成熟期。2012年皖北地区城镇化率为40.8%，据此判断，皖北地区正处于城镇化的加速发展时期。

当前及今后一个时期，皖北地区城镇化建设既面临着许多机遇，也面临着很大挑战。目前，随着《中原经济区规划》的深入实施，尤其是中央城镇化工作会议的召开，城乡一体化步伐将进一步加快，城乡二元制度改革将加快推进，一大批有利于城镇化发展的政策和改革措施将加快落实，将为皖北地区城镇化创造有利的政策和制度环境；国外发达国家经济复苏步伐加快，国内经济发展速度放缓，国际、区际的产业转移步伐加快，同时新一轮产业转移正在形成和发展，有利于皖北地区积极承接较高层次的产业转移，真正地实现在发展中转型、在转型中发展。同时，我们也必须看到，随着人口红利消失，资源环境约束加大，皖北地区的传统优势开始消失，而新的优势又没有形成，因此面临着比较优势真空；随着生态文明制度体系的完善和最严格的水资源管理制度

的落实，尤其是随着生态保护红线的划定，经济发展的约束条件将进一步增强；着眼于生态文明制度体系建设，主体功能区规划加快落实，皖北地区作为农产品主产区，将会得到国家更多支农惠农政策的倾斜，同时限制进行大规模工业化、城镇化建设的约束机制也会逐渐到位。此外，作为一个欠发达地区，皖北如何改变不利的区域地位，在区域竞争中占据有利条件，同时在总体经济和区域经济"换挡"期，解决在20世纪90年代高速发展阶段没有解决的农村转移人口市民化问题，这些都是巨大的难题。

根据城镇化发展的一般规律和皖北地区的区情和经济发展水平，促进皖北地区城镇化健康发展，必须壮大中心城市，增强辐射带动能力；加快产业转型，全面提高城市就业率、人口承载能力；加快土地流转，提高农业规模化水平；提高城镇规划水平，强化城镇管理；提高城市公共服务能力，营造良好的社会环境。

1. 壮大中心城市，增强带动辐射力

一是加快蚌埠、阜阳中心城市建设。蚌埠市要充分利用其作为区域性交通枢纽、具有较为完整的现代工业结构、拥有较为发达的农副产品加工业等优势，大力发展现代化的金融业、物流业和高新技术产业，不断提高产业层次，以工业化带动城镇化，强力聚合人口和要素，打造皖北地区的增长极。阜阳市要在现有的农业基础上，以市场为导向，大力发展特色农产品和新型农产品加工业，建立农产品工业产业基地，同时充分利用其丰富的旅游资源，大力发展旅游业和服务业，逐渐强化区域中心的地位，与蚌埠并驾齐驱，带动周边地区的发展。二是加快淮南、淮北、宿州、亳州发展。加快淮南、淮北等资源型城市转型，支持宿州、亳州加快发展，鼓励有条件的县城和城镇壮大发展，形成有实力、有特色的中小城市，最终形成以蚌埠、阜阳为中心，以周边城市和小城镇为依托的皖北城市群。

2. 加快产业转型，促进产城融合

一是加大招商引资力度，积极承接产业转移。加大招商引资的力度和强度，创新招商引资的方式，利用其地理区位优势，以产业集聚区和园区为载体，以培育产业集聚群为目标，积极承接沿海发达地区的产业转移，同时加强与合肥、中原城市群的联系，寻求多方面的合作机会，继续扩张地区经济规模。二是以园区经济为重点，提高产业集聚程度。依托大中城市，继续发展各类的开发区、产业园区等园区经济，着力培育具有核心竞争力的主导产业，提高产业集聚度，培育产业集群，进一步促进产城融合。三是促进产业升级，提高信息化水平。深入调整工业结构，加大科技创新力度，进一步强化城乡信息基础设施建设，加快城乡信息网络建设，促进三网融合，促进工业化、信息化的融合。以企业为主体，以市场为导向，促进产学研相结合，着力发展高新技术产业，促进产业升级，提高信息化水平。四是加快发展服务业，提高产业水平。走以文化旅游业带动服务业发展的道路。亳州的曹魏文化、阜阳的剪纸文化、淮南的豆腐文化、蚌埠的花鼓灯文化、宿州的泗州戏和奇石文化、淮北的淮海战役遗址等具有很大的市场开发价值，应在科学规划的基础上，加大科学开发力度，带动服务业的发展，促进产业升级。

3. 促进农村土地流转，提高农业规模化水平

为了贯彻落实党的十八大、十八届三中全会和2014年中央一号文件精神，安徽省颁布了《关于深化农村综合改革示范试点工作的指导意见》，为皖北地区加快农村土地流转、盘活农村土地资产提供了政策性保障。皖北地区应以此为契机，持续推进农村土地流转，培育规模化农业经营主体，构建新型农业经营体系。一是要按照《通知》要求制定实施方案，规范参与主体的权利与义务，确保土地流转在平等、自愿、有偿、公平的条件下进行，加快土地流转速度，盘活农村土地资产，集约利用土地，使每一亩土地都得到合理的开发与利用。二是培育现代农业主体，构建新型农业经营体系。引导土地向专业大户、家庭农场、农民合作社和农业企业流转，发展多种形式的农业规模化经营。鼓励发展农民合作社，支持财政项目资金直接投向符合条件的合作社，允许财政补助形成的资产转交合作社持有和管护，鼓励合作社开展信用合作。支持工商资本进入适合企业化经营的农业领域，鼓励农业产业化龙头企业与农户和合作社结成稳定的一体化关系，向农业输入现代生产要素和经营模式。三是加快现代农业示范基地的建设，提高农业现代化水平。按照发展高产、优质、高效、生态、安全农业的要求，聚合各种先进要素，高起点、高标准、高水平地建设现代农业示范园区，进一步强化物质装备，提升科技水平，完善产业体系，创新经营方式，建设现代农业发展的先行区，充分发挥典型示范和辐射带动作用，引领传统农业产业改造和现代农业发展，全面增强城镇化发展的"推力"。

4. 加大城市规划管理力度，提升城市建设管理水平

一是加强城镇规划编制工作。应在《国家城镇发展规划》《中原经济区建设规划》和《中原城市群规划》的基础上，结合《安徽省城镇化发展规划》，根据皖北地区的区情、城镇化发展的基础和主体功能区定位，科学制定皖北地区城镇化发展规划，以规划引导城镇空间布局、产业分工和等级规模结构，加快形成空间布局合理、产业分工明确、等级规模合理的皖北地区城市群。二是加快构建新型城镇体系。要按照区域城镇体系规划，统筹推进大中小城市和小城镇建设。要加强并深化皖北地区各城市间分工与合作，推进交通一体、产业链接、服务共享、生态共建，逐步构建具有较强竞争力的开放型城市群。要加快各级中心城市建设，尤其要支持有条件的县城做强产业园区，加快旧城区改造，尽快发展成中等以上城市。三是完善城市服务功能。要加快城市商务中心区建设，通过科学规划、合理布局、创新机制、政策扶持，推动总部经济、金融保险、商业商务、文化娱乐、中介服务等功能集聚。启动建设一批路、水、电、信、气、房、学、医、文及环保等城市基础设施项目，增强城市服务生产生活的功能，不断提高城市的产业承载能力和人口吸纳能力。

5. 提高公共服务能力，着力改善民生

一是提升城镇公共服务水平。围绕农业转移人口市民化，大力推进基本公共服务均等化，切实解决农业转移人口在就业、住房、社保、教育、医疗等方面的突出问题，消除制度障碍，保障合法权益。创新社会管理方式，改进管理体系，不断提高政府处理与解决问题的能力，提高政府的工作效率，树立政府在人民心中的公信度。二是采取各种措施改善民生，实现社会资源的均等配置。加快廉租房、公共租赁住房等保障性住房建设，着力解决城镇中低收入人群的住房问题，将符合条件的农业转移人口纳入城镇住房保障体系。均衡配置教育资源，深入推进医药卫生体制改革，完善城镇公共文化服务体系，加强养老服务设施建设，等等，确保城镇化发展的成果和社会资源在城乡居民间得到合理的分配，维护社会稳定。三是创造整洁的生活环境。大力扶持绿色交通，推广天然气、沼气、太阳能、风能等清洁能源，减少机动车尾气排放、工业排放和建筑扬尘，推行垃圾分类回收和循环利用，改造地下排污管网，提高危险废弃物集中处理能力，绿化、美化、净化生活环境。

B.20 2013~2014年鲁西南地区城镇化发展报告

胡照龙*

摘　要： 近年来，在各级政府的努力下，在各项政策的带动下，鲁西南地区区域经济保持平稳较快发展，城镇化水平不断提高，城镇化进程快速推进。但从总体上来看，鲁西南地区在城镇化发展中还存在诸多问题，如缺乏必要的规划和引导，城镇整体发展水平不高、不平衡，城镇化产业结构层次低，城乡二元结构改革有待深入，城镇化发展模式粗放等。立足解决这些问题，深刻领会党的十八届三中全会和中央城镇化会议精神，把握中原经济区和山东西部新的经济隆起带战略机遇，本文从制定鲁西南城镇化发展规划、加快构建合理化的城镇体系、加快城乡统筹发展、加快城镇基础设施建设以提升城镇承载力、完善公共服务保障体制以提升产业转移能力、夯实城镇化产业支撑体系等六个方面阐述了鲁西南地区未来城镇化的发展思路。

关键词： 城镇化　发展现状　发展机遇　发展思路

鲁西南地区地处山东省西南部，是中原经济区东北方向的门户，更是中原经济区的重要组成部分，鲁西南地区作为传统农业生产区，也是我国重要的粮食生产基地和粮食主产区。根据国家发改委制定的《中原经济区规划

---

* 胡照龙，河南省中原经济区研究会。

(2012~2020年)》的界定,鲁西南地区主要包括山东省聊城市、菏泽市和泰安市的东平县。全区面积约2.2万平方公里,占中原经济区总面积的7.6%;2012年末全区总人口约1507.26万人,其中城镇人口约606.01万人,农村人口901.25万人,城镇化率约为40.21%。

一 鲁西南地区城镇化的主要进展

近年来,在山东省省委、省政府领导下,在中原经济区建设、山东西部新的经济隆起带建设等重要战略的带动下,在鲁西南地区干部群众的共同努力下,鲁西南地区迎来高速发展的历史机遇,城镇化进程加速推进,城镇化布局日趋合理,区域经济实力显著增强,区域发展更趋协调,人民生活水平显著提高。聊城市和菏泽市先后荣获国家历史文化名城、中国优秀旅游城市、国家卫生城市、省级园林城市等荣誉称号。该地区城镇面貌发生显著变化,城市化硕果累累,城市经济的主体作用日益突出,为全面、协调、可持续发展奠定了坚实基础。

(一)城镇化进程快速推进

城镇化是经济社会发展的必然趋势,也是工业化、现代化的重要标志。从2000年起,山东省城市化水平进入加速发展阶段。省委、省政府做出《关于加快城镇化进程的决定》,确立未来十年山东省要成为全国城镇化发达的地区之一,城镇化率达到50%左右的目标。近年来,鲁西南地区抢抓发展机遇,注重区域经济协调发展,力推城镇化进程,城镇化率稳步提高。2012年菏泽市、聊城市、东平县常住人口分别为833.81万人、594.45万人、79万人,其中城镇人口分别为333.61万人、242万人、30.4万人,城市化率分别为40.01%、40.71%、38.48%(见表1)。以菏泽市为例,菏泽市委、市政府除了大力实施城市化和工业化"双轮"驱动战略,还在公共服务上下大力气,制定并实施了《关于贯彻鲁政办发〔2011〕40号文件,积极稳妥推进户籍管理制度改革的通知》,在统一城乡户口登记制度的基础上,实行更加灵活的户口迁移政策,放宽了户口准入政策,促进农村人口向城镇有序转移,集中力量推进工业化和城镇化进程。2012年,菏泽城镇人口达到333.61万人,比2005

年增加 106.58 万人，年均增长 5.87%；城镇化率达到 35.01%，比 2005 年提高了 11.99 个百分点，年均提高 1.5 个百分点。

表 1　2012 年鲁西南地区城镇化率

地　区	总人口（万人）	农村人口（万人）	城市人口（万人）	城镇化率（%）
菏泽市	833.81	500.2	333.61	40.01
聊城市	594.45	352.45	242	40.71
东平县	79	48.6	30.4	38.48

数据来源：根据《山东统计年鉴 2013》以及菏泽市、聊城市 2012 年统计公报整理。

（二）城镇承载力不断提升

近年来，鲁西南地区各级政府重视城市规划和空间布局，重大城市规划相继出台，城市空间布局不断优化；加大固定资产投资规模，优化投资结构；重大基础设施项目相继完成，基础设施日趋完善，城镇承载力持续提升。

2012 年，鲁西南地区共完成固定资产投资 2118.75 亿元（聊城 1260.74 亿元、菏泽 687.11 亿元、东平县 170.9 亿元），较 2011 年增长了 22.25%（见表 2）。其中城镇基础设施建设的投资持续加大，城镇基础设施不断完善，城镇供水、供气、供电、通信、污水处理等能力进一步增强，一批高速公路、铁路等城市基础设施相继建成。2012 年鲁西南地区自来水普及率 99.19%，燃气普及率 99.31%，建城区绿化覆盖率 43.02%，道路长度 1123.1 公里，排水管道长度 1613 公里，生活垃圾无害化处理量 30.2 万吨，绿化覆盖面积 8888 公顷，集中供暖面积 1773 万平方米。2012 年聊城市政府不断修订城市总体规划，出台了《聊城市城镇体系规划（2012～2030 年）》，完善城区水系、道路交通等专项规划，先后完成投资 102 亿元，建设市民文化中心、聊城体育公园等 20 多个城建重点项目，投资 3 亿多元对市城区 54 条主次干道以及背街小巷进行了维修改造，同时开工建设保障性安居工程和新增廉租住房补贴 15851 套（户）。其中，新开工廉租住房 203 套、公共租赁住房 3030 套、经济适用住房 1422 套、限价商品住房 3000 套、城市棚户区改造货币补偿及安置房建设 7650 套（户）。2012 年，菏泽市相继完成主城区和七个县域的概念性规划，人民路

桥、大学路桥、点将台路桥建成通车，市图书馆、胜利广场基本竣工，铺设雨污管网50公里、供热主管网12公里等，共完成180项城建重点工程。加快小城镇建设，新增小城镇建成区面积11.4平方公里，实施整村改造项目204个，新建农村住房5.4万户。鲁西南地区城镇面貌焕然一新，人居环境、生活条件持续改善，城镇居民生活更加便捷，城镇承载力不断提升。

表2　2012年鲁西南地区固定资产投资及增速

地　区	固定资产投资额（亿元）		增速（%）
	2011年	2012年	
聊城市	1041.11	1260.74	21.09
菏泽市	552.29	687.11	24.41
东平县	139.7	170.9	22.33

数据来源：根据山东省统计年鉴、菏泽市2012年统计公报整理。

表3　2011~2012年鲁西南地区城市设施水平

	自来水普及率（%）		燃气普及率（%）		人均拥有道路面积（平方米）		人均拥有公园绿地面积（平方米）		建成区绿化覆盖率（%）	
	2011年	2012年	2011年	2012年	2011年	2012年	2011年	2012年	2011年	2012年
山东省	99.74	99.87	99.48	99.48	23.62	24.7	16	16.37	41.51	42.12
菏泽市	97.74	100	99.19	99.7	16.8	18.11	11.68	11.69	41.71	41.95
聊城市	97.05	98.38	98.19	98.92	28.29	29.49	11.54	11.70	40.3	44.08

数据来源：根据《山东统计年鉴2013》整理（不含东平县）。

表4　2011~2012年鲁西南地区市政设施水平

	道路长度（公里）		道路面积（万平方米）		人行道面积（万平方米）		路灯数（盏）		桥梁数（座）	
	2011年	2012年	2011年	2012年	2011年	2012年	2011年	2012年	2011年	2012年
山东省	34680.8	36566.4	66123.47	71390.2	13999	14971	1445771	1629070	4359	4660
聊城市	517.07	553.1	1801.38	1888.3	503	506	26061	35492	122	122
菏泽市	540	570.0	1162	1264.0	266	278	40276	40276	167	170
	排水管道长度（公里）		污水年排放量（万吨）		污水处理总量（万吨）		生活垃圾清运量（万吨）			
	2011年	2012年	2011年	2012年	2011年	2012年	2011年	2012年		
山东省	40110.22	43357	265465	277438	247348	1415	959.46	1053.5		
聊城市	894.13	916	4615	4800	4196	4369	16.15	19.1		
菏泽市	659	697	3469	3490	2759	2624	25.05	11.1		

续表

	生活垃圾无害化处理量（万吨）		绿化覆盖面积（公顷）		天然气供气量（万立方米）		集中供热面积（万平方米）	
	2011年	2012年	2011年	2012年	2011年	2012年	2011年	2012年
山东省	887.85	1041.7	188136	199899	438016.4	518343.7	61120.8	67422.5
聊城市	16.15	19.1	4412	4760	14348.1	16740.5	1206	1208.0
菏泽市	25.05	11.1	3903	4128	14765	13687.0	550	565.0

数据来源：根据《山东统计年鉴2013》整理（不含东平县）。

（三）城镇产业结构不断优化

按照国际上通行 AIS 划分方法，各种产业可以分为三大类：第一产业（主要为农业）、第二产业（主要为工业）、第三产业（主要为服务业）。从总体上看，三大产业所占比重的演变有一定规律：第一产业的比重逐步下降；第二产业的比重先上升后下降；在第二产业比重下降的同时，第三产业比重由缓慢上升变为迅速上升，最终会超过第二产业。鲁西南地区城镇产业结构与这一规律相吻合。从 GDP 产值构成看，2012 年聊城市第一产业、第二产业、第三产业 GDP 贡献比分别为 12：55.3：32.7，相对于 2011 年三大产业比重 12.7：56.6：30.7 而言，第一产业、第二产业平稳回落，分别回落 0.7 个百分点和 1.3 个百分点，而作为服务业的第三产业稳定增长，增长了 2 个百分点。2012 年菏泽市第一产业、第二产业、第三产业 GDP 贡献比为 13.5：54.5：32，相对于 2011 年三大产业比重14.7：54.5：30.8 而言，第一产业有所下降，回落 1.2 个百分点，第二产业相对稳定，而作为服务业的第三产业稳定增长，增长了 1.2 个百分点（见表5）。从以上两组数据我们可以看出，服务业在国民生产总值中的比重稳步提升，说明鲁西南地区城镇产业机构不断优化和转型升级，逐步向合理化方向转变。

表5 2011~2012年鲁西南地区各产业对GDP的贡献率

单位：%

城 市	第一产业		第二产业		第三产业	
	2011年	2012年	2011年	2012年	2011年	2012年
聊城市	12.7	12	56.6	55.3	30.7	32.7
菏泽市	14.7	13.5	54.5	54.5	30.8	32

数据来源：根据《山东统计年鉴2013》整理（不含东平县）。

（四）城镇体系布局日趋合理

山东省委省政府在《山东省城镇化发展纲要（2012~2020年)》中明确指出，要加快构筑以城市群为主体，以区域中心城市为核心，以县域中心城市为支撑，以小城镇和新型农村社区为基础的层次分明、布局合理、功能协调、城乡一体的五级新型城镇体系。鲁西南地区在城镇化发展布局中以《山东省城镇化发展纲要（2012~2020年)》为指导，以聊城、菏泽为中心，实施城镇化快速推进策略，城镇化布局日趋合理。以聊城为例，聊城市按照中心城区率先突破、次中心城市强力推进、小城镇持续发力、加快棚户区改造步伐、推进新型农村社区建设的方针，科学布局全市城镇化建设，积极发挥聊城中心城市的辐射带动作用，优化布局了东阿、高唐、临清、茌平等次中心城市，改造了199个棚户区，新建了131个农村新型社区，在此基础上形成了以聊城中心，以东阿、高唐、临清、茌平为延伸，以小城镇、农村新型社区为支撑的城乡一体发展新格局。

（五）城市新区建设快速推进

城市新区是城市郊区化发展的产物，是承接中心城区产业、人口迁移的重要载体，更是城镇化发展的重要指标。菏泽和聊城城市新区建设在此快速推进。从菏泽市来看，菏泽市高新技术产业开发区从2001年开始规划建设，目前已经建设成为集医药、新能源、新材料为主体的产业聚集地和孵化地，截止到2013年9月，累计入区企业140余家，投产企业91家，其中规模以上工业企业62家。2012年，规模以上工业企业完成主营业务收入210亿元，上缴税金14.65亿元，同比分别增长46.9%、31.8%。2013年上半年，规模以上工业企业完成主营业务收入143.43亿元，上缴税金5.83亿元，同比分别增长39.4%、37.8%。菏泽市高新技术产业开发区在吸纳就业、推动产业发展、提升服务水平等方面发挥了重要作用，日益成为城镇化快速发展的引擎。菏泽市高新技术产业开发区先后被山东省政府列为省级高新技术产业开发区、山东省创新药物（菏泽）孵化基地、省级战略性新兴产业（生物医药）示范基地、山东省新型工业化（生物医药产业）示范基地。从聊城市看，以节能环保、电子信息、新材料及新能源、高端制造业、生物科技等五大产业为主导的聊城市高新技术产业开发区建设持续推进,以旅游休闲、行政办公、商务商贸、文化体育、生态居住等功能为一体的现代服务中心控制性详细规划方案已经通过,高新技术产业开发区和聊城新区的建设推进进一步促进了城镇化水平的提升。

(六)人民生活水平不断提高

2012 年鲁西南地区国民生产总值达 4204.11 亿元(聊城市 2146.75 亿元、菏泽市 1787.36 亿元、东平县 270 亿元),较上年增长 13.29%,人均 GDP 达到 27892.4 元,较上年增加了 3380.91 元(见表6),区域竞争实力显著增强。

表6　2011~2012 年鲁西南地区 GDP 增长情况

地　区	GDP 总量(亿元)		增速(%)	人均 GDP(元)	
	2011 年	2012 年		2011 年	2012 年
聊城市	1919.42	2145.75	11.79	31766.91	36096.39
菏泽市	1556.52	1787.36	14.83	16104.54	21436.06
东平县	235.10	270.00	14.84	29760.73	34177.22
鲁西南地区	3711.04	4204.11	13.29	24511.49	27892.40

数据来源:根据《山东统计年鉴2013》整理。

以菏泽市为例,从人均可支配收入看,2012 年菏泽城镇居民人均可支配收入 19140 元,同比增长 15.0%,增速居全省第一位;农民人均纯收入 8187 元,同比增长 15.0%,增速居全省第一位。从消费结构看,2012 年菏泽市城镇居民人均消费支出 12452.3 元,比去年同期增加 1236.3 元,同比增长 11.0%,高出全省平均增幅 2.6 个百分点。2012 年城镇居民用于吃穿等基本生活消费的支出比重为 47.0%,而用于医疗保健、交通、通信、教育、文化娱乐等方面的支出比重占 34%(见图1),尤其是用于教育、文化、娱乐方面的支出达 1358.7 元,同比增长 27.4%。这表明菏泽市居民健康意识增强,精神生活需求不断增加,对通信和交通的需求不断增加,居民生活水平不断提升。

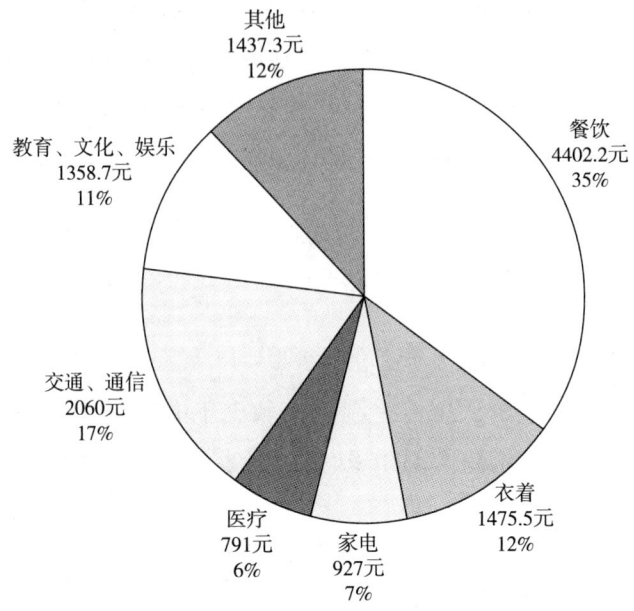

图1　2012年菏泽市居民消费结构

二　鲁西南地区城镇化发展存在的主要问题

尽管鲁西南地区城镇化快速推进，但我们必须认识到整个地区的城镇化还存在一系列问题，如缺乏必要的整体规划和详细控规，整体发展水平不高，基础设施薄弱，工业化支撑还需加强，城乡二元结构明显，城镇化发展模式粗放等，这些问题制约了城镇化的持续、快速、健康发展。

（一）城镇化缺乏必要的规划和引导

从省级层面看，尽管山东省出台了《山东省城镇化发展纲要（2012～2020年）》《黄河三角洲城镇发展规划》《鲁南地区城镇发展规划》等发展规划，对于促进山东省整体城镇化发展起到了推动和引导作用，但针对鲁西南地区的整体城镇化发展规划相对缺乏，相关的土地、税收、财政等优惠政策鲁西南地区无法享受，在一定程度上影响了城镇化的持续推进。从地市层面看，菏泽市 2013 年的《政府工作报告》提出，要加快推进规划编制，完成市区总体规划修编、7 个县城和 30 个重点镇控制性详细规划编制、1500 个新型农村社区布局规划。也就是说目前的状况是菏泽市城区的主体规划修编尚未完成，尤其是重点县域和城镇的城镇化发展规划处于空白，使特色乡镇和农村新型社区在城镇化建设过程中没有明确的目标和方向，使小城镇与小城镇之间、小城镇与周边乡村之间，难以形成分工明确、布局科学合理的城镇体系和空间格局，导致盲目建设、重复建设、资源和土地浪费严重。此外，虽然部分乡镇有总体规划，各城镇区域的规划也有明确的规定，但缺乏详细控规，不注重特色设计，造成"规划"纸上谈兵。总体上看，鲁西南地区城镇化发展规划的引领作用不明显，乡镇城镇化建设缺乏必要的功能分区，公共服务设施匮乏，城镇化建设缺乏长期持续的引导。

（二）城镇化整体发展水平不高、不平衡

从纵向看，山东省统计局数据显示，2012 年山东省全省城镇化率为 52.43%，而鲁西南地区的城镇化率仅为 40.21%，低于全国 12.46 个百分点，低于全省 12.22 个百分点，鲁西南地区的城镇化整体发展水平在山东省 17 个地市排行中处于下游，与国内一线城市相比差距更大。从横向看，2012 年山东东部地区（青岛、烟台、威海、潍坊）的城市化水平明显高于西部地区（德州、聊城、滨州、菏泽），尤其是青岛的城市化水平在全省 17 个城市中遥遥领先，其城市化发展水平达 78.56%，高于鲁西南地区近 40 个百分点。从以上数据对比可以看出，鲁西南地区的城镇化发展水平还有很大的提升空间。同时，鲁西南地区各市、县发展也很不均衡。以聊城市为例，截至 2012 底，聊城市城镇化率为 40.71%，其中高于全市平均水平的只有 4 个，分别是东昌府区 54.37%，临清 50.08%，开发区 41.37%，茌平 40.47%；其余县（市区）中，高唐 39.95%，东阿 36%，阳谷 33.73%，莘县 31.43%，冠县 29.94%，均低于全市平均水平，尤其是东昌府区（54.37%）和冠县（29.94%）相比，相差近 25 个百分点。县域（城区）之间、镇与镇之间的差距较大，城镇化发展不均衡。

（三）城镇基础设施服务水平难以满足群众生活需求

随着城镇化的快速推进，由"农民"转换为"市民"的群众对生活的需求不断增加，已有的城镇基础设施已不能适应居民的生活需求，尤其是停车场、学校、公园、绿地、住房、供暖设施、卫生间等缺乏，问题较为严重，很多县城及以下的城镇总体外观仍是"一条街、一个集市、几幢机关办公楼"，部分中小城市也仅是"低层次"的政府驻地和人口相对集中的地方。从衡量指标看，鲁西南地区燃气普及率、自来水普及率、人均拥有公园绿地面积、建成区绿化覆盖率、人均居住面积、排水管道长度、供暖覆盖率都低于全省平均水平。文化站、电影院、体育馆、图书馆、公园等公共文化及娱乐设施更是匮乏。与群众的强烈期待相比，鲁西南地区的"硬件""软件"建设都有较大差距，还不适应城镇化持续、快速发展的要求，难以满足群众生活需求。

（四）城镇化的产业支撑有待进一步提升

从总量看，2012年鲁西南地区国民生产总值达4204.11亿元（聊城市2146.75亿元、菏泽市1787.36亿元、东平县270亿元），虽然总量较过去的十年有了很大增长，但是整个地区还不及青岛（7302.11亿元）、济南（4803.67亿元）、烟台（5281.38亿元）等发达地市的国民生产总值。从人均看，2012年聊城市、菏泽市的人均国民生产总值分别为36573元、21461元，位居全省第15位和第17位，远远低于全省51768元的平均水平。从工业增加值看，2012年聊城市、菏泽市工业增加值分别为1088.1亿元、858.05亿元，处于全省中下游水平，工业基础相对还比较薄弱。从第三产业增加值看，2012年聊城市、菏泽市第三产业增加值分别为702.57亿元、572.13亿元，几乎处于全省的最低水平。从以上几组数据的对比看出，鲁西南地区的经济总量不适应城镇化的发展水平，产业支撑有待进一步提升。此外，鲁西南地区特大型的龙头企业匮乏，整个地区仅有山东玉皇化工有限公司、聊城时风（集团）有限责任公司两家中国500强企业。城镇化的发展离不开产业化的支撑，离不开市场主体企业的快速发展，鲁西南地区的这一现状在一定程度上限制了城镇化的快速发展。

（五）城乡二元结构制约了城市化进程

中国特有的城乡二元结构的形成有一定的历史原因。城乡二元结构是一系列的制度体系，是一个系统的制度效应。它是以户籍制度为中心，附着了住宅制度、粮食供给制度、生产资料供给制度、就业制度、婚姻生育制度、医疗制度、养老保险制度、副食品和燃料供给制度、劳动保护制度等十几项制度，这些制度构成了维护中国特有的城乡二元结构的制度壁垒；户籍因素向社会生活的各个领域全面渗透，并以强制的行政手段给予维护，这样就基本演化形成了城市居民和农村居民两种不同的身份制度。城市居民可以享受较高的医疗、生育、教育、生活、就业等社会福利和良好的就业机会，农村居民则被户籍和土地束缚在农村，面临着教育资源短缺、医疗卫生跟不上等问题。即使农村居民在城市定居，他们也无法享受隐性的各种城镇社会福利，子女也无法享受优质的教育资源。总之，现有的户籍制度是计划经济的产物，形成于新中国成立初期的工业化战略，从一定意义上讲促进了国家的工业化发展，但是它把生产和消费对立起来，客观上割裂了城镇化与工业化的过程。户籍制度一直都是束缚农民流动、阻碍其在城镇落户的制度性壁垒，在一定程度上造成了城镇化的进程滞后。

（六）城镇化发展模式相对粗放

目前，我国的城镇化进程备受世界关注，城镇化的规模和发展速度更是令人瞩目。但是我国在城镇化过程中存在诸如城市道路不合理、交通拥挤、环境污染严重、雾霾常有发生、地下水位下降等问题。经济粗放式发展所导致的生态环境和城市居住环境恶化正在威胁着中国城镇化发展的可持续性。鲁西南地区的城镇化发展也较为粗放，环境恶化、城市道路拥挤等城镇化带来的问题日益凸显。同时，鲁西南地区的城镇化水平与工业化水平不相适应。工业化与城镇化之间的关系可形象地比喻为"发动机"与"加速器"的关系，工业化和城市化是相互促进的，工业化促进城市化，城市化带动工业化。鲁西南地区工业总产值约占GDP总量的55%，超过一半，而城镇化水平约为40%，城镇化落后于工业化的发展，二者良性互动、相互促进的

格局尚未形成。此外，城乡差距大也是制约城镇化发展的一个重要因素。以聊城市为例，聊城市2012年国民经济和社会发展统计公报显示，2012年聊城城镇居民人均可支配收入23685元，农村居民人均纯收入8872元，城镇居民收入是农村居民可支配收入的近3倍。城乡之间的差距制约着城镇化的快速推进。

三 鲁西南地区城镇化发展的机遇与挑战

随着党的十八届三中全会、中央城镇化工作会议的召开，国家在宏观层面提出了全面深化改革和推进城镇化发展。伴随着区域经济的快速发展，中原经济区和西部经济隆起带建设的深入推进，鲁西南地区迎来了重要的历史发展机遇。同时也面临着经济基础薄弱、农业人口比重大、产业结构不合理等诸多挑战。

（一）机遇和优势

党的十八届三中全会、中央城镇化会议的召开，中原经济区建设、山东西部经济隆起带建设两项重大战略的实施和推进，使鲁西南地区城镇化迎来了历史发展机遇，同时区域交流的进一步加强为该区域城镇化快速发展提供了动力支持。

1. 国家宏观战略层面

随着党的十八届三中全会的召开，党中央对下一阶段市场经济、城镇化、金融体系、税收体系等系列改革做出了全面部署，标志着我国改革进入全新的阶段。《中共中央关于全面深化改革若干重大问题的决定》对城镇化做出了详细阐述。《决定》指出要完善城镇化健康发展的体制机制、推进城市建设管理创新、推进农业转移人口市民化，逐步把符合条件的农业转移人口转为城镇居民。从《决定》可以看出，国家从宏观层面对我国城镇化做出了系列部署，从指导思想、发展布局、融资体系、户籍改革、社会保障等方面给出了系列指导意见。同时，中央城镇化会议是国家层面针对我国城镇化的专门性会议。2013年中央城镇化会议指出：城镇化是现代化的必由之路。推进城镇化是解决农业、农村、农民问题的重要途径，是推动区域协调发展的有力支撑，是扩大内需和促进产业升级的重要抓手，对全面建成小康社会、加快推进社会主义现代化具有重大现实意义和深远历史意义。会议从推进农业转移人口市民化、提高城镇建设用地利用效率、建立多元可持续的资金保障机制、优化城镇化布局和形态、提高城镇建设水平、加强对城镇化的管理六个维度提出了今后一段时期城镇化的具体任务。以上会议从宏观层面的为城镇化健康、持续发展注入了强心剂。

2. 中原经济区建设的推进

2011年底，《国务院关于支持河南省加快建设中原经济区的指导意见》（国发〔2011〕32号）文件的正式出台，标志着建设中原经济区正式上升为国家战略。按照国家发改委《中原经济区规划（2012~2020年）》，将中原经济区建设成全国工业化、城镇化和农业现代化协调发展示范区，要积极推进城镇化，促进城乡一体化发展。一方面，鲁西南地区在财税、金融、投资、产业、土地等方面将享受国家给予中原经济区的支持政策，对经济社会发展、城镇化快速推进将产生巨大的推动作用；另一方面，鲁西南地区可以依托中原城市群的辐射带动作用，错位布局，承接产业转移，充分利用中原经济区的市场环境和消费环节，助推鲁西南地区城镇化的快速发展。

3. 山东西部新的经济隆起带

按照山东省《西部经济隆起带发展规划》，西部经济隆起带规划范围主要包括枣庄、济宁、临沂、德州、聊城、菏泽6市和泰安市的宁阳县、东平县，共60个县（市、区）。山东省建设西部新的经济隆起带，旨在将山东西部地区打造成具有较强竞争力的特色产业基地、高素质劳动力富集地带、体制机制创新试验区、生态良好的美丽新西部，并提出到2020年西部地区城镇化率达到60%左右。自2013年起省级设立西部经济隆起带发展专项资金10亿元，设立总规模200亿元的西部经济隆起带投资基金，并在其他专项资金方面逐年加大对西部地区的支持力度。不断完善出口退税制度，西部地区负担的出口退税比上年增长部分，省财政分担70%。适当增加西部地区建设用地规模，优先评估西部土地出让等。以上这些"真金白银"的土地、税收和资金政策不仅会进一步刺激鲁西南地区经济快速发展，而且将使鲁西南地区城镇化迎来快速推进期。

（二）挑战和劣势

1. 经济基础薄弱

2012年，鲁西南地区人均生产总值和公共财政收入，分别仅相当于山东省平均水平的63%、48.7%；城镇居民人均可支配收入和农民人均纯收入，分别比全省平均水平低2626元和295元；经济综合实力在山东全省基本处于末位。总体上看，鲁西南地区经济总量偏小、人均占有量较低，在全省仍处于欠发达水平，经济基础相对薄弱。同时，鲁西南地区经济外向度和开放度不高，2012年，鲁西南地区进出口总额258.4亿美元，外商直接投资16.6亿美元，分别仅占全省的10.5%和13.4%。外贸依存度偏低，对外投资结构不尽合理，与先进地区有较大差距。

2. 农业人口比重大

鲁西南地区气候适宜、土地肥沃、乡村地域广阔，是我国著名的粮食主产区，全国著名的粮棉、畜牧、林果、瓜菜、花卉生产基地。鲁西南地区农村人口约为901.25万，占全区总人口的60%以上，农村剩余劳动力转移压力大，城镇化基数较大，而农村人口自然增长率也高于全省和全国水平，这在一定程度上制约了鲁西南地区的城镇化发展。

3. 产业结构不合理

与青岛、济南等省内先进地区相比，鲁西南地区农业规模化、专业化、标准化程度不高，产业结构不尽合理。从GDP产值构成看，2012年聊城市第一产业、第二产业、第三产业GDP贡献比为12∶55.3∶32.7，而2012年山东省全省第一产业、第二产业、第三产业GDP贡献比为4.1∶58.8∶37.1。从这组数据可以看出：鲁西南地区的第一产业比重大，产业链条有待进一步延伸和优化，而作为现代经济发展的重要指标的服务业占比较低，现代服务业发展相对滞后，落后于全省平均水平，还有很大的提升空间。总体上看，鲁西南地区产业集约化、集群化发展不足，缺乏知名品牌和核心竞争力，产业结构不尽合理。

四 鲁西南地区城镇化发展的建议

新型城镇化就是要坚持集约、智能、绿色、低碳的方针，以人的城镇化为核心，着力提高城镇化质量，启动城镇化"提质加速、城乡一体"行动，把工作着力点放在加快中小城市和小城镇发展上。统筹规划城镇布局，构建以城市群为主体、区域中心城市为依托、县域中心城市为支撑、小城镇和新型农村社区为基础，符合发展规律、具有山东特色的城镇化发展格局。2013年中央城镇化工作会议指出：城镇化是现代化的必由之路，推进城镇化是解决农业、农村、农民问题的重要途径，是推动区域协调发展的有力支撑，是扩大内需和促进产业升级的重要抓手，对全面建成小康社会、加快推进社会主义现代化具有重大现实意义和深远历史意义。因此，推进城镇化健康、持续、快速发展势在必行。

按照山东省政府的目标要求和工作思路，本研究报告从完善城镇化发展专项规划，加快构建合理化的城镇体系，加快城乡统筹发展，加快城镇基础设施建设、提升城镇承载力，完善公共服务保障体系，提升产业转移能力、夯实城镇化产业支撑体系六个方面提出鲁西南地区城镇化发展的具体举措。

（一）完善城镇化发展专项规划

区域性城镇化发展规划是一个地区城镇化的指导性文件，是对未来一段时期城镇化发展的整体把握。因此要按照"宽视野、大手笔、高起点、远谋划、重执行、护权威"的要求，由聊城市、菏泽市以及东平县主管领导牵头，联合发展改革、统计、规划、市政等部门以及高校和科研机构，立足当前鲁西南地区城镇化的发展实际，精心调研、精细布局、科学规划，制定《鲁西南地区城镇化发展专项规划》，进一步明确鲁西南城镇化的指导思想、主要目标、基本原则、重点任务、实施路径、配套政策等，为鲁西南地区城镇化提供宏观战略指导。同时，聊城市政府、菏泽市政府、东平县政府进一步组织相关部门和国内城镇规划科研实力较强的高校，加快修订本地城市规划和城镇化发展专项规划,明确城市空间布局、产业集聚、土地整合、城市改造、重点项目、城镇化时间表以及完善运作机制。此外,各重点小城镇和新型农村社区尽快出台社会发展、城镇建设、产业发展、土地利用、环保生态等方面的详细规划和控制性规划,确保小城镇规划的可行性,完善小城镇规划体系。形成以《鲁西南地区城镇化发展专项规划》为核心,《菏泽市城镇化发展专项规划》《聊城市城镇化发展专项规划》《东平县城镇化发展专项规划》为支撑,以各特色重点小城镇体系为有效补充的城镇化规划体系,充分发挥城乡规划对资源配置、产业发展、城乡统筹、区域协调、环境保护和城镇建设的引导和调控作用,为鲁西南地区城镇化保驾护航。

(二)加快构建合理化的城镇体系

新型城镇化是结构布局科学合理的城镇化,合理的城镇化布局对城镇化的健康发展具有重要意义。鲁西南地区应充分考虑区域内资源、交通、环境、产业等承载因素,科学谋划,打造独具鲁西南特色风情的美丽城镇。具体来说就是,以京九铁路为主干线,以菏泽、聊城城市为核心,发挥大城市的核心带动和辐射能力,利用紧邻京九大动脉的区位优势,构建以高唐、茌平、临清、阳谷、台前、郓城、定陶、曹县等城市为支撑的铁路沿线城市带。同时,注重小城镇的快速发展和建设,各小城镇要立足自身优势,建设商贸带动型、工业带动型、旅游带动型和交通带动型的特色小城镇,以完善的产业、健全的设施、优美的环境吸引周边农民向小城镇聚集,力争每个县形成两个城镇化示范小镇。最后,推进农村新型社区建设,围绕服务完善、管理有序、治安良好、环境优美、文明祥和的新型农村社区建设目标,按照就地居住、就地就业、就地教育、就地医疗的原则,改善农民居住环境和工作条件,加快基础设施建设,完成农民的身份转换。至此,形成以聊城、菏泽区域城市为核心、以县域中心城市为节点、以小城镇为基础、以农村新型社区为单元的科学合理的城镇体系。

(三)加快城乡统筹发展

党的十八大指出,城乡发展一体化是解决"三农问题"的根本途径,必须坚持走中国特色新型城镇化道路。推进城镇化，既是经济社会发展的客观趋势，也是当前扩大内需和调整经济结构的重要抓手。统筹城乡发展正是落实十八大精神的具体举措。鲁西南地区城镇化的城乡统筹具体可以从以下几个层面考虑。一是建立投入稳定增长机制。确保每年财政预算安排的支农资金增幅高于财政经常性收入的增幅，确保财政支农支出占财政支出的比重逐年提高，确保财政支农支出中用于改善农业生产条件和农业科技发展的比重逐年提高。二是优化财政支出结构。集中财力解决农村中心小城镇和新社区建设，包括道路、街道、通信、电视、饮水设施、电网等基础设施建设。三是发展农村集体经济。鼓励并支持农产品的深加工，实行农产品的产业化、规模化发展，提高农产品的附加值，保证农民增产增收，发展农村经济。四是发展城乡交通。由各个县域交通部门为主导，通过市场收购、资源置换、资产重组等方式，组建城乡公交运营公司，发展城乡一体化交通体系。

（四）加快城镇基础设施建设，提升城镇承载力

《国务院关于加强城市基础设施建设的意见》指出：城市基础设施建设，与民生密切相关。城市基础设施是城市赖以生存的根本，直接关系人民群众的生产生活及社会公共服务，对于保障城市正常运行、改善城市人居环境，具有不可替代的作用。鲁西南地区以道路建设为突破口，以供水、供气、供热、电力、通信、公共交通、物流配送、防灾避险等与民生密切相关的基础设施建设为重点，加强老旧基础设施改造和县城、乡镇基础设施的升级。做好新建社区、住宅小区的基础配套设施建设规划，着力做好与群众出行、群众生活、群众购物、群众娱乐、群众医疗等密切相关的公共生活服务配套，提升城镇综合承载力。同时，进一步优化政府投资结构，逐步形成规范、合理、有序、阳光的转移支付制度，将财政资金向基础建设领域倾斜。发挥政府基础设施建设投资主体和引导作用，引导和鼓励民间资本、金融资本、工商资本等社会资本进入基础设施建设领域，拓宽城镇化基础设施建设资金来源渠道，解决城镇化建设资金不足的制约，为城镇基础设施建设提供动力，提升城镇综合承载力，为城镇化健康持续推进夯实基础。

（五）完善公共服务保障体系

健全公共服务保障体系是实施城镇化战略的应有之义，是城镇化快速推进的基石，也是有序推进农业转移人口市民化的本质要求，更是推动城乡一体化的根本保证。鲁西南地区在现有城镇化基础上不断完善公共服务保障体系建设，提升城镇管理水平。首先，完善公共文化服务体系，加快推进乡镇文化站、文化广场、图书馆、影剧院、居民点建设，实现公共文化服务体系全覆盖。其次，完善住房保障体系，继续推进聊城、菏泽和东平县保障房建设，优先确保保障房项目建设用地，确保保障性住房、棚户区改造和中小套型普通商品住房用地不低于住房用地供应总量的70%。再次，完善医疗保障体系，优化改造现有医疗体系，构建以市级为中心，以辖区县域医院为支撑，以乡镇卫生医疗队为延伸的医疗体系，建设完善的医疗体系。最后，完善教育体系，加强对教育的公共财政预算，保证教育财政支出增长幅度明显高于财政经常性收入增长幅度，推进教育经费的科学化精细化管理，优化教育资源配置，合理分配各中小学教师资源，确保教育公平。同时，推行城镇数字化管理和社会治理，形成完善的公共文化、基础教育、基本医疗、住房保障等公共服务保障体系，确保居民"有所学、有所住、有所养、有所医、有所娱"，为城镇化建设提供可靠保证。最后，加快推进户籍制度改革。十八届三中全会提出，全面放开建制镇和小城市落户限制，有序放开中等城市落户限制，合理确定大城市落户条件，严格控制特大城市人口规模。在全国户籍改革的宏观背景下，各地陆续出台破冰新政，户籍改革正蓄势待发，鲁西南地区应认真调研，充分考虑人口流动、大学生就业、招商引资、人才引进等因素，加快形成符合鲁西南地区具体情况的《鲁西南地区户籍改革实施意见》，出台户籍改革时间表，明确落户城区的条件、标准、程序以及其他相关事项，逐步剥离附着在户籍制度之上的各项"隐性"利益，推行新型户籍制度，让农民工在医疗保险、就业安置、劳动报酬、子女上学、租购房屋以及社会保障等方面享有与城市居民同等的权益，形成以合法稳定住所和合法稳定职业为户口迁移基本条件、以经常居住地登记户口为基本形式，城乡统一、以人为本、科学高效、规范有序的新型户籍制度，完善相关公共服务和社会保障制度，保护农民合法权益，为鲁西南地区推进以人为核心的城镇化添砖加瓦。

（六）提升产业转移能力，夯实城镇化产业支撑体系

产业是立城之本，兴镇之基。城镇化发展须有产业支撑，坚持把经济发展放在城镇建设的首位，以工业化推动城镇化，以城镇化促进工业化和现代化，实现良性互动、协调发展、融合发展。鲁西南地区的产业结构有待进一步优化和提升，在城镇化发展时要根据自身特点和发展条件充分挖掘比较优势，在保证粮食安全的基础上，抓住中原经济区建设和山东西部经济隆起带发展历史机遇，坚持"三农稳市、工业强市、三产兴市"的方针，出台涵盖金融、财税、土地、税收、户籍、资源等优惠的招商引资政策，提升产业转移能力，引导大型生物医药、汽车制造、粮食深加工、蔬菜深加工、能源化工等企业入驻鲁西南地区，尤其要做好小城镇的产业布局，带动小城镇人口就业。同时，出台关于促进第三产业发展的指导意见，从减免所得税、贷款贴息、行政审批等层面给予政策支持，加快服务业重点项目建设，做好产业园生产性服务业、家政服务业、金融保险业、科技信息业、农村服务业、现代房地产业等重点行业门类，并强化对服务业发展指标、重点任务、政策落实和项目推进情况的检查考核，进一步提高服务业在国民经济中的比重，以服务业促进城镇化发展，优化三大产业布局，错位发展，夯实鲁西南地区的产业支撑能力，从根本上增强鲁西南地区城镇的内聚力和辐射力，打造中原经济区建设的先导区和鲁西内陆开放试验区，为以人为核心的城镇化发展提供持续的内在动力。

Abstract

According to the new situation of national policy, this book makes an in-depth analysis on the hot issues of Central Plains Economic Region (hereinafter referred to as CPER) around the theme of region construction, and puts forward countermeasures and ideas to accelerate the development of CPER.

The first general report of this book, written by the researchers from Institute of Central Plains Economic Region, presents judgment and interpretation on the development focus of Central Plains Economic Region in 2013. Since the reform and opening up, especially in recent years, Henan has made scientific urbanization as the comprehensive strategy to release the potential domestic demand and to optimize the economic structure, implementing the central-city-leading strategy, highlighting the development of city group of central plains, constructing key provincial cities and counties, constantly improving the urban comprehensive carrying capacity and the ability to absorb employment, coordinating urban and rural development, and effectively promoting the urbanization level. But overall, the development of the province's cities and towns are still in a low level, industry support is not strong enough, the institutional obstacles have not been eradicated. Development of new urbanization is facing new situation and challenge, we should pay great attention on such issues: developmental configuration of cities, industry support of cities, ecological environment of cities, dualistic structure inside cities, urban-rural integration. On this basis, we propose a series of countermeasures.

The second general report of this book, written by the researchers from Henan Provincial Bureau of Statistics, presents basic views on the current development and future challenges of Central Plains Economic Region. This report states that in the year 2012 – 2013 the economy of this region developed steadily and rapidly; the quality and performance of economic growth were improved continuously; the potential trend of the situation were holding up fairly well. But the current macro-economic environment is still perplexing, the problem of insufficient demand has not been fundamentally alleviated, structural contradictions are still prominent, and the foundation of economic recovery is not solid. In 2014, with the further implementation of comprehensive reform, a series of long-term tube policy effect will gradually appear, competitive advantages of Central Plains Economy Region will be more obvious, and it is expected to maintain a sustained and healthy development.

A number of famous experts and scholars of Henan Province are invited to analyze the development focus from different aspects. Meanwhile, the regional reports analyze the current status of economic and social development from urbanization perspective which echoes the main idea of this book, and then it provides countermeasures and paths for regional development.

Contents

B I General Report

B.1 Study on the Development of New Urbanization in

Henan Province *Ou Jizhong* / 001

Abstract: At present, Henan has entered the period of accelerated development of urbanization, but as the influence of unique industrial structure, urban and rural structure, population structure and resources & environment conditions in this region, the urbanization development is facing a lot of special circumstances. To promote the healthy development of urbanization, we must follow the general law of development of urbanization, and adequate attention should also be paid to the particularity of Henan urbanization. We will keep to the new path of urbanization with chinese characteristics.

Keywords: New Urbanization; Development

B.2 2013-2014 Economic Situation Analysis and Prediction of

Central Plans Economic Region *Sun Lei, Wang Junjie* / 029

Abstract: It is an extremely perplexing year of the macro-economic situation in 2013, also the year of the in-depth implementation of Central Plains Economic Region Plan, and the year of construction accelerating promotion. Facing complex situation, the Central Plains Economic Region in Henan province as the main body makes the economy present a stable speed, good quality and moderate development momentum by stabilizing growth, adjusting structure, promoting reform, improving the people's livelihood. But it also should be noted that the current macro-economic environment is still complex, the problem of lack of demand has not been fundamentally alleviated, structural contradictions are still prominent, and the foundation for economic stabilization and recovery is not yet solid. In 2014, the macro-environment remains perplexing. On the one' hand, the Central Plains Economic Region is facing great opportunities of accelerating industrialization and urbanization and the increasing advantages. On the other hand, it is also facing enormous challenges of reduced growth potential, intertwined new and old issues, and superimposed internal and external contradictions. However, with the deepening of comprehensive reform, a series of groundwork, long term effect of the policy will gradually revealed, the competitive advantage of the Central Plains Economic Region will become more prominent, and the economic development is expected to maintain sustained, healthy and rapid.

Keywords: Central Plains Economic Region; Economy; Growth

B II Special Reports

B.3 Study on the Construction of New System of Modern
Industry Development in Henan Province *Geng Dejian* / 041

Abstract: Compared with the traditional industrial system, the modern industrial system is an upgrade version of the industry which is a coordinated develop system of advanced manufacturing industry, modern service industry and advanced agricultural integration. The construction of Henan modern industrial system is promoting by the strategic adjustment of industrial structure, and establishing new industrial system in which the structure optimized and upgrading, industry coordinated developed, the layout dislocated developed, mechanism level interactive developed, and effectively guaranteed. To build a new economic development mode facing the future, we should enhance the comprehensive competitiveness of regional economy.

Keywords: Industrial Structure; Strategic Adjustment; Modern Industrial System

B. 4　Study on the Population Concentration of Industrial Cluster District in Henan Province　　*Ren Junying* / 055

Abstract: In recent years, Henan vigorously promotes the construction of industrial cluster district. After several years of development, the scale of industrial cluster district continues to expand, industrial clusters continue to increase, the function of infrastructure and public service makes continuous improvement, and population and employment capacity are expanding. But there still exist some problems such as scattered layout, fierce competition from homogenization, outstanding "semi urbanization" phenomenon, not sound mechanism in population concentration etc. Industrial agglomeration and population concentration is a global historical process, related experts and scholars at home and abroad studied from different perspectives, and they put forward many persuasive theories for the cause of industrial agglomeration and population transfer, advantages created by agglomeration, the public policy of industrial agglomeration and population concentration, and so on. Based on an analysis of the industrial and population concentration condition, according to theories about agglomeration economy and population concentration domestically and in foreign countries, following the law of development, relying on comparative advantages, we put forward suggestions to accelerate construction of industrial cluster district, promote the concentration of population and strengthen service management: optimizing the space layout of industrial cluster district, building leading mechanism of industrial agglomeration, strengthening the public service and management, innovating system and mechanism and making classified guidance.

Keywords: Population Concentration; Industry Cluster District

Contents

B. 5 Selection and Cultivation of New Agricultural Business
Entities in Henan Province　　　　　　　　　　Qin Xiaoling / 064

Abstract: Family farm with reasonable land scale can complete the production with family's own labor to get higher land productivity and higher income, and can also match the current level of agricultural social service. So family farm is one basic selection on the new agricultural business entities. Service-oriented cooperatives have greater growth base compared with product-oriented cooperatives, so it is one important choice on the new agricultural business entities. Enterprises with strong capital and technical strength, has a unique advantage for the reform of modern agriculture. But Enterprises do not have the advantage of grain producing fields, as the lands costs and management costs are higher than others. However, the enterprises have the competitive in the non-grain producing fields and processing & marketing of agricultural products. And how to make enterprises contact with farmer closely is the key point on the role of business.

Keywords: New Agricultural Business Entities; Family Farm; Farmers' Cooperatives; Agricultural Enterprises

B. 6 Study on the Economic and Social Development of the
Plain Agricultural Region Under New Situation
　　　　　　　　　　　　　　　　Geng Dejian, Yan Jie / 076

Abstract: As a plain county, the development has just entered the initial stage of industrialization in Fugou County, Henan Province. There are different phases here from national and the province's overall economic and social development. Economic and social development should be rapid. But its industrialization is facing serious constraints. First, as the main producing areas of agricultural products in main functional area planning, the state will limit its large-scale and high strength of the industrialization and the urbanization development. Second, the inter regional transfer of industry is coming to an end. Through industrial development investment promotion

and capital introduction of leeway compression. Third, as countries increase the transformation of the mode of development, efforts policy barriers to entry will be improved. At the same time, as countries of major agricultural products producing areas, more and more policy support in less developed areas, a golden opportunity will be coming in Fugou. The new policy and market environment determine the Fugou industrialization can not use the industrial expansion, structural adjustment, and then do the quality of both the traditional mode of development. How to maximize both comparative advantage premise, the macro economic layout, in accordance with the mode of economic development trend and industrial development of the new road to development. That is say, carrying out unconventional leap development. more subordinated to the central government and provincial governments need, FuGou out of a new agricultural producing county road of development according to the higher level and wider regional division of labor need and industry development trend, leaped over the stage of low-cost, large-scale expansion of industrialization.

Keywords: Producing Agricultural Products; Change of the Pattern of Economic Development

B. 7   Study on Informatization Construction in Henan Province

Xue Jinfang / 093

Abstract: In recent years, Henan province promotes actively the informatization construction, making great achievements, and showing a strong momentum of development, but there still exist some problems such as low informatization level, the digital divide phenomenon, etc. According to the spirit of the Third Plenary Session of the 18th Central Committee of the CPC, around the central task of the provincial CPC committee and provincial government "stablizing growth, adjusting structure, promoting transformation", Henan should seize the historical opportunity of the third industrial revolution, and open a new road with characteristics of Henan informatization.

Keywords: Informatization; Industrialization; Urbanization

B. 8 Study on Financial Reform and Development
of Henan Province   *Gao Junling* / 106

Abstract: In recent years, financial industries of Henan Province have developed rapidly and great changes have taken place in it. The scale of financial industries is growing larger and the local financial strength is being enhanced; the organization system is becoming more and more perfect gradually, which initially has formed that is mutual competition, complementary advantages and common development in banks centered and other financial institutions; the proportion of direct financing has got a sharp rise and the structure of financial market has been optimized obviously. Overall, in the growth process of financial market of Henan Province, there are still problems such as low level financial development, underdeveloped financial market and structural contradictions of financial supply and demand dislocation. In the next period, financial reform and development in Henan Province should progress as follows: around the overall construction strategy of Central Plains Economic Region, it should adhere to the essential requirement of which financial industries service the real economy, it should adhere to that the reform must be oriented as the market allocation of financial resources, it should adhere to the development concept of innovation and regulatory coordinated and it should focus on speeding up the bond market and enrich financial market levels, to meet the multi-level financing needs of diversified economic subjects; it should promote the development of non-bank financial service institutions as a breakthrough, improve the financial service system and upgrade the financial structure; it should build a unified regional financial supervision system as a breakthrough point, optimize the financial ecological environment and promote the sustainable development of local financial regulations. These measures aim at promoting the realization of the phase transition as soon as possible from expanding the scale oriented to optimizing the structure oriented, from prospering financial subjects oriented to enriching financial market levels oriented, from the simple financial market to the regulatory and mature financial market, sharply enhancing comprehensive strengths, regional competitiveness and anti-risk capabilities of financial industries and further

strengthening the financial industry's security service capacity of the economy.

Keywords: Finance; Reform; Development

B. 9 Report on the Construction of Ecological
Civilization in Henan Province　　　　*Shen Shasha* / 122

Abstract: In recent years, Henan Province attaches great importance to the construction of ecological civilization, and it has achieved important results in the energy conservation and emission reduction, pollution prevention, forestry ecological construction and circular economy development, but as the traditional development mode of high input, high consumption and high pollution has not fundamentally changed, and the contradiction between population, resource and environment is becoming increasingly prominent. In order to implement the spirit of the eighteenth national congress and the third plenary session of the eighteenth central committee, promote harmony between man and nature, and speed up the construction of the beautiful Henan, we must change the traditional concepts of mass production, mass consumption, as soon as delineated and implementation of ecological red line, strict land, water, air and other management system, accelerate the transformation of development mode, strengthen the pollution control and ecological protection and restoration, and comprehensively improve the construction of ecological civilization level.

Keywords: Ecological Civilization; Energy Conservation and Emission Reduction; Cyclic Economy; Forestry Ecological Construction

B. 10 Study on the Tourism Development of Henan
Province in the New Period　　　　*Lu Tianjie* / 137

Abstract: This study starts from the Henan tourism development characteristics, analyzing the main problems existing in the tourism industry in Henan, the cause of formation. At the same time, based on the new historical background, it re-examines the tourism development of Henan advantages and opportunities, and puts forward the development ideas and solutions. Among them, the new era of Henan should make full use of historical, natural and artificial tourism resources and the lead in all directions of the land and sea and air transportation conditions, the stimulating domestic demand, the policy to encourage consumption, try to develop tourism industry. The idea is to promote the "product brand, management informatization, investment diversification, humanization of service", the formation of industrial agglomeration, regional cooperation, resource integration, development situation of tourism resources chain, layout construction "bow" in the province, the implementation of regional, cooperation between departments, the development of tourism industry cluster areas, strengthen brand awareness, promote the diversification of investment, and advance the process of informatization strategy, to promote the development and prosperity of the tourism industry in Henan.

Keywords: Henan Province; Tourism Industry; New Period; Development

B.11 Study on Henan's Strategy to Speed up the Building of "Open-up System for the Whole Province" *Liu Dianmin* / 156

Abstract: After the reform and open-up in 1978, Henan has adopted open-up as the basic provincial policy. Based on this policy, Henan has implemented the open-up-oriented strategies to construct an "open-up system" through which remarkable progresses have been achieved in open-up and socio-economic development. However, the scale of open-up-oriented economy is comparably small. Moreover, the open-up system, which is crucial to Henan's open-up process especially when Henan is facing new international and domestic challenges, has not yet been built. It should be noted that reform and innovation are of the most importance during the building of open-up system. This research, based on systematically analysis of the experience, conflicts and problems in Henan's open-up process and industrial transformation, proposes suggestions in how to speed up the building of "open-up system".

Keywords: Henan; Open-up System; Building; Suggestion

B.12　Study on the Agricultural Modernization and Population

　　　Transfer in Heran Rural Areas　　*Liu Dianmin, Fan Yuntao* / 167

Abstract: In recent years, the development of Henan modern agriculture has achieved remarkable results, the living standard of farmer has improved greatly, but there are still a lot of problems in the process of agricultural modernization. For example, agricultural foundation is weak, the level of scale operation is low, the level of technical equipment is not high, the growth of new agricultural service body is slow etc. The transfer of rural population is accelerating which presents a home dominated trend while the transfer outside the province gradually decreased. But the surplus labor force in rural is still more, and the phenomenon of "semi urbanization" in population is more outstanding. That is largely because of the low level of urbanization, unreasonable industrial structure and hysteretic reform of urban-rural dualistic system. To accelerate the agricultural modernization and rural population transfer, the suggestions are as follows: further improve the conditions for agricultural production, improve the agricultural scale management level, strengthen the industrial support to population transfer, highlight the leading role of center city, deepen the reform of the household registration and social security system, strengthen the employment service of rural labor.

Keywords: Agricultural Modernization; Rural Population Transfer of Henan; Countermeasures and Suggestions

B.13　Study on the Development of Henan

　　　Pension Services　　　　　　　　　　　　*Zhao Huan* / 184

In recent years, the aging of population in Henan takes on characteristics of large scale, high speed, "becoming old before getting rich", etc. It is predicted that, to the end of "the 12th five-year plan", the 60-year old or older will reach 15950000, accounting for 15.7% of the total population of Henan. With the comprehensive economic strength gradually increasing, Henan has made some achievements in pension services, endowment insurance coverage and home-based care services. But now, Henan pension services are at a relatively low level of development in the country. Large elderly group brought endowment problem and also led to the birth of a new industry. The next step, Henan must, according to the situation, grasp the development direction of socialization and industrialization of pension services, make use of the favorable opportunity to promote rapid and healthy development of the pension industry.

Keywords: Aging Population; Pension Service; Industrialization

B. 14　Study on the Characteristics and Trend of Population Structure Change in Henan Province

Gao Junling, Liu Yun and Geng Dejian / 198

Abstract: With the continuous decline of natural population growth rate and the outflow of young and well-educated workforce from Henan province to more developed areas, new changes have emerged in Henan's population structure. First, the number of workforce has started to decline. Negative growth in workforce first occurred in 2009. Since then, both the absolute number of workforce and its proportion in total population have declined. Second, the age of work force has increased gradually. The median age of workforce has increased from 34.6 in 2000 to 37.9 in 2010. At the same time, the proportion of workforce aged between 15 and 39 has decreased by 3.8 percent. Third, the dependency ratio of population tends to rise. In 2012 the dependency ratio of Henan province is 42.8%, which is 1.2 percent higher than that in 2010 and 6.62 percent higher than that of national level in 2012. With the population aged 65 or over accounting for 8.8 percent, Henan has entered an ageing society. Moreover, ageing problem is severer in rural area than in urban. Fourth, the gap of educational level between Henan and national average level has been enlarged. Though the educational level of residents has increased generally, the outflow of highly-educated population has continued to enlarge the gap. In

summary, the rapid population growth trend in Henan province has shifted. The demographic dividend, which has made a great contribution to economic development over years, has been disappearing. The ageing problem and the loss of highly-qualified population have become major problems in future development. In order to sustain the economic and social development of Henan province, it is crucial to rise to these population challenges.

Keywords: Population Structure Change; Challenge; Answer

B.15 Study on the Investment and Financing Mechanism of Urban Infrastructure Construction in Henan Province

Gao Junling, Liu Yang / 216

Abstract: Urban infrastructure investment and financing reform should go in the direction of the market orientation. But as public goods, there is a basic constraint in its marketization. In this regard, advanced countries and regions formed a market-oriented operation mode by the project division theory and sales assessment method which on the basis of the new theory of public goods for urban infrastructure project classification. The urban infrastructure construction project is divided into non—operating item, quasi operational item and business item. According to the project properties, we defined the investment subject, operation mode, the source channels of funding and equity ownership, so that the diversification of financing construction solves the shortage of construction funds of public goods, government financial burden and the low operational efficiency, and thus becomes the world trend. We should learn from the mature experience of advanced countries, applied the project distinguish theory to the urban infrastructure investment and financing, project classification management mechanism in the construction of government led, guide the construction and use of social capital cooperation on the market mechanism, promote the urban infrastructure investment and financing market. At the same time, deepen the reform, establish and improve the basic conditions of project market operation, speed up the pace of reform and innovation in the urban infrastructure investment and financing field.

Keywords: Urban; Infrastructure Construction; Investment and Financing Mechanism

B. 16　Problems and Policy Requirements after "Ten-year Consecutive Increasing" of Grain in Henan Province　　　*Liu Yun* / 232

Abstract: It is one problem that how to avoid the decline of the agriculture and grain in the process of industrialization & urbanization. As one developing province with large agricultural, since 2004, Henan got the grain growth for ten consecutive years, at the same time the industrialization & urbanization of Henan also got the large development. And there is the situation that industrialization & urbanization and grain production got coordinate development with each other. But with the change of economic & social development and resources & environment conditions, we should pay more attention to improve grain production with many challenges and problems continually.

Keywords: Grain; Growth of Ten Consecutive Years; Agricultural

ⅢB　Regional Reports

B. 17　Report on Urbanization Development in Southern Hebei
　　　　　　　　　　　　　　　　　　　　　　　　　Guo Yanqing / 245

Abstract: In 2012, the Southern Hebei Province actively promote the development of urbanization, expand employment, adjust industrial structure, improve the living conditions and the quality and scale of urbanization. But in the process of development, there are also some problems, as the function of regional central city is not strong, industry support employment is limited, the level of basic public service is not high, institutional mechanism is not sound, etc. Therefore, the Southern Hebei Province should seize the opportunity to continue to accelerate the pace of urbanization construction, and continuously improve the quality of urbanization development, realize the comprehensive stability of the urbanization.

B.18 Report on Urbanization Development in Southern Shanxi

Jing Tiantian / 268

Abstract: Jinnan region is located in the southeast of Shanxi Province, with Hebei to the east, and facing Qin Yu over the Yellow River to the southwest. The area includes the city of Yuncheng, Jincheng and Changzhi, the regional characteristics are pretty obvious. Among them, Yuncheng is an agriculture area, and also an important part of the base of heavy chemical engineering in Shanxi. Jincheng and Changzhi are traditional resource-based cities and they had a significant heavy industry structure. The region has a total area of 37460 square kilometers, and the total number of 10.8557 million people, accounting for about 30% of the total province. GDP amounts to 340.83 billion yuan, accounting for about 28.4% of the total cost of the production in the province. In recent years, with the rapid advance of industrialization urbanization, the regional economy makes a remarkable increase of economic comprehensive strength, and the urbanization level has improved significantly. But compared with the national average level, there is still a huge gap between them. There also exists many other serious problems in the process of development of irrational industrial structure, urbanization lagging behind industrialization. How to promote the fast development of urbanization in the region and even in a longer period of time in the future under the new situation is a major issue.

Keywords: Southern Shanxi; Urbanization Industrial Structure

B.19 Report on Urbanization Development in Northern Anhui

Liu Xiaoxiao / 284

Abstract: In recent years, along with the in-depth development of economic globalization and the accelerating process of national industrialization and urbanization, for Northern Anhui, the level of urbanization has been raised obviously, the industrial supporting ability has been enhanced ceaselessly, urban infrastructure has been improved continuously, and social public undertakings have been speeding up. However, in pace of urbanization's development of Northern Anhui, there are some problems to be solved, such as weakness of center city power, lack of industrial support, semi urban problems and so on. For the purpose to realize the healthy development of urbanization, Northern Anhui must concentrate on central cities, accelerate the industrial transformation and improve the level of urban planning management in an all-round way.

Keywords: Urbanization; Center City; Industrial Structure; Agriculture Modernization

B.20　Report on Urbanization Development in Southwest Shandong

Hu Zhaolong / 305

Abstract: In recent years, the economy of Southwest Shandong has maintained rapid and steady development. The level of urbanization has made rapid elevation in the government's efforts and driven by policy. In general, there are four main problems: lack of planning, low level of urbanization, undeveloped urban functions, low level of industrial structure, extensive development mod. How to overcome these problems, and grasp the strategic opportunity for the Central Plains Economic Region and Western Shandong New Economic Belt, we should work from the following aspects: formulating the urbanization development planning, constructing reasonable urban system, urban and rural development, enhancing the urban carrying capacity, improving the public service, tamping the industrial support of Urbanization. These six aspects constitute the focus of this study.

Keywords: Urbanization; Development Status; Development Opportunities; Ideas

皮书数据库

权威报告　热点资讯　海量资源

当代中国与世界发展的高端智库平台

皮书数据库　www.pishu.com.cn

皮书数据库是专业的人文社会科学综合学术资源总库，以大型连续性图书——皮书系列为基础，整合国内外相关资讯构建而成。该数据库包含七大子库，涵盖两百个主题，囊括了近十几年间中国与世界经济社会发展报告，覆盖经济、社会、政治、文化、教育、国际问题等多个领域。

皮书数据库以篇章为基本单位，方便用户对皮书内容的阅读需求。用户可进行全文检索，也可对文献题目、内容提要、作者名称、作者单位、关键字等基本信息进行检索，还可对检索到的篇章再作二次筛选，进行在线阅读或下载阅读。智能多维度导航，可使用户根据自己熟知的分类标准进行分类导航筛选，使查找和检索更高效、便捷。

权威的研究报告、独特的调研数据、前沿的热点资讯，皮书数据库已发展成为国内最具影响力的关于中国与世界现实问题研究的成果库和资讯库。

皮书俱乐部会员服务指南

1. 谁能成为皮书俱乐部成员？

● 皮书作者自动成为俱乐部会员

● 购买了皮书产品（纸质皮书、电子书）的个人用户

2. 会员可以享受的增值服务

● 加入皮书俱乐部，免费获赠该纸质图书的电子书

● 免费获赠皮书数据库100元充值卡

● 免费定期获赠皮书电子期刊

● 优先参与各类皮书学术活动

● 优先享受皮书产品的最新优惠

社会科学文献出版社　皮书系列
卡号：6333431504818732
密码：

3. 如何享受增值服务？

（1）加入皮书俱乐部，获赠该书的电子书

第1步　登录我社官网（www.ssap.com.cn），注册账号；

第2步　登录并进入"会员中心"—"皮书俱乐部"，提交加入皮书俱乐部申请；

第3步　审核通过后，自动进入俱乐部服务环节，填写相关购书信息即可自动兑换相应电子书。

（2）**免费获赠皮书数据库100元充值卡**

100元充值卡只能在皮书数据库中充值和使用

第1步　刮开附赠充值的涂层（左下）；

第2步　登录皮书数据库网站（www.pishu.com.cn），注册账号；

第3步　登录并进入"会员中心"—"在线充值"—"充值卡充值"，充值成功后即可使用。

4. 声明

解释权归社会科学文献出版社所有

皮书俱乐部会员可享受社会科学文献出版社其他相关免费增值服务，有任何疑问，均可与我们联系
联系电话：010-59367227　　企业QQ：800045692　　邮箱：pishuclub@ssap.cn
欢迎登录社会科学文献出版社官网（www.ssap.com.cn）和中国皮书网（www.pishu.cn）了解更多信息

社会科学文献出版社

皮书系列

"皮书"起源于十七、十八世纪的英国，主要指官方或社会组织正式发表的重要文件或报告，多以"白皮书"命名。在中国，"皮书"这一概念被社会广泛接受，并被成功运作、发展成为一种全新的出版形态，则源于中国社会科学院社会科学文献出版社。

皮书是对中国与世界发展状况和热点问题进行年度监测，以专业的角度、专家的视野和实证研究方法，针对某一领域或区域现状与发展态势展开分析和预测，具备权威性、前沿性、原创性、实证性、时效性等特点的连续性公开出版物，由一系列权威研究报告组成。皮书系列是社会科学文献出版社编辑出版的蓝皮书、绿皮书、黄皮书等的统称。

皮书系列的作者以中国社会科学院、著名高校、地方社会科学院的研究人员为主，多为国内一流研究机构的权威专家学者，他们的看法和观点代表了学界对中国与世界的现实和未来最高水平的解读与分析。

自20世纪90年代末推出以《经济蓝皮书》为开端的皮书系列以来，社会科学文献出版社至今已累计出版皮书千余部，内容涵盖经济、社会、政法、文化传媒、行业、地方发展、国际形势等领域。皮书系列已成为社会科学文献出版社的著名图书品牌和中国社会科学院的知名学术品牌。

皮书系列在数字出版和国际出版方面成就斐然。皮书数据库被评为"2008~2009年度数字出版知名品牌"；《经济蓝皮书》《社会蓝皮书》等十几种皮书每年还由国外知名学术出版机构出版英文版、俄文版、韩文版和日文版，面向全球发行。

2011年，皮书系列正式列入"十二五"国家重点出版规划项目；2012年，部分重点皮书列入中国社会科学院承担的国家哲学社会科学创新工程项目；2014年，35种院外皮书使用"中国社会科学院创新工程学术出版项目"标识。

法律声明

"皮书系列"（含蓝皮书、绿皮书、黄皮书）由社会科学文献出版社最早使用并对外推广，现已成为中国图书市场上流行的品牌，是社会科学文献出版社的品牌图书。社会科学文献出版社拥有该系列图书的专有出版权和网络传播权，其LOGO（ ）与"经济蓝皮书"、"社会蓝皮书"等皮书名称已在中华人民共和国工商行政管理总局商标局登记注册，社会科学文献出版社合法拥有其商标专用权。

未经社会科学文献出版社的授权和许可，任何复制、模仿或以其他方式侵害"皮书系列"和LOGO（ ）、"经济蓝皮书"、"社会蓝皮书"等皮书名称商标专用权的行为均属于侵权行为，社会科学文献出版社将采取法律手段追究其法律责任，维护合法权益。

欢迎社会各界人士对侵犯社会科学文献出版社上述权利的违法行为进行举报。电话：010-59367121，电子邮箱：fawubu@ssap.cn。

社会科学文献出版社